KB102621

공동체 문화와 사상

나루

NIETZSCHE: Life as Literature
by Alexander Nehamas

니체
문학으로서 삶

Nietzsche : Life as Literature

알렉산더 네하마스 지음 | 김종갑 옮김

연암서가

크리스틴과 앨버트 네하마에게

일러두기

1. 이 책에 사용된 맞춤법과 띄어쓰기 및 외래어 표기는 1989년 3월 1일부터 시행된 「한글맞춤법 규정」에 따랐으며, 인명과 서명의 영문 표기는 최초 1회에 한하여 원어 병기를 해주었고, 이는 본문과 각주가 각각 독립되어 있다.

2. 가독성을 위해 옮긴이 주는 괄호 안에 넣어 처리했다.

3. 본문 중에 인용된 문장은 " "로 처리했으며 인용문 속의 인용은 ' '로 표기했다. 인용된 문장의 서명은 약어 표기에 따라 한글 약어와 함께 『 』로 표시했다.(예를 들어 『선악을 넘어서』→ 『선악』) 또한 원서에서 강조된 부분은 고딕으로 처리했다.

4. 본문과 각주에서 나타나는 단행본과 잡지는 『 』로 표기했으며 특히 각주에서는 원서에 따라 서명을 이탤릭체로 통일했다. 논문이나 단행본의 소제목 또는 항명은 「 」로, 영화나 희곡 작품은 〈 〉로 처리했다. 면수는 본문이나 각주 모두 'p.'로 통일하고 여러 면일 경우는 'pp.'로 표시했다.

| 약어 표기 |

본문에서 인용한 저서는 그 명칭을 간단히 생략해서 표기했다. 그리고 서명과 더불어서 권수나 항項 수, 면수도 순서대로 본문 중에 동시에 표기했다. 아래의 알파벳 약어는 원서의 표기를 그대로 옮긴 것이며 본문에서는 이해를 돕기 위해 괄호 안의 우리말 약어 표기를 사용했다. 또한 각각의 서명은 영어와 독일어를 병기했다. 니체의 저술에 관한 자세한 사항이 필요한 독자는 이 책의 '텍스트와 번역에 대하여'를 참조하기 바란다.

A(반그리스도)『반그리스도*The Antichrist, Der Atichrist*』

BGE(선악)『선악을 넘어서*Beyond Good and Evil, Jenseits von Gut und Böse*』

BT(비극)『비극의 탄생*The Birth of Tragedy, Die Geburt der Tragödie*』

CW(경우)『바그너의 경우*The Case of Wagner, Der Fall Wagner*』

D(서광)『서광*Daybreak, Morgenröte*』

EH(이사람)『이 사람을 보라*Ecce Homo, Ecce Homo*』

GM(도덕)『도덕의 계보학*On the Genealogy of Morals, Zur Genealogie der Moral*』

GS(과학)『유쾌한 과학*The Gay Science, Die fröhliche Wissenschaft*』

HH(인간)『인간적인, 너무나 인간적인*Human, All-Too-Human, Menschliches, Allzumenschliches*』

KGW(전집)『비평적 전집*Werke : Kritische Gesamtausgabe*』

MOM(잠언) 『여러 의견과 잠언들*Mixed Opinions and Maxims, in HH, vol. 2, Vermischte Meinungen Sprüche*』

NCW(바그너)『니체 대 바그너*Nietzsche Contra Wagner, Nietzsche contra Wagner*』

PTG(그리스)『그리스 비극시대의 철학*Philosophy in the Tragic Age of the Greeks, Die Philosophie im tragischen Zeitalter der Griechen*』

TI(우상)『우상의 황혼*Twilight of the Idols, Die Götzen-Dämmerung*』

UM(고찰)『반시대적 고찰*Untimely Meditations, Unzeitgemäe Betrachtungen*』

WP(권력)『권력의지*The Will to Power, Der Wille zur Macht*』

WS(방랑) 『방랑자와 그림자*The Wanderer and His Shadows, in HH, vol. 2, Der Wanderer und sein Schatten*』

Z(차라)『차라투스트라는 이렇게 말했다*Thus Spoke Zarathustra, Also sprach Zarathustra*』

역자 서문

나에게 니체는?

여담이지만 동료 학자의 한 분이 내가 니체를 좋아한다는 말을 듣고서 "니 체했니?" 하고 농담을 했다. 그냥 가볍게 던진 말이었음에도 그것은 내 가슴의 한 구석에 자리를 잡고 떠나지 않았다. "소 뒷걸음질 치다 쥐를 잡는다"는 속담이 있다. 그 분의 가벼운 농담이 나를 붙잡고 다음과 같은 질문을 강요했다. 내가 체했을까? 니체에 체했을까? 내가 니체인 척하는 것일까?

'체하다'에는 동음이의어적인 두 가지 의미가 있다. 음식이 소화되지 않아서 뱃속이 답답한 상태가 하나라면 거짓으로 꾸민 언행이 나머지 하나이다. 양자는 모두 니체의 수용과 관련해서 정곡을 찌르는 듯이 보인다. 니체를 열심히 읽었음에도 우리는 이해가 되지 않아서 마음이 답답할 수도 있다. 아니면 정확하게 이해하지 못했는데도 불구하고 아주 잘 이해했다는 듯이 거드름을 피울 수도 있다. 전자가 정직이라면 후자는 위선이다. 니체에 대한 해석과 번역의 역사도 이러한 두 가지 태도와 무관하지는 않다. 독서의 불가능성이나 오독의 이론, 해석학적 딜레마가 언급될 때마다 빠지지 않고 언급되는 사상가 니체다. 니체도 자신의 글이 오독되리라는 사실, 혹은 오독될 수밖에 없다는 사실을 잘 인식하고 있었다. "속 검은 놈일수록 흰 체하다"는 속담이 있지만, 그는 정반대로 위악적 문필가이자 과장의 달인이었다. 또 모범답안처럼 올바르고 정확한 이해나 해석이 있다고 생각하지도 않았다. 중요한 것은 객관적으로 정확한 이해가 아니라 독자의 삶에 도움을 주는 것이어야 하기 때문이다. 우리는 니체를 위해서 그의 책을 읽는 것은 아니라 자신을 위해서 읽지 않는가. 그의 작품의 하나인『반시대적 고찰』은 때에 맞지 않은, 혹은 엉뚱한 고찰이라는 양가적 의미를 담고 있는데, 그 중의 한 꼭지가「삶을 위한 역사의 이용과 오용」이라는 사실은 매우 의미심장하다. 우리는 그의 글을 해석하는 것이 아니라 이용해야 하는 것이다.

　30여 년 전 대학을 다니던 시절에『차라투스트라는 이렇게 말했다』를 비롯해서 몇몇 니체의 책을 읽었다. 혈기왕성한데다가 반항적이며 "타는 목마름으로 타는 목마름으로"(김지하) 자유를 갈망하던—우리는 유럽의 68세대처럼 반항세대였다—우리에게 니체는 마르지 않은 영혼의 샘물이었다. 목마른 자는 마르크스와 니체를 읽어야 했다. 문학도였던 나는 무엇보다도 그의 문체와 언어에 매료되었다. 그의 사상은 문체의 부수물이거나 그림자처럼 생각되었다. 돈 들여 술을 마시지 않아도 그를 읽으면 흠뻑 취할 수 있어서 좋았다. 어쩌다 의기소침하거나 무료하고 따분한 느낌이 들 때 『차라』를 손에 들고 크게 목청껏 낭송하다 보면, 잠시 후에는 온몸에 굵은 힘줄이 불끈불끈 솟아오르곤 했다. 『폭풍의 언덕』의 히스클리프처럼 폭풍우가 휘몰아치는 황무지를 방황하다가 온몸이 흠뻑 젖은 느낌이 들곤 하였다. 니체를 이해했던 것이 아니라 그를 느꼈다고 말해야 옳을 것이다. 요리도 하지 않고 그냥 날 것으로, 그것도 씹지 않고서 꿀꺽 삼킨 것이다. 그러니 체했다고 말해도 과언이 아니었을 것이다.

지금은 니체를 읽어도 가슴이 뛰고 호흡이 거칠어지거나 눈가에 이슬이 맺히지 않는다. 옛날에 전율하면서 읽었다면 지금은 웃으면서 읽는다. 그가 망치로 전통과 인습을 박살내는 화끈한 철학자의 모습이 아니라 디오게네스처럼 웃는 모습으로 다가온다. "내가 했던 말들은 다 농담이야!"라거나 "다 먹자고 하는 짓이지!"라며 속삭이는 느낌이 들기도 한다. 중요한 것은 철학이나 학문, 진리가 아니라 우리의 삶이 아닌가! 이러한 나를—벌써 55살이다!—과거의 내 모습과 비교하면 재미가 있다. 옛날에는 왜 그렇게 게걸스럽게 그로부터 영감과 힘을 구걸했던가 하는 의문이 고개를 든다. 다른 한편으로는 가슴의 열기와 열정이 식었다는 탄식이 새어나오기도 한다. "아! 가슴아 어쩌란 말이냐!" 그러나 이런 당혹감이나 후회의 감정은 아주 순간적이며, 무시해도 좋은 사소한 것들이다. 이제는 니체에 기대지 않아도 나 혼자 힘으로 설 수 있다는 생각에 안도의 한숨을 내쉬는 편이다. 그의 말에 더 이상 체하거나 열광하고 싶은 마음이 없는지라, 하하 웃으면서 맞장구를 치거나 아니면 "뺑이야"라며 그에게 대꾸하기도 한다. 어느새 그와 내가 편안한 친구가 되어 있는 것이다. 이제는 그를 자주 만나지도 않는다. 어쩌다 필요할 때에만 그의 책을 찾게 된다.

니체의 해석

다른 철학자와 달리 니체에는 수많은 수식어와 별명이 따라다닌다. '광기의 철학자', '시대의 이단자', '예언자적 사상가', '망치로 사유하는 철학자'와 같은 애칭들이 그렇다. 이러한 명칭을 가지고 그를 만나는 것은 그만큼 우리에게 친근한 인물이 되었다는 증거이다. 칸트나 헤겔, 하이데거와 같은 근엄한 철학자들을 애칭으로 부르는 것은 왠지 낯설고 어색하게 느껴진다. 그럼에도 니체와 더불어 연상되는 애칭들은 우리를 니체와 가깝게 만들기보다는 더욱 멀어지게 만들곤 한다. 공부하지 않고 시험 보며 커닝을 하듯이.

한때 니체의 사상을 다윈의 진화론의 관점에서 이해하려는 시도가 있었다. 또 그의 권력의지와 초인이라는 개념이 나치즘과 관련되어 터무니없이 오해되기도 했다. 실존주의가 유행하던 시기에 니체는 실존주의의 대명사처럼 입에 오르내렸다. 프랑스와 미국의 해체론이 위세를 떨치던 1970년대에 해체의 선구자로서 재평가되기도 했다. 이렇듯 니체라는 이름은 20세기를 스쳐 지나간 상이하고 다양하며 이질적이기도 한 사상에 붙어 다니는 구호이며 수사修辭였다. 어디에서나 등장하지만 정작 그의 정체는 여전히 수수께끼로 남아 있는 것이다.

이러한 불투명성은 니체의 텍스트에서 현저하다. 19세기 후반에 학문적 엄밀성을 자랑했던 문헌학을 연구하고 가르치기도 했지만 그의 글은 어떠한 기존 장르의 구분에도 똑부러지게 들어맞지 않는다. 『차라투스트라는 이렇게 말했다』는 다음과 같이 시작이 된다. "차라투스트라는 서른 살이 되었을 때, 고향과 호수를 떠나 산으로 갔다." 이러한 글은 철학인가, 시인가, 종교적 예언서인가, 아니면 수필인가? 이러한 질문에 대답하기는 쉽지 않다. 더구나 『권력의지』는 그가 집필한 체계적인 작품이 아니라 누이동생이 그의 메모를 수집하고 분류한 짜깁기에 지나지 않는다. 이처럼 장르나 작가의 의도가 불투명한 작품을 어떻게 읽고 이해하며 평해야 할 것인가? 아니 그의 저서를 관통하는 일관된 사상이 있기나 한 것일까?

현재까지 니체의 사상을 연구한 연구서와 논문들을 이루 헤아릴 수 없이 많다. 다 망라해서 열거하기 위해서는 한 권의 책도 모자랄 지경이다. 그럼에도 가장 체계적인 연구서를 꼽으라면 한 손으로 꼽을 정도로 축소가 된다. 1945년에 바타유Georges Bataille가 쓴 『니체에 대하여 On Nietzsche』, 카우프만Walter Kaufmann이 1975년에 펴낸 『니체: 철학자, 심리학자, 반기독교도Nietzsche: Philosopher, Psychologist, Antichrist』, 들뢰즈Gilles Deleuze가 1962년에 출간한 『니체와 철학Nietzsche And Philosophy』 등이 신뢰하고 의지할 수 있는 입문서들이다. 이러한 목록에 하나 더 추가될 수 있는 것이 알렉산더 네하마스Alexander Nehamas의 『니체: 문학으로서 삶』이다. 지금으로부터 28년 전에 출판되었지만 지금도 니체에 관심을 가진 일반인이나 연구자라면 한 번쯤 읽어두어야 할 필독서로 인정받고 있다. 유럽에도 대부분의 언어로 번역이 되어 있다. 독일어 번역은 2012년에 *Nietzsche. Leben als Literatur*라는 제목으로, 스페인어판은 2002년에 *Nietzsche* *vida como literatura*로, 프랑스어판은 1994년에 *Nietzsche: la vie comme litterature*로 간행되었다. 2000년대에 독일어와 스페인어로 번역되었다는 사실은 아직도 이 책에 대한 관심과 애정이 시들지 않았음을 증명한다 하겠다.

이 책에서 네하마스는 니체의 사상을 일상적 삶의 가장 직접적이면서도 절박한 문제의 지평에서 제시하였다. 그에게 니체는 무엇보다도 기구하고 고단하며 고통스러웠던 삶을 하나의 예술 작품으로 완성한 탁월한 예술가이다. 삶이 곧 작품이며 철학이었던 것이다. 방황, 좌절, 고독, 질병 등 그의 다채로운 경험은 해석되고 또 재해석되어야 하는 작품의 재료였다. 권력의지, 초인, 영겁회귀와 같은 사상은 그가 자신의 삶을 이해하기 위한 열쇠이자 자기 서사의 플롯이며 주제였다. 이 점에서 권력의지는 해석을 향한 의지이며 삶은 해석의 험난한 과정이다. 이러한 네하마스의 해석이 옳다고 하면 독자들이 니체를 읽고 이해하는 과정도 역시 강렬한 삶에의 의지이며 권력의지의 발현이라고 할 수 있다.

니체를 이해하는 작업은 객관적이거나 중립적이고 초연한 작업이 아니라 우리 자신의 개성과 경험, 꿈과 맞물린 작업이다. 때문에 니체를 읽는 것은 자신의 삶을 재해석하고 재창조하는 과정에 임하는 것이다. 혹자는 니체의 의미를 이와 같이 독자의 몫으로 돌리는 네하마스의 입장이 너무나 상대주의적이라 비판할 수도 있다. 표준적이거나 객관적인 해석 대신에 주관적이고 다양하며 개성적인 해석 행위를 옹호하기 때문이다. 그러나 네하마스는 모든 해석이 똑같이 정당하고 유효하다는 의미의 상대주의와 다원주의를 단호하게 배격한다. 그러한 상대주의를 가지고는 권력의지와 영겁회귀를 설명할 도리가 없기 때문이다.

모든 해석이 똑같이 정당하고 의미가 있는 것이 아니라 나와 우리의 삶을 작품으로 완성하는 해석만이 정당하고 의미가 있다.

　"문학으로서 삶"이라는 부제가 붙은 네하마스의 주장은 다음과 같이 요약될 수 있다. 우리 앞에는 무한한 삶의 길과 선택의 가능성이 열려 있다. 이들 모두가 나름대로의 의미와 가치를 지니고 있다. 그러나 가능성 자체가 중요한 것은 아니다. 진정한 삶이란 그러한 가능성을 엮어서 하나의 작품으로 완성하고 그것을 긍정하는 데 있다. 니체의 유명한 영겁회귀의 핵심이 여기에 있다. 다시 태어난다고 해도 지금까지 살아온 삶을 그대로 똑같이 반복하며 살기를 원하는가? 이 질문에 대해서 "그렇다"고 흔쾌히 대답을 할 수 있는 자儀, 입맛에 맞는 단 것만 먹는 것이 아니라 선과 악, 미와 추, 자신의 모든 것을 긍정하는 자儀가 초인이다. 이러한 영겁회귀와 초인사상은 니체의 해석에도 적용될 수 있다. 모든 해석들이 똑같이 유효하고 정당한 것인가? 무한히 반복해도 좋을 만큼 훌륭한 해석인가? 이러한 질문에 "그렇다"고 대답할 수 있는 니체 연구서는 한 손으로 꼽을 정도이다. 그 중의 하나가 네하마스의 『니체: 문학으로서 삶』임은 두말할 나위가 없다.

　번역하는 작업에도 해석의 모든 문제들이 한꺼번에 불청객처럼 찾아온다. 만약 『니체: 문학으로서 삶』을 또다시 번역한다면 현재의 번역과 똑같은 것이 될 것인가? 이러한 영겁회귀적 질문에 대해서, 부끄럽지만 나는 그렇다고 대답할 수가 없다. 나는 이 책을 1994년에 처음으로 번역했고, 책세상에 의해 출판이 되었다. 이후로 손에 들고서 "꼼꼼하게" 읽어 본 적이 없었다. 기껏해야 주마간산 격으로 허겁지겁 필요한 대목만 곶감을 빼먹듯이 읽었기 때문에 흠과 결함이 눈에 들어오지 않았다. 그러다가 석 달 전에 연암서가가 이전 출판사의 저작권 계약이 만료됐다는 소식을 전하면서, 고맙게도 재출간하고 싶다는 제안을 해왔다. 나는 길어야 일주일이면 충분히 교정을 마치고 원고를 넘겨줄 수 있으리라고 예상하고 흔쾌히 수락을 했다. 그런데 컴퓨터에 입력된 파일을 가지고 원고를 검토하는 첫 문장부터 가시처럼 목에 걸리고, 부끄러워서 얼굴이 붉어지며 식은땀이 흐르기 시작했다. 아마 도리언 그레이가 흉측하고 추악하게 변한 자신의 초상화를 보았을 때 그러한 반응을 보였을 것이다. 망연자실! 결과적으로 지금의 이 책은 교정이 아니라 재번역이 되었다. 성형으로 비교하자면 완전히 다른 얼굴이 되었다고 할 수 있다.

　1994년의 번역이 원문에 충실한 것이었다면 현재의 번역은 의미 전달에 초점을 맞추었다. 사실 '원문에 충실한 번역'이라는 표현 자체가 말이 되지 않는다. 원저자에게 충실한 번역이란 의미 전달에 성공하는 번역에 다름이 아니기 때문이다. 그럼에도 다음 사실은 미리 말해두어야 하겠다. 재번역하면서 원문의 질서를 최대한 우리말로 살리려 노력하는 대신에 불필요하거나 이해에 장애가 된다고 판단되는 구절을 무시하였다. 지나치게 에두르거나 미묘한 표현은 보다 단도직입적이며 직설적 어법으로 바꾸었으며, 만연체로 늘어지는 대목을 짧게 자르고, 너무 자주 반복되는 "앞서 말했듯이"와 같은 어구를 생략하였다. 그의 글에 우리말로 옮기기에는 불투명하거나 애매한 대목과 논쟁적 어조가 적지 않았는데, 그것이 나의 번역에 제대로 반영되지 못한 것에 대해 독자의 양해를 구해야 하겠다. 아무튼 이러한 이유로 1994년의 번역에 비해서 현재의 것은 분량이 약간 줄어들었다. 그러나 네하마스가 인용하는 니체의 텍스트에 대해서는 최대한 본문의 의미와 뉘앙스를 살리기 위해 노력하였다는 사실을 말해두고 싶다. 책세상에서 우리말로 번역 출간한 니체 전집이 있음에도 불구하고, 또 그것을 참조하는 것이 학자로서 도리임에도 불구하고, 나는 이 책의 문체를 통일하기 위해 인용문을 직접 번역하였으며, 필요시에는 독일어 원본과 대조하였다. 마지막으로 기억에서 가물가물 잊혀져가던 『니체: 문학으로서 삶』을 망각의 강에서 건져 올리고, 이렇게 다시 펴낼 수 있는 기회를 준 연암서가에게 감사의 마음을 전하고 싶다.

2013년 2월
김종갑

저자 서문

내가 그리스에서 공부하던 시절에 니체의 책은 지적 호기심이 강한 고등학생에게는 필수적이었다. 당시를 돌이켜보면 우리의 누구도 니체를 제대로 이해하지 못했으며, 그의 책을 즐기지도 못했다는 생각이 든다. 이 점에서는 내가 1960년대 중반에 미국 대학에 유학을 온 것이 다행이었다. 미국의 대학에서는 니체가 그리스에서처럼 대화의 단골 메뉴가 아니었다. 그래서 내가 원한다고 해도 친구들과 이야기를 나누면서 그의 이름을 꺼낼 필요가 없었다.

내가 프린스턴 대학의 대학원생으로서 우연하게도, 고故 월터 카우프만Walter Kaufmann 교수가 개설한 니체의 실존주의 과목을 도와주는 수업 조교가 되었을 때 처음에는 매우 불안했다. 불안감은 곧 새로운 호기심에 자리를 내어주었지만 여전히 당혹스럽기 짝이 없었다. 일찍이 내가 니체를 좋아했으며 더욱 공부해 보고 싶었던 것은 사실이다. 이 경이로운 철학자를 이모저모로 접할 수 있다는 게 행운이었지만 이전에 내가 혼란스러워하면서 이해하지 못하고 헤매야 했던, 그래서 더 이상 직면하고 싶지 않았던 니체의 모습을 다시 마주해야 하기 때문이었다.

　당시 나는 자신의 새로운 호기심에 대해 반신반의했지만 아무튼 니체에 관한 중요한 책을 두 권 읽게 되었다.『니체: 철학자, 심리학자, 반그리스도*Nietzsche: Philosophist, Psychlogist, Antichrist*』에서 카우프만은 니체가 미친 반유대주의자나 비이성적인 아리안 숭배주의자가 아니라는 분명하게 확인시켜 주었다. 니체에 대한 의심이 여전히 도사리고 있었고, 특히 그의 여성관이 마음에 들지 않았지만, 카우프만의 연구서는 내가 니체를 이해하는 것이 가능하다는 확신을 안겨주었다. 그리고 아서 단토Arthur Danto의『철학자로서 니체*Nietzsche as Philosopher*』는 니체는 반드시 읽고 이해해야 하는 필독서라는 것을 알려주었다. 단토의 책을 읽으면서 얼마나 흥분하고 감동을 했는지 지금도 기억에 생생하다. 당시 내가 고민했던 문제들에 대한 해답을 니체에게서 발견할 수 있다는 확신을 주었기 때문이었다. 나는 그 두 권의 책뿐만이 아니라 직접 개인적으로 그 분들에게 가르침을 받았다는 사실에 지금도 고마워하고 있다.

　1971년에 나를 채용하였던 피츠버그 대학 철학과는 내가 학부에서 실존주의 강의를 맡아 줄 것을 요구했다. 당시는 실존주의 과목을 가르칠 교수를 구하기가 어려웠던 시절이었다. 나는 이 과목을 가르치고 싶은 욕심에서, 내 부족한 능력은 생각하지 않고서 교수직 제안을 받아들였다. 이후로 학기 대부분을 니체와 씨름하면서 나는 그 과목을 잘 가르칠 수 있었다. 이 강좌 덕분에 나는 고대 그리스 철학사를 연구하는 한편으로 니체에 대한 관심을 유지할 수 있었다. 이와 같이 그리스 철학과 니체를 접목시키면서 나는 소크라테스Socrates 이전의 철학자들과 플라톤Plato을 읽고 이해했던, 내가 이전에 교육을 받았던 방식으로 니체의 텍스트를 읽을 수 있었다. 이 책에서 독자들은 이러한 나의 교육적 배경을 읽을 수도 있을 것이다. 이 자리를 빌려서 감사의 말을 드리기는 겸연쩍은 일이지만, 나는 그와 같은 방법으로 고전을 가르치셨던 그레고리 블라스토스Gregory Vlastos 교수에게도 감사의 마음을 전하고 싶다.

최근 문학이론에 대한 관심이 커지면서 나는 니체에 대한 독일의 학자와 프랑스의 학자들의 글을 읽었다. 질 들뢰즈Gilles Deleuze의 『니체와 철학Nietzsche et la Philosophie』과 사라 코프만Sarah Kofman의 『니체와 은유Nietzsche et la métaphore』가 커다란 도움이 되었다. 이 책에서 나는 이들 유럽 학자들과 열린 자세로 대화를 하려고 노력을 많이 하였다. 문제의식에 있어서 나는 유럽 학자들과 상당 부분 일치했지만, 우리가 제시하는 대답은 각기 달랐다. 그들이 유럽 학자라서 그러했던 것은 아니었다. 나의 생각은 영미의 학자들과도 크게 차이가 나기 때문이다.

1978~79년 1년 동안 피츠버그 대학에서 안식년을 받은 나는 프린스턴 대학에서 객원교수로 근무하면서 니체에 대한 연구를 계속하였다. 당시 나는 국립인문재단으로부터 연구비도 받을 수 있었는데, 안식년 기간에 이 책의 영겁회귀에 관한 장을 완성하였다. 이 점에 대해 세 기관에 감사의 마음을 표하고 싶다.

이 책을 구상하던 당시 영겁회귀에 대한 글에서 내가 어떤 점을 강조하고, 또 어떤 점을 약화시켜야 하는지에 대해 리처드 로티(Richard Rorty, 1931~2007. 서구 철학사를 비판하고 신실용주의를 제창한 미국의 철학자) 교수가 많은 도움을 주었다. 로티 교수는 니체와 관련된 문제들에 대하여 직간접적으로 자문을 아끼지 않았으며, 특히 이 책의 초고에 대한 코멘트는 참으로 소중한 것이었다. 나와 많은 대화를 나누었던 데이비드 캐리어David Carrier 교수와 데이비드 호이David Hoy 교수도 나의 원고를 읽고 조언을 아끼지 않았다. 동료교수인 셸리 케이건Shelly Kagan도 마찬가지였다.

그 밖에도 다음과 같은 많은 동료들이 니체에 대해 이야기를 나누었다. 아네트 베어Annette Baier, 도널드 백스터Donald Baxter, 폴 보브Paul Bov, 도널드 크로퍼드Donald Crawford, 마르그레타 드 그라치아Margreta de Grazia, 폴 기여Paul Guyer, 길버트 하먼Gilbert Harman, 제인 캣실러스Jane Katselas, 리하르트 샤흐트Richard Schacht, 한스 슬루가Hans Sluga, 로버트 솔로몬Robert Solomon, 트레이시 스트롱Tracy Strong, 찰스 테일러Charles Tayler, 제임스 반 에이큰James Van Aken, 케이트 위닝거Kate Wininger이다. 특별히 토마스 라쾨르Thomas Laqueur와 베른트 마그누스Bernd Magnus는 나에게 많은 시간과 제언을 아끼지 않았다. 이들 동료 교수들의 인내심과 친절은 이루 말할 수가 없다. 나의 의견에 전적으로 동의하지 않았던 이들 동료들이 소크라테스처럼 자신의 견해를 말해 주었기 때문에 이 책이 완성되는 데 많은 도움을 주었다.

완성된 원고를 처음으로 읽었던 수잔 글림셔Susan Glimcher 교수도 내 견해에 전적으로 동의하지는 않았지만 그것의 정당성을 인정해 주었다. 그녀의 조언은 중요하면서도 매우 고마운 것이었다. 이러한 조언이 없었다면 이 책을 완성하는 것이 불가능했을 것이다.

이 책의 대부분은 내가 존 사이먼 구겐하임 기념재단(John Simon Guggenheim Memorial Foundation)의 넉넉한 지원을 받아 펜실베이니아 대학에 객원교수로 있으면서 1983~84년에 쓴 것이다. 구겐하임 재단에도 감사를 드린다.

마지막으로 나에게 오랜 세월 관심을 가지면서 집필을 격려해 주었던 하버드 대학의 린제이 워터스Lindsay Waters 교수에게도 감사의 마음을 전한다.

이 책의 제5장과 제6장은 원래 『철학 리뷰The Philosophical Review』에 게재되었던 논문이다. 『니체 연구Nietzsche-Studien』에 실린 논문과 1983년에 개최된 제5차 예루살렘 철학자대회의 『자료집Proceedings』에 게재된 논문은 제2장에 상당 부분 포함되어 있다. 끝으로 카우프만 교수와 홀링데일 Hollingdale 교수가 저작권을 소유한 니체 번역서를 자유롭게 인용하도록 허락해 준 랜덤하우스 사社와 카우프만 교수가 편역한 『문고판 니체The Portable Nietzsche』의 인용을 허락한 펭귄 사에게도 감사를 드린다.

.

| 차 례 |

내 영혼 깊숙이 제목들은 과거의 상처와 같다.
—마르셀 프루스트의 「그가 찾은 시간(Time Regained)」 중에서

서론

    니체의 독자들은 조만간 두 가지 난관에 부딪히게 마련이다. 하나는 권력의지, 영겁회귀, 자아의 본질 및 도덕의 비도덕적 기원과 같은 관점들이다. 그의 사상의 뼈대를 이루는 개념들 사이의 갈등과 충돌을 해결하는 일이 니체 연구자들의 주요 과제의 하나이다. 다른 하나는 니체의 텍스트 자체에서 야기되는 모순들이다. 이것으로 인해서 그를 이해하기 어렵게 되고, 또 서로 충돌하는 개념들을 조화하려는 노력이 좌절된다. 나는 이 두 가지의 난점을 나름대로 해결하고 니체에 대한 하나의 해석을 독자에게 제시하기 위해서 저술을 시작하였다. 독자들은 내가 모순을 해결하기 위해 노력하는 모습을 볼 수 있을 것이다.

    이러한 난관들은 서로 연결되어 있기 때문에 다음과 같은 견해가 가능하다. 즉 니체는 이 두 모순 사이를 수시로 넘나들면서 텍스트 내적 모순과 거기에서 야기되는 모순을 구별하는 것이 기껏해야 임의적이라는 것을 보여 주었다는 관점이다. 이것이 니체의 유명한 원근법주의

(perspectivism)이다. 원근법주의까지 포함한 니체의 모든 견해가 다양한 해석의 하나에 지나지 않는다는 것이다. 그런데 다양한 해석만이 존재한다는 견해도 해석의 하나에 불과하다면, 이것도 잘못된 관점일 수 있는 가능성을 배제할 수가 없다. 그렇다면 다음과 같은 결론도 가능하지 않을까. 즉 모든 견해가 다 해석일 수는 없다는 것, 니체의 입장도 해체될 수밖에 없다는 것이다.

니체가 분명하게 주장한 견해의 하나가 바로 원근법주의이다. 원근법주의에서 야기되는 모순도 그의 저술의 일부라면 그를 해석하는 연구자들은 언제나 그 점을 명심해야 한다. 이것은 니체 자신이 지향하는 목표의 하나이기도 했다. 그러나 유감스럽게도 원근법주의는 자체 내에 모순을 안고 있기 때문에 그것의 정당성은 언제나 내부로부터 도전받고 있다고 할 수 있다. 원근법주의는 이해의 대상이면서 동시에 이해의 가능성을 원론적으로 부정하는 대상이 된다.

앞서 말했듯이 우리의 첫 번째 문제는 니체가 자신의 여러 입장들을 모두 진지하게 주장했다는 사실에 있다. 니체는 자아나 도덕성, 역사에 대한 그의 상호 모순적 견해들이 의견이 진리라고 생각을 했던 것일까? 그렇다면 모든 견해는 해석에 불과하다는 자신의 입장과 모순되는 셈이다. 반면에 그러한 견해들을 진리로 생각하지 않았다면 그는 어떠한 이유로 그것들을 애써서 주장했을까?

이러한 모순에 직면한 학자 몇몇은 니체가 "실증주의적(positive)"이라고 주장하면서 원근법주의와 그로부터 야기된 문제들을 부정하였다. 반대로 원근법주의를 강조하는 학자들은 그러한 실증주의적 주장은 니체의 다른 입장들과 명백하게 모순이 된다고 주장하면서 실증주의를 터무니없는 것으로 여겼다. 아무튼 여기에서 우리는 니체에 대해서 일관된 설명과 해석을 하기 위해서는 원근법주의는 방해가 된다는 점을 확인할 수 있다.

니체 해석과 관련해서 더욱 심각한 두 번째의 문제가 있다. 만약 모든 견해가 단지 해석이라면, 그리고 원근법주의적 주장에 따라 여러 해석들의 정당성을 뒷받침할 근거도 존재하지 않는다면, 니체에 대한 해석들은 도대체 어떤 무엇을 향한 해석이란 말인가? 수많은 니체에 대한 논의와 저술들이 똑같은 대상으로서 니체를 다루는 것이라 말할 수 있을까? 이들 해석 사이에 어떠한 관계가 있는가? 만약에 원근법주의의 주장처럼 모든 해석들이 나름대로의 그것에 걸맞은 사실들을 만들어낸다면 어떤 해석이 보다 정당한지 아닌지를 판단하는 일은 불가능해질 것이다. 다양한 해석의 대상이 존재하지 않는다면 해석이라는 것도 의심스러운 것이 될 것이다. 적어도 대상이 있을 때에만 해석이 가능하기 때문이다. 니체의 텍스트의 위상에 대해서도 심각한 질문이 제기될 수 있다. 왜냐하면 그의 텍스트는 도덕성 개념처럼 우리가 오랫동안 당연한 진리로 받아들였던 현상들을 재해석한 결과이기 때문이다.

본문의 각 장에서 나는 니체가 견지했던 모순된 입장들을 하나하나 점검할 것이다. 각 장의 제목으로 니체의 구절을 붙인 이유도 여기에 있다. 이 책의 각 장은 제목에 대한 해석이 될 것이다. 니체의 원근법주의와 같은 맥락을 공유하면서, 그것을 정당화시킬 해석을 제시하는 것이 이 책의 목표이다. 나의 해석의 진위를 판가름하기 위해서는 또 하나의 니체 연구서가 필요한지도 모른다.

나는 해석과 독립해서 존재하는 사실은 없다는 것, 또 모든 해석에 공통되는 대상은 존재하지 않는다는 니체의 견해에 동의한다. 또 해석이 옳은지 그른지 매 경우 판가름해 줄 중립적인 기준이 없다는 니체의 견해에 전적으로 동의한다. 그럼에도 나는 어떤 해석은 다른 해석에 비해 더욱 정당성을 가지고 있으며, 그것의 정당성을 증명할 수 있다고 생각한다. 나는 니체도 그렇게 생각했으리라 믿고 있다. 내가 주장하려는 두 가지 중심적 논제 중 하나가 그것이다.

니체를 연구하면서 발견한 두 번째 주요 논제는 니체의 유미주의(aestheticism)와 관련된 것이다. 유미주의는 다음과 같은 두 가지 측면에서 원근법주의와 연관성이 있다. 첫째로, 유미주의는 니체가 원근법주의를 주장했던 동기를 제공한다. 니체는 예술 작품을 대하듯이 세계를 보았다. 그는 세계를 문학 작품처럼 읽었다고 나는 주장하는 바이다. 문학 텍스트와 등장인물의 창조와 해석에 거의 직관적으로 사용되는 개념이나 원칙들을 니체는 세계와 인간에 적용함으로써 자신의 독자적 견해에 이를 수 있었다. 이러한 문학과의 연관성을 염두에 두면 그의 견해들을 이해하기가 한결 쉬워진다. 문학 텍스트에 대해서는 서로 상이하면서 모순적이기도 한 해석들이 가능한 법이다. 이런 다양한 해석을 맨 처음 표명한 사람이 니체였다. 더구나 니체는 세계와 세계에서 일어나는 모든 사건 및 상황들을 문학 텍스트와 마찬가지로 해석할 수 있다고 주장했다. 앞으로 설명하겠지만, 바로 이러한 해석으로부터 권력의지, 영겁회귀, 자아의 개념, 및 도덕성 등에 대한 이론 및 원근법주의가 도출되었다.

니체의 유미주의가 원근법주의와 연관성을 가지는 또 다른 이유가 있다. 이미 앞에서 소개한 세계의 문헌학(the philology of the world)을 통해서 니체는 자신의 독자적 입장을 확립할 수 있었을 뿐 아니라 문학 작품과 흡사하게 철학적 작품을 집필할 수 있었다. 따라서 우리는 니체의 긍정적인 측면을 각 장에서 다룰 특정 사상에서 찾으려는 것보다—

물론 이것도 중요하다—그러한 철학적 입장을 가지고 삶을 살았던 특정한 작품 속의 인물들을 그가 묘사하고 예시하는 방법에서 찾아야 한다. 이러한 작중인물들이 독특하고 독창적인 방법으로 묘사되었고, 도저히 모방이 불가능한 방식을 취하였기 때문에 니체는 원근법주의를 부정하지 않으면서 원근법주의를 고수할 수 있었다. 사실 이러한 여러 문제를 다루는 그의 태도가 아주 교묘해서 그가 긍정하는 견해와 부정하는 견해를 칼로 자르듯 구분하는 것은 불가능하다. 니체가 기존 철학에 대해서 애매모호한 태도를 취하는 것도 그러한 이유에서이다.

제1장은 철학에 대한 니체의 애매모호한 태도를 주로 다루었다. 나중에 다시 언급할 몇 가지 문제들도 가볍게 소개되기는 하였다. 철학에 대한 니체의 모호한 태도는 소크라테스에 대한 그의 입장에서 단적으로 드러난다. 그의 소크라테스는 완전히 긍정적이지도 그렇다고 완전히 부정적이지도 않은 양가성을 가지고 있다. 니체는 자기가 글을 쓰는 이유가 소크라테스가 추구했던 목표, 그의 생각에 철학의 근본 토대를 이루는 전통적 목표들과 흡사하다고 생각했다. 그래서 그는 자신이 지향하는 것이 전통적인 의미에서의 철학과 비슷하게 보이거나, 아니면 그것의 또 다른 판본이 될 수 있는 위험을 간파하였는데, 그러한 위험의 원인이 소크라테스의 독단주의에 있다고 생각하였다. 소크라테스는 자신의 견해와 가치관을 자신과 같은 상황에 있는 사람들에게 유용한 개인적 의견으로 제시한 것이 아니라, 모든 사람들이 보편적으로 따라야 할 이성적이고 보편적이며 절대적인 진리로서 제시했던 것이다. 이러한 독단주의에 대한 비판이 원근법주의이다. 원근법주의는 그 자체를 포함해서 어떤 견해이든 독단적이 되는 것을 불가능하게 한다. 그럼에도 니체가 희망하듯이 우리가 어떤 입장을 주장할 때 그것을 진리라

고 가정하지 않을 수 있는지는 여전히 의문으로 남는다.

그렇다면 니체는 자기가 만든 함정에 빠진 것인가? 이러한 난점을 타개하기 위해서 니체는 그때까지 중요하게 취급되지 않았던 여러 문학적 장르와 스타일을 모방해야 했다. 이런 방법을 취함으로써 그는 독자들의 기억에 영원히 각인되는 작가가 되고자 했다. 그렇다고 내가 이것이 니체에게서 스타일이 중요한 유일한 이유라고 주장하는 것은 아니다. 또 니체가 왜 각 저서마다 새로운 스타일을 사용했는가라는 질문에 대한 대답이라고도 생각하지 않는다. 나는 그의 스타일에 대한 자세히 분석하지도 않았다. 다만 다양한 스타일이 그의 저술에서 중요한 철학적인—혹은 니체적은 의미에서는 반철학적인—의미를 가지고 있다고 주장할 따름이다.

"세계"라는 제목의 제1부에서 나는 니체의 문학적 모델과 텍스트로서의 세계에 대한 그의 관점, 해석에 관한 몇 가지 방법론적 문제들을 논의할 것이다. 집중적으로 원근법주의를 논하는 제2장에서는 그것의 예술적·문학적 근거를 소개하고, 모든 견해가 해석에 불과하다는 원근법주의의 자기 반영적이고 자기 부정적인 측면도 검토함으로써 그러한 위험을 피할 수 있는 방법도 논의할 것이다. 더불어서 모든 해석을 똑같이 가치가 있다고 주장하는 는 것은 원근법주의와 거리가 멀다는 것도 증명할 생각이다. 그러기 위해서 니체가 말하는 이른바 "자유정신"을 가진 사람들, 즉 모든 것이 해석이라는 것을 알면서도 부단히 새로운 사상과 가치를 창안하고 추구하는 사람들을 소개하게 될 것이다.

제3장에서는 니체의 권력의지를 논의하게 될 것이다. 권력의지는 세계에 존재하는 대상이 다른 것에게 미치는 영향의 정도에 따라서 그것의 본질을 파악하는 입장, 또 대상이란 이러한 영향의 총체라고 보는

입장이다. 대상이나 물질이 없어도 결과는 존재하고 실체가 없어도 성질은 존재하며, 행동의 주체가 없어도 행동은 존재한다고 주장하는 그의 권력의지관觀은 모순적으로 들린다. 이러한 모순을 해소하기 위해서 나는 니체의 문학적 모델에 의존할 것이다. 문학 속의 등장인물들은 하나의 독립적 개체가 아니라 일군의 특징들로 구성되어 있다고 할 수 있다. 이때 특정한 관점이 전제되지 않으면 그러한 특징들이 결합되어서 어느 개인의 다양한 모습들을 이룰 수가 없게 된다. 만약 다른 이해관계와 가치가 반영이 된다면 다른 관점이 취해질 것이다. 그리고 거기에 일치하는 특징들이 결합되면서 전혀 다른 인물을 만들게 될 것이다. 어떤 결합이 가장 훌륭하며, 또 어떠한 결합이 인물의 본질을 가장 잘 드러내는지의 질문에 대해 절대적인 답은 존재하지 않는다. 어느 누구나 무조건적으로 인정할 수 있는 기준으로서의 가치는 존재하지 않기 때문이다. 니체는 해석을 통해 가치는 관점에 의존하고 있다는 사실을 드러낼 수 있다고 생각했다. 해석을 통해서 우리가 당연하게 생각했던 것이 따지고 보면 과거의 오랜 가치나 해석의 결과라는 사실도 밝힐 수 있다고 생각했다. 이와 더불어서 그는 과거의 가치에 대한 해석도 우리의 삶을 풍요롭게 만드는 이해관계나 가치를 통해 이루어진다고 주장하였다.

그러나 만약 니체의 말이 옳다고 해도, 기독교의 탄생 근거였지만 나중에 의도적으로 은폐되었던 특정 가치를 백일하에 까발리는 그의 해석, 혹은 계보학이 윤리적으로 옳다고 할 수 있을까? 그의 계보학도 단편적이고 임의적인 특정 관점의 표현에 불과하지 않을까? 그렇다면 그는 어떠한 이유로 기독교를 거부해야 한다고 주장하는 것일까? 계보학은 기독교의 배후에 놓인 모순을 드러내는 동시에 스스로의 모순을 보여 준다. 이러한 문제를 다루는 제4장에서는 기독교의 금욕주의가 신자들을 자기소멸을 강요한다는 니체의 견해가 논의될 것이다. 그럼에도 니체는 기독교가 신자들이 자기 소멸적인 목표를 추구하도록 세뇌하는 한편, 그것이 신도들의 생명을 유지하는 기능도 가진다는 점을 잘 알고 있었다. 끔찍한 자기 파괴이기는 하지만 이것도 목표라는 사실에는 변함이 없다. 원래 삶에는 아무 명분이 없기 때문에 사람들은—이들을 위해서 기독교가 창안되었다—더욱 절실하게 명분을 갈망하게 마련이다. "무無에의 의지, 삶에 대한 혐오감, 삶의 가장 기본적인 조건에 대한 반역은…… 의지이고 여전히 의지로 남아 있을 것이다."(『도덕』, III, 28)

그런데 기독교의 가장 근본적이면서 끔찍한 특징을 까발렸다고 주장하면서 니체는 자신의 폭로와 비판이 올바른 것이라고 주장하지 않을 수 있을까? 만약 그렇다면, 그는 원근법주의를 거부하고 스스로 회피하려고 했던 독단주의에 빠지게 될 것이다.

이러한 문제들이 "자아"라는 부제를 가진 제2부에서 논의될 주제이다. 만약 제1부에서 설명되었던 세계나 지식, 해석, 철학에 대한 니체의 견해가 올바른 것이라면, 제2부의 문제는 그가 그러한 견해를 정당화하는 방법에 있다. 이 점에서 유미주의의 두 번째 측면으로서 그의 글쓰기의 모델이 문학이라는 사실이 새로운 중요성을 띠게 된다.

제5장은 영겁회귀에 대한 것이다. 내 생각에 영겁회귀는 사람들이 믿고 있는 것과 달리 우주의 본질과 전혀 관계가 없는 사상이다. 니체는 세계가 영원한 주기로 반복하고 있다거나 그것의 가능성을 믿지 않았다. 그는 세계와 거기에 있는 것들은 서로 뗄 수 없는 관계에 있기 때문에 만일 어떤 한 부분이 회귀한다면—이것은 불가능한 가정이지

만—나머지 다른 모든 것들도 함께 회귀해야 한다고 생각했다. 그가 이러한 생각을 품은 이유는 세계의 모든 것들을 구성하는 연결 관계, 특히 경험과 행동으로부터 개인을 구성하는 연결 관계가 개인에게 절대적으로 필요하다는 견해를 수용했기 때문이었다. 개인의 모든 행동은 그 개인의 본질에 똑같이 중요성을 갖는다. 그래서 우리에게 두 번째의 삶이 주어진다면 그것은 이전의 삶과 정확하게 일치해야 할 것이다. 그렇지 않다면 그것은 우리의 삶이 아니게 될 것이다. 이러한 맥락에서 영겁회귀는 세계에 대한 이론이 아니라 이상적인 삶에 대한 니체의 견해이다. 그는 이미 살았던 삶을 우리가 다시 반복하기를 추구하는 경우에만 우리의 삶이 정당화된다고 주장하는 것이다. 권력의지가 말해 주듯이 현재의 삶과는 다른 삶은 불가능하기 때문이다. 영겁회귀의 핵심은, 우리의 삶을 다시 그대로 반복하기를 바랄만큼 현재의 삶을 긍정하면서 충실하게 살아갈 때 삶이 정당성을 가진다는 생각에 있다.

　문학의 모델에 입각한 이러한 영겁회귀관은 니체의 사상에 두 가지 새로운 차원을 더해 준다. 첫 번째는 니체의 무도덕주의(immoralism)(앞으로 나는 이 개념을 부도덕주의가 아니라 무도덕주의로 옮길 것이다. 도덕에 반대되는 입장이 아니라 도덕과 부도덕의 차이를 해체하는 입장이기 때문이다)이다. 예를 들어 보자. 내가 이전의 삶을 반복하기 원하고 그 모든 경험들이 그대로 회귀하기를 소망함으로써 니체의 이상적인 삶의 조건을 만족시킨다고 해도, 도덕적인 관점에서는 나의 삶이 혐오스러운 것일 수 있다. 이러한 결론이 나오지 않도록 하는 어떠한 대안도 니체는 제시하지 않았다. 두 번째는 삶은 형성되어야 할 대상이라는 관점으로, 니체는 우리가 자기 자신을 형성하는 과정을 힘주어 강조하였다. 이것은 제6장의 제목이다.

니체에 따르면 자아는 지속적이고 안정된 실재가 아니라 형성되고 구성되는 것이다. 모든 사유와 욕망, 행동의 총합이 인간인 것이다. 이 때 위대한 자아는 생각이나 욕망, 행동이 서로 긴밀하게 결합되어서 하나의 분명한 스타일을 만드는 인간을 말한다. 자아는 일관되게 결합된 일련의 에피소드이다. 또 니체가 입이 마르게 주장하듯이 훌륭한 자아는, 다수의 강력하고 모순적인 성향이 통제되고 조화를 이룬 것이다. 물론 나약함이나 진부함, 천박성에서도 일관성을 유지하는 것이 가능하다. 그러나 니체가 찬양하며 우리에게 본보기로 제시하는 스타일은 통제된 다양성과 지양된 모순을 간직한 형태이다. 이러한 조건을 만족시키기 위해 일반적인 의미에서의 도덕성이 요구되는 것은 아니다.

니체가 생각하는 이상적인 인간은 어떠한 인물일까? 어떻게 우리는 그들처럼 될 수 있는가? 이러한 질문과 무도덕주의의 관계가 제7장의 주제를 이루며 "선악을 넘어서"라는 유명한 경구에 대한 해석이 시도될 것이다. 나는 도덕적이나 비도덕적이라고 생각하는 것들이 다른 것들과 마찬가지로 서로 불가분의 관계에 있다는 주장이 니체의 경구의 핵심이라고 생각한다. 선악의 성격과 가치는 관점의 문제이다. 따라서 니체가 경탄하였던 인물이 되기 위해 필요한 기준이나 원칙을 도출해 내려는 시도는 실패할 수밖에 없다.

니체는 이상적인 인간이 실제로 존재한다고 생각하지는 않았다. 다시 말해, 그는 단 하나의 올바른 삶이나 단 하나의 전범적인 인물이 존재한다고 생각하지 않았다. 훌륭한 사람들이란 우리가 "개별적 인간"이라 부를 수 있는 사람들, 즉 본질적으로 규정되거나 유형화될 수 없는 사람들이다. 그러한 개인이 되기 위한 보편적 기준을 제시하는 것은 얼토당토않은 일이다. 보편적 견해도 해석에 불과하지 않은가. 이러한 이유로 바로 니체는 전통적인 의미에서의 도덕관을 거부하였다. 그는 이상적 인물이나 모범적 삶에 대해 아무런 구체적인 묘사를 하지 않았던 까닭이 여기에 있다. 영겁회귀도 이러한 구체적인 묘사가 아님은 물론이다. 영겁회귀의 조건을 충족시킬 수 있는 다양한 삶이 가능하기 때문이다.

니체는 개별적 인물이 자신을 아름답게 형성해나갈 수 있는 하나의 방법으로서 글쓰기를 이용했다. 그러한 개인은 도덕을 넘어서면서도 도덕적으로도 흠이 없는 인물로서, 그것은 작품의 창조자로서 니체였다. 이러한 인물은 모방의 모델이 될 수 없다. 그는 타인이 모방할 수 없는 특정한 행동들의 결과, 즉 독특한 글쓰기의 결과이기 때문이다. 그를 대놓고서 모방하는 사람은 우스꽝스러운 어릿광대나 짝퉁으로 전락할 뿐 아니라 자신의 개인적 성숙을 포기하는 사람이 된다. 니체를 올바르게 모방하기를 원한다면 우리는 우리에게 독특한 모든 것들을 최대한 활용해서 짝퉁이 아니라 자기만의 고유한 것, 즉 자기만의 창조물을 생산해야 한다.

자신의 경험을 가지고 철학자가 주인공으로 등장하는 문학 작품을 만들려고 노력했던 니체는 독단주의적 전통에 빠지지 않으면서도 긍정적인 인간상을 제시할 수 있었다. 독단주의를 혐오했음에도 자신도 그것으로부터 완전히 자유롭지는 못하다는 염려가 철학을 문학 작품으로 만드는 계기가 되었다. 따지고 보면 그의 유미주의는 원근법주의의 또 다른 얼굴이었던 것이다. 이러한 주장이 나의 니체 해석의 뼈대를 이루고 있다.

나의 이러한 해석이 가능했던 이유는 니체가 1880년대에 저술했던 다음과 같은 텍스트에 기반을 두고 있다. 『차라투스트라는 이렇게 말했다*Thus Spoke Zarathustra*』(1883~85), 『선악을 넘어서*Beyond Good and Evil*』(1886), 『유쾌한 과학*The Gay Science*』의 제5부(1887), 『도덕의 계보학*On the Genealogy of Morals*』(1887), 『바그너의 경우*The Case of Wagner*』(1888), 『우상의 황혼*Twilight of the Idols*』(1888), 『반그리스도*The Antichrist*』(1888), 『이 사람을 보라*Ecce Homo*』(1888), 『권력의지*The Will to Power*』(1883~88) 등이 그것이다.

니체의 초기 저술은 그 자체로서 중요한 것들이며, 내가 이 책에서 간간히 언급하기도 했지만 그것들은 나의 주된 관심의 대상이 아니었다. 또 나는 그의 사상적 성장 과정에 대한 몇몇 중요한 질문들에 신경을 쓰지 않았다. 그러한 니체가 초기의 저작에서 주장했던 견해를 비롯해서 그의 사상적 형성 과정을 논의하기 위해서는 몇 권의 책이 더 씌어져야 할 것이다. 노파심에서 말하지만, 이 책에서 내가 나름대로 해석한 니체의 텍스트에 대해서 나와 상반된 해석들이 가능함은 두말할 나위가 없다.

이 책에서 내가 특히 『권력의지』에 많은 분량을 할애한 점에 대해서 설명이 필요할 수 있겠다. 니체의 노트를 편집해서 만든 『권력의지』가 나는 전통적인 의미에서 "작품"이 될 수 없다는 사실을 충분히 의식하고 있다. 노트를 분류하고 배열해서 출판한 것은 니체가 아니라 엘리자베트 푀르스터 니체Elizabeth Förster-Nietzsche가 오빠의 사후에 행했던 작업이었다. 그녀의 편집이 니체의 해석에—오류의 가능성을 포함해서—적지 않은 영향을 미칠 수밖에 없었다. 그럼에도 이 책은 좋든 나쁘든 니체의 문학적·철학적 저술에서 빼놓을 수 없는 중요한 일부였으며, 지난 80여 년 동안 그의 사상에 대한 재해석에 많은 도움을 주었다. 혹자는 이 책이 과도하게 대접을 받고 있을 뿐 아니라 그가 생전에 직접 출판한 저술들로 연구를 제한한다면 그가 주장한 것으로 여겨지는 많은 견해들이 그의 생각이 아닌 것으로 증명되었을 것이라고 주장하기도 한다. 나는 상황이 그렇게 단순하지 않다고 생각한다. 니체에 대한 일부 의견들이 『권력의지』에만 입각한 해석이라는 것은 부정할 수 없다. 그러나 잘못된 해석이 있다면 그것은 권력의지를 우주론적으로 해석한 경우처럼, 노트를 충분하게 이해하지 못해서 생긴 결과이지 노트 자체의 "성격"이 그러한 것은 아니었다. 잘못된 해석은 그의 노트의 성격이나 노트에서 무엇이 중요하고 그렇지 않은지에 대한 문제와는 아무런 관계가 없다. 예를 하나 들기로 하자. 반유대주의자라는 주장은 그가 생전에 출판했던 저서에 근거를 두기는 했지만 터무니없는 오해에서 생겨난 것이 아니었던가. 『권력의지』에 표명된 니체의 견해의 일부가 그가 직접 출판했던 저작의 견해와 모순된다는 의견을 제시한 몇몇 학자도 있었다. 이러한 지적은 올바르다고 할 수 있다. 그러나 그것은 니체의 노트에서 무엇이 중요한지에 대한 질문과는 무관한 것이다. 아무튼 니체의 유고遺稿와 더불어 『권력의지』의 바탕인 노트는 그가 출판한 저작물과 마찬가지로 그의 사상을 전체적으로 이해하기 위해서 필수적인 텍스트임에는 틀림이 없다. 그가 출판하지 않은 글에 모순이 있듯이 그가 출판된 저서에도 많은 모순이 있다. 이러한 모순은 단시일에 그토록 많은 저서를 남긴 니체에게는 당연한 결과인지도 모른다.

결론적으로 니체의 많은 저작물 가운데 어떠한 텍스트가 가장 중요한지에 대해서 하나의 확실한 대답은 없다. 문필가로서 그가 저술한 모든 글들은 그의 이해에 필수적이다. 따라서 그의 어떤 텍스트를 다른 것보다 훨씬 중요하게 평가하는 학자가 있다고 해도 그러한 평가가 어떤 일반적 원칙에 입각한 것은 아니다. 니체 사상을 전체적으로, 그러면서도 일관되고 설득력 있게 설명하는 데 도움이 되는 텍스트라면 중요한 텍스트라고 할 수 있다. 중요성의 정도는 학자마다 다를 수가 있다. 이것이 내가 니체의 텍스트를 읽고 이해하며 원칙이며 이 책을 저술하는 원칙이기도 하다. 이러한 원칙이 객관적으로 증명될 수 없는 일관성 요구나 가치관에서 나온 것이라는 반론이 제기될 수도 있다. 이러한 반론은 당연하게 제기될 수 있는 자연스러운 것이지만 나는 이것은 반론이 될 수 없다고 대답할 것이다.

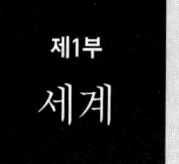

제1부

세계

제1장
다양한 스타일의 예술

19세기의 사실주의에 대한 혐오는 거울 속에서 자신의 모습을 보았던
캘리반(Caliban: 셰익스피어의 『템페스트*Tempest*』에 나오는 반인반수의 추악한 동물/인간)의
분노였다. 또 19세기에 나타난 낭만주의에 대한 혐오감은
거울 속에서 자기의 얼굴을 보지 못한 캘리반의 분노였다.

— 오스카 와일드Oscar Wilde의 『도리언 그레이의 초상*The Picture of Dorian Gray*』에서

니체에 대한 대부분의 저술들은 대개 그의 스타일에 대한 상투적인
견해로 시작한다. 이 책도 예외가 아닌데, 가장 상투적인 설명에 따르
면 그의 사상은 스타일과 떼어놓고 생각할 수가 없기 때문에 스타일을
이해하지 않으면 그의 사상도 이해할 수 없다고 한다. 그러나 이와 같
은 상투적 견해는 매우 다양하게 해석되었으며, 이들 다양한 해석에 의
해서 그의 사상과 스타일에 대해 서로 상충되는 다양한 해석이 등장하
였다.

니체의 스타일이 중요한 이유는 그의 글이 평범하지 않고 지극히 개
성적이기 때문이다. 철학적 논문들이 갖고 있는 일반적 특징을 그의 저
서에서는 발견할 수 없다. 이 점으로 인해 그의 저서들이 철학적이 아

니라는 결론이 나오기도 했다.[1] 그러나 그것은 과거에 철학적 저술들의 스타일이 매우 다양하였다는 사실을 몰라서 하는 주장이다. 니체가 철학자가 아니라 시인이라는 의견은 슈테판 게오르게(Stefan George, 1868~1933. 니체에게서 많은 영향을 받은 독일의 시인.—옮긴이)의 시에서 유래하였다. "이 '새로운 영혼'은 말하는 것이 아니라 노래해야 한다("It should have sung, not spoken, this 'new soul'")"라는 그의 말은 곧 인구에 회자되었다. 그리고 결과적으로 시와 철학 모두에 엄청난 피해를 주게 되었다.[2]

엘리엇T. S. Elliot이 젊은 시절에 니체를 옹호하면서 했던 말도 마찬가지이다. 그는 니체의 "문학적" 특징들이 "철학적" 내용과 불가분의 관계에 있다는 것을 잘 알고 있었다. 그럼에도 니체가 우아함과 엄밀성을 뒤섞음으로써 양쪽 모두에 해독을 주었다고 주장했다.[3]

문학적 특질과 떼어놓는 순간 철학도 사라지는 식의 글을 쓰는 문필가가 있다. 그러한 작가의 문학적 매력은 그의 개성과 지혜뿐 아니라 자신이 과학적 진리를 주장한다는 사실에 있다. 그러한 작가가 바로 니체이다. 그들은 철

---

1 「Experiments in Philosophic Genre: Descarte의 『성찰Meditations』」, Critical Inquiry, IX(1983)이라는 논문에서 Amélie Oksenberg Rorty는 글을 철학적인 글과 그렇지 않은 글로 분류한 데 있어서 스타일의 중요성을 논의했다. pp. 545~564.

2 George의 「니체Nietzsche」는 Walter Kaufmann이 편집한 『20세기의 독일 시인들: 두 언어판Twenty German Poets: A Bilingual Editions』(New York: Random House, 1963)에 실려 있다. George의 시의 내용은 사실상 니체의 『비극의 탄생The Birth of Tragedy』(1886)의 제2판 서문인 「자기비판에의 시도 Attempt at a Self-Criticism」에서 이미 니체 자신에 의하여 어느 정도 언급된 것이기도 하다. 미국이나 영국에서 니체를 시인으로 받아들이고 이해한 니체 수용사에 대해서는 Patrick Bridgwater의 『앵글로 색슨의 니체Nietzsche in Anglosaxony』(Leicester: Leicester University Press, 1972)를 참조할 것.

3 T. S. Elliot의 「볼프의 『니체의 철학』에 대한 서평Review of A. Wolf, The Philosophy of Nietzsche」, International Journal of Ethics, (1915~16), 426~426. 인용문은 p. 426에 있음.

학에 관심 있는 대중들에게 독특한 영향력을 행사한다. 이들 대중은 스피노자Spinoza의 형이상학이나 스탕달Stendhal의 소설을 읽는 데 필요한 엄격한 비판적 노력을 기울이지 않는다. 이러한 독자들은 서로 다른 흥미를 마구 뒤섞는 사치스런 취향을 가지고 있다. 그러나 어떻게 이것들을 올바르게 결합해야 하는지를 모르고 있다.

니체의 스타일에 대한 논의는 그의 경구에 관심이 고조되면서 활기를 띠기 시작했다. 소크라테스 이전의 철학자나 프랑스의 모럴리스트에 대한 존경심에서 경구를 사용하기 시작한 것으로 짐작되는데 그는 곧 경구의 대가가 되었다.[4] 경구는 체계적이거나 추론적이고 논쟁적이지 않으며, 대부분의 경우 해석하는 데 어려움이 크다.[5] 철학자로서 니체를 읽고자 했던 영미권 독자 대부분에게 경구는 그의 저작의 정수이자 결함으로 간주되었다. 이러한 독자들의 생각을 대변해서 크레인 브린턴Crane Brinton은 다음과 같이 말했다. "니체의 저작은 다양한 사상을 담고 있는데, 이들은 서로 모순적이어서 하나의 체계를 도출하는 일은 불가능하지는 않다 하더라도 매우 지난한 일이다. 더구나 그가 경구의 형식으로 글을 쓰기 때문에 그 어려움은 더욱 가중된다."[6]

영미권 독자들의 니체에 대한 오해를 불식시키기 위해서 월터 카우프만은 브린턴과는 대조적으로 경구를 긍정적으로 다루었다. 그는 경

---

4 프랑스의 모럴리스트와 니체의 관계 및 그의 저서에 있는 경구의 역할에 대해 Brendan Donnellan은 그의 책 『니체와 프랑스 모럴리스트Nietzsche and the French Moralists』(Bonn: Bouvier, 1982)에서 자세히 논했다. 그의 연구의 방향에 걸맞게 Donnellan은 니체의 중기 저서를 중점적으로 논의했다.

5 니체 스스로도 이러한 해석의 어려움에 대해서 『도덕』, 서론, 8과 『과학』, 381에서 논의했다. 후자의 책에서 니체는 잠언에만 한정시켜 논의하지는 않는다. 그의 관심은 일반적인 스타일의 문제로 확산된다.

구를 니체의 저작의 중심에 두었다. 그럼에도 경구가 가진 단편적 성격으로 인해서 적지 않게 당황하였던 그는 『바그너의 경우』의 7항 「데카당스적 스타일에 대한 소묘」에서 니체 스스로 자신의 스타일을 훌륭하게 비판했다고 생각하였다. "모든 문학적 데카당스의 특징은 무엇인가?"라는 의문을 제기하면서 니체는 다음과 같이 대답했다. "이제 삶은 더 이상 전체 속에 담겨 있지 않다. 각각의 낱말은 독립적이 되면서 문장의 질서를 벗어나고, 문장은 글의 맥락에서 벗어나 의미가 모호해진다. 전체를 무시해야 글은 조금이라도 의미를 가진다. 전체는 더 이상 전체가 아니라는 것, 이것이 데카당스의 스타일이다. 혼란과 무정부 상태가 지배하는 것이다."[7] 그럼에도 카우프만은 경구가 궁극적으로는 일관된 의미를 가지고 있으며, 그 경구의 배경에는 "니체의 철학 전체가 있다"(p. 74)는 확신을 가지고 있었으며, 이를 증명하기 위해 노력했다. 그러한 노력의 결과 그는 니체의 경구적 스타일을 철학적 체계에 대한 철학적 비판이라고 주장하였다. 또 니체는 질문에 대답하는 것이 아니라 질문 자체를 선호하는 철학자라고 주장하였다. 카우프만에 의하면 "플라톤과 마찬가지로 니체는 체계적 사상가가 아니라 문제를 제기하는 사상가였다."(p. 82) 여기서 그치지 않고 그는 니체가—카우프만이 말한—이른바 경험주의(experimentalism)를 위해 데카당스적 스타일을

---

6 Crane Brinton의 『니체Nietzsche』(New York: Harper and Row, 1965), p. 167. 심지어는 John Burt Foster의 최근 저서인 『최근의 디오니소스의 후예들: 문학의 모더니즘에 나타난 니체적 유형 Heirs to Dionysus: A Nietzschean in Literary Modernism』(Princeton, N. J.: Princeton University Press, 1981)은 여러 측면에서 니체의 스타일을 예민하게 다루고 있지만, 니체의 저서의 모든 요소들을 '경구'로 취급했다. 예를 들어 pp. xi, 438, n. 11을 보라.

7 Walter Kaufmann의 『니체: 철학자, 심리학자, 반그스리도Nietzsche: Philosopher, Psychologist, Antichrist』(Princeton, N. J.: Princeton University Press, 1974), p. 72. 앞으로 이 책의 제1장에서 Kaufmann의 이 저서에 대해서 언급할 때는 본문 중에 괄호를 넣어 이를 표시하려고 한다.

수단으로 이용했기 때문에 이미 데카당스의 한계를 극복했다고 주장하였다. 경험주의 정신은 "새로운 증거를 기꺼이 허용하고 필요시 기존의 입장을 포기하는 선한 의지"(p. 86)를 의미한다. 그렇다면 모든 경구는 "경험"적이라 할 수 있다. 카우프만은 니체적 경험주의가 동일한 이론을 위한 것은 아니라 할지라도 그의 "지적인 성실성"이 일관성을 보증한다고 생각하고 있다. "그러한 지적 성실성으로 인해서 그의 사유는 이전에 범했던 실수를 수정할 수 있게 된다. 만약 그러한 오류가 없다면 그의 사상의 단절이나 모순도 발생하지 않을 것이다…… 그의 '실존주의'로 인해서 그의 경구들은 개별적 파편의 혼란스런 모자이크로 전락하지 않는다."(p. 91)

　카우프만은 사상적 체계는 아니라 하더라도 니체의 경구를 관통하는 방법론이나 일관된 태도를 발견하기 위해 노력하였다. 최근에 이러한 노력과는 정반대되는 해석이 사라 코프만(Sarah Kofman. 데리다의 영향을 많이 받은 현대 프랑스의 여류 사상가.—옮긴이)의 니체 해석이다. 코프만은 니체의 경구뿐 아니라 그의 은유도 꼼꼼하게 살펴봄으로써 스타일의 문제를 보다 다층적인 차원으로 끌어올렸다. 코프만은 경구와 은유라는 두 가지 스타일은 "천박한 무리를 물리치는" 기능을 가지고 있다고 주장했다. "은유적인 스타일은 '귀족적'이다. 왜냐하면 은유는 비슷한 종류의 사람들이 서로를 알아보도록 만들어 주는 반면에, 속악하고 저열한 가축의 무리는 은유로부터 배제시키기 때문이다. 쉽게 말하는 것은 곧 저속한 것이다."[8] 은유와 마찬가지로 경구도 "세련된 감수성을 가진 사람들만이 이해할 수 있다. 그것은 자유정신을 가진 사람들

---

8 Kofman, 『니체와 은유*Nietzsche et la métaphore*』(Paris: Payot, 1972), pp. 163~164. 앞으로 이 책을 언급할 때는 본문 안의 괄호 안에 책의 면수를 밝힐 것이다.

을 받아들이지만 속악한 무리들은 멀리 내쫓는다."(p. 166) 그녀의 해석에 따르면 은유와 경구는 최종적이고 결정적인 해석에 대해서 끊임없이 저항하는 특징을 가지고 있다. 그의 텍스트에는 가능하면서 서로 모순되기도 하는 해석들만이 있을 따름이다. 내가 보기에 코프만은 카우프만이 니체의 단편들에서 일관성을 찾기 위해 간과했던 요소들을 지나치게 강조하고 있다. 카우프만의 단점을 보완하려는 시도에서 그녀는 브린턴의 니체와는 아주 상반된 니체 상像을 우리에게 제시하는 것이다. "비연속적 특징으로 인해서 경구는 수많은 의미를 생산한다. 경구는 해석의 다원주의와 재생을 지향한다. 움직임을 제외하고 이 세상에 영원한 것이 어디 있겠는가."(p. 168)

1930년대에 하이데거Heidegger도 이미 코프만과 흡사한 해석을 시도했다. 그는 니체의 생전에 출판된 저술이 아니라 『권력의지』가 니체 사상의 정수를 보여 준다고 주장했다. "니체가 생전에 출판한 저서들은 그의 표면에 지나지 않았다…… 그의 철학의 진면목은 출판되지 않은 유고집에서 찾을 수 있다."[9] 그는 『권력의지』가 서양의 형이상학의 마지막 단계에서 그 "극복"을 모색하는 사상을 담고 있다고 주장하였다. 그는 이와 같은 서양철학의 단일한 기획이 출발점과 종착지에서 만난다는 사실을 강조하고, 또 소크라테스 이전의 철학자와 니체 사이에 공통적으로 발견되는 아이러니한 요소를 강조하기 위해서, "단편"이라는 개념을 도입했다. "우리가 『권력의지』라고 알고 있는 이 책은 초안과 단편적인 윤곽만을 포함하고 있지만, 그럼에도 뚜렷한 계획에 따라서 배열되었다. 네 권으로 분책된 책들에 각각 붙인 제목은 니체가 스스로

---

9 Martin Heidegger, 『니체Nietzsche』, trans. David Farrell Krell (New York: Harper and Row, 1979), I, 9.

계획했던 것이다."¹⁰ 하이데거에게 니체를 이해하는 일은 서양철학의 정점과 종말을 동시에 알리는 그의 사상을 단편들을 통해서 재구성하는 작업이라 할 수 있다.

『니체의 스타일Spurs: Nietzsche's Styles』에서 데리다Derrida는 단편이라는 개념을 근본적으로 검토함으로써 니체의 사상을 나름대로 재구성하려는 하이데거의 해석학적 기획을 무산시키려고 했다. 데리다는 "단편이라는 개념은 전체로부터 떨어진 조각이라는 인상을 주기 때문에 적절한 개념이 아니다"¹¹라고 주장하였다. 단편이라는 것은 그것이 부분으로 속해있는 전체를 가정하고 있다는 것이다. 데리다에 따르면 니체의 단편은 문맥이나 전체가 부재하는 문장 조각들로, 해석을 위해 전체를 가정할 필요가 없다. 그는 니체의 노트에 적힌 "나는 우산을 잃어버렸다"라는 문장의 의미를 결정하는 것이 불가능하다고 주장한다. 코프만과 마찬가지로 데리다도 이 문장을 어렴풋하게나마 해석하려는 시도조차 하지 않는다. 그 문장 뒤에는 확실한 의미의 보증이 없다고 생각하기 때문이며, "니체의 전체 텍스트"¹²도 마찬가지라고 주장한다. 그리고 문맥이 없는 단편에는 스타일도 존재하지 않는다고 지적한다. 언어의 조각들 사이에 유기적인 상관관계가 있어야 일관된 스타일이 생기는데, 만

---

10 Heidegger의 『니체』, p. 7. 『니체 읽기Nietzsche Lesen』(Berlin: de Gruyter, 1982)에서 Mazzino Montinari는 Heidegger의 주장을 문헌학적인 입장에서 비판했다. pp. 92~120. 아무튼, 『권력의지The Will to Power』는 니체 사상의 주요한 원천일 뿐만 아니라 그의 사후 80년 동안 니체 사상의 이해에 있어서도 중요한 위치를 차지하고 있다. Heidegger의 『니체』, trans. Frank A. Capuzzi(New York: Harper and Row, 1982), 제4권, pp. 11~12를 참고할 것.

11 Jacques Derrida, 『니체의 스타일Spurs: Nietzsche's Styles』 trans. Barbara Harlow(Chicago: University of Chicago Press, 1979), p. 125.

12 Derrida의 『니체의 스타일』, p. 133. 그의 책 『무한한 담화L'Entretien infini』(Paris: Gallimard, 1969)의 「니체와 단편적 글쓰기Nietzsche et l'écriture fragmentaire」라는 글에서 Maurice Blanchot도 이와 비슷한 견해를 표명했다. pp. 227~255.

약 그러한 관계가 있다면 그것은 더 이상 단편이 아니게 된다는 것이다. 이런 식으로 단편의 성격을 가정하는 데리다는 우리가 단편의 구성요소로서 어휘의 의미를 안다고 해도 이에 대한 해석을 내릴 수 없다는 결론을 유추한다.[13]

아서 단토도 니체의 스타일—혹은 스타일의 부재, 스타일이란 구성과 상호관련성 및 상호의존성을 전제하는 바—에 관해 데리다와 흡사한 견해를 표명했다. 그의 글을 인용하면 "니체의 저서는 작문이 아니라 조립된 제품의 인상을 준다. 그의 글은 짧고 날카로운 경구와 채 대여섯 페이지를 넘지 않는 짧은 수필로 되어 있다…… 이 경구나 수필은 이 책에서 저 책으로 옮겨서 수록하더라도 그것의 일관성이나 구조에 영향을 미칠 것 같지가 않다."[14] 단토는 니체의 모든 다른 저술도 마찬가지이며, 따라서 어떠한 순서로 그를 읽든지 별 차이가 없다고 판단했다. 그럼에도 그는 이러한 이론적 관점을 포기하지 않으면서도 니체의 사상을 연대기적이며 체계적인 방법으로 설명하였다. 스타일에 대해서 데리다와 똑같은 견해를 가지고 있음에도 단토는 데리다와 반대의 방향으로 갔던 것이다.

『니체의 스타일』의 말미에서 데리다는 "스타일이라는 것이 있다면, 그것은 하나가 아니라 여럿이다"(p. 139)라고 언명했다. 이 말은 작가의 스타일을 알기 위해서는 다른 작가의 것과 비교하는 것이 필요하다는

---

13 Derrida는 우리가 수긍할 수 있는 해석의 조건으로 너무 엄격한 기준을 부과하고 있는지도 모른다. 그는 어떤 상황에서 니체가 글을 썼는지 알 수 있는 '절대 확실한' 방법은 없다고 말한다. 그리고는 "니체가 이러한 글을 썼을 때 그가 무엇을 말하려는지에 대해서 우리는 확실히 알 수 없다"(강조는 Derrida의 『니체의 스타일』, p. 123)고 주장한다. 여기에서 Derrida는 해석의 조건으로 절대적 확실성을 가정하고 있다. 그러나 그는 왜 절대적 확실성이 필요한지에 대해 이유를 밝히지 않는다.

14 Arthur C. Danto, 『철학자로서 니체*Nietzsche as Philosopher*』(New York: Macmillan, 1965), p. 19.

사실을 암시하는 듯이 보인다. 어쩌면 스타일이란 존재하지 않으며, 다양한 텍스트 사이에 다만 차이만이 있다는 주장인지도 모르겠다.

데리다의 니체관은 스타일에 대해 아직껏 제기되지 않았지만 니체 해석에서 중요한 질문을 던진다. 매우 짧았지만 창조적이었던 저술 기간 동안 니체는 경구나 은유, 단편을 비롯해서 여러 스타일과 장르를 자유로이 구사했다. 해석의 다원주의를 주장하는 연구서들이 이러한 스타일의 다원주의를 연구하지 않았다는 것은 뜻밖이라고 할 수 있다. 그런데 해석의 다원주의의 도마에 오르는 순간에 우리는 다원주의의 기능에 대한 질문을 피할 수 없다. 이 점에서 니체의 스타일에 대한 새로운 질문이 필수적으로 제기되고, 이에 대해 대답해야 마땅하게 되었다.

피상적으로 볼 때 니체 스타일의 가장 현저한 특징은 경구이다. 그러나 경구는 많은 스타일의 하나에 불과하다. 언제나 그렇지는 않지만 경구는 그의 중기中期 저술의 중요한 특징이다. 『서광Daybreak』, 『인간적인 너무나 인간적인Human, All-Too-Human』, 『유쾌한 과학』의 제1~4부, 『선악을 넘어서』의 일부분, 『우상의 황혼』과 같은 저서들은 경구로 이루어져 있으며, 『차라투스트라는 이렇게 말했다』는 경구적인 성향이 강하다. 그러나 『권력의지』를 비롯한 미출간 원고들은 경구와 거리가 먼 메모(여기서는 '단편'을 말하는 것이 아니다)로 되어 있다. 그리고 『비극의 탄생The Birth of Tragedy』은 학술 논문과 형식적 요건을 충족하지 못할 뿐 아니라 오히려 그것의 한계를 지적하는 취지를 가지고 있지만, 그것이 학술 논문의 형식을 갖추고 있다는 점을 부정하기 어렵다.[15] 『반시대적 고찰Untimely Meditations』을 위시해서 몇몇 초기 저서들은 전통적인 수필의 양식을 따르고 있다. "서사시", "찬양시" 혹은 "복음서"와 같은 명칭으로 이해되었던 『차라투스트라는 이렇게 말했다』는 장르를 구분하기가 어렵지만, 그럼에도 경구가 아님에는 의심의 여지가 없다. 다른 저서처럼 경구를 포함하고 있지만 매우 복합적인 서술 구조를 가지고 있으며, 그러한 이유로 차라투스트라의 성격이 계속 변화하기 때문이다.[16] 『선악을 넘어서』는 불발로 그친 철학 논문도, 그렇다고 짜임새가 없는 짧은 수필의 모음도 아니다. 바탕에는 주의 깊게 읽지 않으면 보이지 않는 통일된 구조가 있다. 여기에서 니체는 일련의 독백을 빌어서 자신의 독특한 개성을 구체적으로 표현하고 있다. 이 책은 296개의 항項과 결론적인 "노래 끝말"을 포함한 9부의 형식을 취하고 있는데, 언뜻 보기에 이들 사이에는 아무런 관계가 없는 듯이 보인다. 그러나 고전적 의미에서의 변증법적인 차원에서, 최근의 용어로 대화적으로 접근하는 순간 관계이 분명한 모습을 드러내기 시작한다. 『유쾌한 과학』의 제5부와 정도가 덜하지만 『우상의 황혼』도 마찬가지이다. 문헌학적 논문의 형식을 학문적으로 답습하는 듯이 보이지만 『도덕의 계보학』은 그러한 형식을 다만 수단으로 이용하고 있을 따름이다. 그럼에도 이 책은 『선악을 넘어서』만큼 잘 정돈되고 균형이 잡힌 구조를 가지고 있다.[17] 『바그너의 경우』, 『니체 대 바그너Nietzsche Contra Wagner』 및 『반그리스도』는 정치적인 팸플릿의 특징을 가지고 있는 반면, 『이 사람을 보라』는 자서전 형식을

---

15 『비극의 탄생』이 가진 비학술 논문적인 특징에 관심이 있는 독자는 Paul de Man의 『책 읽기의 알레고리Allegories of Reading』(New Haven: Yale University Press, 1979), pp. 85~87. 『비극의 탄생』보다 더 전통적으로 학술 논문의 형식을 갖춘 니체의 저서로는 『비극시대의 철학Philosophy in the Tragic Age of the Greeks』이 있다. 『비극의 탄생』과 같은 시기에 씌어졌지만, 이 책은 니체의 사후에 출판되었다.

16 『메타 역사Metahistory』(Baltimore: Johns Hopkins University Press, 1973)에서 Hayden White가 제시한 수사학적 모델에 입각하여 『차라투스트라는 이렇게 말했다Thus Spoke Zarathustra』를 해석한 논문에 Gray Shapiro의 「니체의 차라투스트라의 수사법The Rhetoric of Nietzsche's, Zarathustra in Berel Lang, ed., Philosophical Style(Chicago: Nelson Hall, 1980)이 있다. pp. 347~385. 이 논문은 비록 Shapiro의 완전한 설득력을 가진 것은 아니지만, 『차라투스트라』의 복합적인 구조를 살펴봄으로써 우리가 니체에 관한 중요한 통찰력을 얻을 수 있다는 사실을 일깨워준다.

취하고 있다. 이들 다양한 장르 이외에도 니체는 서정시, 경구적이고 찬양적인 시와 수많은 편지를 남겼다. 경구가 중요한 것처럼 시와 편지들 역시 니체를 이해하는 데 중요하다.

니체의 스타일이나 구조를 확실히 밝히기는 어렵거니와, 설령 가능하다고 해도 그것은 나의 의도가 아니다. 니체가 구사한 다양한 스타일에 독자의 주의를 환기시킴으로써 경구나 은유, 혹은 단편이 니체의 스타일의 전부로 생각하는 관행을 비판하는 것이 나의 의도이다. 니체도 자신의 스타일의 다양성을 언제나 의식하고 있었다. 나중에 자세히 살펴볼, "나는 많은 스타일상의 가능성, 즉 한 인간이 구사할 수 있는 가장 다양한 스타일을 가지고 있다"(『이사람』, Ⅲ, 4)라는 말이 이것을 단적으로 증명한다.

니체가 왜 특정한 상황에 맞춰서 특정한 스타일을 구사했는지에 대한 질문은 그 자체로 중요하지만 이 책에서 나의 관심사가 아니다. 물론 이 질문과 정면으로 대결하지 않고서 그의 개별 작품을 논하는 것이 무의미한 것을 잘 알고 있다. 니체는 공평무사한 토론과 견해의 논리적 비교가 요구되는 논문의 양식을 잘 구사하고 있으면서도 『도덕의 계보학』에서 매우 감정적이고 파당적인 표현을 사용하였다. 그것은 우연이 아니다. 그는 두 가지 상반된 양식을 결합함으로써 해석과 계보학은 본질적으로 가치판단적이고 논쟁적이라는 것, 그리고 중립적으로 보이는 토론도 그러한 이해타산적 논쟁의 하나에 지나지 않는다는 사실을 주

---

17 Kaufmann은 『도덕의 계보학On the Genealogy of Morals』이 니체의 저서 중 가장 뛰어난 구조를 갖추고 있다고 주장했다.(『니체』, p. 92) 그가 번역한 이 책의 서두에서도 그는 이러한 주장을 했다. Maudemarie Clark은 학위 논문인 「도덕에 대한 니체의 태도Nietzsche's Attack on Morality」 (University of Wisconsin, 1977)에서 『도덕의 계보학』이 Kaufmann이 지적한 것 이상으로 더 복잡하고 짜임새가 있으며, 또 더욱 분명한 구조를 가지고 있다고 주장했다.

장하고 싶었던 것이다. 이해에 초연하고 객관성을 기하려는 요청은 따지고 보면 단편적이고 파당적인 내용을 그럴싸하게 포장하기 위한 노력의 일환인 것이다.

그럼에도 이러한 질문이 나의 직접적인 관심사는 아니다. 니체의 스타일에 대한 나의 관심은 개별적이 아니라 일반적이고 추상적이다. 나는 개별 저서나 특정한 구절에는 관심이 없다. 다만 니체가 스타일과 장르를 수시로 바꾸었다는 사실을 강조하고 싶을 따름이다. 니체의 스타일이 아니라 그가 말한 이른바 "스타일의 가능성"에 대해서 나는 관심을 가지고 있다. 나중에 자세히 논하겠지만 스타일의 다원주의는 원근법주의의 또 다른 모습이라는 것이 내가 주장하려는 것이다. 그는 기존의 철학적인 전통을 비판하고 이에 대한 대안을 제시하는 한편, 그러한 철학적 전통으로부터 거리를 두기 위한 강력한 무기로서 스타일상의 다원주의를 채택했다.

카우프만도 니체의 스타일상의 다원주의를 인식하고 이 점을 그의 연구서에서 언급하기는 했다. 그러나 카우프만은 경구에 대한 자신의 견해를 다원주의에 단순 적용했을 따름이었으며, 그에겐 경구가 니체의 스타일의 본질이었다. 경구가 "개념과 견해"를 넘어서 "사물 자체의 본질에 이르기 위한 니체의 실험"(p. 85)이듯이 그의 스타일도 다양한 방법으로 사물의 본질에 도달하기 위한 노력의 일환이었다. 카우프만의 표현을 인용하면 "무의식적으로 니체는 가장 적절한 표현 방법을 찾아 스타일에서 스타일로 옮겨 다녔다. 각 스타일마다 그의 개성을 잘 반영하고 있었지만, 그는 그것이 적절하지 않다고 생각되는 순간에 새로운 스타일을 찾아 나섰다. 그럼에도 그러한 스타일들은 변덕의 산물이 아닌지라 확실한 일관성을 가지고 있다. 이러한 일관성을 실험정신

이라 부를 수 있다."(p. 93)

  니체의 다양한 스타일이 단 하나의 "적절한 표현 방법"을 찾으려는
노력의 결과라는 카우프만의 견해를 나는 받아들일 수 없다. 니체도 이
러한 해석을 예상했다는 듯이 "적절한 표현 방법을 요구하는 것은 어리
석은 일이다"(『권력』, 625)라고 말하였다. "사물 자체"라는 개념을 인정
하지 않았던 그에게 다양한 글쓰기는 "사물 자체"를 향한 노력과는 아
무런 관계가 없었다. 스타일의 다양성은 "엄밀하게 말해서 사실이란 사
실이 아니다. 사실이란 다만 해석일 따름이다"(『권력』, 481)라는 그의 주
장을 반영한 것이다. 그럼에도 코프만이나 데리다가 주장했듯이 스타
일의 다양성이 다원주의나 의미의 결정불가능성과 같은 차원에 있다고
쉽게 생각해서도 안 된다. 니체의 글이 원근법주의와 같은 맥락에 있다
고 할 수는 있지만 그렇다고 해석이 불가능하다거나 분명한 구조나 형
식 혹은 의미를 가지고 있지 않다는 식으로 이해해서는 안 된다.

  니체의 스타일상의 다원주의와 원근법주의는 미묘한 관계에 있다.
다양한 스타일은 그의 견해를 단순히 개인적인 견해로서 제시하려는
노력의 일부였다. 그리고 전통적인 철학자들로부터 자신을 구별하려는
노력의 산물이기도 했다.

  니체의 스타일과 원근법주의와의 관계를 규명하고 전통적 철학에
대한 그의 거부감을 설명하기 두 가지의 질문이 선행되어야 한다. 이
두 질문은 지금까지의 경구에 한정되었던 연구가 무시했던 질문인 동
시에 스타일에 대한 진지한 성찰을 요구하는 질문이다. 우리는 경구나
스타일상의 특징을 문제로 삼는 대신에 한 걸음 뒤로 물러나서 왜 지금
까지 경구가 니체 연구에서 그토록 중요한 비중을 차지했는지, 그리고
왜 니체가 저술을 위해 그토록 다양한 스타일과 장르를 필요로 했는지

에 대하여 질문을 던져야 한다.

두 번째의 질문은 니체의 다양한 저술들의 관계가 개별적 경구들의 관계와 동일하다고 가정하는 인상을 풍긴다. 혹자는 카우프만이 니체의 특징으로 규정한 방법론적인 일원주의가 니체의 의도라고 생각하거나, 아니면 코프만과 데리다의 극단적 다원주의가 정당하다고 생각할 수도 있다. 이 중에 어느 입장을 취하든 니체가 비판했던 "문학적 데카당스"가 그의 글에도 적용될 수 있는 가능성을 피하기 어렵다. 니체가 묘사한 데카당스의 본질이 무엇인지, 또 그것이 기피의 대상인지에 대하여 다양한 의견들이 있을 수 있다. 다음과 같은 질문도 가능하다. 혹시 자기기만을, 야스퍼스가 주장한[18] 자기모순을 감수하지 않으면 니체는 자기 자신에 대한 글을 쓸 수 없지 않았을까? "이것만이 철학자에게 적합하다. 우리는 어떠한 종류든 고립된 행동을 할 권리가 없으며 고립된 실수를 범할 수 없고 고립된 진리를 발견할 수도 없다. 나무가 열매를 맺는 것과 같은 필연 속에서 생각, 가치, 긍정과 부정, '만약'이나 '그러나'와 같은 말들이 생성한다. 이들은 하나의 의지, 하나의 건강, 하나의 토양, 하나의 태양에서 산출된 결과로서 서로 유사 관계를 가지고 있다."(『도덕』, 서론, 4) 니체의 이러한 진술은 무시되어야 하는 것일까? 아니면 그의 사상을 조리 있게 설명할 수 없는 증거로서 채택되어야 하는 것일까? 아니라면 그가 썼던 변화무쌍한 가면들은 결국 자신의 유일무이한 진정한 얼굴을 향한 것이었다고 말해야 할까. 아니면 기존의 방법과는 다른 새로운 해석의 방법을 개척해야 하는 것일까?

위에서 제기된 두 가지 질문 중 첫 번째 질문과 더불어 우리는 새로

---

18 Karl Jaspers, 『니체: 그의 철학적 활동의 이해를 위한 서론*Nietzsche: An Introduction to the Understanding of His Philosophical Activity*』(Tucson: University of Arizona Press, 1965), p. 10.

운 해석의 가능성을 타진해 볼 수 있다. 니체의 스타일에 대한 과거의 논의에서 경구가 중요한 위치를 차지했던 이유 중의 하나는 그것이 뛰어난 호소력 때문이었다. 그러나 그러한 경구의 매력이 니체의 다른 스타일들에 대한 연구가 등한시된 이유의 전부를 설명해 주지는 않는다. 그 이유를 설명하기 위해서는 그의 또 다른 특징으로서 과장법을 언급해야 한다. 니체는 전통적인 수사적 기법의 하나인 과장법을 『비극의 탄생』에서 『이 사람을 보라』에 이르기까지 모든 저술에서 꾸준히 활용했다. 그의 전체 저술에 공통적으로 발견되는 유일한 이 특징은 일부 독자에게는 매력적인 반면 다른 일부 독자에게는 거부감을 주기도 한다. 어떤 독자는 과장법에서 비롯되는 이해와 혼란, 흥분과 절망 사이를 오락가락하다가 종내는 그를 이해하기를 포기하기도 한다. 이러한 과장법의 특징이 경구가 주목받게 되는 데 한 역할을 한 듯이 보인다.

분명 니체의 글은 매우 과장적이다. 그리스 비극에 대해 혹자는 다음과 같이 주장할 수 있다. 에우리피데스가 희곡으로 그리스 비극의 싹을 자르고 아예 그것의 수원을 고갈시켰기 때문에 이후로 비극은 설 자리를 잃었다고.[19] 그런데 니체는 똑같은 내용을 다음과 같이 표현한다. "그리스의 비극은…… 비극적으로…… 자살함으로써 삶을 마쳤다"(『비극』, II), 혹은 "실질적으로 에우리피데스가 비극을 살해했다," 아니면

---

19 어떤 예술가가 특정한 장르의 가능성을 완전히 고갈한 경우, 이것이 부정적인 현상이라고 생각할 필요는 없다. 따라서 에우리피데스에 관한 니체의 과장된 진술을 내가 문제 삼은 그것의 '자구적 의미'를 밝히기 위한 것이 아니었다. 여기서 우리는 Bernard Shaw의 「모차르트의 궁극성Mozart's Finality」의 한 구절을 인용할 필요가 있다. "많은 모차르트의 숭배자들은 모차르트가 새로운 왕조의 창시자가 아니라는 말을 들으면 분개한다. 그러나 예술에 있어서 가장 훌륭한 것은 그 분야의 창시자가 아니라 최후의 완성자가 되는 것이다. 누구나 쉽게 시작할 수 있다. 어려움은 끝맺음을 하는 데 있다. 특히 가장 완성된 형태인 경우에." 이 Shaw의 글은 Dan H. Laurence가 편집한 『쇼의 음악Show's Music』(New York: Dodd, Mead and Co., 1981), II, 479~484에서 인용된 것이다.

"살해의 원칙으로서의 미학적 소크라테스주의"(『비극』, 12)에 에우리피데스가 유혹을 당하면서 동시에 이용하였다고 말이다. 다른 예를 하나더 들어 보자. 우리는 진리에 회의를 가지고 진리와 지식에 관한 일반이론이 가능하거나 바람직한지에 대해서 조심스럽게 의문을 제기할 수있다. 그러나 니체처럼 다음처럼 질문한다. "도대체 우리 인간이 어떤이유에서 진짜로 진리를 원할 수 있단 말인가?…… 우리가 진리를 원한다고 가정하자. 그렇다면 우리는 왜 비진리, 불확실성과 무지를 회피하는 않는 것일까?"(『선악』, I) 우리는 때로 필요악으로서 잔인성을 용납할 수 있다고 말하기도 한다. 그러나 다음과 같은 니체의 견해에 동의하기는 어렵다. "다른 사람이 고통을 당하는 모습을 보는 것이 건강에유익하다. 다른 사람에게 고통을 많이 가하면 가할수록 더욱 건강에 유익하다. 잔인한 말처럼 들릴 수도 있다. 그러나 이것이 과거부터 행해졌던 아주 강력한 인간적 원리가 아닌가!……. 잔인성이 없었다면 축제도존재하지 않았을 것이다. 가장 오랜 기원을 가진 인간 역사를 들춰 보면 이것이 진리라는 것을 분명히 알 수 있다."(『도덕』, II, 6) 내친 김에 한가지 예를 더 들어 볼테르Voltaire는 분명 기독교에 적대적이었다. 그러나니체의 글 중에서 무작위로 뽑은 다음과 같은 구절을 볼테르와 비교해보면 그 차이가 얼마나 큰지 알 수 있다. "나에게 기독교란 엄청난 저주,지독한 내적 부패, 극렬한 복수심의 본능이다. 기독교가 사용하는 방법보다 더욱 악독하고 은밀하며 인색한 것은 존재하지 않는다. 인간성에튀긴 지저분하고 지워지지 않는 얼룩을 나는 기독교라고 부른다."(『반그리스도』, 62) 철학이나 예술, 과학의 분야에서 업적을 남긴 위대한 인물 가운데서 겸손했던 인물은 거의 없었다. 그러나 『반그리스도』의 서론이나 『이 사람을 보라』의 전편에 흐르는 니체만큼 오만한 인물을 찾기는 불가능할 것이다.

위에서 인용한 구절들은 니체의 과장된 표현들의 아주 작은 일부에 지나지 않는다. 여기에서 나는 단지 이러한 구절들을 마주칠 때마다 독자들이 당황할 수밖에 없다는 사실을 말해두고 싶을 따름이다. 니체에게서 가장 두드러지는 보편적 특징이 과장법이다. 니체 자신도 스스로의 과장된 표현을 의식했는지 다음과 같이 말했다. "우리 편이 되어 우리를 위해 싸워 주는 마법, 적을 매혹해서 정신을 잃게 만드는 비너스의 눈이야말로 극단적 주술, 극단적인 것들에 내장된 유혹의 힘이다. 우리 무도덕주의자들은 가장 극단적이다."(『권력』, 749)

그의 경구도 종종 과장되어 있다. 경구와 과장은 잘 어울린다. 과장을 통해 독자의 관심을 끌고, 또 놀랄 만한 발상의 전환을 통해 대상들 사이의 새로운 관계를 드러낼 수 있기 때문이다. 그러나 앞뒤가 잘린 문장이자 길이가 짧은 경구는 바로 그러한 성격으로 인해 과장을 강조해 주면서 동시에 과장의 충격을 완화시켜 준다. 『유쾌한 과학』의 260항이 그렇다. "곱셈 구구표─하나는 언제나 틀린다. 두 개가 되어야만 진리의 문이 열린다─하나는 아무것도 입증할 수 없다. 하지만 둘이 되면 부정할 수 없는 강력한 증거가 된다." 여기에서 경구는 과장법은 괄호 안에 넣어놓았기 때문에 과장법은 서술의 일부로서 역할을 상실하고 논지를 이끌어 주는 전제로서도 기능하지 못했다. 하나의 경구와 다음의 경구 사이에는 빈 여백이 있어서 모든 경구들은 액자에 끼워진 인상을 주기 때문에 과장의 힘이 훨씬 증폭되게 마련이다. 그러나 과장의 힘은 액자의 프레임을 넘지 못하는 한계를 지닌다. 이와 같이 경구에서 과장은 한편으로 힘이 강조되지만 다른 한편으로 약화되는 성질로 인해서 독자들은 과장을 눈치 채지 못하고 경구만 주목하는 경향이 있다.

그럼으로써 과장을 이해하지 못하게 되는 것이다. 그러나 니체가 경구보다 과장을 더 광범위하게 사용해기 때문에 독자들은 과장의 문제를 회피해서는 안 된다. 니체가 아주 비학문적인 수사법인 과장법을 우스꽝스러울 정도로 많이 구사했는지에 대해서는 심각하게 고민해봐야한다.

과장법은 학문적이 아닌 수사법이기 때문에 니체가 심오한 사상을 피력한 적이 없다고 생각하는 사람도 있다. 아니 많은 사람들이 그렇게 생각하고 있다. 그래서 그의 글을 성의 없이 읽고는 간단히 무시하는 것이다. 이와 반대되는 독자들, 즉 그가 심오하고 본질적인 문제를 건드리고 있다고 생각하는 독자들은 분노를 느낄 수도 있다. 그 중요한 문제에는 과장법을 적절하지 않다고 생각하기 때문이다. 니체의 문제는 엄청나게 중요한 문제를 하찮게 만드는 무책임한 행동인 셈이다. 이러한 반응 이외에도 독자를 강력하게 휘어잡는 니체의 비상한 능력으로 인해 그에게 비판적·무비판적으로 사로잡힌 추종자들은 보다 미묘한 태도를 보여 주었다.

니체의 과장에 대한 이러한 반응은 철학사의 또 다른 인물인 소크라테스를 상기시킨다. 니체는 그에 대하여 모호한 태도로 일관했다. 니체와는 다른 방법을 사용했지만 소크라테스도 목숨을 무릅쓰면서까지 청중들로부터 격렬한 반응을 야기했다. 이 점에서 나는 니체와 소크라테스를 대질시키는 상황에서 지금까지 내가 제시했던 질문들에 대한 답을 구하게 될 것이다.

플라톤의 대화록 『에우티프로*Euthyphro*』에는 소크라테스가 에우티프로와 대화를 나눈다. 종교적인 영역에 있어서는 자신이 최고의 전문가라고 자처하는 에우티프로는 경건성의 본질에 대하여 누구와도 대화에 기꺼이 응할 준비가 되어 있다고 말한다. 여기에서 예언자인 에우티프로는 아버지를 살인자로 법정에 고소한 인물로, 그의 고발은 자식으로서 불경스러운 행위라고 지탄을 받았다. 만약 그가 경건함의 본질에 대해 알고 있지 못하다면 아버지를 고소한 행동은 정당성을 잃게 된다. 이 점에서 그는 소크라테스와 의견을 같이 한다. 이 대화의 이해에 이 점은 매우 중요하다. 또 한 가지 중요한 점은 대화의 문을 처음 연 사람은 소크라테스가 아니라 에우티프로라는 사실이다. 자신의 전문적인 지식을 열어 보이면서, 경건함의 본질에 대해서 가르침을 주고자 했던 사람은 다름 아닌 에우티프로였다. 그러나 대화가 진전되면서 그가 자신의 전문 분야인 경건함에 대해 소크라테스의 기본적인 질문에도 대답하지 못한다는 사실이 밝혀진다. 그는 경건함의 정의를 시도하지만 모두 실패하고 만다. 그럼에도 그는 자신의 전문 분야에 대한 자신감을 잃지 않으며, 소크라테스의 질문을 무시하는 태도를 견지한다. 소크라테스와의 질문이 그에게 아무런 영향도 미치지 않는 것이다. 대화의 끝자락에서 그는 그때까지 여유 있던 태도를 떨치고 다급하게 "다음에 다시 이야기를 하세, 소크라테스. 지금 나는 어디엔가 급히 갈 일이 있다네. 빨리 떠나야 해"(15e3~4)라고 말함으로써 소크라테스의 반복되는 질문을 중단시키고 대화를 끝낸다.

『에우티프로』와는 대조적으로 플라톤의 『메노Meno』에 등장하는 소크라테스는 위협적인 모습을 보인다. 그의 대화 상대는 나중에 소크라테스를 법정에 고소한, 부유할 뿐 아니라 아테네인의 존경을 받던 아니투스Anytus이다. 아니투스 역시 소크라테스와 대화를 빨리 끝내고 싶어 하는데, 소크라테스가 쉽사리 물러서지 않자 으름장을 놓는다. 에우티프로와는 달리 소크라테스의 말을 진지하게 받아들인 아니투스는, 소크라테스가 아테네의 유명 인사를 비난하고, 또 폴리스는 아이들에게 미덕을 가르칠 수 있는 능력이 없다고 비난하자 마음의 평정을 잃고 분노한다. 민주주의자로서 그가 확신을 가지고 주장했던 가치와 덕목을 소크라테스가 한꺼번에 비난했던 것이다. 그는 소크라테스와 헤어지면서 다음과 같이 말한다. "소크라테스, 나는 자네가 사람들을 비난하기 좋아한다고 생각하네. 자네에게 부디 조심하라고 충고하고 싶네. 내 충고를 받아들이든 받아들이지 않던 그것은 자네의 자유일세. 그러나 내 충고를 귀담아 듣지 않으면 자네에게는 불행이 뒤따를 것이네 아테네의 경우는 더욱 그러하지. 물론 나는 자네가 이 사실을 잘 알고 있다고 생각하고 있네."(94e3~95a1)

니체의 추종자들에 대한 복합적인 논의를 시작하기 전에 다음 사실을 명심할 필요가 있다. 소크라테스와 니체가 청중이나 독자들에게 야기한 반응이 동일한 것이 단순한 우연이 아니라는 것이다. 소크라테스가 동시대인들을 자극한 분노는 부분적으로는 철학에 대한 그의 전적으로 새로운 태도, 즉 새롭지만 아직은 정체가 분명치 않은 철학하는 방법에서 기인한다. 이것은 니체에 대해서도 어느 정도 마찬가지지만, 이것은 양자의 유사성의 일부에 지나지 않는다. 더욱 중요한 동일성은 다른 데 있다.

예를 들어, 검술이 젊은이들에게 유익한지에 대해 소크라테스가 논의하는 『라케스Laches』를 살펴보자. 이 일견 사소한 주제에 대해서 진지한 토론이 시작되기 전에 당시 유명한 장군이자 소크라테스의 친구였던 니키아스Nicias는 청중들에게 다음과 같이 경고한다.

소크라테스와 대화를 나눈다는 것이 무엇을 의미하는지 여러분이 잘 알고 있으리라고 생각하지 않습니다. 어떤 주제이든 일단 대화가 시작되면 그는 대화의 주제를 놓치지 않고 끈질기게 추적합니다. 여러분이 모든 것을 다 털어놓기 전까지 그는 한 걸음도 물러서지 않습니다. 여러분들은 현재의 삶의 방식뿐만 아니라 과거의 경험까지 전부 다 실토해야 합니다. 그렇다고 그가 여러분을 풀어주는 줄 압니까? 그는 모든 질문 하나하나에 대해서 꼼꼼하게 철저하게 검토하기 시작합니다.(187e6~188a3)

니체의 저술의 목표는 위에 인용된 소크라테스의 목표와 본질적으로 동일한 종류의 것이다. 니체와 소크라테스는 매우 독특한 사상가였으며, 그들 주위 사람들의 삶을 도덕적으로 변화시키고자 갖은 노력을 다했다. 그러나 그들은 정반대의 방향으로 목표를 향해 나아갔다. 소크라테스는 일상을 끊임없이 토론의 대상으로 삼음으로써, 그것이 오늘날 철학이 다루고 있는 본질적 문제들을 내포하고 있다는 것을 증명했다. 반면에 니체가 추상적이고 철학적 문제를 제기하는 것은 그것을 독자에게 툭 던지기 위해서이다. 그것이 독자의 삶에 즉각적인 영향을 주기 방법이라 생각하는 것이다. 『라케스』에서 소크라테스는 검술에 대한 질문을 용기와 미덕, 탁월한 삶에 관한 추상적인 질문으로 바꾸었다. 이와는 반대로 『선악을 넘어서』에서 니체는 진리의 개념, 확실성의 가능성, 자유와 필연성 등의 철학적 개념에 대해 질문을 제기한 다음에, 그에 대해 기존의 견해에 만족하고 있는 독자들의 도덕성을 묻는 질문으로 바꿔 버린다. 니체는 독자들이 그것들이 질문이라는 사실마저 깨닫지 못한 상태에서 그러한 질문에 당연하다는 듯이 아주 상투적인 대답을 내놓았다는 사실을 보여 주고 싶어 하는 것이다. 더불어 이러한 대답들이 독자의 일상적 삶을 얼마나 깊이 개입해 왔는지를 증명하려는 것이다. 이때 그의 비판의 대상은 이들 문제에 대한 이러저러한 대답이 아니다. 그것은 우리가 어떠한 가정이나 근거에 입각해서 이러한 질문을 하고 대답하는지에 대해 근본적인 문제제기를 하는 것이다.

소크라테스가 개인적으로 대화의 형식을 통하여 진리를 추구했다면 니체는 철학자 중에서 가장 입심이 센 문필가였다. 소크라테스는 우리가 모든 것에 대해서 충분히 질문을 하지 않았다고 생각한 반면에 니체는 우리가 너무나 많은 대답을 내놓았다고 생각했다. 소크라테스는 자기에 대한 앎이 선한 생활을 보장하지는 않는다고 해도 선한 삶의 출발점은 제공한다고 믿었다. 그러나 니체는 소크라테스적인 의미에서 앎의 대상인 자아나 그것의 본질을 알려줄 지식도 존재하지 않는다고 생각했다. 소크라테스는 객관적인 가치에 따라서 행동해야 한다고 생각했다면 니체는 행동을 통하여만 가치가 창조된다고 주장했다. 소크라테스에게 가장 탁월한 인간적 특징은 분명하고 명징한 이성적 이해였다. 그러나 니체는 "지식을 **자기 것으로 만들어서** 그것이 본능이 되도록 만드는 과제가 이제 겨우 시작되었을 따름이다. 그것은 아직 인간의 주요한 특징도 아니다"(『과학』, 211; 『우상』, VI, 3 참조)라고 탄식하듯 말했다. 마지막으로 소크라테스적 아이러니가 "너무 적게" 말한다면, 니체의 아이러니는 "너무 많이" 과장적으로 말하는 특징을 가지고 있었다.

니체는 자신과 대조적인 인물로 에르네스트 르낭(Ernest Renan, 1823~92. 『예수의 생애』로 유명한 프랑스의 비평가이자 역사학자.—옮긴이) ("우리와 대조적인 인물을 가진다는 것은 멋지고 각별한 일이다.")(『선악』, 48)과 폴 레Paul Rée(『도덕』, 서론, 4)를 꼽았지만, 진정한 대조적 인물은 소크라테스였다. 모든 논점에 대해, 철학의 내용과 방법에 대해서 니체는 소크라테스와 의견을 달리했지만, 사람들의 삶을 바꾸려고 하는 한 가지 목표에서 소크라테스와 완전히 일치했다. 이 점에서 이들은 서로 맞서서 끊임없는 경쟁을 하고 있는 듯이 보인다. 소크라테스와 니체는 같은 목표를 향해 공동보조를 취하고 있지만, 그들이 사람들의 삶에 미치는 영향력의 방향에 대해서는 서로 강하게 반발하고 있는 듯이 보인다.

그렇다면 그의 과장되고 거들먹거리며 논쟁적이고 자의식적이며 자기도취적이고 비非소크라테스적인 문체는 그가 추구했던 목표가 독특하게 소크라테스적이라는 사실에서 비롯된다고 할 수 있다. 양자는 모두 청중과 독자의 반응을 절실히 필요로 했던 인물들이었다. 소크라테스는 아이러니한 겸손의 태도나 자신을 짐짓 숨기는 오만한 태도를 통해서 청중의 관심과 반응을 유도하려고 했다. 그와 대화에 임하는 상대방은 순진하게 논쟁에 끌려들거나 홧김에 논쟁에 뛰어들게 마련이었다. 어느 경우든 그는 청중의 반응을 유발할 수 있었다. 니체는 다양한 문체를 가지고 독자의 마음을 사로잡고자 했다. 그의 문체는 때로 모욕적이며 불쾌하지만 그렇다고 독자들은 자신을 사로잡고 놓아주지 않는 쟁점이 사적인 것이라고 생각하지 않는다. 물론 소크라테스와 니체의 노력이 실패하고 아무런 효력을 발생하지 못하는 경우도 있다. 그럼에도 청중이나 독자를 자극하고 혼란하게 만들 수만 있다면 그들이 추구하는 목표는 부분적으로는 달성되는 셈이다. 무반응보다는 어떠한 종류이든 반응이 있어야 바람직하기 때문이었다. 그리하여 니체는 소크라테스의 죽음을 최대의 아이러니로 본다. "소크라테스는 죽기를 **원했다**. 독당근을 선택한 것은 아테네 사람들이 아니라 소크라테스였다. 그는 아테네 사람들을 강요하여 자기를 죽이게 만들었던 것이다."(『우상』, III 12)

니체는 아리스토파네스Aristophanes나 페트로니우스Petronius, 마키아벨리

Machiavelli를 독일어로 옮기는 일이 매우 힘겹다고 말한 적이 있다. 이때 그는 열 명 이상의 다른 작가들과 독일어의 속도에 대해서도 논의했는데(『선악』, 28), 그의 말은 오류투성이이며 어리석은 대목조차 있다. 가령 "독일어는 프레스토와 같이 빠른 속도를 낼 수 없다"고 주장한 그의 문장이 이러한 빠른 스타일에 대한 훌륭한 예시가 된다. 도대체 이러한 주장을 우리가 어떻게 받아들일 것인가? 그의 견해가 얼마나 그릇되고 어리석은지 증명하기 위해서 작가들에 대한 니체의 판단을 비판해야 하는 것일까? 그런데 그를 논박하기 위해서는 우선 이들 작가들의 작품을 읽지 않으면 안 된다. 만약에 작품을 이미 읽었다면 필요한 대목을 다시 읽고 그것에 대해 다시 생각하지 않으면 안 된다. 사실 이들은 니체가 매우 좋아했던 작가들이었다. 이들의 작품을 읽도록 독자를 자극하는 것이 니체가 무엇보다도 원했던 것이었다. 독자들이 니체에 반反해서 작품을 읽거나, 읽은 후에는 다른 결론에 도달할지라도 독자와 니체는 공통되는 텍스트를 공유하고 있지 않은가. 아마 독자들은 니체의 주장의 특정 부분에 동의할는지 모른다. 동의하지 않는 경우에도 독자는 니체가 읽었던 작품들을 이미 읽은 셈이 된다. 독자는 니체와 독서를 공유하는 것이다. 니체가 죽어도 받아들일 수 없었던 것은 독자의 무관심이었다. 이러한 무관심을 미연에 방지하기 위하여 그는 과장법을 사용했던 것이다. 소크라테스의 아이러니와 마찬가지로 니체의 과장도 그 목적을 이루지 못하는 경우가 있으며, 그의 과장에 영향을 받지 않는 독자들도 물론 있다. 그러나 소크라테스의 아이러니와 니체의 과장은 모두 그것이 지향하는 명분과 이를 통해서 얻으려는 결과는 전적으로 동일하다.

이제 소크라테스와 니체가 자극하는 세 번째 반응인 추종자에 대하여 언급할 차례가 되었다. 니체의 용어로 권력의지가 위대하게 표출되는 영역은 예술과 종교, 과학, 도덕 및 철학과 같은 지적인 분야이다. 예술, 과학, 종교와 도덕적·정치적·철학적 이론만이 세계관이나 그것에 대한 해석과 가치, 그리고 그러한 우리가 가장 만족스럽게 살고 가장 쾌적하게 활동할 수 있는 조건을 제시할 수 있다. 위대한 인물들은 그러한 실존적 조건을 다른 사람들도 본받을 수 있는 보편적 진리나 객관적 가치로 구체화할 수가 있다. 이때 평범한 사람들은 그것이 객관적 사실이나 진리가 아니라 위대한 개인들의 작품이거나 해석이라는 것을 깨닫지 못한다. 인류의 위대한 성취 가운데 특히 독자가 재해석하기를 요구하는 불멸의 작품들의 가치는 이루 형용할 수가 없다. 니체의 말처럼 그것의 영향력은 계속 새로워지기 때문이다. 예를 들어 유럽 지도책을 볼 때 우리는 나폴레옹Napoleon이 구현한 권력의지를 엿볼 수 있다. 니체가 인류 역사에서 위대한 영웅의 하나로 찬양했던 나폴레옹은 사후에도 계속해서 역사를 움직이고 있는 것이다. 그러나 니체에게 소크라테스와 같은 인물은 나폴레옹보다 훨씬 위대한 인물이었다. 그는 역사의 한 페이지를 장식했을 뿐 아니라 후세대의 독자가 플라톤의 대화록을 읽을 때마다 역사의 주역으로 생전에 행사했던 영향력을 끊임없이 갱신하고 수정할 것이기 때문이다.

어쩌면 니체가 글의 중요성을 고지식하게 과신하고, 그의 가장 뛰어난 재주인 글쓰기의 영향력을 과대평가했는지 모른다. 『선악을 넘어서』에 등장하는 약 120명의 인물 가운데 100명 이상이 작가나 예술가, 과학자 및 작품의 캐릭터의 이름이었다. 『도덕의 계보학』에서 그는 기독교가 자행한 끔찍한 만행을 묘사하기 위해서 종교재판소나 십자군 전쟁이 아니라 성 토마스의 천당과 지옥의 묘사와 그리스도의 제2의

강림에 대한 터툴리언Tertullian의 글을 인용하였다.(『도덕』, I, 15) 그가 즐겨 사용하는 시각적 이미지는 블레이크(William Blake, 1757~1827. 영국의 초기 낭만주의 시인 및 화가.—옮긴이)의 말을 빌리면 "정신적 투쟁"과 직접적으로 관련된 것이었다. 니체가 정면으로 응시하면서 처절하게 고민했던 것은 정신적 투쟁과 관련된 것이었다. 때문에 그가 사용하는 이미지가 폭력적일수록 이에 비례해서 그의 투쟁은 보다 추상적인 성격을 띠게 된다고 말할 수 있다.(예를 들면, 『선악』, 29~30) 그러한 특징이 가장 잘 드러난 텍스트가 "일반" 대중을 이해하는 방법에 대한 그의 충고이다.(『선악』, 26) 그는 "선택받은 인간"은 일반 대중과 거리를 유지해야 한다고 주장하면서도 만약 이들이 "지식의 운명"을 타고났다면 "일반" 대중을 이해해야 하고, "그들에게로 내려가서 그들과 '함께' 있어야 한다"고 말한다. 그러나 그는 대중을 이해하기 위한 구체적인 방법을 예시하지는 않는다. 대신 독서를 통한 이해를 강조하였다. 그는 반드시 읽어야 할 작가로서 두 종류를 언급한다. 첫 번째는 냉소적인 작가이다. 이들은 자신에게 내재하는 속물적 근성을 알게 된 작가로 그것을 혐오하면서도 동시에 그러한 속물근성을 글에서 드러내게 된다. 두 번째로 갈리아니Galiani와 같은 작가는 자신의 내면에 있는 속물적 근성을 깨닫고서 그것을 사랑하며 찬양하기 위해서 글을 쓴다. 니체는 한 부류의 작가들은 다른 부류가 칭찬하는 속물적 특징들을 비난하는 투로 글을 쓴다고 지적하면서도 그들이 일련의 특징들을 공유하고 있다고 주장한다. 이러한 대립되는 태도로부터 일반인과 속물의 전형적인 이미지를 유추해내면서 **일반** 대중에 대한 진지한 연구"(『경우』, 서문 참조)를 완성할 수 있다는 것이다. 뒤에서 논의하겠지만 글은 그의 사유의 중요한 모델이면서 또한 사유의 중요한 대상이었다.

소크라테스에 대한 니체의 견해를 논의하면서 나는 서양의 모든 독자들이 소크라테스를 읽는다고 말했다. 그러나 이것은 부정확한 표현이다. 소크라테스는 글을 쓴 적이 없기 때문에 그의 작품을 읽는 것은 불가능하다. 읽고 읽히는 것은 플라톤, 혹은 플라톤의 소크라테스인 것이다. 니체는 소크라테스가 탁월한 제자를 창조함으로써 자신의 권력의지로 현대인의 사유에 영향을 미칠 수 있었다고 생각했다. 그 제자가 우리가 잘 아는 소크라테스를 창조한 것이다.(『선악』, 190 참조) 일평생 저술에 전념했던 니체가 이러한 아이러니를 간과했을 리 없다. 이와 관련해서 또 하나의 아이러니가 있다. 플라톤의 대화록에서 소크라테스는 대화의 상대에게 자기의 견해를 이해시키지도 못했으며, 그들의 삶에 영향을 줄 수 없었다는 것은 아이러니하지 않은가. 더욱이나 소크라테스는 불철주야 추구했던 진리에 근접하지 못하는 때가 많았다. 그리고 이러한 진리의 부재를 깨닫는 것이 훌륭한 삶에 필수적이라는 그의 지론을 상대방에게 납득시키지 못하였다. 그렇지만 역설적으로 다음과 같이 말할 수 있지 않을까. 소크라테스는 대화 상대의 마음과 삶을 변화시키는 데 실패했기 때문에 플라톤의 대화록을 읽는 독자들의 마음과 생각을 변화시킬 수 있었다고.

앞서 언급했던바 소크라테스의 매력과 저항감에 이중의 아이러니가 더해지기 때문에 니체는 그에 대해서 어정쩡한 태도를 취했는지 모른다. 이 난해한 문제에 충분한 지면을 할애할 수 없는지라 그것에 대해 널리 알려진 두 가지 견해를 비판적으로 소개하는 것으로 마치기로 한다. 월터 카우프만은 "니체에게 소크라테스는 단연코 '악당'이었다. 그러나 니체는 소크라테스의 변명을 모델로 삼아서 자신의 과업을 깨달을 수 있었다"(p. 391)고 서술했다. 반면에 베르너 단하우저Werner

Dannhauser는 "소크라테스와의 대결은 니체의 방대한 역사적 드라마의 일부였는데, 소크라테스는 으뜸가는 악당이고 니체는 최후의 영웅이며 승자였다."라고 주장하였다.[20] 이 두 학자는 단호하게 그러한 주장을 피력했다. 내가 보기에 그들은 아주 애매모호한 문제에 대해서 너무 쉽게 칭찬하고 비난하는 의견을 내놓았다. 그렇게 일방적으로 칭찬하거나 비난하는 것이 가능한지도 모르는데 말이다.

앞서 말했듯이 소크라테스가 추구했던 목표는 니체와 동일한 것이었다. 카우프만도 그들이 동일한 목표를 추구했다고 주장했다. 그럼에도 목표를 추진하는 방법과 방향, 특히 접근하는 방법에 있어서 매우 대조적이었다. 이러한 차이로 인해서 니체의 눈에는 소크라테스가 "악당"—이처럼 노골적으로 표현할 수 있다면—처럼 보였다. 그러나 그렇게 악당으로 취급되었던 것은, 카우프만의 주장과 달리 니체와 관계가 없는 이유에서가 아니라 양자의 동일한 것을 추구했기 때문이었다. 언제나 그와 정면으로 충돌했던 니체는 위대한 적수들의 관계가 흔히 그러하듯이 소크라테스에 대해서 복합적인 감정을 가지고 있었다. 이 장章의 서두에서 인용한 오스카 와일드의 글이 이러한 관계의 성격을 잘 나타내 준다. 니체가 소크라테스에게 언제나 적대적이었다는 점을 염두에 두면 그의 분노와 적대감의 진실성에 대해서는 의심의 여지가 없다. 그러나 니체는 소크라테스라는 거울에 반사된 자신의 모습에 대해서 애매모호한 태도를 취했다. 그가 소크라테스를 비판적으로 바라볼

---

20 Werner J. Dannhauser의 『니체의 소크라테스에 대한 견해*Nietzsche's View of Socrates*』(Ithaca, N. Y.: Cornell University Press, 1974), p. 272. 하지만 Dannhauser는 니체의 중기 저서에 대해서는 약간 다른 입장을 취한다. 중기 저서에서 니체는 소크라테스를 훨씬 우호적으로 다루었다. 소크라테스에 대한 니체의 관계를 연대기적이고 체계적으로 설명한 책으로는 Herman Josef Schmidt의 『니체와 소크라테스*Nietzsche und Sokrates*』(Meisenheim: Anton Hain, 1969)가 있다.

때 그를 되돌아보는 시선은 소크라테스의 것이 아니라 니체 자신의 것이었다. 소크라테스를 본다는 것은 니체 스스로 거울에 비친 자신의 모습을 모는 것이나 마찬가지였다.

차라투스트라는 제자들에게 다음과 같이 말했다. "너희의 적은 경멸의 대상이 아니라 증오의 대상이어야 한다. 자랑스러운 적을 가지고 있어야 한다. 그래야만 적의 성공이 동시에 너희의 성공이 된다."(『차라』, I, 9; 『도덕』, III, 15) 『선악을 넘어서』에서 니체가 소크라테스를 묘사하는 태도(p. 210)는 차라투스트라의 충고를 연상시킨다. 그럼에도 불구하고 그가 소크라테스를 호칭하는 용어들인 "평민", "추한 인물", "비그리스적 인물", "악당", "퇴폐적", 본능적 탐욕자, "자신을 과장하는 어릿광대", "호색가," 복수심이 강한 혐오스런 인물, "오류", "심각한 병"(『우상』, III) 등에서는 차라투스트라가 적에게 보여 주는 자부심은 찾아볼 수가 없다. 도대체 니체는 소크라테스의 어떤 특징으로 인해서, 또 그가 옹호하는 어떤 전통으로 인해서 그를 증오하면서 경멸하고, 감탄해하면서 동시에 경멸하기도 하는 것일까? 이러한 질문에 대답하기 위해서는 다시 니체의 스타일에 대한 문제로 되돌아가야 한다. 니체의 문체에 대한 두 가지 질문 중에서 후자에 답할 수 있는 단서는 위의 질문과 무관하지 않다.

니체의 문체를 논의하면서 나는 경구는 니체가 즐겨 사용했던 과장법과 잘 조화가 된다고 설명했다. 과장은 독자가 텍스트에 집중하도록 만드는 한편 독자가 그와 논쟁을 벌이도록 만들어 준다. 그러나 과장이 어떤 목표를 달성하기 위해 필요한 수단이라고만 생각하면 안 된다. 그의 글과 생각 자체가 **근본적으로** 과장적이지 않은가. 과장은 어떤 대상에 대해 적절한 어법을 초과해서 말하는 어법이라고 간단하게 정의할 수 있다. 여기에서 적절성의 기준이 대상을 있는 그대로 보여 주는 충실하고 정확한 표현 양식이 아니다. 그것은 그의 관심의 대상인 철학적 문제들을 다루는 담론이 일반적으로 갖추어야 하는 요소들을 말한다. 다른 철학자의 저서와 비교할 때 그의 텍스트는 분명히 과장적이다. 그러나 이러한 평면적 비교는 한 가지 중요한 사실을 간과하고 있는데, 그것은 궁극적으로는 과장이 꾸밈없는 표현보다 더 정확할 수도 있다는 점이다. 곡언법('잘했다'라고 말하는 대신 '못하진 않았다'라고 말하듯이 강도를 낮추는 표현.—옮긴이)이나 축어적 어법도 따지고 보면 수사법의 한 종류에 불과하지 않은가? 그렇다면 우리는 다음과 같이 말할 수 있지 않을까? 니체의 자화자찬적이고 귀족적이며 난해한 표현은 혹시 자기를 철저하게 숨기는 소크라테스의 어법에 대한 반발이라고. 사실 따지고 보면 소크라테스가 자기를 감쪽같이 숨기고 자기를 희화적으로 보여 줄 때도 그의 말에서는 개성이 물씬 풍긴다. 대화의 주제뿐 아니라 그의 독특한 개성도 강조되는 것이다. 니체가 왜 그렇게 다양한 장르와 문체를 구사하지 않으면 안 되었는지에 대한 해답도 이 점에서 찾아야 한다.

이미 언급했듯이 권력의지는 우리의 개인적 세계관이나 가치관을 다른 사람들도 따라야 할 보편적인 것으로 제시하는 능력에서 구체화된다. 니체는 플라톤과 소크라테스—이들을 한 인물로 볼 수도 있다—가 성취한 업적을 그러한 관점에서 이해하였다. 그렇다면, "객관적 가치의 총합"(『권력』, 675)이란 "앙양되고 조직화된 힘의 총합"(『권력』, 674)이라고 믿었던 니체는 자신이 소크라테스보다 더욱 보편적인 가치를 대변하고 있다고 생각했던 것일까? 니체는 소크라테스의 세계관과 가치들을 심히 못마땅하게 생각했을 수 있다. 그럼에도 다만 이러한 이유로 그가 소크라테스를 가차 없이 비난하며 그의 사상을 신랄하게 비난하고, 그것으로도 모자란 듯이 그의 감춰진 모습을 백일하에 폭로했던 것 같지는 않다.

니체가 플라톤과 소크라테스를 경계했던 이유는 이들이 근본적으로 독단주의적이라고 판단했기 때문이었다. 니체는 이들은 개인적인 견해임에도 불구하고 마치 그것이 이상적 세계의 진정한 모습인 것처럼 제시하고, 사람들로 하여금 무조건적으로 믿고 따르도록 만들었다고 비난했다. 니체는 모든 철학자들도 마찬가지라고 생각했다. 플라톤과 소크라테스는 그러한 철학자들의 전범이었을 따름이다. 니체는 그들의 개별적인 견해를 하나하나 반박하기도 했지만 그는 이들이 "자신의 저서에서 정직하지가 않았다"는 이유에서 혐오하였다. 이들은 진리만을 추구하고 객관적이며 공평무사한 방법으로 자신의 견해에 도달한 듯이 저술을 한다는 것이다. 니체에 따르면 철학자들은 "모리배이면서도 그렇지 않은 듯이 행동하는 모리배이고, 자신의 편견을 '진리'의 이름으로 포장한 다음에 그것을 교활하게 대변하는 인물들이다. 그런데도 그 사실을 인정할 수 있는 양심과 배짱이 **전혀** 없는 겁쟁이다. 그것을 고백할 용기와 훌륭한 취향을—적이나 친구에게 경고하기 위해서, 혹은 스스로를 조롱할 수 있는 여유에서—가지지 못한 것이다."(『선악』, 5)

철학자들이 자신의 독단주의를 유지하기 위해서는 그것의 역사적 기원을 숨기지 않으면 안 된다. 그렇게 해야만 보편적 진리로서 제시할 수 있기 때문이다. 니체가 "계보학"이라고 이름을 붙인 방법론을 사용했던 까닭이 여기에 있다. 계보학은 철학자가 원래 자신의 개인적 견해인데도 불구하고 그 사실을 잊고 진리로 주장했던 것이 사실은 특정 이해관계와 얽혀 있다는 사실을 드러내는 연구방법이다. 숨겨진 기원을 밝히고, 개인적 생각을 진리로 만들어 주는 메커니즘을 드러내는 것이다. 도덕의 영역에서 그의 계보학적 특징이 특히 현저한데, 이러한 이유로 니체는 두려움의 대상이 되었다. "오랜 경험과 실험을 통해 실험되고 **증명된** 삶의 방식인 도덕은 마침내 인간의 의식에 자리를 잡고서 속으로, 인간을 **지배하는** 법이 되었다. 그러자 그것과 연결되어 있던 가치와 상황들도 인간의 의식에 뿌리를 내리게 되었다. 도덕이 침범할 수 없는 성스러운 진리가 된 것이다. 이와 같이 도덕의 발전 과정에서 기원의 망각은 필수적이었다. 그것의 기원이 망각되면 도덕은 주인으로서 군림을 한다."(『권력』, 514; 『선악』, 202 참조) 도덕의 기원이 있다는 것은 그것이 역사의 일부이며, 따라서 언젠가 끝이 날 수 있는 가능성을 강하게 시사하고 있다. 니체는 독단주의가 이러한 가능성을 최대한 차단한다고 생각하였다. 기원이 망각되어야만 특정한 개인의 창작물이 불변하는 진리로서 무조건적으로 옹립될 수 있는 것이다.

독단주의에 대한 니체의 비판은 우리가 믿는 신념이 진리가 아니라는 역설적인 논리를 주장하기 위해서가 아니라, 우리의 신념이 다른 사람에게는 적합한 진리도 아니며, 또 그렇게 생각할 필요도 없다는 관점에서 나온 것이었다. 니체가 묘사한 "새로운 철학자"는 이러한 그의 견해를 반영하는 철학자이다.

새로이 다가오는 철학자들은 진리의 새로운 친구들인가? 충분히 가능한 말이라. 철학자들은 모두 자신의 진리를 사랑하지 않았던가. 하지만 이들 새로운 철학자들은 독단주의자가 아니다. 자신의 진리가 모든 사람을 위한 진리라는 주장—이것은 모든 독단주의자들의 숨겨진 욕망이자 그 욕망의 숨겨진 의미 내용이었다—은 그들의 자부심과 취향에 대한 모욕이다. 미래의 철학자들은 자신의 철학에 대해서 다음과 같이 말하리라. '나의 판단은 **나의** 판단이다.' 다른 사람들은 이 판단을 취할 자격이 없다.(『선악』, 43)

물론 모든 문필가들과 마찬가지로 니체도 독자들이 자신의 견해를 수용하기를 원했다. 그가 진리와 지식을 끈질기게 비판했다는 점에 미루어서 니체가 자신의 작품을 독자들이 거부하도록 할 목적을 가지고 글을 썼다는 결론을 내리는 것은 매우 어리석은 일이다. 뒷장에서 논의하겠지만, 그의 비판의 표적은 특정 견해가 아니라 그러한 견해가 진리로서 자리를 잡게 되는 조건이었다. 그는 독자들이 자신의 견해를 진지하게 받아들이기를 원했지만 무조건적으로 그러하기를 바라지는 않았다. 그리고 독자가 자신의 글을 무조건적으로 받아들이기를 그가 원하지 않는다는 사실을 독자에게 **알리고** 싶어 하였다. 그는 자신이 독단주의로 규정한 "형이상학"으로부터 거리를 유지하려고 노력했을 뿐 아니라 독자들이 그것을 알기를 바랐다. 니체에 따르면 독단주의와 형이상학은 다른 것들과 마찬가지로 권력의지의 표현이었다. 독단주의가 다른 표현들과 차별화되고 비판되어야 하는 이유는 그것의 자기기만에 있다. 독단주의자와 형이상학자는 개인적 견해를 세계를 향해 내놓으면서도 이 사실을 독자와 자기 자신으로부터 숨기려고 한다. "양심과 용기"를 지니지 못한 이들은 자신의 견해가 그들 자신이 정신적·육체적으로 행복할 수 있는 조건이며, 따라서 다른 사람들에게는 부적합할지 모르는 조건이라는 사실을 다른 사람에 대한 경고로서든, 아니면 자신을 기롱하는 차원에서든 인정하지 못한다. "우리가 자유롭게 느끼고 또 우리의 강력한 충동들이 자유롭게 표출될 수 있는 철학적 세계관을 찾고자 한다. 이것이 나의 철학이다!"(『권력』, 418) 어떤 견해를 받아들일 때 우리가 일련의 추상적인 주장에 동의하는 것으로 끝나지는 않는다. 그러한 견해의 배경에 있는 가치관과 그러한 가치에 필연적으로 따르는 삶의 양식까지도 동시에 수용하기 때문이다. 니체는 모든 사람들에게 적합하고 바람직한 삶의 양식이 있다고 생각하지 않았다. 때문에 세계의 특징과 인간을 객관적으로 파악함으로써 모든 사람의 보편적으로 합의하는 견해란 존재하지 않는다고 주장하였다.

그런데 이 지점에서 니체는 중요한 문제에 직면하게 된다. 한편으로 그는 소크라테스와 철학적 전통으로부터 거리를 유지하려고 했다. 그러기 위한 방법의 하나는 철학적으로 생각될 수 있는 글을 쓰지 않는 것이다. 가장 확실한 방법은 어떠한 종류의 글도 일절 쓰지 않는 것이리라. 그러나 그것은 니체의 방식이 아니었고, 또 그럴 수도 없었다. 만약 글을 쓰지 않는다면 그는 철학적 전통과 멀어지는 것은 물론이고 어떤 식으로든지 그것과 관계를 가질 수도 없을 것이다. 그런데 니체는 다른 한편으로 그러한 철학 전통을 비판하고, 그것과 더불어 독단적이 아닌 방법으로 그것과 경쟁할 수 있는 자신의 견해를 제시하기를 원했다. 이때 그의 견해는 전통적 철학으로 떨어질 위험에 처한다. 이러한 상황은 철학에 속한 사람들은 보여 주지만 철학과 상관이 없는 사람은 보여 주지 않는 거울에 비유될 수 있다. 오스카 와일드가 말한 캘리반의 분노는 니체에게 그대로 적용될 수 있는 것이다. 그렇다면 니체는 자신이 원하는 대로 철학과 애매모호한 태도를 계속 유지할 수 있었을까? 아니면 철학의 일부로 흡수되든지 완전히 철학을 무시하든지 양자선택의 여지밖에 없었던 것일까?

세계에 대해 견해를 표명하고 싶어 하면서도 독자들에게는 그 글이 한 개인의 견해일 뿐이라고 경고하고 싶어 하는 작가는 도대체 어떤 인물일까? 또 모든 글들은 작가의 개인적인 견해에 불과하다고 주장하고 싶어서 안달이 난 작가는 도대체 어떠한 인물일까? 이러한 질문에 간단한 답변은 우리가 제시하는 견해는 단순히 개인적 견해, 즉 단순한 해석에 지나지 않는다는 것이다. 니체의 그러한 태도는 그가 물리학의 기계론적 해석을 공격하면서 권력의지에 관한 가설을 내놓은 다음에 그것에 대해 내린 결론에서 잘 드러난다. "이것이 단지 해석이라고 가정하자. 독자도 그렇게 반박하고 싶을 것이다―그렇다면 더욱 좋은 일이 아닌가."(『선악』, 22)

그런데 위의 전략은 두 가지 심각한 난점을 안고 있다. 다음 장에서 논할 첫 번째 문제로 자기 모순성을 들 수 있다. 모든 것이 해석이라는 주장도 하나의 해석이라면, 그리고 그러한 해석이 오류일 수 있는 가능성도 인정해야 한다면, 모든 것이 다 해석은 아니라는 결론이 유추될 수 있다. 두 번째 문제는 이러한 전략이 앞의 문제보다 더욱 실질적인 차원에서 여전히 자기 모순적이라는 데 있다. 자신의 글은 독단적이 아니라는 것을 주장하기 위해 계속해서 "이것은 단지 나의 해석이다"라고 반복하게 되면 아무도 그의 말을 신뢰하지 않을 것이다. 그렇게 되면 그러한 반복되는 문구는 작가가 주장하는 내용에 아무런 영향을 미치지 못하는 공허한 몸짓으로 전락할 수 있다. 이러한 단서를 너무 많이 남발했으면 니체는 자기가 추구하는 소기의 목적을 달성할 수 없었을 것이라. 소크라테스는 그러한 유보적 문구를 단 한 번 사용했다.(『변명』 20c-23c) 만약 대화 상대자들이 확실하게 믿고 자랑하는 지식이 사실은 해석에 지나지 않는다고 그가 지적했다면 자신이 추구하는 목표를 이룰 수 없었을 것이다.

작가로서 니체가 직면한 핵심적 문제는 독자들과 관련된 것이었다.

그는 독자들이 자신의 견해와 판단, 가치관을 수용하기를 바라면서도 동시에 그것이 자신의 개인적인 견해와 판단, 가치관이라는 것을 독자에게 납득시키기를 원했다. 그의 견해를 비롯해서 모든 견해의 그러한 성격을 충분히 깨닫고 있는 사람들만이 독자였으면 좋겠다는 그의 소망은 그가 이상적인 독자(『도덕』, 서론, 8; 참조 『반그리스도』, 서론)에 유난히 집착했던 사실에서 잘 드러난다. 그는 작가의 견해가 작가의 창작물이 아니라 사물의 본질인 듯이 청중과 독자를 호도하는 독단주의자적 자기기만에 염증을 느끼고 있었다. 그는 그러한 독단주의와 정반대되는 입장도 피하려고 노력하는 한편, 독자들이 어떤 견해를 수용하는 것은 의무가 아니라 선택이라는 점을 알고 있기 바랐다. 이러한 독자의 선택은 물론 절대적인 구속력을 가지지는 않는다. 그럼에도 그 선택은 임의적인 것이 아니라 어렵고 힘든 선택이라는 사실을 부정할 수가 없다.

니체가 때로 "긍정적"이라고 부른 권력의지는 우리가 자신을 그 자체로서 긍정하고 자신을 하나의 세계관으로 정립하려는 의지이며, 타인들도 삶의 모델로 삼을 수 있는 진정한 세계관을 향한 의지이다.(『차라』, II, 13 참조) 그런데 이러한 권력의지를 어떻게 타인들이 인식하게 만들 수 있을까? 앞서 말했듯이 이것을 너무나 분명한 어조로 말하면 의심을 사기 쉽다. 그러나 그것을 고백하지 않으면 독단주의로 빠지고, 자신의 권력의지를 은폐하는 셈이 된다. 그렇다면 모든 사람이 믿고 의지하면서 살 수 있는 견해를 진정한 것으로 제시하기 위해서는 그것이 절대적인 진리라고 주장해야 것일까? 내 생각에 니체는 이러한 딜레마를 자신이 해결할 수 없다고 걱정하였던 듯이 보인다. 이러한 이유로 그는 자신의 과업이 소크라테스와 결국은 한 통속이 아닌가 하는 의문을 품고 있었다. 스스로 이러한 의구심을 가지고 있었기 때문에 그는 소크라테스에 대해서도 호好와 오惡의 양가적 입장을 취하고, 또 다른 모든 철학에 대해서도 애매모호한 태도를 견지한 듯이 보인다. 철학적 전통에 대해 그가 보이는 애매모호한 태도도 이러한 의구심의 반영인 것이다.

절대론이 가진 문제가 또 하나 있다. 어떤 견해를 진리로 제시하면서도 동시에 다른 견해도 진리라고 인정을 하는 사람은 자신의 입장을 취약하게 만들지 않을까? 이렇게 인정하는 순간 모든 견해는 똑같이 참이라고 인정하는 상대주의에 빠지지 않을까? 이러한 문제를 도덕과 관련지어 논하면서 니체는 절대론과 상대주의 외에 다른 대안이 있다고 주장했다. 영국의 윤리학자에 대한 그의 글을 보면 알 수 있다. 대부분 영국인인 윤리학자들은 "국가, 적어도 문명화된 국가들이 합의한 도덕적 내용을 원칙으로 받아들이고 그것이 개인에게도 절대적인 구속력을 갖는다고 추론한다. 혹은 반대로, 이들 윤리학자들은 국가들 사이의 도덕적 가치가 다르다는 사실을 발견하고는 도덕이 아무런 구속력이 없다고 추론하기도 한다. 이 두 가지 추론 모두 유치하다."(『과학』, 345)

이제 다시 문체의 관점에서 니체의 다양성과 자의적 특징, 그리고 다양한 장르의 활용을 설명할 때가 되었다. 지금까지 논의되었던 딜레마는 우리의 원근법주의에도 그대로 적용될 수 있다. 그러한 딜레마를 벗어나기 위해서 니체가 발견했던 독창적인 해결책은, 개인적 해석에 지나지 않는 자신의 견해를 제시하는 방법이었다. 그러한 방법을 통해서 독자들이 그러한 사실을 깨닫도록 만드는 것이다. 그는 변화무쌍한 장르와 문체를 구사함으로써 독자들이 자신의 존재를 오랜 기억하게 만드는 동시에 그의 글이 개인적인 생각에 지나지 않는다는 사실을 그들에게 납득시키려고 하였다. 그리고 모든 견해들을 제대로 표현하도록 만들어 주는 단 하나의 중립적인 언어는 존재하지 않는다는 것을 증명하기 위해서라도 많은 문체를 구사해야 했다. 그의 다양한 문체가 우리에게 가르치고자 하는 것은, 이론은 그것을 표현하는 문체만큼이나 다양하고 개성적이라는 사실이다. 똑같은 문체를 계속해서 일관적으로 사용하면 어떤 생각은 문체와 상관없이 자족적으로 존재한다는 인상을 줄 수 있다. 그리고 다른 스타일로는 그러한 생각을 절대로 표현할 수 없다는 인상을 줄 수 있다.[21] 이러한 이유에서 우리는 주장의 내용과 그것을 표현하는 방법의 차이점에 대해 심각하게 고민할 필요가 있다. 『상식의 변형*The Transfiguration of the Commonplace*』에서 아서 단토는 다음과 같이 말했다. 그러한 문체로 인해서 "실제로 표현하려는 내용을 표현하는 것은 물론이고 표현 수단은 재현을 하는 순간에 그것 자체의 성질을 각인해 놓는다. 그래서 훈련된 독자는 내용을 파악할 뿐만 아니라 표현 방법에도 주목하게 마련이다." 여기서 우리는 단토가 구별한 표현 대상과 표현 방법의 차이를 문제로 삼을 필요는 없다. 바로 뒤를 이어서 그는 "문체는 개성과 같은 성격을 띠고 있다"고 말하기 때문이다.[22] 이러한 맥락에서 보면 표현의 내용과 방법을 구별하는 것은 별다른 의미가 없어 보인다. 우리가 니체의 스타일에 유의해야 한다면 그것은 그의 변화무쌍한 스타일이 우리에게 중요한 정보를 제공하기 때문이다. 우리

---

21 이러한 주장에 대해서 다음과 같은 반박이 가능하다. 만약 하나의 관념을 여러 스타일로 표현할 수 있다면, 그 관념은 모든 종류의 스타일로도 표현이 가능하다는 말이 된다. 그렇다면 관념이 스타일과 독립해서 독자적으로 존재하기 때문에 그것은 절대적인 진리라는 말이 되지 않는가? 그러나 니체는 똑같은 하나의 관념을 여러 스타일로 변주하면서 저술을 하였다고 생각하면 안 된다. 그의 저서의 많은 부분이 서로 연관성을 가지며 반복되어 나타나기도 하지만 이들은 각자 그의 문학적·철학적 작업에서 나름대로의 고유한 역할을 가지고 있다. 니체의 글에 유일한 하나의 대상이 있다면, 그것은 작가의 모습이다. 그의 모든 글에 그의 표정이 배어 있는 것이다.

22 Danto, 『상식의 변형*The Transfiguration of the Commonplace*』(Cambridge, Mass: Harvard University Press, 1981), pp. 197, 207.

가 그의 저서의 "문학적" 측면에 관심을 기울여야 한다고 주장하려는 것이 아니다. 우리가 명심해야 하는 것은, 니체가 자신의 견해를 제시하는 것 외에도 다양하고 자의식적인 문체로 글쓰기 작업을 함으로써 그러한 견해를 내놓는 제작가가 누구인지 또 그의 개성은 어떠한지를 훈련된 독자들이 의식하면서 자신의 저서를 읽기를 바란다는 점이다.

니체의 다양한 스타일은 소크라테스와 철학에 대한 그의 관계를 통해 설명될 수 있다. 그의 문체는 이들의 벌리는 싸움의 일부였다. 그것은 독자와 세계 사이로 파고들기 위한 노력이자 그 결과였다. 니체가 자신의 글을 무한히 다양하게 해석하기를 원해서 다양한 글쓰기를 구사했던 것은 아니었다. 독자가 니체에 좋아한다면, 그것은 그의 개인적 가치관과 개성, 목표가 집대성된 **그의** 개성적인 글을 좋아하기 때문이라는 사실을 상기시키기 위해서 그는 특유한 글쓰기를 구사했던 것이다. 그래서 그의 견해가 옳다고 생각하면 우리는 그의 가치관과 개성, 목표에 따라서 우리의 삶을 개척해야 한다는 결론이 나온다. 어떤 견해에 동의하는 것은 자유로운 선택의 문제임에 틀림이 없지만 그 선택이 힘들고 필연적이어야 할 이유가 여기에 있다. 특정한 이론을 받아들이는 것으로 끝나는 것이 아니라 삶의 양식을 바꿔야 하기 때문이다. 만일 선택이 불가능하다면 우리는 관점을 가지고서 다른 선택의 대상을 찾아나서야 한다. 그렇지 않은 경우 우리는 자신의 독자적인 가치관에 입각해서 독자적인 삶을 살아야 한다. 타인의 견해를 선택하든 스스로의 견해를 만들어내든 양자는 똑같은 어려움을 우리에게 부과한다. 니체는 다양한 스타일을 통해 작가로서의 자신의 존재를 분명하게 부각시킴으로써 이러한 어려움을 독자의 눈앞에 제시하려고 하였다.

그러나 니체의 견해들이 쉽게 관찰할 수 있도록 주어지는 것은 아니다. 그의 사상을 파악하기 위해서 무엇보다도 먼저 그의 텍스트를 해석해야 한다. 이 책도 그러한 해석의 하나인데, 니체는 해석을 개성적이고 창조적인 작업으로 생각했다. "마침내 개인들은 자신의 행동의 가치를 자기 자신에게서 찾기 시작한다. 왜냐하면 우리에게 아무 생각 없이 사용하는 낱말도 우리는 독자적으로 해석해야 하기 때문이다. 우리가 어떤 명제를 내놓지 않는다고 해도 명제를 해석하는 행위는 분명 개인적인 행위이다. 개인은 해석하는 자者로서 창조적이다."(『권력』, 767)

두 가지 측면에서 해석은 창조적이다. 하나는 니체의 글의 내용에 내적으로 이미 반영되어 있다. 원근법주의와 텍스트가 다양한 견해의 하나에 지나지 않는다는 그의 주장이 의미를 가지는 것은 스타일 때문이다. 그렇지만 그는 독자가 그러한 주장을 한 작가의 개성과 삶의 방식에 따라서 독자 스스로도 자신의 개성과 삶의 방식을 개척하도록 요구한다. "'이것이 **나의** 삶의 방식이라면 그대의 삶의 방식은 무엇인가?'— 나에게 '삶의 방식'을 물어온 자들에게 나는 그렇게 반문했다. 왜냐하면 '보편적인 삶의 방식'은 존재하지 않기 때문이다"라고 차라투스트라는 말하였다.(『차라』, Ⅲ, 11) 앞으로 자세히 설명하겠지만, 니체는 많은 사람들이 본받을 수 있는 인물 유형의 특징을 잘 묘사하기 위해서 심혈을 기울였지만, 독자들이 이들 인물이 가능한 많은 유형의 하나라는 점을 인식하기를 바랐다. 그러나 그는 이 점을 반복해서 주장하면 독자가 자신의 주장을 잔소리로 받아들이고 무시할 염려가 있다고 생각했다. 그래서 독특한 문체를 통해서 이것을 보여 주고자 했던 것이다. 그는 특정 인물의 행동과 신념, 정열과 욕망을 이해할 수 있는 고유한 방법으로 글을 씀으로써 독자들이 이러한 특징이 개인과 분리되어 독립적으로 존재할 수 없다는 것, 또 그러한 특징은 쉽게 선택하고 버리거나 교환할 수 없다는 점을 깨닫기를 바랐다.

이 책의 중요한 주제는 니체의 유미주의이다. 니체는 예술적 모델을 기초로 하여 세계와 삶을 이해하고 행위를 평가하였다. 스타일을 사유의 중심에 두려는 그의 노력이 유미주의로 결실을 맺은 것이다. 이것은 또한 그가 높이 평가했던 그리스인과 로마인의 탁월한 "장엄체(Homeros의 서사시와 같이 영웅들의 업적이나 위대한 역사적·신화적 사건을 서술하는 무게 있고 장려한 스타일.—옮긴이)를 단지 예술로서만이 아니라…… 실재로, 진리로, **삶**으로 만드는"(『반그리스도』, 59) 미덕을 니체 스스로 구현하려는 시도이기도 했다. 앞서 언급한 인물 유형을 니체는 세세하게 묘사하기보다는 그것의 표본을 제시하기 위해 노력했다. 주장하려는 내용과 표현되는 방법이 상호작용을 하는 과정에서 특정 인물 유형의 윤곽이 서서히 드러나는 글쓰기를 니체는 선호했던 것이다. 그의 글을 형식과 내용으로 분명하게 구별하는 것은 불가능할 수밖에 없다.

앞에서 나는 니체의 스타일과 내용을 구별하면서 논의를 전개했지만, 그렇다고 글의 '내용'과 '방법'을 구분한 것은 아니다. 내가 말하는 스타일과 내용의 구분은 묘사와 예시例示의 구별에 가까운 것으로 이 책의 전개에 있어서 중요한 의미를 가진다. 다른 요소들을 무시하고 저서의 내용에만 치중했던 기존의 니체 해석은 희화적인 초인상超人像, 주인의 윤리 및 영겁회귀 등에 초점을 맞춘 많은 연구서를 출간했다. 반면에 내용을 무시하고 그의 '순수한' 형식에만 치중했던 연구는 그의 저서에는 실질적인 내용이 없다는 결론을 내렸다.(이러한 연구의 옹호자들은 실질적 내용을 찾는 작업 자체가 잘못이라고 반박할지도 모르지만 말이다.) 그러나 그가 내용과 형식이 조화를 이루는 글쓰기를 통해 완성한 인물은 훌륭하지만 독단적이 아니며, 우리가 존경하면서도 닮지 않기를 원할 수 있는 인물이다. 이 점에서 스타일의 중요성을 강조하고 그것에 의존하는 니체의 유미주의는 예술뿐 아니라 삶에서도 내용과 형식의 구별을 무효화하려는 의식적인 노력의 결과라고 할 수 있다. 그의 말을 인용하면, "일반인들이 '형식'이라고 부르는 것을 내용 및 '물질 자체'로 간주할 때 비로소 우리는 예술가가 될 수 있다. 그렇다면 예술가는 전도된 세상에 살고 있는 셈이다. 왜냐하면 우리의 인생까지도 포함해서 내용은 다만 형식적인 것에 불과하기 때문이다."(『권력』, 818)

　해석의 창의성은 바깥으로 향하면서 니체의 글이 지금까지 이해되었던 다양한 해석적 태도와 입장들을 산출한다. 이 책도 하나의 해석에 불과하다. 브리지드 브로피(Brigid Brophy, 1929-95. 소설가이며 여성주의자, 수필가로 *Mozart the Dramatist*라는 책을 저술함.—옮긴이)는 모차르트의 오페라를 보고 들은 청중들의 얼굴에 떠오른 독특한 표정을 "**나의 모차르트**'를 외치는 표정"으로 묘사했다.[23] 나는 이 책이 그처럼 독자를 사로잡을 수 있다고 주장하지는 않는다. 만약 그런 희망을 가지고 있었다면 이 책을 집필할 수도 없었을 것이며, 행여 집필하는 경우에도 제1장을 지금처럼 배치하지는 않았을 것이다. 그렇다고 내 해석이 똑같이 올바른 수많은 해석의 하나에 지나지 않는다고 생각하면서 이 책을 쓰지는 않았다. 내 입장을 변호하고 싶은 마음은 없지만, 내가 앞서 니체의 스타일과 그의 추종자를 논하면서 주장했듯이, 이 책의 가치는 독자들이 끝까지 읽고 판단할 문제이다. 이때 그 독자들이란 이 책이 매력이 있다고 생각하고 나름대로 이 책에 대해 해석하는 독자들을 말한다.

23　Brigid Brophy, 『극작가로서의 모차르트*Mozart the Dramatist*』(New York: Harcourt, Brace and World, 1964), p. 22.

니체의 스타일상의 다원주의는 단지 자신이 주장했다는 이유에서 독단주의로 빠질 위험이 있는 주장을 독단주의의 함정에 빠지지 않게 하면서도 자신의 것으로 주장한, 독단주의에 대한 니체의 해결책이다. 그의 스타일상의 다원주의는 독자들이 읽는 글이 삶과 세계에 대한 그의 개인적 해석이라는 사실을 독자들에게 상기시키기 위한 특유한 방법이다. 그의 다채로운 스타일이 걸림돌이 되어 독자들이 쉽사리 니체에게 익숙해질 수가 없다. 그런데 쉽게 익숙해지지 않기 때문에 니체를 쉽게 잊어버리지도 않는다. 다양한 스타일로 표현된 그의 입장은 그것이 많은 다양한 입장 중에서 하나의 입장이라는 사실을 암시한다. 니체가 원근법주의에 대해서 아무런 언급도 하지 않으면서 원근법주의를 표현할 수 있었던 것은 그의 다양한 스타일의 덕분이었다. 모든 것이 해석이라는 그의 견해의 기반을 허물지 않고서도 이러한 주장을 내놓을 수 있었던 것도 다양한 스타일 때문이었다.

철학자들이 하는 모든 일이 "**하나의** 의지, **하나의** 건강, 하나의 토양, **하나의 태양**"을 증언해야 한다는 니체의 말이 자기기만적이지도, 자기모순적이지도 않다. 그가 다양한 스타일을 구사했던 이유가 모든 것이 해석이라는 자신의 해석을 독자에게 신빙성 있게 제시하려는 그의 기획에 있었기 때문이다. 어쩌면 이와 같은 해석을 우리는 원치 않는지도 모르지만, 인용된 문장의 뒤에 니체는 다음과 같이 말하였다. "우리의 열매를 **우리가** 좋아하든 좋아하지 않던, 그것이 나무에게 무슨 상관이 있으랴. 우리 철학자들에게 무슨 상관이 있으랴."(『도덕』, 서론, 2) 중요한 것은 우리가 특정한 해석을 좋아하는가, 아니면 싫어하는가의 여부가 아니라 해석이 다른 무엇으로 위장되는가를 묻는 데 있다. 니체는 독자에게 자신의 해석은 하나의 해석으로 제시했다. 그리고 해석이 제시되는 형식과 스타일을 통하여 그것이 해석이라는 사실을 강조했다. 그의 해석을 해석하는 우리에게 니체의 스타일이 중요한 이유는 여기에 있다. 다시 강조하면, 엄격한 의미에서 그의 스타일은 그가 주장한 내용과 불가분의 관계에 있다. 모든 철학이 필연적으로 전제했으나 간과되었던 요소가 니체에게는 일생의 노력을 통한 추구하는 의식적인 목표가 되었다. 그것은 사유의 가장 중요한 결정적 요소가 글이라는 사실이다. 니체는 이 점을 훌륭하게 증명했으며, 그는 사유가 "행동이다"(『권력』, 458)라고 믿었다. 그렇다면 이 책에서 내가 증명하려는 바, 글이 삶의 가장 중요한 요소라는 견해를 니체의 것으로 생각해도 무방할 것이다.

제2장

삶의 조건으로서 거짓

비록 거짓이지만 절대적인 가치를 믿는 것이 내게는 삶의 조건으로 보인다. 그러나 내 친구는 자신의 재능을 다른 가치와 비교해서 평가하곤 한다. 했다. 가치가 상대적이라는 것을 알면서도 말이다. 그리고 그 친구가 가진 재능의 가치를 낮출 어떤 구체적인 가능성도 아직 발견되지 않고 있는데 말이다.

—토마스 만Thomas Mann의 「파우스트 박사Doctor Faustus」로부터

니체의 원근법주의의 바탕에는 두 가지 충격적인 견해가 있다. 하나는 진리와 지식의 가치를 단호하게 거부함으로써 야기된 것이며, 다른 하나는 "사실은 사실이 아니라 단지 해석일 따름이다"(『권력』, 481)라는 유명한 진술에 나타난 견해이다. 비록 『비극의 탄생』(14~15)과 『초도덕적인 의미에서 진리와 거짓에 대하여*On Truth and Lies in a Nonmoral Sense*』(독일어의 원제는 *Über Wahrheit und Lüge im aussermoralischen Sinn*으로 'aussermoralischen'은 영어로 super moral이나 nonmoral 등으로 번역이 된다. '외부의, 이외의, ~에 속하지 않는'의 뜻을 가진 'ausser'를 '초'로 옮기기도 했다.—옮긴이)와 같은 초기 저작에서도 과학적 낙관주의와 언어의 적합성에 대해 회의하는 모습이 보이기는 하지만, 위의 두 견해는 저서에서 보다

강력하게 나타난다. 초기에 니체는 주로 쇼펜하우어Schopenhauer와 칸트Kant의 저작 덕분에 세계의 진정한 본질에 대한 궁극적인 진리가 있다고 믿었던 듯이 보인다. 즉 해석이 아닌 진리가 있다고 말이다. 그 당시에 그는 언어와 과학을 통해서 합리적으로 이러한 진리를 정확하게 표명할 수 있다고 생각하지는 않았음에도 음악적 영감으로 앙양된 "디오니소스"적인 합창을 통해서 우리는 세계의 본질에는 아무런 질서도 없다는 진리를 짐작할 수 있다고 믿었다.(여기서 쇼펜하우어의 영향이 강하게 드러난다.) 세계는 법칙이나 이성, 목적이 없는 혼돈이라는 것이다. 이때 비극은 "사물의 영원한 본질로서의 물 자체와 표상의 세계" 사이의 차이와 비슷하게 "자연의 참된 진리와 문화가 유일한 실재인 듯이 주장하는 문화적 거짓말"(『비극』, 8) 사이의 차이를 직관적으로 알려준다. 그리고 비극은, 세계의 질서와 목적은 우리가 자아와 실제 세계 사이에 끼어놓은 허구에 불과하며, 실제 세계는 우리의 생각이나 가치관 및 욕망과 무관하게 그 자체로서 존재하는 사실을 알려준다. 니체에게 비극이 중요했던 이유가 여기에 있다. 그것은 이와 같이 고통스러운 진리를 눈앞에 전개하면서도 이러한 앎에서 야기되는 우리의 절망을 위로해 주기 때문이다. 비극은 따지고 보면 만물의 영장이라는 인간도 다른 자연 대상과 마찬가지로 자연의 일부이며 자연에 속해 있다는 사실을 순간적으로나마 분명히 보여 준다는 것이다. 이때 비극의 관객은 "모든 현상적인 변화에도 불구하고 그것의 저변에는 파괴할 수 없는 힘과 기쁨으로 가득한 생명이 있다"(『비극』, 7)는 "형이상학적" 위안을 얻게 된다. 니체는 우리가 이 맹목적이고 영원한 생명의 탄생을 환호하며 축하해야 한다고 생각하였다.

후기의 저서에서 니체는 비극에 대한 논의에서 전제되었던 물 자체와 현상의 대립을 부인하게 된다. 다음의 인용문에 그러한 변화가 잘 나타나 있다. "드러난 세계와 참된 세계 사이의 대립은 '세계'와 '무無' 사이의 대립으로 바뀌었다."(『권력』, 567; 『우상』, IV 참조) 제2장의 첫머리에서 언급한 두 가지 견해에 입각해서 니체는 물 자체와 현상의 구별에 대해 가차 없는 비판을 가하였다. 이 점을 자세히 살펴보기로 하자.

『선악을 넘어서』는 거두절미하고 진리와 지식의 가치를 따져봐야 한다는 주장으로 시작한다. 서두에서 니체는 사물의 본질에 대해서 알고 그것들에 현혹되지 않고자 하는 충동, 필요, 성향 및 욕망, 즉 "진리에의 의지"가 우리로 하여금 아직껏 해결되지 않은 수많은 질문들을 묻도록 자극한다. 이러한 질문 속에서 진리에의 의지에 대한 질문이 제기된다. "이러한 질문을 우리에게 제기하는 것은 도대체 누구인가? 우리 본성의 어떤 부분이 "진리"를 알고자 원하는가? 진실로 우리는 진리에의 의지의 원인이 **무엇인가** 하는 질문에 오랫동안 대답할 수가 없었다. 그리하여 우리는 더욱 근본적인 물음을 더 이상 할 수 없게 되었다. 우리는 이러한 진리에의 의지의 가치에 대해서 물었다. 가령 우리가 진리를 원한다고 가정해 보자. 그렇다면 왜 우리는 거짓을, 불확실성을, 심지어는 무지를 원하지 않는 것일까?"(『선악』, I) 그러나 이러한 질문을 제기하는 사실 자체 역시 궁극적으로는 이들에 대하여 알고자 하는 노력의 일환이며, 따라서 이러한 질문 속에서 의문시되는 진리에의 의지가 바로 이러한 질문을 추동한 셈이다. 니체가 명확히 의식하고 있듯이 진리의 **가치**와 정당성을 의문시하는 사람들도 진리를 향한 추구를 멈출 수 없다.(『과학』, 344 참조; 『도덕』, III, 25) 진리의 가치에 대한 질문 역시 필연적으로 진리에의 의지에서 파생된 것이다. 역설적으로 이러한 질문은 그 자체에 대해서 질문을 던지는 바로 그 과정 속에서 자신의 영속성을 확

보하게 된다.[1]

그럼에도 불구하고, 진리에의 의지가 자신을 향해 던지는 질문을 무시할 수는 없다. 『선악을 넘어서』의 제2부 첫 대목에서 니체는 이에 대한 대답을 내놓은 듯이 보인다. "처음부터 우리는 아무런 거리낌이나 망설임 없이 무한한 자유와 기분 좋고 유쾌한 삶을 즐기기 위해서 무지無知한 상태 속에 계속 머무르고자 하지 않았던가. 삶을 즐기기 위해서 말이다, 지식은 지금껏 무지의 단단하고 흔들리지 않는 기반 위에서만 만발할 수 있었다. 지식에의 의지는 무지에의 의지, 불확실성 및 거짓을 향한 의지라는 강력한 의지에 뿌리를 내리고 있었다. 진리에의 의지는 무지에의 의지와 대립된 것이 아니라 그것을 세련되게 하는 것이다!" (『선악』, 24) 또 그는 "모든 사건이나 현상을 근본적으로 왜곡하지 않고서는 진리를 향한 의지가 논리적으로 실현될 수 없다"라거나 "처음에는 **왜곡**, 그 다음에는 의견의 실현이라는 두 가지 수단을 사용하는 충동이 지배하고 있다"(『권력』, 512)고 말하였다. 이러한 말을 하면서 니체는 자신의 견해가 독특하다는 점을 잘 알고 있었다.

『선악을 넘어서』의 전반부에서 그는 가상의 대화의 상대가 다음과 같은 반문을 하도록 만든다. "어떻게 어떤 것이 그와 정반대되는 것으로부터 **생성될 수 있을까?** 어떻게 거짓으로부터 진리가, 기만의 의지로부터 진리의 의지가 생성될 수 있는가?"(『선악』, 2) 그러나 저서명이 시

---

1 최종적으로는 이러한 과정이 정반대의 결과를 가져올 수도 있다. 예를 들어, 기독교의 도덕성에 따라서 진실성의 미덕을 강조하는 기독교의 교리는 니체에 따르면 신도들로 하여금 마침내는 신을 향한 믿음 속에 포함된 어떤 허위성을 발견하도록 하는 촉매 역할을 할 수 있다. 즉 똑같은 도덕성이 그 자신에게도 적용되어, 그것이 발전시켰던 바로 그 수단을 통해서 자신의 기만성을 인식할 수밖에 없게 되리라는 것이다. 니체의 표현을 따르자면, 이것은 도덕성이 도덕성을 극복하는 과정이다. 이에 대한 논의로는 니체의 다음과 같은 저서를 참조하기 바란다. 『과학』, 357; 『도덕』, III, 27. 이 문제는 제4장에서 부분적으로 언급하게 될 것이다.

사하듯 『선악을 넘어서』의 중요한 목표는 "형이상학자의 근본적인 신념으로서 가치의 대립에 대한 신념"을 부정하는 것이었다. 니체에 따르면, "진실한 것, 진리 및 이타성"의 근원과 가치는 다름 아닌 "기만, 이기주의 및 탐욕"에 있는지 모른다…… 이와 같이 경탄스런 훌륭한 대상들이 가치를 가지는 것은 이들이 자신과 전혀 반대되는 사악한 것들과 은밀하게 결탁하고 있거나, 아니면 본질적으로는 이것들과 동일하기 때문인지 모른다.(『선악』, 2)

니체는 진리와 거짓, 지식과 무지, 선과 악이 서로 대립되는 가치가 아니라고 주장했다. 그의 급진적 일원론(monism)은 『유쾌한 과학』의 제 3부에 표명되어 있다. 상반된 가치들은 동일한 연속적 직선 위에 찍힌 점과 같으며, 이들 대립적 가치를 비롯해서 모든 것은 본질적으로는 서로 깊이 연결되어 있으며, 그들 각자의 특징도 이러한 관계의 결과라는 것이다. 니체는 인과관계에 대해서도 다음과 같이 말했다. "순진한 사람과 옛 문화 추구자들이 서로가 무관하고 독립적인 두 개의 것으로 간주했던 것을 이제 우리는 서로 긴밀하게 관련된 것들로 보게 되었다."(『과학』, 112) 이 견해에 대해서는 다음 장에서 상설할 것이다.

진리와 거짓에 대한 니체의 자신의 견해는 무엇인가? 진리와 거짓 사이에 "단지 미묘한 단계적 차이"만이 있을 따름이라고 주장한 그의 저의는 무엇일까? 왜 니체는 "허구적이기는 하지만 우리에게 잘 들어맞고 단순하면서도 완벽한 인위적인 세계 속에 우리를 살게 하려는 과학의 시도를 웃어넘기는 것일까? 살아 있고 삶을 사랑하기 때문에 과학은 어쩔 수 없이 거짓을 사랑하게 되었는데."(『선악』, 24) 여기에서 살아 있기 때문에 과학이 사랑하는 거짓이란 정확하게 무엇을 의미하는 것일까?

이러한 질문에 대해 다음과 같이 간단하게 답할 수 있다. 즉 세계는 우리가 알고 있는 일반적이고 핵심적이며 잘 검증된 이론과는 다르기 때문에 니체는 완전히 상이한 관점에서 세계를 이해했다는 것이다. 우리는 니체에게 있어서 세계는 과학을 위시한 학문들이 아무리 발달하더라도 절대 파악할 수 없을 뿐 아니라 세계에 대한 정의가 대한 그것을 더욱 더 왜곡하게 된다고 주장할 수 있다. 내가 앞으로 상세히 설명할 원근법주의는 해석 이전에 그리고 해석과 독립해서 세계가 어떤 속성을 가지고 있다는 생각 자체를 거부한다. 그 자체로서 세계는 아무런 특징도 가지지 않는다. 따라서 세계에 대한 진술과 정의가 옳다느니 그르다느니 하고 따질 수도 없다. 세계를 정확하게 재현할 수 없다는 관념은 세계에 나타나는 현상들이 그것의 본질과는 근본적으로 다르다는 가설을 그 자체 내에 포함하고 있다. 그러나 니체는 이러한 가설을 다음과 같이 거부하지 않았던가. "우리는 세계의 현상과 본질을 구별할 만한 충분한 '지식'을 가지고 있지 않다. 우리는 지식이나 '진리'를 파악할 생리적 기관이 없다."(『과학』, 354) 또 니체는 메모에서 다음처럼 말하기도 한다. "오늘날 과학은 현상적인 세계를 지배하고 있다. 그것이 무엇이건 우리는 실제 세계를 파악할 수 있는 생리적 기관을 갖추고 있지 않다."(『권력』, 583) 그는 현상 세계는 나타나는 세계로서 실재와는 구별되는 것이라고 생각하지는 않았다. 반대로 그는 현상 세계는 거기에 존재하는 모든 존재에게 나타나는 바로서의 세계이며, 이들 존재하는 것들은 생존의 목적을 위해 세계를 선택적으로 배합한다고 믿었다. 그렇다면 실재는 현상 뒤에 숨어 있는 무엇이 아니라 다양한 배합의 총체인 것이다. 니체가 "현상이라고 말할 수 있는 조그마한 권리도 우리는 가지고 있지 않다"(『권력』, 567)라고 말했다. "단지" 눈에 나타난 세계라는 개념은 허구인 것이다.

　세계를 왜곡하는 것은 과학이며 지식에의 의지란 무지에의 의지의 세련된 형태에 불과하다는 니체의 주장은 다음과 더욱 정교하게 해석될 수 있다. 니체는 선험적 종합판단에 대해 언급하면서 그것을 "우리와 같은 피조물이 생존하기 위해서는 믿지 않으면 안 된다. 생존의 필요성으로 인해 판단이 **거짓**되더라도 그러하다. 단적으로 확실하게 말하자면 종합판단은 선험적으로 "불가능해야만" 한다. 우리는 종합판단을 내릴 아무런 권리가 없다. 입에 오르자마자 그것은 그릇된 판단이 되어 버린다. 그럼에도 종합판단에 대한 믿음은 반드시 필요하다"(『선악』, 11)고 말했다. 니체의 다른 저서에서도 반복되는(예를 들어 『과학』, 110, 265; 『권력』, 493) 이와 같은 진술에 의거하여 우리는, 생존을 위해 절대적으로 필요한 기본적 신념이 실제 세계와 일치하는지의 여부를 알 수 있는 근거는 없다고 니체를 해석할 수 있다. 그렇지만 주의 깊은 독자는 니체의 글의 가정법에 주목해서 다음과 같이 말할 수도 있다. 니체는 "아마도" 선험적 종합판단이 그릇된 판단일지 모르며, 이러한 판단은 "우리의 입에 오르자마자" 그릇된 판단이 될 수 있다는 것을 가정적으로 조심스럽게 언급했다. 그렇다면 이러한 종합판단이 궁극적으로는 올바른 것일 수 있으며, 또 그것과 세계와 일치할 수 있는 가능성도 배제할 수 없지 않을까.

　그러나 나는 위의 해석이 그럴듯하기는 하지만 정확한 것은 아니라고 생각한다. 우선 한 가지 지적하자면 니체는 텍스트의 여러 곳에서 (『선악』, 21; 『권력』, 551) 종합판단은 분명한 오류라고 단정하였다.[2] 니체의 이러한 주장과 위의 해석은 모순되는 것이다. 그렇지만 보다 중요한 점은 위의 해석이 지식에의 의지는 무지에의 의지의 반대가 아니라 그것의 세련된 형태라는 니체의 주장을 설명해 줄 수 없다는 것이다. 또 그가 왜 "무지에의 의지"가 존재한다고 생각했는지의 이유에 대해서도 위의 해석은 아무 도움이 되지 않는다. 만약 선천적 종합판단이 진리일 수 있는 가능성이 존재한다면, "무지에의 의지"와 같은 개념은 부적합할 뿐만 아니라 전적으로 무의미할 것이다. 언젠가는 진리를 발견할 수 있다는 희망을 가지고 축적된 증거들을 넘어서려는 성향이 무지에의 의지일 수도 있으며, 그러한 희망이 아주 실현 불가능한 것이 아닌지도 모르지 않은가. 그렇다면 무지에의 의지에서 도출된 판단들이 그릇되며, 우리가 만일 그런 사실을 모른다면 무지에의 의지는 존재하지 않는다는 말이 된다. 이러한 여러 가지 이유로 무지에의 의지에 대해 위의 해석과는 달리 해석할 필요가 생긴다. 그것에 따라서 대답도 달라질 것이다.

이러한 해석이 니체의 견해를 적절하게 설명할 수 없다는 이유만으로 그것을 전적으로 폐기처분할 수는 없다. 니체의 견해 자체가 적절하지 않을 수도 있다. 그러나 그가 그러한 태도를 취한 동기와 이유까지 설명해 줄 수 있는 새로운 해석을 내놓을 수 있다면 문제는 달라진다. 이러한 해석을 제시하기 위해서는 복잡하고 기나긴 우회로를 밟아야 한다. 이 책에서 내가 자주 강조하듯이, 니체의 글은 때로 우회적인 접근을 요구하는 듯이 보인다. 그의 견해들이 서로 무관한 우연한 것들이 아니라 서로 긴밀하게 체계적으로 연결되어 있기 때문이다. 따라서 언

---

2 다음과 같은 이의가 제기될 수 있다. 즉 니체가 이러한 판단은 진리란 실재와의 상응이라는 가정이 성립할 경우에만 그릇된 것이라고 생각했다는 것이다. 이것은 (실재와의 상응으로서의) 진리에 대한 니체의 공격과 (실용성의 측면에서의) 진리에 대한 니체의 강조를 조화시키고자 하는 실용주의적 해석이다. 앞으로 살펴보겠지만, 진리의 본질에 대해서 니체가 긍정적으로 생각했다는 이러한 실용주의적 해석은 커다란 어려움에 직면한다.

뜻 보기에는 우리의 주제와 관계가 없는 듯이 보이는 구절들도 꼼꼼하게 정독하고 주의 깊게(즉 창조적으로) 해석함으로써 그것이 어떻게 우리의 주제와 직결되는지를 밝혀야 한다.

그러한 구절의 하나에서 니체는 도덕은 도덕적으로 살려는 사람들을 극단적으로 엄격하게 구속한다고 주장했다. 이에 의하면 자유로운 상황에서 인간의 본성이 가장 훌륭하게 발휘된다는 전통적인 생각은 근거를 상실하게 된다. 그러나 규칙에 구속되는 일이 부자연스럽다고 생각하지 않았던 니체는 "'그러한 변덕스러운 법칙의 압제' 덕택에 사유思惟나 국가, 수사학, 설득, 예술, 윤리학에서 자유, 세련됨, 과감성, 춤과 확실성처럼 현재 존재하거나 지금까지 존재했던 것들이 발전해 왔다. 법칙의 압제가 '자연'이며 '자연스러운 것'인지도 모른다"(『선악』, 188)고 말했다. 니체가 좋아하는 예술가의 모델을 빌린 설명에 의하면, 예술가는 내면화되고 본능의 일부가 된 "천 개의" 엄격한 법칙에 철저하게 따름으로써 풍성한 자유와 자발적 창조의 혜택을 누리는 인물이다. 아래와 같이 말하는 것도 예술가를 염두에 둔 것이다. "가장 본질적인 것은 다음과 같다. **단 하나의** 방향을 향하여 오랜 기간에 걸쳐서 복종하는…… 것이다. 복종을 통하여 미덕과 예술, 춤, 이성 및 정신과 같이 삶에 가치를 부여하는 모든 것들이 발전하고 또 발전해 왔다."(『선악』, 188)[3]

"관습과 의식儀式의 땅이 아니라면 도대체 어디에서 순수와 아름다

---

3 니체의 이러한 견해는 생각보다 자주 그의 저서에 표명된다. 때문에 이 견해는 니체의 이해에 있어서 본질적이라 할 수 있다. 『권력』, 144를 참조할 것. 또한 중기 저서에서 '관습의 도덕성'에 대한 논의로는 『서광』, 9, 13, 14, 16, 18; 『인간』, I, 96; 『잠인』, 89를 참조할 것. 『도덕』, II, 2에서 니체는 이러한 견해를 분명하게 표명할 뿐만 아니라 위에서 인용한 구절들도 동시에 언급한다. 역시 『도덕』, III, 9를 참조할 것.

움이 싹을 내밀겠는가?"라는 예이츠Yeats의 시의 한 대목에 완벽하게 표현된 니체의 견해는 나중에 언급할 될 또 다른 견해와 긴밀한 연관성을 갖는다. 그것은 과거와 현재의 조직화된 행동 체계는 우리가 새로운 삶을 모색하기 위해 새롭게 해석하기 이전에 이미 존재하고 있었던 것들이라는 견해이다. 예를 들어, 기독교는 이미 제도화되어 있던 기존의 삶의 양식을 채택하고, 그것에 장기적인 노력을 지속적으로 거듭하면서 완전히 새로운 의미를 부여했다.(『과학』, 353) 이러한 의미의 변화는 동시에 형식의 변화를 수반했기(『도덕』, II, 12~13) 때문에 기독교는 독특한 법칙과 "억압"을 성공적으로 발전시킬 수 있었다. 그럼에도 이처럼 발달된 기독교 체계는 이제 새롭게 재해석될 단계에 와 있다. 이제 기독교의 토양에서 새로운 순수성이 탄생해야 하는 것이다.(『도덕』, III, 27 참조) 니체는 기독교가 신자들을 억압했거나 그들의 삶에 지배적인 영향력을 행사했다는 이유로 기독교를 공격한 것은 아니었다. 자주 오해되는 것처럼 그가 하나의 명분과 목표에 대해 강력히 이의를 제기한 것은 아니었다. "나의 행복의 공식은 긍정과 부정, 일직선, 그리고 하나의 **목표이다**"(『우상』, I, 44; 『반그리스도』 1 참조)라고 말하지 않았던가. 그가 공격의 대상은 기독교가 추구했던 특정한 선택의 방향이었다. 그는 기독교가 독단주의적이었으며, 또 기독교가 수많은 삶의 방향 가운데 하나에 지나지 않는다는 사실을 은폐하였기 때문에 용서할 수 없었다. 그럼에도 그는 기독교가 지금과 상이한 방향으로 발전했다고 하더라도 역시 "변덕스러운 법칙"의 지배를 받기는 마찬가지라는 사실을 인정하였다. 그의 비판은 기독교 자체가 아니라 반대로,

이러한 억압, 이러한 변덕, 이와 같이 냉혹하고 덩치가 큰 어리석음이 정신

을 훈육했다. 소박하건 아니면 심오한 의미에서이건 노예적 복종은 정신적 훈련과 교화에 필수불가결하다. 도덕을 고려할 때 이 점을 명심해야 한다. 도덕성에 깃들은 '자연스러움'은 자유방임과 절대적 자유를 증오하도록, 그리고 좁은 지평과 근시안적 임무를 욕망하도록 가르친다. 즉 삶과 성숙의 조건으로 우리의 관점을 좁히도록, 달리 말해 어리석음을 주입하는 것이다.(『선악』, 188)[4]

이러한 구절에 비추어 다시 선천적 종합판단에 대한 논의를 재개할 필요가 있다. 『선악을 넘어서』의 11항의 마지막 구절을 해석하기 위해 위에 인용된 구절을 참조할 것이다. 앞서 11항을 인용할 때 이 구절을 생략했었다. "우리의 입에 오르자마자 그것은 그릇된 판단이 된다. 물론 종합판단에 대한 믿음은 필요하다. 삶의 원근법적 광학에 속하는 전경前景으로서의 믿음과 시각적 증거로서 말이다." 다음에 이어지는 나의 설명은 지식에의 의지가 무지에의 의지와 불가분의 관계에 있으며 지식에 있어서 왜곡은 삶에 필수적이라는 니체의 주장을 설명하려는 첫 번째 시도이다. 어떠한 활동, 특히 탐구에 임하기 위해 우리는 선택적이 될 수밖에 없다. 우리는 어떤 것들은 전경으로 가져오는 다른 것들은 배경에 두지 않으면 안 된다. 또 다른 것들을 무시하면서 어떤 특정한 것들에 중요성을 많이 부여하지 않으면 안 된다. 우리가 "모든 정보"를 한꺼번에 가지고 연구를 시작하지도 않으며, 또 그렇게 할 수도

---

4 니체는 『권력』, 464, 469에서 기독교에 대한 이와 비슷한 논평을 예술, 철학 및 과학과 관련해서 말하기도 했다. 『도덕』, III, 12에서 그는 세계와 감각 및 육체를 경멸하도록 가르친 기독교의 지속적인 일련의 노력은 매우 가치 있는 것이었다고 주장했다. 관점이 어떻게 역전될 수 있는지를 사람들에게 가르쳤기 때문이라는 것이다. 니체는 이러한 방법을 통해서 기독교는 "지식인들이 '객관성'을 추구하는 길을 예비했다"고 계속해서 주장했다. 니체에 의하면 객관성이란 '다양한 관점과 지식에 유효한 정서적 해석들'을 이용하는 능력이다.

없다. 끝맺음도 마찬가지이다. 모든 것을 가지고 시작하며 끝을 맺는다는 것은 말도 안 되는 욕심이자 불가능한 목표이다. "모든 것을 파악하려는 시도"는 원근법적 시각을 불가능하게 만들기 때문에 아무것도 이해하지 못하게 되고, 또 지식의 본질을 오해하는 결과에 이르게 된다. 무엇을 시작하기 위해서는 세계에 대한 무수히 많은 질문들을 우선 덮어 두어야만 한다.

원근법에 속하는 니체의 시각적 비유는 그러한 맥락과 일치한다.[5] 모든 탐구는 특정한 관점을 전제로 하는지라 다른 많은 관점을 배제하여야 한다. 그렇다고 모든 것을 대해 올바르고자 시도하면 한 가지에 대해서도 제대로 올바를 수가 없다는 원근법적 교훈에서 우리가 절대로 정확하게 알 수 없다거나 결코 "객관적"일 수 없다는 결론이 유추되는 것은 아니다. 다른 관점들도 가능하다고 해서 모든 관점들이 똑같이 정당하다는 것을 의미하지는 않는다. 어떤 대안을 취할 가치가 있는지의

---

5 니체는 Leibniz가 회화의 영역에서 가져와 근대의 인식론에 활용한 은유를 근본적으로 재해석함으로써 자신의 독자적인 견해에 이른 듯이 보인다. Leibniz는 하나의 도시가 서로 다른 위치에 있는 관찰자에게는 서로 다른 모습으로 나타나듯이, 전체로서의 우주도 각 단자에게는 서로 다른 모습으로 나타난다고 주장했다. 하지만 Leibniz는 도시와 우주는 모든 관찰자들과는 독립해서 존재하는 그 자체의 독자적인 특징을 가지고 있다고 생각했다. 서로 다른 단자들이 지각하는 서로 다른 개별적인 대상들은 '하나의 유일한 우주에 대한 서로 다른 시각'에 불과하다는 것이다.(『단자론Monadology』, 57, 58,『신정설神正說, Theodicy』, 147, 357 참조할 것) 만약 우리가 모든 원근법적 시각을 넘어서 존재하는 세계의 진정한 본질을 객관적으로 기술하려고 원한다면, 우리는 우리들 자신의 위치와 형이상학적인 법칙들을 알아야 하리라. 니체는 이러한 Leibniz의 은유를 확대했다. 그는 한때 바젤 대학의 동료 교수였던 Gustav Teichmüller의 저서인『진정한 세계와 현상적 세계Die wirklicheund die scheinbare Welt』(1882)에서 원근법주의라는 개념을 채택했다. 여담삼아 말하자면, 니체는 Teichmüller가 사임했을 때 그의 공석 중인 교수직에 채용되기를 원했지만 그의 희망은 좌절되었다.(Ronald Hayman, Nietzsche: A Critical Life, New York: Oxford University Press, 1980, p. 137 참조) 그 후 니체는 이 개념을 빌려 모든 것은 관점에 불과하며 그 자체로서의 세계란 허구에 불과하다는 그의 견해를 표명했다. "우리가 관점을 거두더라도 세계가 그대로 남아 있으리라고 생각하다니!(『권력』, 567) 나는 원근법주의의 인식론과 관련된 몇 가지 문제들을 「니체의 내재적으로 초월적인 원근법주의Immanent and Transcendent Perspectivism in Nietzsche」(Nietzsche Studien, 12, 1983, 473~490)라는 논문에서 논의한 적이 있다.

여부는 매 경우마다 독립적으로 결정되지 않으면 안 된다. 원근법주의는 상대주의가 아닌 것이다. 그럼에도 그것은 특정한 관점을 가진 사람이 다른 사람들에 비해서 세계를 훨씬 더 잘 파악할 수 있다고 주장하지 않는다. 물론 어떤 특정한 관점이 다른 관점보다 훌륭할 수 있으며, 이 점을 증명할 수도 있다. 그러나 모든 관점 중에서 가장 훌륭한 관점이 하나 존재한다면 그것은 이미 관점이 아니게 된다. 그리고 다양한 관점들을 다 수집해 놓으면 마침내 하나의 대상에 대해 일관되고 총체적인 상像이 만들어질 수 있다고 원근법주의는 주장하지도 않으며, 사실상 모든 관점들이 어쨌든 "세계"를 향한 것이라는 한 가지 사소한 사항을 제외하면 이들 관점들이 동일한 대상을 향한 것이라는 생각마저도 부정한다.[6] 그런데 세계를 묘사하고 규정하기 위해서는 그것이 우리의 관점의 대상이 되는 무엇이라고 막연히 말하는 대신에 모든 사람들이 수용할 수 있는 용어나 개념들을 사용해야 할 것이다. 그렇게 되면 우리는 다양한 관점들을 포기하든지, 아니면 그것 중의 하나가 본질적으로 다른 것에 비해 훨씬 우수하며 또한 세계를 정확하게 보여 준다고 주장해야 할 것이다. "모든 관점을 하나하나 제거해도 세계는 그 자체로 남아 있는 듯이 말이다."(『권력』, 567)

니체에 따르면, 전통적인 의미에서 이상적인 지식이 성립하기 위해서는 다음과 같은 조건이 원칙적으로 충족되어야 한다. 우리가 존재하는 모든 것을 알 수가 있고, 또 "존재하는 모든 것"이 지각될 수 있어

---

6 Richard Rorty, 「잘 잃어버린 세계The World Well Lost」 in Consequences of Pragmatism (Minneapolis: University of Minnesota Press, 1982), pp. 3~18; Nelson Goodman, 「세계의 이치The Way the World Is」, Problems and Projects (Indianapolis, Bobbs Merrill, 1972), pp. 24~32.; Hilary Putnam, 「Goodman의 『세계 만들기의 방법』에 대한 고찰Reflections on Goodman's Ways of Worldmaking」, Journal of Philosophy, 76(1979), 603~618 참조.

야 하는 조건이 만족되어야 하는 것이다. 여기에는 궁극적으로는 다양한 관점들이 없어도 무방하거나, 아니면 이들이 하나의 보편적인 관점으로 통합되면 세계를 있는 그대로 정확하게 보여 줄 수 있다는 가정도 포함되어 있다. 이때 보편적 관점은 특정한 위치를 차지하지 않으면서도 세상을 그 자체로서 재현할 수 있는 관점을 말한다. 니체가 종종 인지적인 개념을 사용하면서도 전통적인 의미에서의 지식의 가능성을 끈질기게 부정하는 것은 이와 같은 맥락에서이다. "지식을 습득하는 인간의 기관은 '지식'을 목적으로 만들어진 것이 아니다."(『권력』, 496)[7]

니체에 있어서 "지식"에 대비되는 지식은 대상과 조건부적인 관계를 유지하고 있다. 이 관계란 특정한 가치, 이해 및 목표를 전제하고 있거나 그것을 드러내는 관계이다. 이러한 가치나 이해를 제거하거나 궁극적으로 극복할 수 있다고 생각하면 안 된다. 니체에 의하면 객관은 "이해관계를 떠난 사유가 아니다…… 모든 것은 **단지** 관점적인 이해이거나 관점적인 '앎'일 따름이다. 하나의 대상에 대해서 **더 많은** 감정을 가지고 말할수록, 그것을 보기 위해서 보다 많고 다양한 눈이 동원될수록 그 대상에 대한 '개념'과 '객관성'은 보다 완벽해질 것이다."(『도덕』, III, 12) 다양한 눈들이 대상에 대한 하나의 통일된 모습을 제공하지 않아도 좋다. 니체가 "사람들은 세계가 단지 생각, 의지, 전쟁, 사랑 혹은 증오에…… 불과하다고 말한다. 서로 떨어져 있으면 이것들은 모두 그릇되다. 하지만 서로 결합이 되면 진리이다"라고 주장하긴 했지만, 이들의 합이 반드시 하나의 입체적 이미지를 형성하는 것은 아니다.

---

7 인지적 개념을 의심하면서도 이들을 여전히 사용하는 니체의 태도를 John Wilcox는 그의 책 『니체에 있어서의 진리와 가치*Truth and Value in Nietzsche*』(Anne Arbor: University of Michigan Press, 1974)의 제1장에서 논의했다. 나는 그의 책에 많은 도움을 받았다.

때문에 우리는 니체가 자주 언급하는 왜곡과 그것에 수반되는 단순화(『선악』, 24, 229) 사이의 연관을 살펴볼 필요가 있다. 원근법주의에 따르면 무엇인가를 하기 위해 우리는 재료를 선별하고 나머지는 고려의 대상에서 제외해야 한다. 그렇다고 우리가 인지하거나 알고 있는 대상이 세계를 보여 주는 것이 아니라 세계의 표면적인 모습만을 보여 준다는 것은 아니다. 관점은 다른 것들과 독립해서 절대적으로 존재하는 독자적 대상이 아니기 때문이다. 지각된 것은 특정한 관점에서 지각된 세계 자체(위에서 언급한 사소한 의미에서)이다.[8]

이러한 시각적 은유를 설명하기 위해 문학을 예로 들어도 상관없겠지만 그림은 특히 좋은 예가 된다. 한눈에 들어오는 풍경을 사실주의적으로 그리는 화가도 눈에 보이는 "모든 것"을 다 그릴 수는 없다. 이 화가의 그림에 담기지 않은 것들은 그 자체로 매우 어렴풋한 대상이어서 다른 화가의 그림에서나 분명하게 나타날 수 있는 것인지 모른다. 물론 이 경우에도 이들 그림이 "부분적"이라는 사실에는 변함이 없다. 마찬가지로 니체는 세계에 대한 완벽하고 결정적인 이론이나 이해가 존재하지 않는다고 믿었다. 예술적인 모델에 비유하면, 모든 것을 이해하는 것은 모든 종류의 스타일을 한꺼번에 구사하는 그림, 혹은 어떠한 스타일도 없이 그려진 그림과 같을 것이다. 그것은 존재하지 않는 신화적 괴물 키메라(chimera: 사자의 머리, 염소의 몸, 뱀의 꼬리를 한 불을 뿜는 괴물.—옮긴이)와 같다.

니체는 가끔 그렇게 말하는 인상을 주기도 하지만 세계에 대한 원근

---

8 나는 「전제된 작가: 규제적 이상으로서의 비판적 일원론The Postulated Author: Critical Monism as a Regulative Ideal」(Critical Inquiry, 8, 1981, 131~149)이라는 제목의 논문에서 이 주장을 자세히 전개했다.

법적인 접근이 질서가 없는 혼란을 야기하지는 않는다.[9] 각각의 접근 방법은 필요시 교정될 수 있으며, 다양한 접근법은 새로운 대상을 포함하고 다른 접근법과 결합해서 보다 포괄적인 실천과 연구의 체계를 만들 수 있다. 불가능한 것은 어느 특정한 지점에서 "모든" 대상들을 총괄하는 하나의 유일한 접근법이 있다거나 "모든" 가능한 관점을 확보할 수 있으리라는 희망이다.

이것은 알랭 레네Alain Resnais의 영화 〈나의 미국 아저씨Mon Oncle d'Amérique〉의 마지막 장면에 잘 나타나 있다. 이 영화는 다양하고 이질적인 시점을 채택함으로써 인간의 행동을 묘사하지만 이들 시점은 때로 모순적인 관계에 있다. 마지막 장면에서는 시골로 보이는 풍경이 화면을 가득 채운다. 그러나 관객은 당혹스럽게도 이 풍경이 도시의 한복판이라는 사실을 깨닫는다. 풍경으로 보였던 것이 폐기된 건물의 한쪽 벽에 초현실적 기법으로 그려진 프레스코였던 것이다. 그림의 묘사는 매우 섬세하고 각 선들의 윤곽도 선명하며, 나뭇가지와 잎사귀는 두드러지게 보이고 울퉁불퉁한 가장자리가 없다. 그러나 이러한 인상은 카메라가 그림을 보다 크게 보여 주는 순간에 사라진다. 벽 바로 가까이에서 보면 벽은 부드러운 평면이 아니라 크기가 서로 다른 벽돌들로 이루어져 있다는 사실을 발견하게 된다. 그러면서 선은 거칠어지고 색상도 조잡하게 보인다. 아직도 전원적인 풍경이 있기는 하지만 이제 그것은 초현실주의자의 작품이 아니라 인상주의자의 작품처럼 보인다. 마침내 카메라가 벽에 더욱 가까이 접근해서 거칠고 모난 벽돌들을 확대시키면 풍경은 완전히 자취를 감춘다. 이제 서로 중첩되면서 칠해진 페인

---

9 「니체에 있어서 내재적이고 초월적인 원근법주의」에서 나는 이 점을 보다 자세히 논의했다. pp. 477~486.

트와 페인트가 묻지 않은 벽돌 사이의 홈들이다. 이때 관객들이 다음과 같이 질문하는 것은 당연하리라. 무엇이 진짜로 선이고 무엇이 진짜로 페인트 색이란 말인가? 그리고 무엇이 진짜로 그림인가? 이에 대한 영화의 대답은 다음과 같다. 우리가 이 장면에 대해 무엇을 알고 있든지 우리가 여기에서 한 묶음의 선과 색상, 혹은 그림의 한 측면을 보고 있다면 다른 선이나 색상, 그림의 다른 측면은 볼 수가 없다. 그림은 이 모든 요소의 합이라 할 수 있다. 그러나 이러한 합이 이들 부분적인 현상의 배후에 있는 하나의 실재를 보여 주지는 않는다. 이 그림은 다만 일정한 거리와 관점을 통해서 드러난 현상들이다. 만일 그것들이 어떤 단일한 대상을 부분적으로 다채롭게 반영하고 있는 것이 아니라면(거기에 하나의 벽이나 그림과 같이 하나의 "대상"이 있다는 사소한 점을 제외하면) "현상"이라고 말할 것도 없을 것이다.

니체가 『선악을 넘어서』를 인간이 과연 비진리나 불확실성, 무지가 아니라 진리를 원하는가 하는 질문으로 서두를 시작했는데, 여기에서 우리는 신중을 기해야 한다. 우리는 이것을 진지하게 취급해야 하지만, 그럼에도 후기 저서와 『선악을 넘어서』에서 드러나는 지배적 주장의 도움을 받아서 이해할 필요가 있다. 그가 진리를 포기하고 거짓을 추구해야 한다는 불합리한 주장을 내놓았던 것은 아니다. 또 가끔 오해되듯이 우리가 "다른 관점을 채택"하기만 하면 문제의 사안에 대해서 마음을 바꿀 수 있다고 주장했던 것도 아니다. 자의적으로 관점을 택할 수는 없기 때문이다. 필연적으로 새로운 삶의 방식을 가져오는 새로운 해석이 가능하기 위해서는 대단한 노력을 기울이거나, 아니면 그러한 상황에서 충분히 합리적일 수 있는 이유가 뒷받침해 주어야 한다.(『선악』, 55, 188) 그의 주장의 핵심은 다른 곳에 있다. 동일한 인물도 상황에 따라서 다른 가치를 가질 수 있으며, "일반인의 미덕이 철학자에게는 악덕이나 약점이 될 수 있듯이"(『선악』, 30), 어떤 대상이 모든 관점에서 보아도 참되거나 거짓이라고 생각하거나, 진리는 언제나 유용하고 거짓은 언제나 해롭다고 생각하는 것은 잘못이라는 것이다. "극도로 해롭고 위험해도 진리인 것이 있다. 진리를 완전히 깨달을 경우 인간은 소멸할지도 모른다. 이것이 존재의 기본적인 특징이다. 그렇다면 견딜 수 있는 '진리'의 양에 따라서 정신적 역량을 측정할 수 있을 것이다. 다시 말하자면, 우리가 생존하기 위해서 '진리'를 얼마만큼 희석시키고 은폐하며 달달하게 만들고 왜곡시켜야 하는지의 정도에 따라서 정신적 능력을 측정할 수 있다."(『선악』, 39) 니체는 대부분의 저서에서 이러한 견해를 피력했다.(예를 들어 『비극』, 7; 『서광』, 507; 『과학』, 344, 347) 그런데 이것은 그의 진리관이 "실용주의적"이라는 일반적이고 권위 있는 해석과 모순된다.[10] 실용주의적 해석에 따르면 진리에 대한 니체의 비판이 사실과의 일대일로 대응하는 것으로 진리를 정의하는 전통적 진리관에만 국한되는 것이며, 사실 니체 인간에게 유용하고 유의미한 것은 진리로서 수용해야 한다고 주장했다고 한다.[11] 단토가 아주 간결하게 표현한 니체의 진리관은 다음과 같다. "만약 p가 실용성이 있고 q는 실용성이 없다면, p는 진리이고 q는 거짓이다."(p. 72)

---

10 이러한 실용주의적 니체관은 Danto가 『철학자로서 니체』의 제3장에서 처음으로 주장했던 니체 해석이다. 앞으로 그의 책을 언급할 경우에는 주를 다는 대신 본문에 괄호를 삽입하여 면수를 표시할 것이다. 많은 학자들은 Danto의 실용주의적 니체관을 다양하게 수용했다. Daniel Brazeale의 『철학과 진리: 1870년대 초기 니체의 메모집Philosophy and Truth: Selections from Nietzsche's Notebooks from the Early 1870's』(New Jersey: Humanities Press, 1979), pp. 31~38.; Ruediger Hermann Grrimm의 「니체의 순환성과 자기반영성Circularity and Self-Reference in Nietzsche」, Metaphilosophy, X(1979), 289~305. Wilcox의 『니체에게 있어서의 진리와 가치Truth and Value in Nietzsche』 등의 책을 참조할 것.

실용주의적 해석에 따르면 니체는 다음과 같이 생각하고 있는 듯이 보인다. 만약 진리대응설(correspondence theory of truth)이 참이라면 우리의 믿음은 모두 거짓이 된다는 것이다. 믿음에 대응하는 사실은 존재하지 않기 때문이다. 그러나 다음 인용구가 말해 주듯이, 니체는 실용주의적 진리관을 수용하는 경우에 몇몇 믿음은 진리로 취급해야 할 것이라고 생각하였다. "삶은 논쟁이 아니다. 우리는 생존할 수 있는 세계를 만들었다. 육체, 선, 평면, 원인과 결과, 운동과 정지, 형식과 내용 같은 것을 가정함으로써 말이다. 이러한 믿음의 내용물들이 없었더라면 주어진 삶을 견디며 살 수 없었을 것이다. 그렇다고 이러한 믿음이 진리인 것은 아니다. 삶은 논쟁이 아니다. 삶의 조건은 거짓을 자체에 포함하고 있는지 모른다."(『과학』, 121; 『선악』, 4 참조)[12] 나의 생각에 니체가 여기에서 어떤 진리관을 염두에 두고 있었다면 그것은 진리대응설이었던 것이다. 그는 삶에 절대적인 가치를 부여하는 그러한 기본적 믿음을 거짓이라고 주장했다. 만약 니체가 진리대응설을 전적으로 거부했다면 이러한 주장을 내놓을 수 없었을 것이다. 따라서 그의 주장이 진리대응설을 기본 전제로 깔고 있었다고 할 수 있다. 그렇기 때문에 그는 비관적으로 인간이 행복과 진리를 동시에 소유할 수 없다고 말했던 것이다. 이와 비슷한 견해는 『권력의지』에도 있다. "종種의 보전을 위해 절대적으로 필요한 믿음은 진리와 관계가 없다."(487) 이 인용문

---

11 「니체의 진리관Nietzsche's Theory of Truth」in Malcolm Pasley, ed., Nietzsche: Imagery and Thought(London: Melthun, 1978), pp. 33~63에서 Mary Warnock은 이러한 두 가지 진리관이 니체의 연구에 중대한 모순을 초래한다고 주장했다. 보다 최근에 Nietzsche(London: Routledge and Kegan Paul, 1983)의 제2장에서 Richard Schacht는 대응으로서의 진리관과 실용주의적 진리관 모두가 니체의 견해라는 주장을 전개했다. 그는 이들이 적용되는 영역을 제한함으로써 이러한 주장을 내놓을 수가 있었다.

12 『철학자로서 니체』에서 Danto는 이러한 견해를 상세히 논의했다. pp. 86~87 참조할 것.

은 니체가 실용주의적 진리관을 가지고 있었다는 해석에 대해 강력하게 이의제기를 한다. 진리의 기준으로서 진리대응설을 삶을 위한 필요성으로 대체하려는 의도가 없기 때문이다. 그는 진리가 맥락이나 이해관계, 가치와 독립해서 존재하는 실재라고 보는 전통적인 진리관을 때로 부정했지만, 그렇다고 이를 대체할 수 있는 새로운 진리관을 내놓지도 않았다.

니체의 심각한 고민 중의 하나가 진리가 언제나 가치를 가지는가 하는 의문이었다. 물론 그는 진리가 언제나 가치가 있다고 생각하지는 않았다. 바로 이러한 이유로 인해서 나는 진리의 기준이 실용성이라는 실용주의적 해석에 동의할 수가 없다. 그는 오류가 진리보다 더 많은 가치와 효용을 가진다고 주장하기도 했지만 진리대응설에서의 거짓이 실용주의적 진리관에서는 참이 된다고 주장한 적도 없다. "인간이 자신에게 허용한 값비싼 사치품이 오류이다. 만약 오류가 생리적인 것이라면 그것은 생명에 치명적일 것이다. 그렇다면 인간이 지금까지 가장 비싸게 지불했던 오류란 무엇인가? 그것은 '진리'이다. 진리는 모두 생리적 오류이다."(『권력』, 544; 453 참조)

존 윌콕스John Wilcox가 훌륭하게 증명했듯이 니체는 "인지주의적" 용어를 많이 사용했다. 그러나 어떤 믿음이나 태도, 견해를 진리나 거짓으로 판단하기 위해 진리와 거짓에 대한 **보편적** 이론의 도움이 반드시 필요하지는 않다. 다음 인용문에서 니체가 보편 이론, 특히 실용주의적 진리관과 무관하다는 것을 알 수 있다. "우리는 인간이라는 종의 이익을 위해 유용한 많은 것을 '알고 있다'.(혹은 그렇게 믿거나 상상한다.) 여기서 말하는 이익은 단지 믿음이나 상상력의 소산일 수 있는데, 어쩌면 그것은 인류가 미래에 그로 인해 전멸하는 비극적인 어리석음인지 모른다."(『과학』, 354) 실용주의적 해석의 정당성을 입증하기 위해 자주 인용되는 이 구절도 니체는 지식과 믿음, 상상력을 서로 혼용해서 사용하고 있다. 그는 실용성이 진리의 구성 내용이라고 주장하거나 그것을 통해 진리를 설명할 수 있다고 주장하지도 않았다. 그는 어떤 견해가 유용하다는 **믿음**, 다시 말해 그 자체로서는 거짓일 수 있는 믿음이 그것을 진리로서 만들어 준다고 주장했을 따름이다. 이러한 주장이 니체의 진리관은 아니다. 그는 진리를 개념적으로 설명하거나 진리의 특징을 규정하려는 노력을 기울이지 않았다. 또 진리로 증명이 되는 견해들이 왜 세계에 대해 참된 관계를 가지는지 그 이유를 규명하려 한 적도 없었다.

때로 학자들이 주장하듯이 니체가 진리를 유용성이나 권력의 차원에서 설명하지는 않았다.[13] 그가 권력의 감정(the feeling of power)의 관점에서 진리를 언급했던 것은 사실이다. 그는 "진리의 기준은 앙양된 권력의 감정에 깃들어 있다"(『권력』, 534; 455 참조)고 말했다. 그러나 이것은 진리의 본질에 대한 규정이 아니다. 나중에 거짓으로 밝혀지는 견해가 진리로 만들어지는 조건을 설명했을 따름이다. 그는 삶과 세계에 대한 기독교적인 해석을 송두리째 거부했음에도, 『도덕의 계보학』에서 그는 기독교라는 거짓 견해가 "약자들"로 하여금 "강자" 위에 군림하는 느낌과 힘을 부여했다고 설명했다. "어떤 종류의 우월성을 보여 주려는 약자들의 의지, 건강한 인간을 제압하려는 비뚤어진 본능—이러한 약자의 권력 의지가 도처에서 범람하고 있다."(『도덕』, Ⅲ, 14) 그러나 권력과 권력의 감정이 유용성에 비해서 훨씬 뛰어난 진리인 것은 아니다. 내 생각에 니체는 이것을 진리에 대한 정의로서 제시하지 않았다.

---

13 이것은 Grimm의 견해이다. 그의 「니체의 순환성과 자기 반영성」, p. 297을 참고할 것.

그는 습관적으로 진리로 받아들여지는 것이 사실은 우리에게 유용하다고 생각되는 것, 혹은 권력 감정을 불어넣거나 실제로 권력을 주는 것이라고 진단했을 뿐이다. 그러나 무엇이 우리에게 유용한 것인가에 대해 잘못된 견해를 가지고 있을 수도 있다. 특정한 상황에서 유용한 것이 상황이 달라지면 유해하게 될 수도 있다. 군중에게 유익하며 강하게 만드는 것이 개인에게는 유해하고 유약하게 만드는 것일 수 있다. 오늘 중요한 것이 내일은 치명적인 독이 될 가능성도 있다.(『도덕』, 서론, 6 참조; 『권력』, 647) 다음에 인용되는 유명한 구절에서 우리는 니체는 진리에 대한 이론에 관심이 없었다는 사실을 알 수 있다. "판단이 잘못되었다고 해서 반드시 그것을 반대할 이유는 없다…… 중요한 것은 그것이 얼마나 삶을 풍성하게 하고 보존해 주며, 종족의 보존과 향상에 기여하는지의 정도에 달려 있다…… 거짓을 삶의 조건으로 인식하는 것, 그것은 관습적 가치에 저항하는 위험한 일이다. 그러나 이러한 모험을 감수하지 않으면 철학은 선악의 피안에 있을 수가 없다."(『선악』, 4)

니체는 선험적 종합 판단을 포함해서 "가장 그릇된 판단이 가장 필요한 것이다"라고 말했지만, 그렇다고 그가 삶을 위한 필요나 삶의 증진이라는 기준을 진리대응론에 대한 대안으로서 제시하지는 않았다. 단지 진리와 지식은 언제나 유익하며 무지와 거짓은 언제나 유해하다는 기존의 가설을 공격했을 따름이다. 우리는 "거짓을 삶의 조건으로서 인식"하는 철학적 입장에 의거해서 우리의 기본적 믿음이 궁극적인 진리라는 생각을 버려야 한다. 니체는 우리의 주된 믿음 가운데 많은 것이 거짓이라고 주장했다. 그러면서도 이러한 믿음이 인간에게 엄청난 이익을 가져왔다는 사실을 잊지 않았다. 그러나 유익하다고 해서 그러한 믿음이 진리가 되는 것은 아니다.

니체의 견해를 설명하기 위해서 앞서 예술을 예로 들었다. 니체는 예술에서 유추한 결론을 다른 분야에도 광범위하게 적용하였다. 그렇다면 이제 화가가 아니라 소설가를 예로 들어 보자. 화가가 표현할 필요가 있는 모든 것을 그림으로 그리듯이 소설가도 서술할 필요 있는 모든 것을 서술한다. 그러면서도 그림이나 서술은 많은 정보들을 누락시킨다. 아마도 화가는 "자신이 보는 것을 정확하게" 그린다고 생각할 수 있다. 그러나 그들이 보는 것은 풍경의 특정적 "일부"에 지나지 않는다. 심지어 어떤 경우에는 세계나 풍경의 일부가 아닐 수도 있다. 에른스트 곰브리치Ernest Gombrich가 『예술과 환상Art and Illusion』에서 설명했듯이 아주 단순한 대상을 최대한 충실하게 재현한 그림도 단순한 재현이 아니다.[14] 화가들은 어떤 특정한 스타일을 선택하고 그러한 과정에서 배제되는 것들이 생긴다. 특정 스타일을 똑같이 공부한 화가들도 미세한 부분에 대해서는 서로 다른 선택을 하지 않으면 안 된다. 일반적이건 특수한 경우이건 모든 선택은 그 대상의 특정 요소들을 전경에 내세우고 나머지는 무시하게 마련이다. 이 점에서 화가는 표현의 대상을 창조한다고 말할 수도 있다. 이 책에서 내가 강조하는 불확실성이 개입하는 것은 이러한 맥락에 있다. 사정이 그러하다면 화가는 존재하는 대상을 화폭에 담는 것일까, 아니면 그림을 그림으로써 대상을 창조하는 것일까? 인상주의 화가들은 신고전주의의 특징으로서 대상의 뚜렷한 윤곽을 표현할 수가 없었다. 반면에 신고전주의 화가들은 인상주의의 특징인 색상이 가진 음영의 교묘한 상호작용을 표현하거나 상상조차 할 수 없다.

---

14 Ernst Gombrich, Art and Illusion (New York: Pantheon, 1961), p. 63.

"인간은 얼마나 기묘한 단순화와 왜곡 속에서 살아가는가!"(『선악』, 24)라고 니체는 탄식했다. 이 탄식이 의미하는 것을 지금까지 부분적으로 살펴보았다. 물론 이러한 논의는 빙산의 일각에 지나지 않으며, 니체를 전체적으로 이해하기 위한 첫 걸음이다. 이유는 간단하다. 우리가 아무 선택이 없이도 세계를 재현할 수 있다고 믿거나, 또 그러한 재현이 정확성의 표준이라도 믿지 않는 이상, 선택과 단순화가 우리 앞에 있는 대상을 왜곡하는 요인이 되지는 않는다. 니체의 원근법주의는 정확한 재현의 가능성을 강력하게 부정한다. 이러한 이유로 그는 세계를 단순화하는 것이 세계를 왜곡하는 것이라고 주장하지 않았다.

다시 그림의 비유로 돌아가 생각해 보자. 아무 이유 없이 자신이 선택한 스타일을 화가가 무시한다면 그의 그림은 대상을 왜곡한다고 말할 수 있다. 초현실주의적으로 초상화를 그리는 화가가 이유 없이 인물의 얼굴을 진홍색으로 칠하거나 입체파적인 기법을 사용한다면 그의 초상화는 왜곡될 수밖에 없다. 그러나 여기에서 그러한 낯선 변형이 가해진 이유를 우리가 발견하게 되면 그 초상화는 처음에 생각되었던 초현실주의적 스타일이 아닐 수 있는 개연성이 커진다. 끊임없이 인습을 무시하는 그림이 예술적 혁신으로 받아들여지면 누구도 왜곡에 대해서 문제를 제기하지 않는다. 그러나 이유 없이 기존의 전통을 무시하면 왜곡이 일어난다. 니체는 이러한 사실을 잘 알고 있었다. 그럼에도 이와 같이 단순한 오류가 "삶의 조건으로서 거짓을 인식하려"는 그의 강력한 욕망을 설명할 수 있는지는 아직 미지수이다.

단순화는 왜곡과 같은 것이 아니다. 그런데 니체는 왜 두 용어를 구별하지 않고 사용했을까? 이 물음에 대답하기 위해서는 다시 긴 우회로를 거쳐야 한다. 우선 이와 상관없어 보이는 구절을 인용해 보자. "현재

유럽의 도덕은 동물적인 군중 도덕으로, 그것은 많은 도덕의 **한** 종류에 불과하다. 이 도덕이 생기기 이전에도 많은 도덕이 있었고, 지금도 이와 상이한 많은 도덕이 있으며, 미래에도 수많은 도덕들이 탄생할 것이다. **더욱 뛰어난** 도덕들도 마찬가지이다. 그런데 현재의 도덕은 다음과 같이 말하면서 그러한 가능성을 있는 힘을 다해 억압하고 있다. '나는 도덕성 자체이다. 나 이외의 다른 어떤 도덕도 존재할 수가 없다.'"(『선악』, 202;『반그리스도』, 57 참조) 이 구절을 이해하기 위해서 우리는 사유와 실천의 체계는 많은 가능한 체계의 하나일 뿐이라는 가설을 포함하고 있다는 니체의 주장을 명심해야 한다. 그러한 체계가 주장하는 객관적 진리와 정확성은 그 가설과 더불어 성립하기도 하고 무너지기도 한다. 이러한 니체의 논점은 도덕만 국한되는 것이 아니라 일반적인 성격을 갖고 있다.(『권력』, 514) 그는 도덕적, 종교적, 예술적, 지적인 인간적 관습은 선택과 단순화의 결과라고 주장하였다. 언제나 기존의 체계에 대해 대안이 존재하는 것은 이러한 이유에서이다. 그러나 경험하는 모든 것을 단순화함에도 불구하고 우리는 대부분 그것을 깨닫지 못한다. 이러한 무지에서 왜곡이 발생한다. 추구하는 목표나 최상의 가치가 단순화의 결과가 아니라 유일하고 정확한 것이라는 확신을 가질 때 왜곡이 생기는 것이다.

그런데 이러한 해석이 거짓이 삶의 조건이라는 니체의 도발적 주장을 설명할 수 있을까? 미술에서 사실주의는 가능한 장르 가운데 하나라는 사실을 수긍한다고 하자. 그렇더라도 사실주의적 그림만이 눈에 보이는 세계를 정확하게 재현한다는 믿음을 쉽게 포기할 수 있을까? 이러한 태도를 우리가 추구하는 여타의 일에도 적용할 수 있을까? 혹자는 다음과 같은 필요성을 주장할 수 있다. 이제 우리는 관습과 생활양식에 대해서 더욱 자의식을 가져야 하고 더욱 겸손해야 하며, 또한 그것들의 가치가 조건부라는 점을 의식할 필요가 있고, 세계를 그 자체로서 재현하는 시도를 포기해야 한다고. 그리고 이러한 겸손한 자세가 있으면 왜곡을 피할 수 있다고. 그러나 만일 이러한 해석을 수용한다면 삶의 기반인 세계를 인간이 필연적으로 왜곡한다는 니체의 견해는 단순히 과장된 표현에 지나지 않게 될 것이다.

니체의 견해는 위의 해석보다 훨씬 복잡 미묘하다.

그들의 강력한 정신적인 눈과 통찰로부터 인간을 위한 공간과 거리가 생긴다. 그들의 세계는 심원한 깊이를 가지는 것이다. 그러면서 새로운 별과 새로운 수수께끼와 새로운 이미지가 시야에 들어오게 된다. 영혼의 눈으로 분명하고 정확하게 보았던 모든 가치는 이러한 강렬한 응시에 불과했는지도 모른다. 어린아이나 유치한 어른을 위한 장난감처럼. 그렇다면 미래에는 인류에게 전쟁과 고통을 초래했던 '신'과 '죄'와 같이 거룩한 개념들도 어른의 눈에 비친 어린아이의 장난이나 고통처럼 하찮은 문제가 될지도 모른다. 그때 어른은 새로운 장난감과 고통을 필요로 할 것이다. 여전히 어린아이로 머물고, 영원한 어린아이의 단계에서 벗어나지 못하면서.(『선악』, 57; 『차라』, I, 1 참조)

이 구절은 가장 근본적인 믿음과 가치도 언젠가는 구태의연해지고, 수명이 다한 사상과 함께 폐기처분될 것이라는 것을 시사하고 있다. 지금까지 인간에게 필연적이고 운명적이었던 지고한 가치도 어른의 눈에는 어린아이의 장난감처럼 보일 수 있다는 것이다. 그리고 아무런 부작용도 초래하지 않고 이러한 가치는 망가진 장난감처럼 쓰레기통에 버려질 수 있다는 것이다.

그러나 위의 구절에서 니체는 종교적인 태도가 무가치하다고 주장하지는 않는다. 어떠한 경우에도 그는 종교가 무가치하다고 생각했던 적은 없었다. 『도덕의 계보학』의 제3부에서 그는 기독교의 참상을 똑바로 직시하고 가차 없이 비난을 하면서도 기독교가 과거에 인간에게 가졌던 본질적인 가치를 인정하였다. 그렇지만 그는 인간의 타락에 대한 기독교적 해석이 이미 효력을 상실했기 때문에 이제 더 이상 과거의 기능을 발휘할 수 없다고 생각하였다. 낡은 장난감처럼 기독교를 폐기처분해야 한다고 생각했던 것이다. 과거에 기독교가 치유해 주었던 인간의 끔찍하고 비참한 고통이 언젠가는 어린아이의 상처처럼 가볍게 될 수도 있기 때문이다.

　위의 구절에서 만일 원했다면 니체는 노쇠와 성장의 은유를 뿌리 깊게 추적할 수 있었을 것이다. 그는 다음과 같이 쓸 수도 있었다. 이제 유아적인 상처와 유아기적 장난감과 완전히 결별하고 유아기적 희망이나 공포에 물들지 않은 담담하고 맑은 눈으로 세계를 있는 그대로 보아야 한다고. 그러나 그는 이와 같이 은유의 의미를 풀어 헤치는 대신에, 첫 번째 과정으로 돌아가서 어른도 "새로운 장난감과 새로운 고통"을 필요로 할 것이라고 말하고 있다. 그렇다면 어른도 진정한 의미에서 어른이 아니라 아이라는 말이 된다. 그렇다면 니체가 "영원한 어린아이"로 어른을 묘사했을 때 그는 새로운 장난감과 고통도 때가 되면 다른 보다 새로운 장난감과 고통으로 대체되어야 하는 점을 시사하고 있었다고 말할 수 있다.

　"성숙은 놀이에 임하는 어린아이의 진지함을 되찾는 데 있다."(『선악』, 94) 지혜와 연륜이 젊음과 순진성을 완전히 대체하는 것은 아니다.(『선악』, 31 참조) 어른에게 단순하고 하찮은 장난감이 아이의 손에 쥐어지면 장난감이 아니라 실재가 된다.[15] 똑같은 이치로 어른이 가지고 노는 장난감도 그들의 눈에는 장난감이 아니라 실재로 보이게 된다. 이 것을 지금까지의 논의에 적용함으로써 우리는 니체의 은유는 다음과 같은 것을 함축하고 있다고 볼 수 있다. 살아가기 위해서 세계를 단순화하는 인간은 단순화하는 사실 자체를 깨닫지 못한다고. 새로운 관점, 새로운 해석, 새로운 회화, 새로운 이론, 새로운 소설과 새로운 도덕을 창조하는 인물은 그것이 가능한 대안의 하나라고 생각하지 않는다. 만일 그렇게 생각한다면 창조 활동은 불가능할 것이다. 그는 자신의 견해와, 해석, 회화, 이론, 소설, 혹은 도덕이 매우 훌륭한 것, 아니 최상의 것이라고 믿어야만 하는 것이다. 니체는 진리는 발견되는 것이 아니라 창조되는 것이라고 말했다.(『선악』, 211; 『권력』, 552) 그럼에도 그는 창조적인 삶을 계속 유지하기 위해서는 창조된 것이 발견된 것이라고 믿지 않으면 안 된다고 생각했다.(『차라』, I, 8; II, 13; 『권력』, 597)

회화나 문학에서의 근본적인 개혁을 예로 들어 생각해 보자. 일원적 시점과 입체파, 자연주의와 의식의 흐름 수법이 좋은 예이다. 이들은 표현의 대상을 새로운 방법으로 표현하는 방법이라는 의미에서 다양한 "스타일"로 간주된다. 그러나 이러한 새로운 변화가 기존의 세계를 새로운 방법으로 재현할 수 있는 가능성만을 제시하는 것은 아니다. 쓰거나 그리는 새로운 대상을 만들어내기 때문이다. 이러한 변화를 통해 지금껏 무시되었던 실재의 새로운 측면이 창조되는 것이다.

분석적 입체파(analytical cubism)에 대한 한 견해에 따르면 피카소Picasso를 통해 대상이 가진 여러 측면을 한꺼번에 재현할 수 있게 되었다. 이

---

15 Gombrich의 『흔들목마에 대한 고찰Meditions on a Hobby-Horse』(London: Phaidon Press, 1963), pp. 1~11의 표제 논문을 참조할 것.

러한 기법을 실행하기 위해 피카소는 세계의 드러난 측면만이 아니라 드러나지 않은 것들도 그림의 소재로 삼았다. 그는 〈휘장을 걸친 누드Nude with Draperies〉(1907)가 성공을 거두었다면, 그것은 캔버스를 "조각조각 자른" 다음에 이 조각을 "색상에 따라서" 조립하면 "조각품을 보는 듯한" 효과를 거두었기 때문이라고 말한 적이 있다.[16] 그의 업적은 단순히 형식상의 개혁만이 아니라 대상을 묘사하는 과정 속에서 새로운 대상을 창조하였던 데 있다. 그는 세계를 바라보는 새로운 방법은 물론이고 그것의 새로운 측면을 예술적으로 발견했던 것이다. 피카소의 업적이나 이와 비슷한 예술적 성취를 설명할 때에 생기는 애매모호함은 진리와 실재에 대한 니체의 태도에서도 발견된다. 니체는 예술에서 얻어진 통찰력에 근거해서, 도덕과 과학 분야의 위대한 변혁은 묘사와 가치평가의 새로운 방법을 고안하는 과정에서 그것의 새로운 대상까지 창조하는 데 있다고 생각했다. 만약 갈릴레이Galilei와 뉴턴Newton이 운동의 법칙을 공식화하기 이전에 그러한 법칙이 존재했는가 하는 질문을 던진다면 그는 '그렇다'고 긍정적으로 답했을 것이다. 피카소가 소재의 표면들을 한꺼번에 화폭에 담기 이전에도 이들이 존재하고 있었던 것처럼 말이다.

『선악을 넘어서』의 서두에서 니체는 전통적인 철학적 관념을 논했다. 그는 진리의 절대적 가치와 객관적 지식의 가능성과 마찬가지로 이들 철학적 관념들 대부분이 너무나 당연하게 진리로 간주되었기 때문에 이것들의 정당성을 심문하고 간혹 자신의 새로운 대답을 내놓는다. 그리고 이어서 그는 "자유정신" 혹은 "새로운 철학자"라 불리는 새로

---

16 Doudglas Cooper의 『입체파 시대The Cubist Epoch』(London: Phaidon Press, 1970)에서 재인용.(p. 187) 앞으로 이 책을 인용할 때는 본문 내에 괄호를 사용할 것이다.

운 인물 유형을 묘사하기 시작한다. 이들은 그의 새로운 대답을 옹호하거나 과거의 철학적 질문 자체를 의심하는 인물들이다. 이러한 과정을 통하여 『선악을 넘어서』의 저자의 모습이 서서히 드러나기 시작하는 것이다. 그는 자신이 묘사하는 새로운 철학자로서 과거의 철학적 문제들을 날카롭게 의식하고, 또한 이러한 의식에서 야기되는 새로운 문제를 냉철하게 의식하는 인물이다. 이 점에 대해서는 나중에 언급할 것이다.

니체에게 자유정신은 일반인의 삶에 필수적인 환상으로부터 완전히 해방된 인물이다. 그는 새로운 유형의 철학자들은 해석을 위해 새로운 해석을 창안하는 것을 자신의 지고한 의무로 아는 사람이라고 생각했다. 사라 코프만Sara Kofman에 의하면, 이러한 철학자들은 "진리의 부재를 의식하고 있을 뿐 아니라 삶은 가능한 해석을 무한히 증가하는 행위"라고 믿는 인물이다.[17] 니체는 환상으로부터 완전한 해방이 실제로 가능하다고 생각한 듯이 보인다.

> 잘 먹고 잘 살기 위해 인간은 **믿음**을 필요로 한다. 믿음의 반석 위에 있는지라 결코 흔들리지 않는 확실성을 가질 수 있다는 것이 강점(보다 분명하게 말하자면 우리의 약점)이다…… 이와는 반대로 위험한 줄타기를 하면서 심지어 심연의 가장자리에서도 춤 출 수 있고, 어떠한 종류이든 믿음과 확실성을 바라지 않는, 즉 의지의 **자유**와 자기결정권을 가진 사람들이 누리는 즐거움과 힘을 상상해 볼 수도 있다. 이것이 탁월한 **자유정신**이다.(『과학』, 347; 『반그리스도』, 54 참조; 『도덕』, III, 24)

---

17 Sara Kofman, 『니체와 은유』, p. 187. 앞으로 이 책을 인용할 때는 본문 중의 괄호 안에 그 면수를 기입하려고 한다.

그러나 이 구절을 자세히 읽어 보면 어디서 강점이 시작하고 약점이 끝나는지의 경계가 분명치 않다는 것을 발견하게 된다. 가장 강한 인물도 "위험"하긴 하지만 여전히 줄에 매달려 있으며, 그들은 심연의 위에서가 아니라 심연의 "가장자리"에서 춤을 춘다. 앞서 우리는 자유는 규칙이나 원칙의 전적인 거부하는 것이 아니라 이것을 적당하게 내면화함으로써 얻을 수 있다는 것을 살펴보았다.(『선악』, 188, 213) 니체에게 절대적인 자율성과 절대적인 타율성으로서의 자유의지와 부자유 의지는 "신화"에 지나지 않는다. "실제의 삶에서는 **강한** 의지와 **허약한** 의지만 있다."(『선악』, 21) 마찬가지로 완전한 독립과 완전한 예속은 불가능하다. 니체는 도덕법칙을 이해하는 데 있어서도 개인은 창조적일 수 있다고 주장하지 않았던가. 그렇다면 종교와 인습에 따른 생활을 하는 사람들도 상황에 따라서 이들을 새롭게 해석해야 한다고 할 수 있다.(『권력』, 767)

거짓이 삶의 조건이라는 주장과 영원한 어린아이의 은유를 통해서 니체는 환상과 왜곡이 전적으로 존재하지 않는 유토피아가 불가능하다고 생각했던 것은 아닐까? 자유정신을 가진 사람은 환상을 인정한다고 해서 모든 것이 거짓이며 인간에게 남은 유일한 선택지는 "더 많은" 환상을 위한 환상과 해석을 위한 해석이라고 생각하지는 않는다. 환상은 만들기도 어렵고 받아들이기도 어려우며 포기하기도 어렵다. 환상의 필연성을 인정하는 사람은 다음과 같이 생각한다. 인간이 진심으로 믿고 있으며 그게 없으면 삶이 불가능할 수도 있는 견해와 가치도 따지고 보면 단순화의 산물이라는 것, 즉 망각된 이해타산이나 욕망의 필요에서 만들어진 것이라는 것이다. 그리고 이러한 단순화는 어떤 상황에 처한 사람에게는 필요하지만 그렇다고 모든 사람들에게 보편적으로 적용될 수 있는 것은 **아니라는 것**을 인정해야 하는 것이다. 이때 단순화하기 위해 세계의 다양한 측면을 무시했고 특정 견해와 명분을 살리기 위해 자신과 다른 삶의 방식을 무시하였다는 사실을 깨닫기 위해서 우리는 이미 또 다른 환상과 해석을 만들어가는 작업에 임하고 있어야 하는지 모른다. 새로운 비전의 거울에 비추어보아야 과거의 것이 가졌던 단순화의 성향이 드러나기 때문이다. 우리의 견해나 가치, 삶의 방식, 엄격히 말해서 우리 자신이 변하지 않으면 어떻게 기존의 것이 가졌던 단순화의 경향을 깨달을 수 있겠는가. 어른의 새로운 장난감으로서 새로운 해석도 아직은 드러나지 않은 가설과 단순화를 포함하고 있다. 그것의 모습이 분명히 드러나는 것은 새로운 대안적 해석이 제기될 때이다. 그렇다면 니체의 자유정신이 새로운 해석을 추구하는 것은 단순히 해석을 위한 해석의 목적에서가 아니라고 할 수 있다. 그것은 자신에게 언제나 최선인 삶의 방식을 추구하기 위해서이다. 그것이 다른 사람에게도 최선의 선택이라는 말은 아니다. 자유정신의 소유자들은 "악에 대해 호기심이 많으며 무자비하게 철저한 탐구자들이다. 삼킬 수 없는 음식도 씹고 소화할 수 있는 이빨과 위장을 가지고 불가해한 신비를 파헤치는 사람들이다…… 경제적으로 배우고 망각하며 계획을 세우기 좋아하고 꼬박 밤을 새고도 지치지 않고 대낮이 될 때까지 연구하며, 아침부터 저녁 늦게까지 자료를 수집하고 정리함으로써 정보가 가득 한 서랍과 부富를 가진 자이다."(『선악』, 44; 『과학』, 351 참조) 자유정신을 묘사하는 이 구절에서는 더 많은 환상을 만끽하기 위해 새로운 해석을 계속해서 만들어내는 사람이 갖는 특징으로서 아이러니한 거리감(대상으로부터 어느 정도의 거리를 유지하면서 대상을 역설적으로 논평하는 태도. 이 거리감 때문에 말하는 사람의 감정은 대상과 얽매이지 않는다.—옮긴이)이 보이지 않는다. 자유정신의 소유자에게 해석은 삶을 인도하고 삶의 질을 결정하는 가치 목록이라 할 수 있다.

니체는 세계를 우리의 다양한 관습과 삶의 방식에 따라 해석하는 텍스트로 생각하였다.(예를 들어 『선악』, 22, 230을 보라) 그는 진리라는 개념을 버리고 텍스트라는 은유를 사용하였는데, 텍스트는 해석이 가해지지 않으면 아무런 의미가 없으며, 해석은 해석 이전에 존재하는 어떤 확정된 의미를 가정하지 않을 뿐 아니라 의미는 해석을 통하여 창조되기 때문이다. 이 점에서 정확하거나 충실한 해석의 문제가 제기될 수 없다. 텍스트에 가해진 기존의 해석을 정확하고 옳은 것으로 받아들이지 않는다면 해석의 정확성을 판단할 기준이 없는 셈이 된다. 더구나 어떤 기존의 해석이 있다고 할 때 이것이 참된 것인지 증명하기 위해서는 텍스트를 또 다시 해석하지 않으면 안 된다. 이 새로운 해석은 물론 텍스트에 새로운 의미를 부여되는 것을 말한다. 해석이 해석의 꼬리를 물고 이어지는 것이다. 해석은 원래의 텍스트 해석에 마지막 마침표를 찍는 결정적인 의미를 제시하는 것이 아니라 그 자체가 또다시 해석의 손길을 기다리는 또 다른 텍스트가 된다. 이렇듯 텍스트를 생산하는 과정에서 각각의 해석은 그 대상을 변화시키게 마련이며, 다음에 오는 해석은 변화된 대상과 씨름하여야 한다. 이러한 해석의 과정에서 서로 모순되면서도 불구하고 하나를 선택할 수 없을 만큼 똑같이 유효한 해석들이 등장할 수 있다. 이와 마찬가지로 실제 세계도 변형될 수 있으며, 그 변형된 세계 속에서 우리는 지금까지 감히 꿈꾸지도 못하던 새로운 방식으로 삶을 살 수 있다고 주장할 수 있다. 이러한 새로운 삶의 방식은 과거나 현재의 것과 모순되지만 그럼에도 불구하고 지금까지 유지해 왔던 훌륭한 삶의 방식만큼 유효하고 정당할 수 있다. 우리가 세계를 살아가는 방식은 텍스트 해석과 마찬가지로 명료하지 않은 대상을 더욱 다양하고 다채롭게 만드는 과정이다.

모든 텍스트에 대해서 원칙적으로는 가능한 해석이지만 아직은 충분히 발전되지 않은 여러 해석들이 있을 수 있다. 아직은 불가능한 미래의 해석은 새로운 연구가 뒷받침을 해주면 현실로 다가올 수 있다. 그러나 이러한 이유 때문에 불확실하고 모순되기도 하지만 똑같이 유효한 다양한 방법으로 텍스트를 해석할 수 있다는 결론이 나오지는 않는다. 또 텍스트에 알맞은 해석이라는 생각 자체가 부당하다고 결론을 지을 이유가 되지도 않는다. 그리고 어떤 텍스트에 대해서 모순되지만 똑같이 정당한 여러 해석이 가능한지라 진리와 정확성을 무시해도 좋다는 의견이 있다면, 그것이 의미를 가지기 위해서는 이러한 여러 개의 **완벽한** 해석에 대한 비교가 선결되어야 한다. 만약 **부분적으로** 이들 해석이 모순된다면 텍스트의 이해가 깊어지면서 모순이 극복될 수도 있다. 어떤 대상에 대한 완벽한 견해나 이론을 세우는 것이 불가능한 것처럼 어떤 텍스트를 완벽하게 해석하는 것은 원칙적으로 불가능하다. 따라서 모든 텍스트는 해석의 다양성만큼이나 많은 의미를 가진다는 주장은 설득력이 없다. 우리는 텍스트의 완벽한 해석이 무엇인지를 알지 못하기 때문에 그것에 대한 몇몇 해석이 과연 똑같이 정당하고 유효한지를 판단할 수 있는 기준을 가지지 못하는 것이다. 게다가 현재로서는 불가능하지만 오로지 현재 가능한 해석들의 도움을 빌려서 새로운 해석이 언젠가 등장할 수도 있다. 단순히 새롭다는 사실 때문이 아니라 기존의 모든(혹은 많은) 해석보다도 훌륭한 해석이 미래에 이루어질 것이라는 기대에서 우리는 새로운 해석을 기대하는 것이다.[18]

여러 가지 다양한 해석이 **가능하다**는 원칙론에 입각해 독서는 "단지"혹은 "단순히" 해석일 뿐이라는 지론을 펴는 학자들이 있다. 그러나 기존의 해석보다 뛰어난 해석이 **실제로** 나오지 않는다면 이러한 주장은 의미가 없다. 훌륭하게 해석하는 일은 매우 어렵다. 그것은 적어도 몇몇 기준에 있어서 비판의 대상인 기존의 해석보다 만족스러워야 한다. 만약 새로운 뛰어난 해석이 기존의 해석은 "단지" 해석에 지나지 않았다는 사실을 훌륭하게 증명했다면, 보다 새로우며 더욱 훌륭한 또 다른 해석이 제시되지 않는 한 이것은 "단순히" 해석에 불과하다고 말할 수 없다. 예를 들어 에이브럼스(M. H. Abrams. 『거울과 램프*The Mirror and the Lamp*』라는 책으로 널리 알려진 미국의 저명한 문학비평가이자 문학사가, 코넬 대학의 석좌교수.—옮긴이)의 저서 『자연적 초자연주의*Natural Supernaturalism*』의 내용이 모두 다 참이지는 않다는 주장, 즉 이것도 하나의 해석에 불과하다는 주장이 제기된 적이 있다. 에이브럼스가 중요하게 취급하지 않은 시와 시인, 사건에 초점을 맞추면 낭만주의에 대한 또 다른 책이 쓰일 수 있다는 것이 이유였다. 여기에서 내가 낭만주의에 대해 나름의 의견을 피력할 수는 없지만, 그러한 주장에 대한 웨인 부스(Wayne Booth. 미국의 유명한 문학평론가이자 시카고 대학의 석좌교수.—옮긴이)의 반박은 정당하며 정곡을 찌른 것이라고 생각한다.

우리는 에이브럼스가 다룬 제재에 대해 또 다른 훌륭한 역사서를 펴낼 수도 있다…… 충분히 가능한 일이다…… 그러나 에이브럼스의 중요한 논제를 하나라도 무효화시킬 새로운 책이 쓰어질 수 있는지의 여부는 가정법을 통해

---

18 「작가, 텍스트, 작품 및 작자Writer, Text, Work, Author」 in Anthony J. Cascardi, ed., New Directions in Literary Criticism (Berkeley: University of California Press, 1985)와 「전제된 작가」라는 논문에서 나는 이러한 주장을 전개했다.

서가 아니라 역사서 집필에 관한 실질적 논의를 통해서 결정되어야 한다. 새로운 역사서가 씌어질 수 있는가, 또 씌어진다면 얼마나 오랫동안 읽힐 것인가? 만약 누군가가 워즈워스Wordsworth와 낭만주의를 비하하는 새로운 역사서를 쓴다면, 그리고 그것이 에이브럼스의 저서만큼 완벽하게 사건의 연관성을 설명하고 그 가치를 평가할 수 있으며, 그 책의 스타일도 에이브럼스만큼 유려하다면, 우리는 그의 견해를 수용할 수 있다. 문제는 가능하다는 주장이 아니라 직접 해보는 것이다.[19]

세계가 그 자체로서 분명한 구조를 가지고 있다는 종래의 입장에서 벗어나기 위해 현대의 니체 독자들은 세계는 텍스트와 마찬가지로 "배후에는 아무런 의미도 없다. 단지 수많은 의미가 있을 따름이다"(『권력』, 481)라는 그의 주장을 계속 반복했다. 그러나 만일 니체가 이러한 존재론적 다원주의를 통해서 원근법주의를 증명하려고 시도했다면, 나는 그가 잘못 생각했다고 판단한다. 어떤 대상이 불확실한 것은 그것이 하나가 아닌 여러 특징을 가지고 있기 때문에서가 아니다. 만일 그렇다면 이들 여러 특징들이 하나하나로 보면 분명한 의미를 가지고 있다는 말이 되고, 그러한 대상의 다원성에 입각해서 불확실성을 주장하는 사람은 자신의 의도와는 정반대로 대상의 확실성을 주장하는 셈이 된다. 니체의 원근법주의는 이러한 생각을 철저하게 거부한다. 하지만 니체 스스로도 간혹 잘못 생각한 것처럼 이러한 거부가 세계는 "무한한 해석을 포함하고 있기"(『과학』, 374) 때문에 "무한"하다는 것을 의미하지 않는다. 니체가 거부했던 것은 "모든" 사실을 설명해 줄 완벽한 이론이나

---

19 Booth, 『비판적 이해: 다원주의의 힘과 한계Critical Understanding: The Powers and Limits of Pluralism』 (Chicago: University of Chicago Press, 1979), pp. 168~169.

해석이 존재한다는 기존의 관념이었다. 무엇보다도 "모든 사실"이라는 개념 자체가 아무런 의미가 없다. 여기에서 내가 비판적으로 논하고 있는 다원적 견해는 "모든 사실"을 의미 있는 개념으로 받아들이고는 그 것에 대해 많은 (완벽한) 해석이 존재한다고 주장한다. 이러한 견해는 세계가 분명한 특징을 **가지고** 있다는 것을 부정하지 않는다. 다만 세계가 **하나의 특징**만을 가지고 있다는 주장을 거부하는 것이다. 이러한 이유로 다원주의는 상대주의와 흡사해진다. 그러나 원근법주의는 세계가 어떤 특징을 가지고 있다고 것을 거부하는 입장이다. 다원주의와 달리 원근법주의는 세계를 무한한 것이 아니라 한정된 것으로 파악한다. 그럼에도 그 한정된 세계에서 가장 확실한 진리인 듯이 보이는 해석도 재해석하고 재평가할 수 있다고 주장한다.

니체는 견해와 관습, 삶의 방식을 "해석"이라고 불렀다. 해석이라 불리는 이유는, 그것을 계속해서 재조정할 수 있는 가능성이 열려 있는데다가 어떤 삶을 가능케 하고 복되게 하는 세계관도 특정한 이해관계와 가치관을 전제로 하기 때문이다. 견해와 관습, 삶의 방식이 결코 중립적이거나 이해를 초월한 것은 아니라는 사실을 강조하고, 그것들이 전통적인 의미에서의 객관성을 가지고 있지 않다는 사실을 독자에게 환기시키기 위함이었다. 세계가 무한한 특징들을 가지고 있기 때문이 그것에 대한 다양하고 이질적이기도 한 해석이 존재하는 것이 아니다. 그것은 똑같은 견해와 가치를 가지고 살아갈 수 없는 많은 사람들이 존재하고 있기 때문이다. 과학마저 해석이라고 주장했던 니체는 어떠한 이론도 진리가 아니라고 의도한 것은 아니었다. 다만 과학이 세계에 대한 **궁극적인** 설명을 제시하거나 그 **자체로서** 설명할 수 있는 가능성을 부인한 것이었다. 이러한 이유로 과학의 옆에 있으면 다른 학문이나 관점이 부차적이 되거나 열등한 위치로 떨어지지 않는다. 그가 거부한 것은 과학 자체가 아니라(예를 들어『과학』, 335의 "과학이여 영원하라!"를 보라) 과학에 대한 독단적 해석이었다. 그는 과학도 다른 학문과 마찬가지로 세계를 부분적으로 설명하는 해석의 하나라는 것을 인정하지 않는 과학적 독단주의를 거부한 것이다. 과학자들은 과학의 탐구 방법이 다른 학문보다 탁월할 뿐 아니라 연구하는 대상도 다른 것보다 훨씬 실용적이고 본질적이라고 믿고 싶어 할 것이다. 다음 인용되는 구절은 이러한 과학자에 대한 니체의 거부감을 분명하게 보여 준다. 다시 말하지만 그는 과학 자체가 아니라 과학만이 **유일하게** 진리이며 정확하다는 주장을 비판하는 것이다. "**그대가** 과학적(사실 기계적이라고 말해야 하지 않겠는가?)이라고 생각하는 작업을 수행하기 위해 단 하나의 올바른 세계 해석만이 존재한다면서 자신을 정당화하다니. 수를 세고, 계산하며, 무게를 달고, 보고, 만지고, 그 이상 아무 것도 하지 않는 해석을 내놓는데, 그것이 정신병자나 바보짓이 아니라면 유치하고 조잡하지 않은가."(『과학』, 373) 이것은 자유정신을 가진 자와 새로운 철학자들이 명백하게 인식하고 있는 견해이다. 이러한 앎으로 인해서 독단주의에 **빠지지** 않을 수 있는 것이다. 또한 "늙은 문헌학자"가 오디세이Odyssey가 아니라 돈키호테Don Quixote를 추천하면서 한 말도 그것을 염두에 두고 있었다. "약간이라도 지적으로 자유가 있는 사람이라면 자신이 지구의 표면에서 떠돌아다니는 방랑자라고 느낄 수밖에 없다. 그는 최종 목적지를 **향하여** 가는 여행자가 아니다. 최종 목적지란 존재하지 않는다."(『인간』, I, 638)

일단의 니체의 독자들은 모든 것이 해석이라는 견해가 자기 반영적으로 역설을 초래하기 때문에 혼란스러워 한다. 원근법주의는 모든 견해가 해석이라는 논지(P)를 주장한다고 가정해 보자. 만약 P가 진리라면, 즉 모든 견해가 해석이라면, 이것은 P에도 똑같이 적용될 수 있다. 그 경우 P도 마찬가지로 해석이라는 결론이 나온다. 다시 말하자면 모든 견해가 반드시 해석은 아니라는 결론이 유도되는 것이다. 그리하여 P 자체가 P의 유효성을 파기하는 것이 된다.

이러한 주장은 심각한 논리적·의미론적 문제를 야기하는 거짓말쟁이 역설(거짓말쟁이의 역설은 다음의 이야기에서 유래한다. 그리스에 도착한 크레타인이 그리스인들 앞에서 '모든 크레타인은 거짓말쟁이'라고 모국 사람을 비난했다. 그러나 그의 단순한 이 진술은 심각한 해석의 문제를 초래했다. 그의 진술을 사실로 받아들이면, 이 말을 한 크레타 사람은 거짓말쟁이가 아닌 셈이 된다. 그 경우 '모든 크레타 사람은 거짓말쟁이'라는 그의 진술은 사실이 아니다. 반대로 그의 진술을 거짓으로 받아들이면, '모든 크레타 사람은 거짓말쟁이가 아니다'라는 말이 된다. 그 경우 그의 진술은 사실이 된다. 여기에서 그리스인들은 그의 진술을 거짓으로 받아들일 수도 없고, 그렇다고 참으로 받아들일 수도 없는 역설적인 상황에 처하게 된다.―옮긴이)의 새로운 판본인 듯이 보인다. 하지만 먼저 전제가 잘못되지는 않았는가? 만약 P가 해석이라면 이 해석은 그릇된 해석일 수 있다. 하지만 P, 즉 모든 견해가 해석이라는 논지가 잘못일 가능성이 있다면, 여기서 유도되는 결론은 내가 이미 논의했던 것이기도 하다. 즉 모든 것이 다 해석은 아니라는 것이다. P는 모든 견해들이 반드시 해석이라고 주장한 것은 아니다. 따라서 지금껏 설명했듯이 어떤 견해들은 해석이 아닐 **가능성**이 있다고 주장한다고 해서 P의 유효성이 파기되는 것은 아니다. P가 잘못이라고 증명하기 위해서는 해석이 아닌 견해들이 실제로 존재한다는 점이 우선 증명되어야 한다. 만일 증명이 된다면 P는 오류일 가능성이 있는 것이 아니라 **실제로** 오류인 셈이다.

그럼에도 불구하고 만약 P가 해석이기 때문에 오류일 가능성이 있으며 그리고 만약 P가 사실상 오류라고 가정한다면, 그러한 가정이 성립되는 한 P는 실제로 오류라고 주장할 수 있다. 이 마지막 결론은 확실히 P의 유효성을 파기한다. 모든 견해가 해석이라는 논지가 오류라면 몇몇 견해들은 사실상 해석이 아니기 때문이다. 그러나 P 자체가 해석이라는 사실로부터 P가 사실상 오류라는 결론이 도출되는 것은 아니다. P가 해석이며, 따라서 오류일 가능성이 있다는 사실과 그것이 실제로 오류라는 사실을 동일시하는 논리적 비약이 있는 경우에만 그러한 결론이 나올 수 있다.

이러한 동일시는 "단순한" 해석의 개념을 논의하면서 지적했던 것과 똑같은 잘못을 교묘하게 반복하고 있음을 알 수 있다. 이러한 잘못의 근원은 어떤 특정한 견해에 대해 새로운 견해가 가능한지라 기존의 견해는 "단순한" 해석에 불과하다는 생각에 있다. 기존의 견해에 대한 새로운 견해가 가능하기 위해서는 새로운 견해 역시 해석이라는 점을 인정해야 한다. 그러나 그것이 "단순히" 해석에 불과하다고 말하는 것은 논리적인 비약이다. 기존 해석의 정당성을 부정하는 새로운 해석이 존재한다는 것이 입증되어야 하기 때문이다.

니체의 해석에 대한 이러한 두 가지 접근 방법은 모두 잘못된 관념에서 비롯된다. 이들은 어떤 견해를 해석으로 간주하는 것은 그것을 그릇된 견해라고 받아들이는 것으로 생각하며, 해석은 이해에 비해서 열등하다고 가정하고 있는 것이다. 여기에서 원근법주의에 대한 오해가 생기게 된다. 그러나 원근법주의는 해석보다 탁월하고 확실하며 정확한 이해가 존재하는 가능성 자체를 부인한다. 모든 견해가 해석이라는 견해는 오류일 **가능성**이 있다. 그러나 그것이 원근법주의를 거부하는 이유가 되지는 않는다. 오류일 가능성이 있다고 말하는 것과 오류라고 말하는 것 사이에는 엄청난 차이가 있다. 이 차이를 무시하면 안 된다. 모든 견해가 해석이 아닐지도 모르지만 이러한 가능성이 참이 되기 위해서는 해석을 거치지 진리가 실제로 존재해야 한다. 이러한 이유로 쉽사리 원근법주의의 정당성을 부정하기 어렵게 된다.

그렇다고 원근법주의자는 자신의 입장이 해석의 결과라고 생각하는 이유로 다른 사람들이 원근법주의를 받아들이도록 강요하지는 않는다. 이것을 받아들일 의무는 없는 것이다. 이 점에서 원근법주의는 자신의 입장을 다른 사람에게 강요하는 독단주의와 대립한다. 다른 사람들이 그의 입장을 거부할 권리를 충분히 인정하기 때문이다. 그러나 그렇다고 해서 원근법주의자들의 입장이 그릇되며 다른 사람의 입장이 옳다는 결론이 나오는 것은 아니다. 진리와 거짓의 문제는 추상적인 일반화의 과정을 통해서가 아니라 개별적 사안에 따라서 결정될 수 있기 때문이다.

지금까지 논의된 원근법주의에 대한 긍정적이나 부정적인 평가의 문제점은 이들이 너무나 쉽게 오류의 가능성을 실제의 오류로, 또 해석을 "단순한" 해석으로 간주했다는 데 있다. 어떤 견해가 단순히 하나의 해석일 뿐이라고 주장하기 위해서는 기존의 해석을 뛰어넘는 훌륭한 해석을 먼저 제시해야 한다. 원근법주의에 따르면 모두에게 보편적인 세계관은 존재하지 않는다. 니체는 모든 견해는 특정한 가치와 삶을 개인적으로 반영하고 있기 때문에 그것을 자신의 가치로 만들고 싶은 사람들에게만 의미를 가진다고 생각했다. 따라서 여러 견해 가운데 하나는 단순한 해석이 아니라 진리라는 주장도 이것이 그 사람의 가치관에 도움이 된다는 사실을 증명하면 그 정당성을 인정받을 수 있을지 모른다. 이것이 기독교를 비롯한 모든 독단주의에 대해서 니체가 독자에게 가르치려고 했던 것이다. 기독교와 독단주의는 특정한 이해관계와 특정한 욕망을 반영함에도 불구하고 그것을 숨기고 초월성과 보편성을 강조하였기 때문에 그 배후에는 있는 이해와 욕망을 폭로하기 위해 노력하였다. 그것이 계보학의 목표이다. **"그렇다면 철학자에게 퇴행적인 것은 무엇인가?** 그것은 **그들의** 견해가 유일무이하고 필연성인 '최상의 선'(예를 들어 플라톤의 변증법처럼)이라고 가르치는 것이다. 그들은 모든 사람들이 최상의 선이라 자랑하는 **자신의** 견해에 **점차** 가까워지도록 명하고 지시한다."(『권력』, 446)

니체의 원근법주의는 하나의 기준으로 인간과 가치의 평가하려는 경향에 대한 강력한 비판이다. 이러한 비판이 원근법주의에 적용되어도 그것이 정당성이 소멸되지는 않는다. 바로 이러한 이유 때문에 원근법주의를 비판하려는 시도에 대해서도 원근법주의는 방어 자세를 취하지 않는다.[20] 원근법주의의 정당성을 부정하려 한다면 우리는 과거의 신념들에 의존하지 않으면서 특정한 사람들이나 삶의 방식이 이해와는 무관한 견해, 즉 모든 상황에서 모두에게 언제나 똑같이 적용되는 견해를 제시해야만 한다. 이러한 과제를 성공시킬 수 있는지도 모른다. 하지

---

20 예를 들어 「순환성과 자기 반영성」이라는 논문에서 Grimm은 니체의 견해는 논박될 수 있다는 주장을 제시했다. 니체의 견해를 그의 실용주의와 접목시키면서 Grimm은 다음과 같이 결론을 맺었다. "그러한 비판이 더욱더 유용한 것으로 증명이 되는 한, 니체는 자신의 견해보다는 이 비판을 더욱 선호하리라."(p. 130) 원근법주의를 개괄적으로 논의하면서 이것이 자기모순적이라고 생각한 Richard Rorty는 이 모순의 문제를 피하기 위해 원근법주의의 영역을 제한한다. 그리고 원근법주의적 이론들은 세계에 대한 '실제의' 이론들에만 적용하고, 이러한 원근법주의와 같이 이론들에 대한 이론들에는 적용하지 말아야 한다고 제안했다. 이렇게 함으로써 자기 반영성의 문제는 극복될 수 있는 것이었다. 그의 「실용주의, 상대주의 그리고 비합리주의Pragmatism, Relativism, and Irrationalism」 in Consequences of Pragmatism(pp, 160~175)을 참조할 것. 니체에 있어서의 자기 반영성의 문제에 대한 일반적인 논의로는 Pierre Klossowski『니체와 악순환 *Nietzsche et le cercle vicieur*』(Paris: Mercure de France, 1969)이 있다.

만 이것이 가능하다고 말하는 것과 직접 이것을 수행하는 것 사이에는 엄청난 차이가 있다. 니체를 논박하기 위해서는 그가 행했던 것과 같은 방법에 따라서, 즉 그가 비판의 대상이었던 견해들의 배경에 숨겨진 전제들을 폭로한 방법으로, 이들 견해들이 그러한 전제 위에 성립되었다는 그의 주장이 허구라는 것을 증명하지 않으면 안 된다. 이러한 과정에서 우리는 니체가 도덕의 발달에 관한 폴 레(Paul Rée)의 견해를 다룰 때와 똑같은 방법에 따라서 우리도 니체를 다루고 있다는 것을 발견하게 될지 모른다. 니체가『도덕의 계보학』을 쓴 것은 레의 생각을 "논박하기 위해서가 아니라—도대체 긍정적 정신(positive spirit)에게 논박이 무슨 의미가 있단 말인가—개연성이 적은 것을 보다 큰 것으로 대치하기 위한, 어쩌면 기존의 오류를 새로운 오류로 대치하기 위한"(『도덕』, 서론, 4) 의도에서였다. 이러한 니체적인 작업이 성공하기 이전에는, 아니 어쩌면 그 이후에도 원근법주의는 그것이 단순한 해석이라는 개념에서 벗어나서도 하나의 진지한 견해로 수용될 수 있을 것이다. 원근법주의가 그 열성 옹호자들의 모든 요구를 충족하지 못하는 것과 마찬가지로 이에 대한 신랄한 반대자들의 비판에도 쉽사리 무너지지 않는다.

그러므로 자유정신의 소유자들 자신도 환상에서 완전히 자유롭지 않다는 사실을 인식하면서 진리를 탐구한다면 그들은 자신의 가치관에 따라서 세계를 구성하고, 또 의미를 추구하는 것이 된다. 짐짓 공평무사한 태도로 가장하지 않기 때문에 진리에의 의지가 세계의 진정한 본질을 완전히 발견하는 의지라고 생각하지도 않는다.[21] 진리에의 의지란 의지가 그 자체의 특징을 확립하려는 노력이기 때문이다. 이러한 맥락

---

21 Heidegger의『니체』trans. David Farrell Krell(New York: Harper and Row, 1979), I, 74를 참조할 것.

에서 보면 진리에의 의지는 우리가 생각했던 것과는 다른 모습을 가지고 있다는 사실을 알 수 있다. "내가 가진 종류의 호기심은 악덕 중에서 그래도 가장 유쾌한 것이 아니겠는가. 미안하지만 나는 다음과 같이 말하고 싶을 따름이다. 즉 진리에의 의지는 천국에서뿐만 아니라 지상에서도 보상을 받는다는 것을."(『선악』, 45) 진리에의 의지는 최상의 충동과 강렬한 욕구를 충족하는 세계를 설계하려는 노력이다. 적어도 당분간이나마 만족하면서 살 수 있는 세계를. 반복이 되겠지만 진리에의 의지는 권력의지이다. "가장 현명한 그대는 그대를 자극하고 욕구를 충족하는 것을 '진리에의 의지'라고 부르지 않았는가. 모든 존재를 사유의 대상으로 **만들겠다는** 의지, 이것을 **나는** 그대의 의지라고 부른다. 그대는 모든 것을 생각이 가능한 것으로 만들려고 한다. 왜냐하면 그것이 생각이 가능한 것이 아닐지도 모른다는, 충분히 근거가 있는 의심이 그대를 괴롭히기 때문이다…… 그대 가장 현명한 자들이여, 권력의지야말로 그대의 모든 의지이다."(『차라』, II, 12) 그렇다고 권력의지가 원칙적으로 혼란스럽고 무질서한 세계에 임의적으로 질서를 강제한 것은 아니다. 혼란이라는 개념 자체도 특별한 해석의 결과이기 때문이다. "이것이 바로 진리에의 의지가 그대에게 갖는 의미이다. 즉 모든 것들을 인간이 생각할 수 있고, 볼 수 있고, 지각할 수 있는 대상으로 바꾸는 것이 진리에의 의지이다…… 그대가 세계라고 부르는 것은 사실 그대가 창조한 결과이다. 그대의 이미지, 이성, 의지, 사랑은 그렇게 실현되는 것이 아닌가. 그렇다, 그대 지식을 사랑하는 자들이여, 다름 아닌 그대의 지고한 기쁨을 위해서…… 불가해한 세계나 불합리한 세계 속으로 그대가 태어날 수는 없지 않은가."(『차라』, II, 2)

　권력의지로 규정된 진리에의 의지는 내재적인 관점뿐 아니라 외재적 관점에서도 설명될 수 있다. 어린이가 장난감과 관계하듯이 우리도 어떤 특정한 관행이나 진리, 세계와 관계를 맺는다. 거기에 환상이 개입하는 것을 알고 있다고 할지라도 우리는 이것들이 환상이라는 사실을 특별히 의식하면서 살지는 않는다. 화가의 경우 여러 스타일 가운데 하나만을 택하는 사실을 의식한다고 해도 무한한 주제의 특징 중에서 어떤 특징을 무시하는지에 대한 신경을 쓰면서 그림을 그리지는 않는다. 주어진 상황에서 그러한 생각들은 쓸모가 없는 듯이 보인다. 화가는 단지 좋은 그림을 그리려고 노력할 따름이다. 만약 화가가 보다 공평무사한 자세를 취한다면 그것은 그의 작업에 장애가 될지 모른다. 실제로 니체는 그 점을 지적한다. "얼마나 엄청난 무지 속에서 인간과 동물이 삶을 영위하는지 이해하는 것으로는 충분치 않다, 한 걸음 더 나아가 무지에의 **의지**를 습득하지 않으면 안 된다. 이러한 무지가 없으면 삶은 불가능할 수밖에 없다는 것을 깨달아야 한다. 무지의 조건에서만 생명체는 생명을 보존하고 번창할 수 있다. 때문에 거대하고 단단한 무지의 덮개가 그대를 가리지 않으면 안 된다."(『권력』, 609) 무지에의 의지란 어떤 것들에 대하여 모르고자 하는 경향이나 의지라고 생각하면 잘못이다. 그것은 스스로에게도 적용되어 우리가 한 가지를 알기 위해서는 다른 많은 것들을 놓쳐야 하는 사실을 무시할 수 있는 적극적인 의지로 발전해야 한다. 이러한 조건이 만족될 때에야 지식에의 의지는 기능을 충분히 발휘한다. 이를 다음과 같이 표현할 수 있다. 이러한 조건이 만족될 때에만 무지에의 의지는 지식에의 의지로 발돋움하리라고. 무지하려는 노력은 사실상 알고자 하는 노력이다.

그런데 이러한 가정적 절대론은 가정적인 성격을 버리고 절대론으로 기울어지기 쉽다. 앞서 도덕의 발달 조건 중 하나가 "기원이 망각되어야 하는 것"(『권력』, 514)이었다고 살펴보았다. 어떤 특정한 시점에서 자유정신의 소유자들은 자신의 견해가 해석이라는 사실을 막연하게 의식하고 있으면서도 관여하는 활동에 열정과 믿음을 다 쏟아 붓는다. 적어도 그 시점에서 이러한 헌신이 없으면 삶이 모든 의미를 잃는다는 것을 잘 알고 있는 것이다. 그럼에도 다른 사람들은 그것에 따라서 살 수 없다는 사실 역시 깨닫고 있다. 그러한 깨달음 때문에 그들은 자신의 삶의 방식이 자신의 작품이고, 그것이 삶에 유일한 방식은 아니라는 사실을 잘 알고 있다. 자신의 삶의 방식을 다른 사람들에게 강요하지 않으며, 그것의 효용성이 사라지면 더 이상 집착하지도 않는다. "**진리가 발견되었으며** 무지와 오류의 시대가 끝났다는 견해는 가장 매력적인 유혹 중의 하나이다. 이것을 그대로 믿는다면 조사와 탐구, 신중성, 실험을 향한 의지는 마비되어 버린다. 이러한 의지는 범죄로, 즉 진리를 **의심**하는 악으로 낙인이 찍힐 것이다."(『권력』, 542) 그러나 하나의 유일한 진리를 신봉하지 않는 자유정신의 소유자들은(『권력』, 540 참조) 그러한 진리가 발견되리라고 생각하지도 않는다. 따라서 그들은 자신이 관여하는 관행에 우선권을 부여하지도 않는다. 그들 주위의 모든 것들이 변화무쌍하며 세계 자체도 끊임없는 변화라는 사실을 잘 알고 있는 자유정신은 "정신의 여러 나라에서 편안함을 느낀다. 그것은 편애, 편견, 젊음, 기원, 인간사, 서적, 심지어는 방랑의 피로를 풀어 주었던 아늑한 침대로부터도 끊임없이 탈출을 모색한다."(『선악』, 44)

모든 관행이 해석이며 이해타산적이라는 것을 언제나 의식하고 있으면 우리는 가장 기본적인 차원에서도 마음을 바꾸고 삶의 방식을 바꿀 수 있다. 타인들은 우리와 마찬가지로 정당한 이유를 가지고 있으나 우리와는 다른 방식으로 사물을 바라본다. 그런데 시간이 지나면 우리가 그들과 전혀 다른 견해를 갖게 될 수도 있다. "자신의 이상에 도달한 사람은 **그 이유로 인해** 그것을 초월하게 된다"(『선악』, 73)고 니체는 말하였다. 그렇다고 모든 해석이 똑같이 유효하며 옳다고 추론해서는 안 된다.("우리는 기독교적 해석을 거부하고 그것이 가진 '의미'를 위조품이라고 비난해야 한다."(『과학』, 357)) 또 우리 것보다 더욱 훌륭한 해석이 바람직하지 않거나 불가능하다고 추론해도 안 된다. 이 두 가지 추론은 니체가 "허무주의"라고 부른 관념들의 표본이다. 이러한 추론을 주장하는 사람은 유일한 기준이 언제나 모든 사람에게 유효하지 않다는 생각이 들면 여기서 껑충 뛰어 모든 기준은 누구에게든 언제나 유효하지는 않다는 근본적으로 허무주의적 주장을 되풀이한다. 니체에 의하면 기독교는 하나의 보편적 기준을 설교함으로써 "유럽적 질병"의 증상을 억제해 왔다. 그 원인의 치유는 꿈도 꾸지 못하고서. 그런데. "신의 죽음"(『과학』, 108, 125, 343)이라는 엄청난 사건으로 인하여 그 질병의 정체가 만인에게 공개되었다. "모든 '사건이 무의미하다'는 믿음은 과거 해석의 왜곡을 깨닫고는 낙담하고 허약해진 결과이지, **필연적 믿음**은 아니다."(『권력』, 599)

허무주의적 가설에 때 묻지 않은 니체적 자유정신은 언제나 보다 새롭고 훌륭하게 해석하려고 노력하고, 때로 이러한 노력이 결실을 거둔다. 물론 훌륭한 해석은 특정 시기에 특정한 이유로 인하여 특정한 사람에게 도움을 주는 해석을 말한다. 세계는 전적으로 그들의 능력을 초월해 있지 않으며 그렇다고 그들의 손에 잡혀 있지도 않다. "이와 같이 오늘 세계가 나에게 다가왔다. 그것은 두려워서 도망가야 하는 수수께끼도 아니고, 그렇다고 들으면 따분해서 하품이 나오는 시시껄렁한 대답도 아니다. 우리는 세계가 악하다고 말하지만 세계는 오늘 나에게 인간적으로 선하였다."(『차라』, Ⅲ, 10) 자유정신의 소유자는 자신의 창작품을 자신과 비슷한 사람들에게는 최상인 견해로서 생각한다. 이러한 태도는 해석이라는 사실을 숨기고 이것을 모든 사람에게 타당한 견해로 제시하는 독단주의자나 "형이상학자들"(『선악』, 43; 『권력』, 446)의 태도와 대조적이다. 자유정신의 소유자들은 다음 두 가지 사항도 의식하고 있다. 첫째, 가장 익숙한 사실도 해석의 결과라는 것을 잘 알고 있다.(이 점에 대해서 다음 장에서 자세히 다룰 것이다.) 따라서 그들은 이러한 종류의 해석을 혹시 무심결에 의심 없이 받아들이지 않았나 하고 끊임없이 자문한다. 이것은 우선 그러한 사실들을 선별한 다음에 그것의 배경에 있는 해석을 찾아가는 과정은 아니다. 왜냐하면 그러한 사실들이 너무나 당연하게 여겨져서 우리가 전혀 의식하지도 못하기 때문이다. "우리에게 친근한 것은 이미 익숙해진 것들이다. 그리고 익숙한 것은 확실하게 인식하기 어렵다. 그것을 문제로서 볼 수가 없다. 우리의 바깥에 있는 무엇으로, 낯설고 멀리 떨어져 있는 무엇으로 보기가 어려운 것이다."(『과학』, 355) 그 어려움의 출처는 기준 해석의 재구성이 아니라 우리가 당연시한 것을 낯설다는 듯이 명징하게 의식하는 데 있다. 분명히 의식하는 것은 그러한 사실을 해석의 결과로 이미 통찰한 것이기 때문이다. 우리는 또 하나의 새로운 해석을 제시함으로써 사실이 해석이라는 것을 직시하는 것이다. 둘째로, 자유정신의 소유자는 새로운 견해를 내놓으면서도 상황이 불가피하게 변할 수밖에 없다는 것, 그래서 필요시에 더욱 새롭게 해석해야 하는 것도 잘 알고 있다. 더욱 새로운 해석은 더욱 새로운 상황의 변화를 초래하게 마련이다. 자신의 견해가 가진 우연성을 인정할 준비가 항상 되어 있으며 필요시에는 그것을 버릴 수 있는 까닭이다. 사라 코프만의 표현을 빌리면 "고귀한 의지는 하나의 관점을 오랜 기간 동안 지탱할 능력이 있음에도 불구하고 그것을 바꿀 수 있을 만큼 거리를 취하면서 세계를 타자의 눈으로 보는 것이다."(p. 150)

차라투스트라는 제자들에게 다음과 같이 말했다. "창조자들이여 그대의 삶에는 가슴 아픈 죽음이 깃들어 있지 않으면 안 된다. 그래야 순간성의 대변자이자 옹호자가 될 수 있다. 언제나 새로이 태어나기 위해 창조자는 동시에 아이를 잉태하는 어머니로서 출산의 고통을 경험해야 한다."(『차라』, II, 2) 내 생각에, 니체가 아이와 출산의 비유를 즐겨 구사했던 이유는 그가 주장하는 해석의 끝없는 수정修正 과정을 독자들이 하나의 목적을 향한 단선적 진보로 독자들이 오해할지 모른다는 노파심에서였다. 곧 살펴보겠지만 하나의 계보에 속하는 모든 구성원들이 서로 같은 특징을 공유할 필요는 없다. 우리의 다양한 활동이 같은 목표로 수렴될 필요도 없다. 동일한 활동과 목표도 시간이 지나면 성격이 변하기 때문이다.

우리 모든 활동이 부분적이고 원근법적이라는 깨달음으로 인해 활동이 방해받는 것은 아니다. 거짓도 삶의 조건이라는 니체의 극단적 견해도 따지고 보면, 우리가 애지중지하는 견해가 세계에 대한 단순화의 결과이며 특정한 가치관의 반영이라는 것을 우리가 충분히 알지 못한다는 사실과 관계가 있다. 우리가 특정 기간 동안 특정한 목표를 추구할 때 이러한 단순화와 편견이 개입하는 것을 의식하고 있어야 하는 것이다. 심지어 전혀 근거 없는 가정을 끊임없이 추구하는 행위도 그 나름대로의 의문의 여지가 없는 가정에 입각해서 진척되는 행위이지 않은가. 원근법주의는 모든 견해가 똑같이 유효하다는 상대주의로 귀결되는 것이 아니다. 원근법주의는 우리 자신의 견해가 자신을 위해서는 최상이라고 주장하는 입장이다. 물론 자신을 위한 최상의 견해가 다른 사람에게도 그대로 적용될 수 있다고 주장하지는 않는다. 원근법주의는 새로운 견해와 가치를 기꺼이 창안하거나 수용하려는 마음가짐을 우리에게 불어넣기 때문에 우리는 새로운 견해와 가치를 기대하게 된다. "그대가 맛볼 수 있는 최상의 경험이란 무엇인가? 그것은 위대한 경멸의 시간이다. 그대의 행복이 동시에 혐오감, 아니 그대의 이성과 미덕까지도 야기하는 그러한 시간을 말이다."(『차라』, 서론, 3) 새로운 견해는 저절로 생성되어 나올지도 모른다. 하지만 가장 위대한 업적은 스스로 자신의 견해를 창안해 내는 것, 자발적으로 스스로의 과거의 견해를 **단순한**(여기서 이 말은 매우 적절하다) 해석으로 간주하는 것이다. "누군가는 발견하고 다른 사람들, 즉 **우리들**은 그것을 우리의 것으로 받아들인다."(『권력』, 606)

　나는 이 장의 서두를 『선악을 넘어서』의 서두로 장식했었다. 이 장의 끝맺음도 이 책의 끝맺음으로 장식하는 것이 적절하리라. 왜냐하면 『선악을 넘어서』의 마지막에서 니체는 자유정신의 태도를 표명하고 있기 때문이다. "쓰이고 인쇄된 나의 생각들이란 도대체 무엇이란 말인가. 최근까지만 하더라도 이 생각들은 매우 다채롭고 젊고 심술궂고, 가시와 은밀한 향유로 가득 채워져 있었다. 그리하여 나는 재채기하고 웃을 수밖에 없었다. 하지만 지금은 어떻단 말인가? 그것들은 신기함을 잃어버렸다. 그리고 두렵게도 그대 중의 몇몇은 이미 진리가 되려 하고 있다."(『선악』, 296) 『선악을 넘어서』는 진리에의 의지가 스스로를 의문시하라는 요청과 더불어 그 첫 장이 시작되었다. 이러한 의지에 자극을 받아서 이것을 무자비하게 추적하면서, 하지만 의지로부터 자극을 받은 만큼 이것을 완전히 의문시할 수는 없기 때문에 니체는 무지에의 의지와 지식에의 의지가 권력의지와 같다고 파악한다. 특별히 니체는 무지와 지식에의 의지를 진리와 지식의 추구를 의문시하는 데서 가장 위대한순간을 맞이하는 의지 그리고 새로운 진리란 발견되는 것이 아니라 창조되는 것이라고 생각하는 의지로서 파악한다. 『선악을 넘어서』의 마지막에 이르면 진리를 의문시하는 것이 니체 자신에게도 적용되는 진리로서 그 모습을 드러낸다. 스스로에게 충실하고자 니체는 독자들이 자신의 주장을 너무 쉽게 받아들이지 않도록 경고하지만 그가 그것을 부인하는 것은 아니다. 또 단순한 해석일 뿐이라고 부르는 것도 아니다. 그러기 위해서 그는 새로운 질문의 포문을 열어야 하기 때문에 텍스트와 새로운 진리를 창안해야 하기 때문이다. 니체가 증명한 것처럼 새로운 진리와 텍스트도 똑같은 문제를 야기할 것이다. 그의 견해를 진리라고 부르는 교묘한 책략을 사용함으로써 니체는 사실상 이들이 가진 개성적이고 개인적인 성격, 즉 이들이 자신의 해석이라는 사실을 강조하는 셈이다. 그는 원근법주의를 전통적인 인식론의 하나로서가 아니라 알고자 하는 모든 노력이란 특정한 사람들이 특정한 이유로 특정한 삶을 살고자 하는 노력이라는 견해로서 독자들에게 제시한 다음 이제 그 견해를 원근법주의에도 적용하는 것이다. 전제될 수 없는 것을 전제하는 것과 의문시될 수 없는 것을 의문시하는 것 사이의 틈바구니에서, 니체는 자신이 진리와 지식에의 의지를 의문시한 것도 사실은 이러한 의지의 도움을 통해서만 이루어질 수 있었다고 고백하는 것이다. 거짓이 진정으로 삶의 조건이어야만 거짓을 삶의 조건으로서 인정할 수가 있는 것이다.

제3장

영향들의 총합이 사물이다

무엇이 조화인가? 왜 우리는 긍정해야 할까?
이러한 질문에 아무도 도움의 손길을 주지 않는다…… 그는 데카르트를 다시 읽었다.
흄과 버클리에 심취하기도 하고, 칸트와 더불어 씨름하기도 했다. 헤겔이나 쇼펜하우어,
하르트만에 대해서 심사숙고하고 그리스 철학자들과 함께 방황하기도 했다.
조화가 무엇인지, 또 조화를 거부하면 어떤 결과가 초래되는지를 묻기 위해서였다.
아무도 조화를 부정하지 않은 것은 분명했다.
정상적이든 미쳤든 모든 철학자들은 당연히 그것을 긍정했다.

—헨리 애덤스(1838 - 1918. 미국의 역사학자.—옮긴이)의
『헨리 애덤스의 교육*The Education of Henry Adams*』에서

니체의 저서는 우리의 상상력을 강력하게 자극하지만 실질적으로
일관된 견해나 사상이 없는 듯이 보이기도 한다. "지금까지 우리는 우
리가 사용하는 개념들이 놀랍도록 신비한 나라에서 물려받은 굉장한
지참금처럼 신뢰했다. 그러나 이것은 현명했던 조상만이 아니라 가장
어리석은 조상으로부터도 전해 온 골동품이다…… 우리에게 절대적으
로 필요한 것은 모든 전승된 개념들을 의심하는 것이다."(『권력』, 409)
이와 같은 의심을 가지고 차분하고 신중하게 그리고 장기간 연구하면
일부가 놀랍고 기발한 관념이나 개념이 탄생하고, 후세대가 자랑스러
워할 탁월한 조상의 유산으로 전승될 수 있다. 그렇지만 "**잘 읽는**, 다시
말해, 차분하고 신중하며 심오하게 문맥을 살피면서, 방문을 모두 열

어놓고서 약간은 망설이기도 하면서 예민한 눈과 손가락을 가지고" (『서광』, 서론, 3) 니체의 텍스트를 읽는 뛰어난 독자들도 그가 자랑스럽게 말했던 "**나의 명제**"(『선악』, 36)로서 권력의지에 대해서는 당황하게 된다.

이러한 "명제"를 표명하는 그의 글을 어떻게 이해하는 것이 좋은지 말하기 어렵다. 가령 아래 인용되는 구절에 대해 우리는 어떻게 반응해야 할까? 반응을 보이지 않고 아예 무시하고 넘어가야 하는지 결정하기 힘들다.

> 권력을 축적하려는 의지는 삶과 성장, 생식, 유산, 그리고 사회와 국가, 관습, 권위에 필요한 것이다. 우리는 이러한 의지가 화학의 발달 원인이라고도 말할 수 있지 않을까? 아니, 우주적 질서의 원인이라고? 그것은 에너지 보존만이 아니라 에너지의 최대 경제적 사용이기도 하다. 유일한 실재는 모든 권력의 중심에서 보다 강력하게 성장하려는 의지이다. 자기 보존이 아니라 자기 것으로 만들고 지배하며, 성장하고 더욱 강해지려는 의지로서 말이다.(『권력』, 689)

아무리 호의적으로 해석하더라도 이 구절은 너무나 잔인해서 실현이 불가능한 행동 이론처럼 보인다. 잔혹한 개인이나 종족, 종種은 허약한 적대자들을 끊임없이 힘으로 억누를 수 있다는 것이다. 보다 노골적으로 해석될 때 이것은 주의론적(voluntaristic: 주의론主意論이란 의지가 정신 작용의 근저 또는 세계의 기본이라는 철학적 입장이다.—옮긴이) 우주를 끔찍하게 묘사한 설명처럼 보인다. 이 우주는 인간이나 생물, 무생물, 유기체, 무기체 모두가 권력을 증식하고, 온갖 수단을 동원해서 다른 것들

을 제압하려고 노력하는 끊임없는 투쟁의 반복에 다름이 아니다.[1]

하이데거는 "니체에게 있어서 존재는 생성이다. 이러한 생성의 특징은 행동(act)과 의지의 활동(activity)이다"라고 말했다(영어에서 행동act은 동사이면서 동시에 명사이다. 그런데 특히 진행형으로서 행동을 강조하고 싶으면 저자는 활동activity이라고 표현한다. 그러한 행동이 완성된 형태가 행위behavior이다.—옮긴이)[2] 이러한 하이데거의 설명은 칸트나 라이프니츠Leibniz로까지 거슬러 올라가는 독일 철학의 전통을 반영하고 있다.[3] 니체는 『그리스 비극시대의 철학Philosophy in the Tragic Age of the Greeks』에서 이러한 견해를 처음으로 표명했는데, 그것은 헤라클레이토스와 쇼펜하우어의 영향이라고 말했다. "시공에 존재하는 것들은 상대적으로 존재한다…… 모든 것들은 자신과 비슷한 다른 것들, 다시 말해 그것과 마찬가지로 상대적인 존재에 의해서, 또 이들을 위해서 존재한다…… 실재의 본질은 전적으로 **행동**에 있다…… 행동 이외에 다른 것은 없다."(『그리스』, 5) 이 책을

---

1 『니체: 철학자, 심리학자, 반그리스도Nietzsche: Philosopher, Pstchologist, Antichrist』의 제6장에서 Kaufmann은 권력의지는 경험적 일반화를 재현한다고 주장했다. Kaufmann에 따르면, 니체는 인간의 행동을 관찰한 결과 대부분의 행동들이 권력 추구라는 관점에서만 적절히 설명될 수 있다고 생각했다. 이러한 생각을 발전시킴으로써 그는 그것을 인간과 동물의 행동, 마지막에는 우주 전체에도 적용하였다. 카우프만은 권력의지에 대한 심리학적 해석은 적어도 인간 행동에 대해서는 매우 적절한 설명이라고 생각했지만 우주론적 해석(pp. 204~207)은 배격했다. 반면에 「권력의지에 대한 니체의 이론Nietzsche's Doctrines of the Will to Power」(Nietzsche-Studien, 12, 1983, 458~468)에서 Maudemarie Clark은 심리학적인 해석을 경험적 가설로서 받아들이면 심각한 문제가 생긴다고 주장했다. 그녀는 권력의지를 자의적 '신화'(p. 461)로 보았다. 권력의지에 대한 개괄적인 설명서로 Wolfgang Miller-Lauter의 「권력의지에 대한 니체의 가르침Nietzsches Lehre vom Willen zur Macht」(Nietzsche-Studien, 3, 1974, pp. 1~60)을 참조하기 바란다. 이에 대한 가장 철저한 연구로는 Heidegger의 『니체』(Pfullingen: Neske, 1961)가 있다.

2 Heidegger, 『니체』trans, David Farrell Krell(New York: Harper and Row, 1979), 1, 7 참고.

3 『자연과학의 형이상학적 기원Metaphysische Anfangsgrunde der Naturwissenschaft』에서 Kant는 '움직이는 힘'으로서의 물질관을 표명했다. 그의 견해는 독일에서 많은 영향력을 행사했다. Danto는 『철학자로서 니체』의 제8장에서 앞의 Kant의 저서를 논의하면서 적절한 몇몇 구절을 인용했다. 물질과 실재를 힘으로 보는 입장은 Leibniz에게로 거슬러 올라갈 수 있다. 그의 『단자론』의 61~62항을 참조할 것.

저술하던 당시 니체는 이러한 견해를 더 이상 발전시키지 않았다. 중기의 저서에서 그는 권력과 권력의식, 삶의 일반 경제학에서 이들이 차지하는 위상에 대해서 많이 언급을 하지만, 그럼에도 권력의지 자체가 그의 사유의 중심이 된 것은 후기의 저서, 특히 그의 메모에서였다. "그대는 '세계'가 나에게 무엇을 의미하는지 아는가? 나의 거울 속에서 그것을 그대에게 보여 주려 한다…… **세계는 권력의지이다.** 그 외에 아무것도 아니다! 그리고 그대 자신도 권력의지이며 그 외에는 아무것도 아니다."(『권력』, 1067)

니체는 사물이 권력의지를 **가지고 있다**고 말하는 대신 사물이 바로 권력**의지라고** 과장되게 표현한다. 이 문제를 더 깊이 다루기 전에, 비록 그의 견해가 때로 생명체에만 한정되는 듯이 보이지만 그것의 영역이 언제나 그렇게 제한적이지는 않다는 점을 미리 분명히 해둘 필요가 있다. 물리학의 기계론을 논의하면서 다음과 같이 말했을 때 그는 사물 전체를 염두에 두고 있었다. "권력의 양은 그것이 생산한 결과와 저항력에 따라서 결정된다."(『권력』, 634; 552 참조) 이러한 주장은 "**모든** 유효한 인과를 권력의지로 일원화할 수 있는 권리가 있다"(『선악』, 36)는 가정과 일맥상통한다.

문제는 이러한 가정은 심리학과 관계가 깊은 의지의 개념을 지각하고 인식하는 것이 불가능하게 만든다는 사실에 있다. 그는 과격한 표현을 구사하면서 의지에 대한 심리학적 개념의 정당성을 한꺼번에 부정하는 것이다. 바로 이 점 때문에 책을 덮어버리는 독자들도 적지 않다. "심리학에서의 의지란 전혀 존재하지 않는다."(『권력』, 692) "의지와 같은 것이란 존재하지 않는다."(『우상』, VI, 3; 『반그리스도』, 14; 『권력』, 488, 671, 715) 만약 니체가 의지에 대한 심리학적 개념이 인간의 행동에도 적용된 수 없다고 생각했다면, 역설적으로 들리겠지만, 그는 권력의지는 우주에 어떤 의식이나 의도가 있다는 견해를 부정하였을 것이다.

왜 니체는 의지가 없다고 주장하는 것일까? 그는 "의지는 무엇보다도 복합적인 것, 낱말로서만 존재하는 것인 듯이 보인다"고 말했다. 그리고 의지에는 적어도 감각, 사유, "명령" 및 양식이 포함된다고 주장했다.(『선악』, 19) 거기에 본질적으로 가치판단과 연관된 목표나 목적을 그것의 명단에 추가하기도 했다.(『권력』, 260) 이들 모든 요소들이 서로 불가분의 관계를 가지고 있다. "사유와 분리된 다음에도 의지가 그대로 남아 있다는 듯이 생각하지 말자. 사유를 '의지'에서 분리할 수 있다고 생각하지 말자."(『선악』, 19) "의지로부터 내용물과 목표를 제거하면 거품처럼 사라지고 만다."(『권력』, 692) 니체는 그 자체의 원인과 성취, 행동 조건을 가진 독립적인 것으로서 정신 활동이 존재한다고 생각하지 않았다. 때문에 행동을 가능케 하고 특징들을 함께 존재하도록 만드는 기능으로서 의지를 가정할 필요가 없다. "'의지'와 같은 것은 존재하지 않는다. 무엇인가를 **의욕**하는('의지will'가 동사로 쓰일 때는 '의욕하다'로 옮기기로 한다. '의지하다'보다는 '의욕하다'가 자연스럽기 때문이다.―옮긴이) 것만이 존재할 따름이다. 인식론자처럼 전체 맥락으로부터 목적을 분리할 수는 없는 것이다. 인식론자들이 이해하는 '의지'는 '생각'만큼이나 비실재적이다. 그것은 단순한 허구이다."(『권력』, 668; 『선악』, 11 참조)

니체는 때로 심리학적인 사건(event)도 의지처럼 취급하곤 했다. 이것은 그의 사유의 발전에서 매우 중요하다. 니체는 행위는 분명한 시작도 끝도 없는 복합적이고 역사적인 사건들로 구성된다고 생각했다.(『권력』, 672 참조) 이들 사건의 각 부분은 서로 밀접한 연관을 가지고 있으며, 어디서 한 부분이 끝나고 다른 부분이 시작되는가 하는 것도 전체와 마찬가지로 불확정적이다. 오로지 심리학적 방법으로 발견하기에는 너무나 복합적인 것이다. 그럼에도 우리는 내적 성찰을 통해 자신을 인식하기 때문에, 자신의 행위는 자기가 잘 알고 있는 단순하고 분명한 사건들로 이루어진다고 믿는 경향이 있다. 행위의 표면을 실재와 본질로 받아들이기 쉬운 것이다.

신체의 운동과 변화에 대해서 말하자면…… 우리는 목적을 결정하는 의식의 관점에서 운동과 변화를 설명하지 않게 되었다. 그러한 소박한 믿음을 오래 전에 버렸다. 대부분의 운동은 의식과 아무 상관이 없다. 감각과도 상관이 없다. 매 순간 발생하는 수많은 사건들에 대해 감각과 사유가 차지하는 역할은 거의 무시해도 좋을 정도이다…… 우리는 의식에 대해서 겸손해진 시대에 살고 있는 것이다.(『권력』, 676; 『차라』, 1, 4; 『도덕』, 354 참조)

사건의 극소수, 아니 사건의 아주 작은 일부만 의식 속에 들어온다. 의식되는 것은 우리가 전체적으로 조망할 수 없을 정도로 기나긴 직선에 찍힌 극히 작은 점에 불과하다. 하지만 우리는 이 작은 점들이 그 자체 독립적으로 존재하는 대상이라고 가정한다. 하나의 생각, 하나의 욕망, 하나의 소망 및 하나의 믿음이라고 말이다. 우리는 이들을 각자 분리시키고 등급을 매긴 다음에, 일부는 원인이며 다른 것들은 결과라고 판단한다. 그리고는 이것들이 나름대로의 독특한 성격을 가지고 있으며, 의식하거나 의식하지 못하는 다른 사건들과 독립해서 개별적으로 존재한다고 생각하게 된다. 니체는 이러한 관념은 사유의 대상을 그것의 요소로부터 분리해내려는 인간의 강력한 성향의 결과라고 주장했다. 이러한 주장은 니체의 가장 중요한 사상의 하나이기 때문에 나는

제3장과 이후의 장들에서도 이에 대해 계속 논의할 생각이다.

우리는 행위자를 행위로부터 분리하여 떼어 놓는다. 이러한 분리의 습관은 도처에 깔려 있다. 그래서 매 사건에 대해 그러한 행위의 주체를 알고 싶어서 안달이 난다. 도대체 우리가 무엇을 한 것일까? 우리는 권력과 긴장, 저항과, 그리고 이미 행동하고 있는 근육의 느낌을 원인으로서 착각하고 있는 것이다…… 사건들의 필연적인 연속성이 이것들 사이의 인과관계를 의미하는 것은 아니다…… 만약 내가 근육을 그것의 영향 및 결과와 분리해서 생각하면, 나는 근육을 아예 부정하는 것이 된다…… '사물'이란 그 영향의 총합이기 때문이다.(『권력』, 551)

니체에 의하면, 우리는 어떤 사건을 이루는 긴 과정에 있어서 아주 짧고 소소한 부분이 전체인 듯이 호들갑을 떨면서 그것을 그 사건 전체의 원인이라고 간주함으로써 "심리학의 의지"라는 관념에 도달한다. 그러나 니체는 이러한 사건이 존재하지 않거니와 이것을 할 수 있는 인간의 능력도 존재하지 않는다고 생각한다. 사건의 부분이 그 자체로서 어떤 특징을 가지지는 않는다. 이들이 일부로 속해 있는 사건도 그런 독립적 특징을 가지는 것은 아니다. 부분과 사건은 떼려야 뗄 수 없이 깊은 연관성을 갖고 있는지라 이들 특징을 결정하는 것은 이러한 관계들이다.(『방랑』, 11 참조) 이러한 상호관계는 끊임없이 변화하며, 또한 (이전의 사건에 연결된) 뒤따르는 후속 사건에 따라서 새롭게 다시 해석되고 있다. 그리하여 사건의 본질이나 성격, 숫자는 유동적이다. 각 부분이 속한 전체에서 한 부분만을 제거하거나 바꾼다면 전체의 균형은 깨질 것이다. 설명의 대상을 변화시키며 설명을 가능케 할 요소들을 바꾸는 것이다. 이와 같은 해석적 관계로 성립되는 전체와 마찬가지로 어떠한 개별적 관계도 우연적이지 않다. 이것이 니체가 의지로부터 내용을 제거하면 의지 자체가 소멸한다고 말한 이유이다.

"의지라고 불리는 것이 존재한다"는 관념을 부정함으로써 니체는 그것이 우리가 일상적으로 사용하는 개념인 욕구와 욕망과 맺고 있는 연줄을 끊으려 했다. 의지의 행동이라고 불렀던 사건이 실은 진행형인 어떤 활동 한 부분에 지나지 않는다는 사실을 지적함으로써 그는 이들 사건의 단순한 인과관계뿐 아니라 그것과 본질적으로 연결된 활동 자체에 우리의 관심을 환기시키려고 했던 것이다. 의지는 단일한 욕구가 아니라 매우 복합적인 활동이라는 것, 의지는 인간 행위의 특권적 원인이 아니라 결과와 상관없이 그 자체로서 의미를 갖는 행위라는 것을 증명하려고 했다. 그렇다면 의지는 행동과 독립된 목적을 의욕하는 능력과도 상관이 없으며 의도와는 관계가 없는 것이 된다. 의지는 이것과 전통적으로 연결되었던 의식적 유기체의 틀에서 벗어나게 된다.

활동으로서의 의지는 활동과 독립된 어떤 특정한 목적을 가지지 않는다. 만약 활동이 어떤 목적을 지향한다면 그 목적이란 단지 활동의 지속에 불과한 것이다. 의지란 그 자체를 영속화하려는 경향의 활동이다. 앞으로 자세히 살펴보겠지만 이러한 활동의 영속성을 향한 지향성을 때로 이것을 구현하는 주체를 파괴시키기도 한다. 이것을 설명하기 위해서 니체는 "권력의지"라는 오해하기 쉬운 모호한 용어를 사용했다. 이것은 세계에 보다 많은 영향력을 행사하려는 경향이며, 또한 이에 대해 선택의 여지가 없는 경향이기도 하다. 이것은 니체가 때로 "동력"(독일어로는 Trieb, 영어로는 drive)(보다 일반적인 번역인 '충동'은 인간이나 동물에게만 적용되기 때문에 너무나 한정적이어서 문맥상 '동력'이라는 약간 껄

끄러운 우리말을 사용했다.—옮긴이)이라고 부르는 것의 발현이다. 생물과 무생물에 공통적으로 존재하는 "동력"은 의지와 언제나 연관되었던 자유의 관념과는 거리가 멀다. "접근하려는 동력과 무엇인가를 맞받아 공격하려는 동력은 유기체의 세계와 무기체의 세계에 공통된 동력이다. 이들을 구별하는 것은 편견이다."(『권력』, 655)

위의 설명은 니체의 견해에서 중심적인 위치를 차지하고 있지만 난해하여 거의 접근이 불가능한 권력의지의 한 단면이다. 권력의지에 대한 개괄적인 설명을 시도하는 것이 나의 취지는 아니다. 단지 이와 관련하여 다음과 같은 질문을 제기하려고 할 따름이다. 대부분의 철학적인 전통에 따라서 니체가 사물의 특징은 끊임없는 활동에 관여하는 데 있다고 믿었다고 가정하자. 이러한 견해는 어떠한 세계관을 전제로 하고 있는 것일까? 혹시 이러한 세계관은 실재의 궁극적인 본질을 밝히려는 형이상학적 이론의 하나가 아닐까?

권력의지를 통하여 표현된 동력, 즉 그 자체의 파괴를 향할 때도 여전히 활동의 한 단면이고 그리하여 모든 경우에 자신을 영속화하는 활동은 사실 세계에 존재하는 모든 것의 공통된 특징이다. "유기체와 무기체 사이를 이어주는 매듭은 힘의 원자가 행사하는 강력한 힘이다."(『권력』, 642) 만약 권력의지가 그러한 힘을 가지고 있다면, 그것은 저항력, 즉 그 힘을 행사할 대상을 반드시 필요로 한다. 그리고 이 끊임없는 활동은 모든 것의 공통 요인이기 때문에 세계에 존재하는 모든 것은 원칙적으로는 서로 연결되어 있다. "모든 개별적인 원자는 존재의 전체에 영향을 미친다. 때문에 우리가 만일 권력의지를 존재하지 않는다고 생각한다면 그러한 생각으로 인하여 존재가 소멸하게 된다. 내가 권력의지를 양量이라 부른 이유가 거기에 있다. 이 개념은 기계론적 질서로서는 생각할 수 없는 특징을 기계론적 질서를 부정하지 않으면서도 훌륭히 표현한다."(『권력』, 634) 권력의지는 세계의 모든 것들이 서로 관계를 가지고 있으며, 그러한 상호관계가 세계의 성격을 규정한다는 생각에서 유래한다. 하지만 이것으로부터 더욱 과격한 결론이 나올 수 있다. "어떤 것도 다른 역동적 양과의 긴장된 관계에 있기 때문에 단지 역동적 양으로서만 남아 있는 것은 아니다. 이들의 본질은 다른 양들과의 관계, 그것들에 미치는 영향력에 있다."(『권력』, 635) 그렇다면 권력의지란 영향을 미치는 활동이며, 세계에 존재하는 사물들의 공통된 성격이고 그러한 영향의 결과가 권력의지이다. 이러한 영향이 자신에게 영향을 주는 것들의 성격을 구현하고 확립하며 관철하기 때문에 니체는 이것을 "권력"이라고 명명하였다. 권력의지는 정신적이나 물질적인 영향의 영역 범위를 최대한 확대하려는 활동이다. 권력의지는 가장 천박한 것에서부터 가장 세련된 것까지, 단순한 육체적 저항과 무자비한 정복으로부터 이성적인 설득에 이르기까지 모든 것을 포괄하고 있다.

세계에 존재하는 모든 것들이 서로 연관되어 있다고 끊임없이 강조한 니체가 "물 자체"라는 개념을 비판한 것은 아주 당연하다. 니체에게 물 자체란 어떤 대상이 다른 대상에게 미치는 영향의 총합을 넘어서서 독자적으로 존재하는 대상을 지칭하는 개념이다. 사물은 그것이 처한 다양한 상호관계로부터 독립되어 떨어져 나올 수 없다.(앞으로 살펴보겠지만 가정적으로는 이것이 가능하다.) 모든 대상은 다른 대상에 철저하게 의존하고 있기 때문이다. "'그 자체의 본질을 가진 사물들.' 이것은 독단주의적 관념이다. 이로부터 우리는 철저히 결별하지 않으면 안 된다."(『권력』, 559) 권력의지는 일반적인 형이상학이나 우주론이 아니다. 반대로 세계와 세계를 구성하는 사물들에 대한 보편적 이론이 왜 불가능한지 이유를 설명하는 견해가 권력의지이다.

물 자체를 말하는 것은 다른 사물들과 독립해서 절대적으로 존재하는 사물을 가정하는 것이다. 이러한 물 자체의 가정은 지각되는 어떤 사물의 특징이 다른 사물과 독립해서 존재하거나, 아니면 이러한 사물은 아무런 특징도 없이 존재해야 하는 또 다른 전제를 요구한다. 니체는 위의 두 가지의 전제 중 어느 하나에도 동의할 수 없었다. 이것이 물 자체라는 개념을 수용할 수 없었던 이유이다.

만약 아무런 특징도 없는 사물이라는 개념이 그 자체로서 모순이라면 위의 두 기본 전제 중 첫 번째만이 고찰의 대상으로 남는다. 니체는 다른 것과 아무 상관없이 사물에 고유하게 내재하는 특징은 존재하지 않는다고 생각했다. 관찰자인 우리까지 포함해서 어떤 사물이 다른 사물에 대하여 갖는 영향이 그 사물의 특징이라고 생각했기 때문이었다. "해석이나 주관성으로부터 독립하여 그 자체로서 존재하는 본질을 사물이 가지고 있다는 생각은 매우 어리석은 것이다. 그것은 해석이나 주관성이 중요치 않으며 관계의 망에서 분리된 사물도 여전히 사물이라는 잘못된 전제 위에서 성립하는 가설이다."(『권력』, 560) 이러한 상호관계가 필수불가결하다고 생각하면 다음과 같이 놀랄 만한 결론이 나올 수 있다. 만약 한 대상이 어떤 특징들을 가진다면, 이 대상에 영향을 미치고, 또 이것에 의해 영향을 받는 적어도 또 하나의 다른 대상 역시 존재하지 않으면 안 된다는 것이다. "사물의 성질이란 다른 '사물'에 미치는 영향이다. 만약 다른 '사물'을 제거한다면 그 사물은 아무런 성질도 갖지 못하게 된다. 그런데 다른 사물이 존재하지 않으면 어떠한 사물도 존재할 수 없다. 따라서 '물 자체'란 존재하지 않는다."(『권력』, 557) 일관성이나 동일성과 같은 논리적 특징도 서로 조화를 이루면서 서로 구별되는 많은 사물의 존재에 의존하는 듯이 보인다. 그러나 우리는 사물들이 해석과 독립해서 그러한 관계를 가진다고 생각해서는 안 된다. 존재하는 모든 것은 언제나 특정한 이해와 필요성, 가치관, 권력의지를 반영하는 특정한 관점에 따라서 그것의 성격이 결정되기 때문이다. "'본질'이나 '중요한 본질'은 원근법적인 개념이고, 그 자체의 다양성을 전제로 한다. 이것의 근저에는 언제나 '그것이 **나에게**(우리에게, 또 모든 생명체에게 등등) 무슨 상관이 있지?'라는 질문이 깔려 있다."(『권력』, 556) 이 질문에 대해서 니체가 모두에게 유효한 하나의 대답이란 존재하지 않는다고 주장한 점에 비추어 볼 때, 우리는 모든 사물의 상호연관성에 대한 그의 견해가 다음과 같은 또 하나의 견해를 증명하려는 노력에서 나왔다는 점을 깨달을 수 있다. 그것은 언제 어디서나 우리의 견해나 이론에 적합한 기성품으로서의 세계는 존재하지 않는다는 것이다.

하지만 사물의 특징은 이것이 다른 사물들에 대하여 갖는 영향이라는 주장과 사물이란 이들 영향의 총합이라는 주장 사이에는 커다란 차이가 있다. 니체가 영향의 원인으로서의 독립적인 주체를 허용하지 않기 때문이다. 그렇다면 영향들이 서로 결합하여 하나의 통일체를 이룬다는 것을 어떻게 알 수 있느냐 하는 의문이 생긴다. "사물이란 **그것의** 영향의 총합이다"라는 주장에서 "그것의"라는 대명사는 무엇을 의미하는가? 이들 물음에 대답하기 전에 우리는, 하나의 사건이나 대상이 다른 것들과 관계없이 그 자체에 내재하는 특징이 없다는 그의 주장을 다시 한 번 강조할 필요가 있다. 서로 관계를 맺을 수 있는 사물이 이미 존재하지 않는다면 어떻게 관계가 가능할 수 있는가?

놀랍게도 바로 이 질문이 페르디낭 드 소쉬르(Ferdinand de Saussure, 1857~1913. 스위스의 언어학자, 현대 구조주의 언어학의 창시자.—옮긴이)가 언어 기호를 "차별적 단위"로서 규정함으로써 대답하려고 했던 질문이었다. 금세기 초반에 소쉬르는 이러한 언어 정의를 통해서 언어학적 혁명을 일으킬 수 있었다. "언어에는 단지 차이만 있을 뿐이다. 중요한 것은 지금까지의 차이는 일반적으로 실질적 개념들이었다는 사실이다. 이 실제적인 개념들로부터 차이가 생겼다. 그러나 언어에는 **실질적 개념이 없이** 다만 차이만 있다."[4] 언어 기호는 언어가 올바로 기능할 수 있는 일련의 "실질적 가치"를 산출하는 점을 잘 알고 있으면서도 소쉬르는 이들 기호는 그 자체로서 언어학적으로 가치 있는 아무런 특징도 가지고 있지 않다고 주장했다. b라는 기호를 예로 들어 설명해 보자. bed나 bang 혹은 bat처럼 b가 부분으로 속하도록 체계적인 결합이 이루어지지 않으면 b라는 언어 현상은 아무런 의미를 가지지 못한다. 이를 다음과 같이 표현할 수 있다. b와 같이 자의적인 다른 소리(예를 들어 r와 같이)와 체계적인 차이를 이루지 않으면 b는 본질적으로 언어적 역할을 가지지 못하는 것이다. 이것은 r에게도 똑같이 적용된다. r도 red나 rang 및 rat과 같은 r를 포함한 기호의 합성을 통해서, 즉 다른 음소와의 차이를 통해서 규정되지 않으면 아무런 언어적 기능을 발휘하지 못한다. 중요한 것은 이들 음소의 본질적 성질이 아니라 다른 음소와의 차이이다. 소쉬르에 따르면 이 같은 원칙은 예외 없이 모든 언어적 기호에 적용될 수 있다. "언어적 체계는 일련의 관념들의 차이와 결합된 일련의 소리들의 차이이다."(p. 120)

소쉬르의 이러한 견해는 이제는 거의 상식화된 것이다. 하지만 내가 주장하려는 의견은 소쉬르가 이러한 통찰력을 언어에 적용하기 20년

---

4 Saussure의 『일반언어학 강의Course in General Linguistics』 trans, Wade Baskin(New York: McGraw-Hill, 1950), p. 120. 이 책을 다음부터 언급할 때는 본문 안의 괄호에 그 면수를 표시하려고 한다.

전에 이미, 니체는 소쉬르가 감히 상상할 수 없을 만큼 과격하게 이러한 통찰을 밀어붙였으며, 또한 세계를 이러한 관점에서 바라보았다는 사실이다. 20세기의 위대한 지적인 사건 하나를 예상한 듯 니체는 세계의 어떤 사물도 그 자체의 본질적인 특징을 가지지 않으며, 각각의 사물은 다른 사물들과의 관계나 차이를 통해서만 비로소 존재하게 된다고 주장했다. 다음과 같이 말할 수도 있다. 니체는 세계가 기호들의 거대한 집합체인 것처럼 생각했다는 것이다. 그가 세계를 텍스트로서 간주한 것은 우연이 아니었다. 물론 일상적인 의사소통의 배후에 있는 언어 체계를 구조주의적으로 설명한 소쉬르와 세계의 배후에 법칙이나 규칙, 구조가 있다는 전통적 견해를 논박했던 니체 사이에는 엄청난 차이가 있다. 그럼에도 그들 사이의 유사성을 간과할 수는 없다. 니체에게 있어서 세계는 소쉬르의 언어처럼 하나의 전체였으며, 이것이 없으면 부분이 존재할 수 없고, 그러한 부분들의 합성도 이루어질 수가 없는 전체였다. "'물 자체'란 상식 밖이다. 만약 모든 관계와 '성질들', 사물들의 '활동들'을 제거한다면 사물은 더 이상 존재하지 않게 된다." (『권력』, 558) 니체의 주장은 우리는 다음과 같이 뒤집어서 말할 수도 있다. 전체에서 차지하는 위치가 모든 개별적 사물을 규정한다면 그것이 전체의 본질이라는 말이기 때문에 사물이 하나라도 제거되거나 영향을 받으면 전체가 변화하게 된다. "모든 것이 서로를 규정하고, 또 규정받는 실제 세계에서 무엇인가를 저주하거나 생각에서 지우는 것은 다른 모든 것을 저주하거나 지우는 것과 마찬가지이다."(『권력』, 584)[5]

---

5 이러한 견해는 도덕적·심리적 함의와 더불어 니체의 많은 저술에서 자주 표명되는 견해이다. 예를 들어, 『권력』, 293, 331, 333, 634항 및 『차라』, IV, 19를 참조하기 바란다. 또 이 견해는 제5장에서 보다 자세히 다루게 될 것이다.

소쉬르와의 비교를 통해 니체의 견해를 보다 쉽게 이해했다고 해도 "영향의 총합이 사물이다"라는 문장이 완전히 규명된 것은 아니다. 인간에게 있어서 이 질문에 대한 대답은 인간의 활동들이 서로 일관성 있게 연결되어 있거나 혹은 서로 공유하는 목적을 가지고 있다고 깨닫는 능력에 있다는 것이 제6장에서 설명될 것이다. 이들 활동들이 동일한 목적이나 기능을 가지고 있다는 점에 비추어 인본주의적으로 해석하는 능력이 중요한 것이다. 인간의 육체는 이러한 기본적 활동들이 단일하게 된 것으로, 육체는 더욱 복합적인 활동들, 심지어 서로 모순적인 활동도 조화롭게 조직할 수 있는 기본적 일관성의 기초가 된다. 니체는 이것을 다음과 같이 표현했다. "양분 섭취라는 동일한 양식을 공유하는 다양한 세력이 '삶'이다."(『권력』, 641) 그렇다면 특정한 관점에서 해석할 때 활동들이 일관된 목적으로 수렴되거나, 그와 같이 조직된 모습이 대상이라는 말이 된다. 이때 대상의 정체성은 그것이 자신과 비슷한 다른 대상과 다르게 만드는 차이에 있다.

니체의 견해가 회의주의적이지 않다는 점을 강조할 필요가 있다. 소쉬르가 언어적 기호의 실재를 부정하지 않은 것처럼 니체도 사물들의 실재를 부정하지 않는다. 니체와 소쉬르는 모두 각자가 관심을 가진 대상의 본질에 새로운 해석을 제공한 사람들이었다. 그들은 어떤 특정한 대상이 다른 대상들과 독립적으로 그 고유한 특징을 가진다는 견해를 모두 배척했다. 하지만 소쉬르와는 대조적으로 니체는 인간의 이해관계에 중요하고 적극적인 역할을 부여했다. 서로 다른 조건이나 목적, 가치는 각자 다른 결합을 만들게 하고, 그 결과 각기 다른 사물들이 형성되는 것이다.

니체는 세계를 해석하는 방법뿐만이 아니라 존재하는 사물들에도 유연성을 부여했다. 그는 존재론적인 범주도 변할 수 있으며, 아니 존재론적인 범주는 존재하지 않을 수 있다고 주장했다. 그렇다고 그가 세계가 존재하는 사실을 의심했다는 것은 아니다. 니체가 의심했던 것은 세계가 어느 관점에서 보더라도 자신에 대해 참된 묘사, 즉 세계를 있는 그대로 재현하는 묘사가 필요한가 하는 것이었다. 그는 이러한 사실주의적 관념들을 공격했다. 이러한 사실주의적 관념은 "우리가 절대로 상상할 수 없는 눈, 어떤 특정한 방향도 향하지 않는 눈을 사용해야 한다고 말한다. 활동적이며 해석적인 방향을 통해서만 **무엇인가**를 볼 수 있음에도 사실주의자들은 그러한 방향성을 완전히 포기해야 하는 것이다. 이것은 우리의 눈에게 황당하고 터무니없는 것을 요구하는 것이다."(『도덕』, Ⅲ, 12)

이러한 견해가 모든 관점들이 똑같이 유효하다는 결론으로 귀결되지 않는다는 것은 이미 설명된 바다. 예를 들어 『도덕의 계보학』의 제1부에서 니체는 귀족과 노예들의 대립되는 가치평가는 서로 상이하지만 그러한 상이함은 똑같은 사실에 대해 서로 다른 해석을 내리기 때문이라고 주장한다. 똑같은 텍스트를 서로 다르게 해석한 결과로 정반대되는 관점을 취하게 되었다는 것이다. 그럼에도 그는 두 가지 해석 중에서 하나가 다른 것보다 훨씬 월등하다고 주장했다.(『도덕』, Ⅰ, Ⅱ) 내가 제2장에서 설명했듯이 그가 객관성을 거부한 것은 아니었다. 그가 생각했던 객관성이란 " '이해관계를 떠난 사유'(이것보다 더 터무니없고 불합리한 것이 있을까)가 아니라, 찬성과 반대를 **규정하고** 이것을 잘 활용하는 능력이다. 학문에 기여하기 위해서는 **다양한** 관점과 정서적 해석 (affective interpretation)을 잘 이용해야 하는 것이다."(『도덕』, Ⅲ, 12) 이러한 의미에서의 객관성은 『선악을 넘어서』에서 자유정신의 소유자가 지닌 특징이었다. 객관성이 이것보다 훨씬 더 이해를 초월해야 한다고 주장하는 사람들은 자신이 관여하는 이해관계를 은폐하려고 노력하는 사람들인 것이다.

만약 니체의 견해가 회의적이 아니라면 대상이라는 개념이 "허구"에 불과하다는 주장을 우리는 어떻게 이해해야 하는 것일까? 우리가 생각하는 바로서의 세계란 어떤 점에서는 실재가 아니라는 주장인가? 이 까다로운 질문과 씨름하기 이전에 다음 인용문을 자세히 음미해 볼 필요가 있다.

> 모든 조화가 단지 조직체(organization)로서의 조화(unity)라고 가정하는가? 그러나 우리가 믿는 "사물"은 다만 여러 속성들의 근거로서 고안되었을 따름이다. 만일 사물이 "영향을 미친다"면, 그것은 현존하거나 잠재적인 모든 성질들이 단 하나의 성질의 발생 원인이라고 보는 것이다. 다시 말해 모든 성질의 총합인 x를 특정한 성질 x의 원인으로 가정하는 것이다. 얼마나 어리석고 한심한 생각인가!(『권력』, 561)[6]

만일 조화가 여러 특징들의 조직된 것에 불과하다면 대상을 가정하는 것은 불필요하다. 대상이 원인과 근거로서의 조직체이기 때문이다. 니체에게 대상은 그 특징의 배후에 놓여 있는 영속적 실체가 아니라, 다양한 사건들이 조화롭게 어울리거나 모순되기도 하는 관계 속에서 더욱 많은 사건들이 그것에 도움이나 해악을 끼치는 사건들의 복합체이다. 그렇다면 사건들을 연결하고 이것을 다른 조직체로부터 구별하

---

6 이와 비슷한 글은 『권력』, 473, 519, 532; 『도덕』, 1, 13에서도 발견된다.

는 해석적 가설이 없으면 대상은 존재하지 않는다. 이러한 사건들을 통해 대상의 윤곽이 드러나기 때문에 대상이 사건들의 결과이지 근거는 아니다.

특징들의 변화에도 불구하고 지속하는 대상을 가정하는 것이 불필요한 일이라고 보지는 않았지만 니체는 그것이 모순되고 오해의 소지가 있으며 해롭다고 판단했다. 그는 자신의 입장을 두 가지의 측면에서 옹호했다. 그 첫 번째는 심리적인 이유이다. 만약 영혼을 그 자체로 하나의 엄연한 실체로 믿는다면 우리는 이러한 "자아ㅡ실체(ego-substance)에 대한 믿음을 모든 사물들"(『우상』, Ⅲ, 5)에게도 투사하게 될 것이라는 그의 우려였다.[7] 그의 가장 유명한 견해의 하나가 바로 이것이다. "실체 개념은 주체 개념의 결과이지 그 반대가 아니다. 만약 영혼을 포기한다면, '실체'의 전제 조건인 '주체'도 사라지리라."(『권력』, 485) 대단히 유명하기는 하지만 이 구절은 내가 보기에 썩 만족스럽지 않다. 의식이 사회적인 기원과 기능을 가진다는 니체의 생각은 정당하다. 의식은 다른 의식과 소통을 하려는 욕구와 불가분의 관계에 있기 때문이다.(『과학』, 354) 이 점에서 그가 자아와 대상, 주체와 실체라는 개념들이 서로 병행적으로 발전한다고 주장해야 했다.[8] 두 번째로 니체는 행위와 행위자를 구분하고 사물과 성질을 구분함으로써 인간은 개체로서 육체가 있다는 순진한 믿음을 가지게 되었으며, 이러한 구분을 계속 절차탁마함으로써 모든 행동의 배후에는 비물질적인 주체로서 영혼이 있다는 관념에 도달하게 된다고 주장했다. "'주체' 개념의 심리학적 역사. 눈에 의하여 고안된 육체와 사물, '전체'가 행위자와 행위를 구별하도록 만

---

7 이러한 견해는 『권력』, 473, 519, 532에서도 발견된다. 이에 대한 확실한 논의로는 Richard Schacht의 『니체Nietzsche』(London: Routledge and Kegan Paul, 1983), pp.130~156을 참고할 것.

든다. 만약 보다 세련되게 이해되면 행위의 원인인 행위자는 '주체'를 떠나게 된다."(『권력』, 547) 이러한 맥락에서 보면 육체는 외적인 공적 대상, 즉 사회 질서의 한 부분인 듯이 보인다. 니체가 계속해서 주장했던 인과의 순서가 여기서는 뒤바뀌어 지속적인 대상이 실체로서의 주체에 앞서서 존재하게 된다. 세 번째는, 니체의 후기 저술에 자주 표명되는바 인간 주체가 그 행위의 총합을 넘어서 독립적으로 존재한다는 관념이 허구라는 주장이다. 그에 따르면 그것은 책임의 소재를 추적하기 위한 허구이다. 사람들이 실제로 행한 행동과 다르게 행동할 수 있는 능력을 가지고 있기 때문에 자신의 행동에 대해 전적으로 책임을 지고 형벌도 달게 감수해야 하는 것이다.(『도덕』, I, 13; II, 21~22) 행동과 독립한 것으로서 실체로의 주체에 대한 관념은 선택의 자유라는 허구의 온상이 되었다고 생각하는 니체는 노예의 반란과 기독교적 형이상학이 이러한 허구의 도덕을 만들었다고 주장했다. 그가 이것을 "교수형 집행인의 형이상학"(『우상』, VI, 7)이라고 명명한 이유가 거기에 있다. 그럼에도 그의 철학사적 설명에 따르면, 지속적 대상이라는 관념은 기독교가 부흥하기 훨씬 이전에 그리스 철학자들이 확립한 전통이었다.(『권력』, 539; 『그리스』, 11)

---

8 『권력』, 524에 의하면, 의식이란 "의사소통의 수단이다. 그것은 사회적 교제를 통해서 또 사회적 교제에게 이해를 증진시키기 위해서 진화했다. 여기서 '교제'는 외부 세계의 영향과, 또 그것이 우리에게 부과하는 반응 및 외부 세계에 대한 우리의 영향력을 포함한 개념이다." 이에 대해 니체의 또 다른 견해를 참조하는 다음의 반론이 제기될 수도 있다. 즉 선악에 대한 사유의 극소의 부분만이 의식이라는 니체의 견해도 고려해야 하는 것이다.(『과학』, 354; 『선악』, 3) 이 반론은, 외부 세계에 대한 지각과 더불어 의식이 발달지만 '실체'로서의 자아에 대한 믿음은 무의식적이고 '본능적'인 생각의 일부인지도 모른다고 주장한다. 그러나 나의 생각에 니체는 본능적인 생각하기와 행동하기(니체는 이들이 사유와 행동의 배후에 놓인 원시적인 형태가 아니라 추구하고 습득해야 할 복합적인 목표로서 파악했다)라는 용어를 주체와 객체 및 행위자와 행위 사이의 의식적인 차별화를 거부하기 위해 사용했다. 『권력』, 423; 『차라』, II, 5; 『선악』, 213 및 이 책의 제6장을 참고할 것.

지속하는 대상에 대하여 우리가 가진 "믿음"의 두 번째 이유를 니체는 다음과 같이 제시했다. 20세기 분석철학의 주요 이론을 예상한 듯이 니체는 형이상학적 관념은 언어의 문법의 결과라고 주장했다. 이러한 문법이 영향뿐이 아니라 영향을 미치는 사물들, 성질뿐만이 아니라 성질의 주체에 대해 우리가 생각하고 말하도록 만들었던 것이다. 우리는 "모든 행위에 행위자를 덧붙이는 문법"의 지배를 받는다.(『권력』, 484) 문법적인 관점에서 본다면 주어와 술어는 상관적 개념이기 때문에 행위가 있다면 거기에는 반드시 행위자가 있어야 한다. 그러나 그 자체로서 언어적 특징은 어떤 특정한 철학적 관념도 뒷받침하지 않는다. 앞의 인용 문구는 다음과 같이 해석될 수도 있기 때문이다. 즉 개별적 사건은 광범위한 사건들의 일부로서 다른 많은 사건들과 상호작용과 "상호침투"(『권력』, 631)의 과정에 놓여 있다는 것을 드러내기 위해 주어와 술어가 상관적으로 사용되는 것이다. 니체는 언어에 대해서도 다른 주제와 같은 태도를 취하면서 인간은 언어에도 해석이 개입되었다는 사실을 망각하고 언어의 구조가, 즉 세계의 구조라고 생각하는 우를 범했다고 말했다. 우리는 "문법에 대한 믿음", 즉 "언어의 형이상학"이 정확하게 세계의 본질을 보여 준다고 믿는 경향이 있다.(『우상』, VI, 5) 그러나 니체는 주어와 술어의 문법적 구별을 가지고 행위자와 행위, 실체와 속성을 존재론적으로 구별하는 것은 온당치 않기 때문에 더 이상 그러한 추론을 중단해야 한다고 주장한다.

　『권력의지』의 561항에 따르면 대상은 다음과 같은 방법으로 만들어진다. 우리가 우연히 어떠한 특징에 관심을 갖게 되면 그것이 어떤 개별적 개체의 일부라고 짐작하고, 그 개체를 발견하려는 노력에서 그것의 다른 특징들을—당시에 관심이 없었던—당연한 것으로 받아들인다는 것이다. 그리고 이들 특징이 전체 집합체의 한 부분집합임에도 그것이 우리가 처음에 관심을 가졌던 대상의 원인이며 대상 자체라고 생각을 하게 된다. 그러나 우리가 관심을 가졌던 특징과 마찬가지로 이러한 잠재적인 특징들이 그 대상일 근거는 없다고 할 수 있다. 잠재적 특징이든 관심의 대상인 특징이든 양자는 동일한 집합의 일부에 지나지 않는다. 여기서 잠재적 특징들의 부분 집합은 관심의 대상인 특징보다 그 단위가 훨씬 방대하다. 그러나 그렇다고 해서 그것이 대상을 존재하게 하는 특권적 위상을 가지지는 않는다.

지금까지의 논의는 부분을 전체로서 착각했다는 것을 중점적으로 다루었다. 그렇지만 니체의 글에서 가장 이해하기『권력의지』의 561항의 마지막 문장은 아직 미지수로 남아있다. 대상의 몇몇 특징을 대상과 동일시함으로써 대상을 형성할 때 "우리는 모든 성질의 총합인 x를 특정한 성질 x의 원인으로서 가정하는 것이다. 얼마나 어리석고 무모한 생각인가!" 니체가 이렇게 가혹하게 비난하였던 것은 다음과 같은 이유 때문이다. 어떤 대상의 몇몇 특징을 가지고 다른 특징을 설명하려고 할 때 우리가 이들 특징의 총합을 두 번이나 계산에 넣는다는 것이다. 첫 번째는 원인으로서, 두 번째는 결과로서. 니체는 강력한 소신을 가지고 이러한 주장을 관철했으며 가끔 번개의 비유를 사용하기도 했다. "대중의 마음은 행위를 두 겹으로 본다. 번쩍이는 번개를 볼 때 그들은 이것을 행위의 행위로서 지각한다. 마음은 동일한 번개를 처음에는 원인으로서 다음에는 결과로서 생각하게 되는 것이다."(『도덕』, I, 13;『권력』, 531 참조) 또한 니체는 "**원인**은 현재까지 고안된 관념 중에서 가장 모순적인 관념이다. 그것은 논리의 변태이며 강간이다"(『선악』, 21)라고 신랄하게 비판하였다. 그렇다면 왜 대상이라는 개념이 어리석고 무모한 것인지 살펴보아야 한다.

왜 니체는 대상이라는 개념이 무모하다고 생각한 것일까? 그리고 **어떤** 특징을 가지고 이와 연관된 다른 특징을 설명할 때 왜 똑같은 것을 두 번 세는 것이라고 주장한 것일까? 분명 상이한 이 두 가지의 특징에 대한 판단이 왜 한 가지만 설명할 아니라 허울로만 올바르다고 주장한 것일까?

니체의 비판은 이미 논의했던 다음과 같은 견해에서 시작되었다. 그것은 우리가 하나의 사물로 간주하는 모든 결과는 서로 깊은 연관성을 가진 바 이러한 상호연관성이 그것의 성질을 결정한다는 견해이다. 사물이나 그것이 수반하는 결과는 다른 사물과 독립해서 존재하지는 않는 것이다. 그들은 미리 결정되어 존재하던 것이 아니라, 새로운 사건과의 연관 속에서 계속해서 움직이고 변화하며 갱신되고 재해석된다. 새로운 사건들도 물론 불확실하며 유동적이다.(『권력』, 672) 모든 사건의 성격과 본질은 다른 사건의 성격이나 본질과 불가분의 관계를 가진다. 이러한 관계는 물질과 정신이 조화를 이루는 관계이며 해석학적인 관계이다. 니체는 이와 비슷한 견해를 이미 판단에 대한 헤겔적 성향의 메모에서, "분리된 판단이란 있을 수 없다. 분리된 판단은 결코 '진리'가 아니며 지식이 될 수 없다. 다른 판단과 관련되고 연관되어야 확실성이 생긴다"(『권력』, 530)고 말하였다.

니체의 견해는 다음과 같이 요약될 수 있다. 우리가 관심을 가진 어떤 특정한 결과가 어떤 특징에서 유래한다고 생각할 때 우리는 그 특징을 그것이 부분으로 속한 전체의 성질을 공유하고 있다고 생각하는 것과 마찬가지이다. 사물과 사물의 집합과 마찬가지로 결과 역시 서로 긴밀한 유대를 맺고 있다. 각각의 개별적인 결과는 다른 결과와의 관련

속에서만 그 특징과 성격을 부여받게 된다. 다른 결과에 대해서도 마찬가지이다. 하나의 특징과 이것이 부분으로 속한 전체는 결과와 독립해서 존재하는 원인과 같이 독립적으로 존재하지 않는다. 전체는 그것이 가진 각각의 특징 속에 이미 어느 정도 드러나 있다. 이것이 차라투스트라가 제자들에게 "어머니가 아이들 속에 깃들어 있듯이 너희도 너희의 행동에 깃들어 있게 하라"(『차라』, II, 5)라고 말한 이유이다. 그리하여 우리가 어떤 대상에서 그 특징을 개념적으로 분리하려는 것은 부분과 전체를 분리하는 모순을 범하는 것이다. 즉 한 사물이 어떤 특징이 가지고 있다면—그렇지 않다면 이 특징은 현재의 특징을 가지지도 못한다—그것은 특징들의 전체 조합에 부분으로서 포함되어 있기 때문이다. 따라서 그 부분이 없으면 전체의 성격이 완전히 변하는 것이다. 그렇다면 이유야 어쨌든 결과적으로 우리는 단 하나의 전체만을 말하는 셈이다. 이 전체는 서로 독립적으로 보이는 두 종류의 특징에 의하여 성립되는 것이다.

이러한 설명이 『권력의지』 561항의 마지막 문장에 대한 해석이 될 수 있다. 그런데 이러한 설명은 왜 니체가 부분과 전체가 서로 뗄 수 없이 관련되어 있다고 생각했는지에 대한 의문이 들게 만든다. 앞서 언어적 모델이 니체의 견해 형성에 도움이 되었으며, 전체와 부분의 관계는 해석학적이라고 말하였다. 그렇다면 문학적 모델이 그를 이해하는 데 돌파구가 될 수 있을 것이다.

문학 작품의 인물들은 특징과 행동의 합 이상도 이하도 아니다. 그들이 행하는 모든 것들이 그들을 그들로서 존재하게 만드는 것이다. 이 확실하고도 분명한 사실을 다시 생각할 필요가 있다. 어떤 텍스트에 등장하는 인물이 일관되지 않게 묘사되었다면 우리는 그가 어쩌면 두 명이나 그 이상의 인물이라고, 즉 둘 이상의 인물이 "단지 하나의 단어"(『권력』, 482 참조)로 인위적으로 결합된 것이 그 일관성 없는 인물이라고 말할 수 있다. 반론의 여지가 전혀 없지는 않지만 어떤 상황에 처한 인물을 묘사하는 작가는 전체로서 그의 성격을 염두에 두고서 묘사하게 된다. 그렇지만 여기에서 인물의 행동에서 의는 의문의 여지가 있다. 권력의지에 따르면 실체와 속성, 사물과 결과의 관계가 의문의 여지가 있다는 점에서 그러하다.

비근한 예를 가지고 보다 분명히 설명할 수 있다. 허먼 멜빌Herman Melville의 『백경Moby Dick』을 읽을 때 독자는 주인공 에이허브 선장이 어떤 인물인지에 대해서 나름대로 상상을 하게 된다. 그렇지 않으면 "만약 태양이 나를 모욕한다면 태양을 공격하겠다"는 그의 고함소리의 의미를 이해할 수 없다. 에이허브 선장의 다른 말에 대해서도 마찬가지이다. 이러한 말을 통해서 독자는 우울하고 고독했던 절름발이 선장이 "광기에 찬 에이허브"로 바뀌는 과정을 이해하게 된다. 그리고 그러한 이해의 바탕에서 독자는 그의 행동들에 새로운 의미를 부여한다. 이때 그의 행동은 독자가 원래 예상했던 것과는 전혀 다른 행동이라는 것이 밝혀지기 시작한다. 에이허브는 자신의 한쪽 다리를 절단 낸 잔인하고 끔찍한 고래에게 이를 갈며 복수하려고 하면서 미쳤던 것일까? 그는 인간으로서 정복할 수 없는 거대한 세력에 포기하지 않고 끝까지 투쟁하기 때문에 광기에 차 있으면서도 더욱 인간적인 면모를 보이는 것일까? 그는 무엇 때문에 괴로워하는 것일까? 한쪽 다리의 상실 때문에, 짓밟힌 자존심 때문에 혹은 그의 힘의 한계 때문에? 이러한 질문들 하나하나가 에이허브 선장의 말을 해석하는 조건이 된다. 그리고 이러한 질문들은 그의 말의 내용에 따라서 대답을 찾게 된다. 이들 많은 질문 하나하나에 대답하기 위해서 독자는 이와 관련된 모든 질문들에 대해서도 역시 대답할 준비가 되어 있어야 한다. 이러한 대답을 통해서 에이허브 선장의 정체가 드러나는 것이다.

에이허브 선장과 그의 말의 관계는 실체와 속성의 관계가 아니라 전체와 부분의 관계이다. 또 이러한 관계는 인과관계가 아니라 해석적인 관계이다. 작중인물의 행동을 그것이 부분으로 속한 텍스트에 비추어 해석하거나 설명할 수 없을 때만 독자는 인과관계적인 설명에 의지하게 된다. 텍스트와 그것의 각 부분의 관계는 인물과 그의 구성요소의 관계와 같다. 예를 들어 피터 벤츨리Peter Benchley의 『조스Jaws』는 『백경』과 많은 유사성을 지니고 있는 소설이다. 『백경』과 마찬가지로 『조스』는 식인상어로 공포에 떠는 해변 마을의 경찰서장이 해양생물학자와 함께 그것을 추적하여 잔인하게 살해하는 이야기로, 소설이 전개되면서 후자가 전자의 아내와 정을 통하는 대목이 있다. 이것은 두 가지의 관점에서 해석될 수 있다. 첫째로 많은 독자에게 팔려는 욕심에서 이 대중소설의 작가는 독자들이 좋아하는 정사장면을 작품에 삽입하였다고 할 수 있다. 노골적인 정사장면이 대중적 성공의 지름길인 것이다. 그러나 다음과 같은 해석도 가능하다. 그러한 정사장면은 상어를 추적하면서 서로의 생명을 구해 주는 두 남자의 긴장을 더욱 고조하는 문학적 역할을 하는 것이다. 그러나 이 두 설명은 모두 해석에서 벗어난 설명이다. 그러한 설명은 은연중에 등장인물이 **부재하는** 사실을 드러낼 따름이다. 이 소설은 문학적으로 정당화될 수 없는 목적을 위해 우발적인 사건들을 난삽하게 나열하기 때문이다. 이 소설에 일관성이 있다면, 그것은 "단지 언어"에 의한 것, 즉 제목에 의한 인위적 일관성이다. 전체를 성공적으로 해석하기 위해서는 다른 사건에 아무런 영향을 미치지 않으면서 삭제되거나 변경될 수 있는 우연적 사건은 없어야 한다. 인물들의 경우에 그들의 관계가 바뀌면 그들의 성격도 동시에 변화해야 일관성을 지닌 것으로 간주될 수 있다. 모든 "대상"과 모든 부분이 다른 모든 부분을, 또 그들이 속해 있는 전체를 성립하는 것이다.[9]

　태양에 대한 에이허브의 말이 중요하기는 하지만 그가 한 말의 총합이 소설의 에이허브라고 생각하면 안 된다. 또 그의 성격의 본질을 보여 주는 몇몇 구절의 총합이 에이허브인 것도 아니다. 무엇보다도 작품 속의 인물은 본질적인 특징을 소유하지 않기 때문이다. 그리고 본질적인 특징이 없다면 부수적인 특징도 없다는 말이 된다.[10] 많은 경우에 그렇듯이 니체의 몇몇 충격적인 견해는 문학의 모델에 비추어서 생각하면 직관적으로 이해가 되기도 한다. 에이허브를 그의 고함소리로부터, 또 행위자를 행위로부터 떼어 놓는 일은 자의적이며 임의적이다. 니체의 표현에 따르면, "단순한 기호학에 불과하고 전혀 사실이 아니다." (『권력』, 634) 독서가 계속 진행되면서 에이허브의 고함소리는 그의 일부가 되고, 스타벅에게 한 으름장—"지구를 통치하는 신이 하나 있듯이 피쿼드호에는 한 명의 선장이 있을 따름이다."—은 새로운 해석을 요구하는 낯선 행위가 된다. 이것을 해석하기 위해서는 그가 이전에 말했던 내용들을 재해석해야 하는지도 모른다. 이러한 새로운 이해의 요구로 인해서 으름장에 대한 독자의 해석은 끊임없이 해석과 재해석을

9　여기서 Leibniz의 영향이 현저하게 드러난다. 비록 Leibniz는 어떤 실체가 다른 실체에게 직접적으로 작용할 수 있다고 생각하지는 않았지만, 그렇다고 어떤 실체가 스스로 변화할 수 있다고도 보지 않았다. 예를 들어, 그는 "모든 변화가 모두에게 영향을 준다"고 말했다. 그의 『형이상학에 관한 논문*Discourse on Metaphysics*』, ⅩⅤ, ⅪⅤ 참조.

10　나는 이러한 견해를 「신화: 플롯의 이론*Mythology: The Theory of Plot*」 in John Fisher, ed, Essays in Aesthetics: Perspectives on the Work of Monroe C. Beardsley(Philadelphia: Temple University Press, 1983), pp. 180~196에서 피력했으며 이 책의 제6장에서 니체에 적용했다.

오가게 된다.

세계와 대상, 사람들에 대한 니체의 생각은 텍스트와 그것의 구성 요소라는 모델에 입각해 있다. 다음의 인용에서 볼 수 있듯이 인간과 세계의 관계에 대한 그의 생각은 문학적 해석의 모델에 기초해 있다. "영웅의 주위에서 모든 것은 비극으로 바뀐다. 반신반인半神半人의 주위에서는 모든 것이 가면극으로 바뀐다. 그렇다면 신의 주위에서는 어떠할까? 아마 '세계'로 바뀔 것이라."(『선악』, 150) 니체의 모델은 놀랍고 역설적인데, "세계는 자신을 스스로 창조하는 예술 작품이다"(『권력』, 796; 1066 참조)라는 말이 가장 대표적인 예일 것이다. 작품과 마찬가지로 세계는 우리에게 독서와 해석, "훌륭한 문헌학"을 요구한다. 정복하고 이해해서 마침내 우리가 살 수 있는 공간으로 만들기 위해서. 영웅과 창조자로서 "신의 죽음"은 니체로 하여금 이제 세계가 신의 역할과 의도에 일치하는 보편적 해석에 지배되지 않아도 된다는 사실을 깨닫게 했다. 세계의 자기 창조라는 관념은 매우 역설적이다. 이 책의 독자도 독자이면서 동시에 작가이기를 요구하기 때문이다. 독자들도 이 책을 읽는 동안 등장인물로 이 책에 적극 개입하면서 이 책의 자기 창조를 돕기 때문이다.

이러한 역설이 니체의 견해의 정당성을 약화시키지는 않는다. 이것은 기계의 한 부품이 스스로 기계의 원리를 이해하고 그것의 성능을 향상할 수 있다는 생각이 기계의 기능을 손상시킬 수 없는 것과 같은 이유로 그러하다. 니체의 사유에 깊이 침투해 있는 그러한 역설은 그가 사물을 바라보는 태도에도 영향을 미친다. 『비극의 탄생』에서도 그러한 역설이 분명하게 드러나는데, 그것을 표현하기 위해 여기에서 사용한 개념을 니체는 나중에 포기하였다. "작품을 창조하는 천재는 세계를 창조한 최초의 예술가와 하나가 되어야만 예술의 영원한 본질에 대해서 알 수 있다. 이러한 상태에서만 그는 눈을 거꾸로 돌려서 자신을 보는 이상한 나라의 마술사처럼 될 수가 있다. 그는 주체이면서 객체이고, 시인이면서 배우이고 관객이다."(『비극』, 5) 이 책의 제2부에서는 나는 이러한 역설을 자신의 글에 적용하는 니체의 모습에 대해 말하게 될 것이다.

문학 작품과 마찬가지로 세계에서도 사건을 재해석하는 일은 많은 결과를 재배치함으로써 새로운 사물을 창조하는 일이다. 독서가 진행되는 과정에서 "텍스트"는 다시 씌어진다. 독서가 텍스트의 새로운 부분으로 입력이 되면서 새로운 텍스트가 미래에 탄생하도록 자극하는 것이다. 심지어는 기존의 공식을 재해석하는 것도 세계에 무엇인가를 덧붙이는 행위라고 할 수 있다. 니체는 해석을 "설명이 아니라 의미의 도입(대부분의 경우에 있어서 새로운 해석이란 이제는 기호처럼 되어서 판독이 불가능한 과거에 대한 해석이다)"(『권력』, 604)의 관점에서 접근한다. 새로운 해석을 도입하기 위해서는 과거의 해석을 재해석하는 것이 필수적이다. 언젠가 미래에 종결될지도 모르지만 현재로서 텍스트는 미완으로 남아 있기 때문에 각 부분들을 상호 조정하는 작업은 끝이 없는 진행형이 된다. "부분이 되는 숫자는 일정하지 않다."(『권력』, 617; 520 참조) 이러한 맥락에서 다음과 같은 차라투스트라의 명령을 이해할 수 있다. "그대의 아이들의 모습에서 그대는 그대가 아버지의 자식이었다는 보완해야 한다. 이렇게 그대는 지나간 것들을 만회할 수 있다."(『차라』, Ⅲ, 12; Ⅱ, 14 참조)

니체에게 사물은 영향력을 행사하는 주체가 아니라 상호 연관된 영향들의 집합체이다. 이 집합체는 이와 비슷하지만 보다 커다란 영향들의 집합체 안에서 선택된 것이다. 그의 표현을 빌리면 사물은 권력의지의 장소, 넓은 영역에서 활동하는 초점이다. 당연히 이것은 해석자의 활동을 통하여 해석된 장소이며 초점이다. 이때 사물의 영향력이 증가하고 새로운 관계를 만들거나 다른 것과 주고받는 영향들의 집합이 변화하면 사물 자체도 변화한다. 문학 대상과 마찬가지로 모든 새롭고 재해석된 사건은 그것이 속한 전체에 직접적으로 영향을 미칠 뿐 아니라 간접적으로는 다른 것들에도 영향을 주게 된다.

니체는 건강한 삶은 "권력의 확대를 지향하고…… 경우에 따라서는 생명의 위험을 감수하고 심지어 희생하기도 한다"(『과학』, 349; 『선악』, 650, 688)고 말하였다. 다음 두 가지 맥락에서 이 문장은 이해될 수 있다. 첫째, 그는 권력(power)의 증가가 반드시 힘(strength)의 증가를 수반하는 것은 아니라고 생각했다. 권력의 증가는 때로 악한 영향을 증가시킬 수 있다. 권력은 특정한 사물에 대한 영향력의 증가를 의미하는데, 이러한 과정에서 "사물"은 파괴될 수도 있다. 둘째, 니체는 영향력이 확대됨에 따라서 인간은 더욱 많은 변화를 겪게 되고, 그 결과 정체성은 상실될 수도 있다고 생각했다.

그렇다면 모든 성취는 두 가지 측면에서 파괴를 의미한다. 첫째로 새로 창조된 것에 의해서 기존의 것의 파괴를 뜻한다. "만약 사원을 세우려면 우선 그것을 파괴되지 않으면 안 된다."(『도덕』, II, 24; 『서광』, 9) 둘째는 첫 번째의 주장을 묘하게 뒤튼 것으로, 성취는 성취를 이룬 사람도 파괴한다. 창조하면서 동시에 파괴되는 것이다. 차라투스트라는 "자신을 보존하기를 원치 않는" 사람들을 "사랑한다".(『차라』, III, 12)

이제 우리는 니체의 권력의지에 대한 해석에 있어서 가장 커다란 난점에 직면하게 되었다. 니체는 사물은 단지 효과일 뿐, 대상이나 실체란 세상에 존재하지 않는다고 주장했다. 그런데 문제는, 그는 이러한 주장을 마치 세계에는 대상이나 실체가 존재하는 듯이 표현하였다는 데 있다. 아서 단토가 지적했듯이 권력의지는 "이해할 수 있도록 설명하기는 지극히 어려운 개념이다…… 권력의지는 이해 가능성을 부정하는 개념이기 때문이다. 영어로 이것을 설명하는 것은 우리가 쓰레기통에 처넣고 싶은 허구를 억지로 참는 것과 비슷하다."[11]

이러한 단토의 입장은 자크 데리다와 일맥상통하는 듯이 보인다. 데리다도 니체의 그러한 모순을 지적했기 때문이다. 그러나 그는 단토와 달리 그는 권력의지를 이해하는 것이 가능하다도 생각하지 않았다. 어떤 대상을 비판하기 위해서는 그 비판의 대상에 의지해야 하는 논리적 모순을 그는 자신의 글쓰기의 중심 명제로 삼았다. "형이상학적 개념을 사용하지 않고서 형이상학의 기반을 전복시킬 수 없다. 우리는 형이상학의 역사와 무관한 문장이나 단어, 언어를 가지고 있지 않다. 비판하려는 대상의 형식이나 논리, 가설에 오염되지 않은 단 하나의 비판적 명제도 존재하지 않는다."[12] 데리다의 이러한 견해는 언어에 대한 니체의 영향을 반영하고 있다. 니체는 언어가 세계에 대해 우리가 착각에 빠지도록 만들지만 그럼에도 우리는 언어에서 벗어날 수 없다고 생각했다. "'행동'에서 행위자를 분리하는 것…… 이 해묵은 신화가 언어와 문법에 단단히 그 뿌리를 내리고, 마침내는 우리로 하여금 인과관계를 믿도록 만들었다."(『권력』, 631; 『우상』, III, 5)

---

11 Danto의 『철학자로서 니체』, p. 219. 다음부터 이 책을 언급할 때는 본문 안에 괄호로 그 면수를 표시한다.

12 Derrida, 「인문과학의 담론에서의 구조, 기호 및 유희Structure, Sign, and Play in the Discourse of the Human Sciences」in Writing and Difference, trans. Alan Bass(Chicago: University of Chicago Press, 1978), pp. 290~281.

권력의지를 쉽게 설명할 수 있다거나, 실체와 속성의 형이상학적 관계를 주어와 술어의 언어적 관계를 통해 설명할 수 있듯이 권력의지를 해명할 수 있는 새로운 언어를 발명한다면 모순을 피할 수 있다고 생각하는 것은 부질없는 일이다. 권력의지는 아무리 훌륭한 언어적 체계를 이용하더라도 정확하게 재현할 수 있는 보편적 세계가 존재하지 않는다고 주장하기 때문이다. 비록 니체는 인도유럽어가 아닌 언어는 유럽의 형이상학과는 다른 형이상학적 견해를 표명하는 사실을 인정하기는 했지만, 그렇다고 그러한 언어가 실재를 보다 정확하게 파악할 수 있다고는 생각하지 않았다.(『선악』, 20) "적절한 표현 방식을 요구하는 것은 어리석은 일이다."(『권력』, 625). 차라투스트라가 다음과 같은 말을 했을 때도 그는 새로운 언어의 창안에 아무런 관심이 없었다. "나는 새로운 길로 가련다. 새로운 언어가 나에게 다가왔다. 모든 창조자들과 마찬가지로 낡은 언어가 지겨워졌다. 나의 정신은 더 이상 닳아서 헤진 신발을 신고 걸을 수가 없다."(『차라』, Ⅱ, 1) 언어의 개혁은 모든 가치의 재평가와 무관하다.

니체는 언어가 아무리 그릇되고 오해의 소지가 많아도 인간의 필수불가결한 재산이라고 생각했다. 이는 다음과 같은 말에서 명확히 드러난다. "언어의 구속을 거부한다면 생각하는 것조차 불가능해진다…… 합리적인 생각은 우리가 부정할 수 없이 필연적인 패러다임에 따라서 해석하는 것이다."(『권력』, 522) 그렇다면 권력의지를 설명하려는 순간 언어와 사유의 보편적 이론을 확립하려는 모든 노력은 좌절할 수밖에 없다. 비판 대상과 동일한 언어와 동일한 형이상학적 가설에 의지해야 하기 때문에 비판 행위는 사실상 비판의 대상인 형이상학적 전통을 계속 살아남게 하는 결과를 가져온다. 이러한 이유로 권력의지는 언제나 모순으로 남게 된다. 권력의지가 거부하는 패러다임으로 그것을 끌어들일 수도, 그렇다고 이 패러다임을 비판하기 위해 그것을 이용할 수도 없다. 권력의지가 이러한 패러다임의 언어로 표현되었기 때문이다. 결과적으로 권력의지는 주어와 술어, 실체와 속성, 행위자와 행위 같은 대립적 개념을 논파한다기보다 데리다의 용어를 빌리면, 이들을 해체하는 셈이다. 데리다에 의하면 이러한 개념의 쌍을 대립하는 것은,

> 두 개념을 대놓고서 대립시키는 것이 아니라 양자 사이의 위계와 종속의 질서를 대립시키는 것이다. 해체는 자신을 제한할 수도 그렇다고 자신을 중화中和할 수도 없다. 이중 몸짓과 이중 과학, 이중 글쓰기의 수단을 빌어서 해체는 전통적 대립을 **전복하고**(다음과 같은 말을 참고할 것. "행위자는 행동에 덧붙은 허구에 지나지 않는다."(『도덕』, 1, 13)) 또 기존의 체계를 다른 체계로 **대체하는**(다음과 같은 니체의 말을 참고할 것. "행위자나 행위 모두 허구이다."(『권력』, 477)) 작업이다.[13]

데리다는 니체가 형이상학에 오염되지 않은 언어의 사용이 불가능하다는 것을 증명하기 위해서 형이상학적 언어를 사용했다고 보았다. 니체가 대놓고서 언어를 비판하지 않았던 것은 그러한 언어가 없이는 아무런 비판적 작업도 할 수 없기 때문이었다. 또 그가 형이상학에 대한 대안적 언어를 제시하지 않았던 이유는 그 이외에 다른 언어가 없기 때문이었다. 그는 단지 언어의 불완전성만을 보여 주었을 따름이다.

---

13 Derrida의 「서명 사건의 맥락Signature Event Context」 in Margins of Philosophy, trans. Alan Bass(Chicago: University of Chicago Press, 1982), p. 329. 여기 인용된 니체의 글을 제6장에서 다시 논의할 생각이다.

위의 견해와 관련해서 미셸 아르Michel Haar는 훨씬 낙관적인 해석을 제안했다. 그는 니체가 모든 형이상학적 사유로부터 자유로운 새로운 패러다임을 개발했다고 주장했다. "권력의지, 허무주의, 초인 및 영겁 회귀와 같은 니체 **자신의** 언어는 개념적 논리를 넘어서는 것이었다. 고전적인 의미에서 개념은 그것이 말하려는 내용을 이상화하고 총체화하는 반면에 니체의 주요 용어들은…… 동일성의 논리적 기반을 약화시키기 위해 의미의 다의성을 활용한다."[14] 아르도 형이상학적 가정을 전제하는 논리는 그것을 사용하는 사람들에게 특정한 세계관을 강요하는 점에서 데리다와 동의하지만 그와 달리 아르는 우리가 어느 정도 논리로부터 자유로울 수 있다고 믿었다. 하지만 그는 니체의 언어가 모든 논리에서 완전히 자유스러운지 아니면 "동일성의 원칙에 입각한" 논리에만 자유스러운지에 대해서 설명을 하지는 않았다. 비록 니체는 논리나 언어가 세계의 구조를 적절하게 표현할 수 없다고 주장했지만―"우리가 세계를 논리적으로 만들었기 때문에 세계는 논리적으로 보인다." (『권력』, 521)―그렇다고 우리가 논리와 언어가 없이 살 수 있다고 생각하지는 않았다. 때문에 고전적인 논리나 가정을 벗어나는 용어를 사용한다고 해도 철학적인 전통이 와해되지는 않는다고 할 수 있다.[15]

니체는 무엇인가를 파괴할 수 있고, 또 파괴해야 한다고 생각했다. 하지만 그 대상이 논리나 언어는 아니었다. 그는 단토나 데리다, 아르를 비롯한 철학자들과 마찬가지로 형이상학적 전제를 파괴하려고 했다.

---

14 Michel Haar, 「니체와 형이상학적 언어Nietzsche and Metaphysical Language」in David Allison, ed., The New Nietzsche(New York: Dell, 1977), p. 6

15 보다 최근의 논문 「주관성에 대한 니체의 비판La Critique nietzchéene de la subjectivité」, Nietzsche-Studien, 12(1983), 80~110, 특히 pp. 85~90을 참고할 것. 여기서 Haar는 이 질문을 추적했다.

그것은 논리(혹은 언어, 수학, 물리학 혹은 기타 특정한 학문들)가 그 자체로서 그러한 형이상학적 신념을 확립하거나, 또 논리가 세계를 있는 그대로 재현한다는 가정이었다. 이러한 가정의 옳고 그름에 대해서 많은 이견이 있지만, 내가 논의한 철학자들을 포함한 많은 이론가들은 그것이 처음부터 논리 및 언어 자체와 뗄 수 없이 연결되어 있다고 믿었다. 그럼에도 니체는 우리가 세계를 살 만한 장소로 만들기 위하여 개발했던 언어를 가지고 세계의 구조를 읽을 수 있다는 가정도 받아들이지 않았다. "우리는 개념, 종, 형식, 목적 및 법칙('확인할 수 있는 사건들의 세계')을 구성하려는 충동이 **실재의 세계**를 규정하는 것이라고 생각해서는 안 된다. 그것은 다만 우리가 존재할 수 있는 세계를 만들려는 충동이다." (『권력』, 521) 최근에 넬슨 굿맨Nelson Goodman도 그러한 형이상학적 전제에 일침을 가했다. "철학자들은 담론이 마치 담론의 주제인 듯이 착각한다. 우리는 세계에 대한 서술이 단어로 되어 있기 때문에 세계도 단어로 이루어져있다고 주장하지는 않는다. 그럼에도 때로 세계의 구조가 서술의 구조와 같다고 가정하기도 한다."[16]

니체는 우리가 구성하는 세계는 그것이 없으면 삶이 불가능하다고 주장했다. 그것은 우리가 생각할 수 있는 가장 현실적인 세계이다. 그러한 세계에 살고 그것에 대해서 말하고 생각하는 것, 또 계속해서 미래에도 생각하고 말하는 것은 잘못이 아니다. 잘못은 다른 데 있다. 그것은 우리가 세계에 대해 생각하고 말하는 것이 모든 관점들의 공통된 대상으로서 세계의 본질을 이해하는 방법이라고 믿는 것이다. 또 논리, 언어, 수학을 비롯한 기타 학문들이 형이상학적인 진리이기 때문에 그

---

16 Nelson Goonman, 「세계의 이치The Way the World Is」 in Problems and Projects(Indianapolis: Bobbs-Merrill, 1972), p. 24

러한 학문을 통해서 우리가 세계의 본질을 이해할 것이라고 믿는 것이 잘못이다. "신을 제거할 수 없다는 생각이 든다. 왜냐하면 아직도 우리는 문법을 믿기 때문이다."(『우상』, III, 5) 니체가 궁극적 실체로서의 신에 대한 믿음의 필수 조건은 간주했던 것은 문법만이 아니라 문법에 대한 우리의 **믿음**이었다. 이러한 믿음은 모든 형이상학의 옹호자와 적들이 공통적으로 공유하는 바, 언어의 본질은 언어 사용자에게 존재론적인 권리를 부여한다는 가정의 또 다른 표현이었다. 물론 니체는 이러한 가정을 단호하게 거부했다.

만약 위의 설명이 니체의 생각이라고 가정하면 권력의지를 둘러싼 모순에 대해 새로운 해석이 가능하다. 권력의지는 실체와 속성이라는 개념을 비판하는 용어다. 이러한 개념이 유효한 이유는 문법에 대한 신뢰에 있기 때문에 권력의지는 표현 수단으로서 언어를 비판하는 용어이기도 하다. 그러나 니체는 언어가 잘못되어 있다고 주장하지는 않았다. 그리고 그는 단토의 역설적인 표현으로 "어떤 특정한 것의 효과가 아닌, 효과들의 세계"(pp. 219~220)를 우리가 경험한다고 주장하지도 않았다. 니체는 언어가 잘못이 아니라 언어를 너무나 심각하게 받아들이는 것이 잘못이라고 생각했다. 그는 앞서 단토의 말에 전제된바 행위자와 결과를 대비하는 것을 비판했다. 주어와 술어가 문법적으로 매우 중요한 범주임에는 틀림이 없지만, 실체와 속성을 비롯한 여러 존재론적인 범주가 정당화되는 것은 아니다. 논리와 언어는 중립적이다. 이것을 강조하기 위해 니체는 논리와 언어를 **재해석**해야 했다. 이러한 목표에 이르기 위해 그는 논리적·언어적 범주를 재해석하고 실체나 속성, 행위자나 효과가 우리가 일반적으로 생각하는 것과 다르다는 사실을 증명하였다.

"영향들의 총합이 사물이다"라는 단정적인 진술에 나타난 니체의 권력의지가 전제하는 세계상이 실체와 우연의 형이상학에 대한 대안으로 제시되지는 않았다. 그는 언어적 범주가 세계에 대한 다양한 존재론적 구조들과도 호환이 가능하다는 점을 증명하려고 했다. 달리 말해 세계는 어떤 존재론적 구조도 가지고 있지 않다는 것을 증명하려고 했다. 권력의지의 세계는 "그 자체" 근본적으로 불확정적이기 때문에 다양한 방법으로 묘사될 수 있다. 그러나 다양한 방법 가운데 어느 하나가 절대적으로 올바른 세계의 재현 가능성을 보장하지는 않는다. 세계와 관계하는 방법들은 그것과 관련된 사람들의 권력의지를 반영하고 있기 때문이며, 권력의지가 이 불확정적인 세계를 분명한 대상으로 만들어준다. 니체는 언어가 세계를 규정하지 않듯이 세계도 언어를 규정하지 않는다는 것을 증명하기 위하여 언어와 세계를 재해석하여야 했다.

　권력의지를 기존 구조의 재해석으로 설명하는 것에 대해 독자들은 내가 권력의지의 역할을 과소평가한다고 의심할 수 있다. 그러나 니체에게 재해석은 가장 강력한 이론적·실용적 도구였다. 『우상의 황혼』의 서론의 "망치"로 철학하기에서 망치의 문학적 등가물이 해석이라 할 수 있다. 해석은 부분적으로는 공허한 우상을 테스트하는 소리굽쇠이며 부분적으로는 우상 파괴의 도구이고, 또 기존의 재료나 물질에서 새로운 형상을 빚는 조각가의 망치이다.

　니체에게 종교는 권력의지의 가장 위대한 표현이면서 가장 타기할 표현의 하나이었다. 새로운 종교가 형성되는 과정에 대한 그의 논의에서도 해석의 중요성이 더할 나위 없이 강조되고 있다.

　종교 창시자의 독특한 발명품은 다음과 같다 첫째, 인간이 자발적으로 복종해야 하는 특수한 삶의 모습과 일상적 관습을 제정하는 동시에 그들을 권태로부터 해방시킨다. 둘째, 이러한 삶의 방식을 고수하기 위해서는 기꺼이 싸우고 위급한 경우에는 목숨까지 내놓을 만큼 이것이 지고의 가치를 가지고 있다는 **해석**을 덧붙인다. **사실상 두 가지 발명품 가운데 후자가 더욱 중요하다.** 첫 번째 삶의 방식은 해석이 가해지기 이전에 미리 존재하였으며 다른 삶의 방식들과 공존하였던 것으로 각별히 숭고한 가치를 지니지 않았다. 진리의 창시자들은 그것을 **보고 취사선택**하며, 처음으로 그것을 이용하고 해석하는 데 있어서 의미와 독창성을 지닌다. (『과학』, 353)[17]

재해석을 가하는 과정에서 권력의지는 유감없이 발휘된다. 금욕주의자, 헐벗고 굶주린 사람, 짓밟히고 찌든 사람들은, 기독교가 피해야 할 비참함이 아니라 본받아야 하는 이상적 삶으로 재해석하기 이전에도 존재했었다. 그렇다고 그들의 비참한 삶이 아무런 의미 없이 단지 사실로서만 존재했던 것은 아니었다. 가난한 사람의 삶은 니체가 "귀족적인 가치의 유형"(『도덕』, I, 10)이라고 부른 가치체계에서 열등한 위치와 의미를 가지고 있었다. 그런데 기독교는 그러한 삶이 이전에 갖지 못했던 엄청난 중요성을 그것에 부여했다. 금욕주의 생활도 마찬가지였다. 보다 큰 만족을 확실히 하기 위해 몇몇 작은 만족을 포기하는 것으로서 금욕주의는 당시에, 어느 정도 존경을 받았던 일상적 관행이었다.(『도덕』, II, 7~9) 니체는 이러한 금욕주의가 없었으면 철학은 시작될 수 없었을 것이라고 생각했다.(『도덕』, III, 11) 이러한 재해석은 형별에 대해서도 마찬가지이다. 왜 죄인들이 형벌을 받아야 하는지에 대해서 기

---

17 '사실상'으로 시작하는 문장은 내가 강조한 것임.

존의 해석에 새로운 해석을 덧붙임으로써 형벌은 새로운 형태의 도구와 새로운 목적을 갖추게 되었다.(『도덕』, II, 12~13) 그리고 "기존의 낡은 해석이…… 이제는 이해가 불가능하고, …… 기호처럼"(『권력』, 604) 여겨지는 경우에도 그것은 가능한 새로운 해석을 제한할 수가 있다. 앞서 인용했던 "사원을 세우려면 먼저 사원을 파괴하라"(『도덕』, II, 24)는 원칙도 마찬가지이다. 파괴된 사원의 형식과 재료들은 새로운 사원을 건축하는 데 사용될 뿐만 아니라 동시에 그 새로운 사원의 스타일도 어느 정도 결정짓게 된다.

따라서 재해석은 절대로 타협이 아니다. 삶을 인도하는 제도와 관습은 지금과는 상이한 조건과 상이한 가치를 반영하면서 만들어진 해석의 산물이기 때문에 새로운 조건과 새로운 가치 창조하기 위해서는 재해석이 필수적이다. 니체를 별 생각 없이 존경하거나 두려워하도록 배운 독자는 이러한 니체 해석이 너무나 개성적이고, 문학적이며 학술적이라 생각할 수도 있다. 그러나 그럴수록 더욱 좋다. 니체는 철학자 가운데 가장 문학적인 철학자였기 때문이다. 그는 전투와 글쓰기의 차이는 기껏해야 정도의 차이, 혹은 그가 애용하는 표현을 빌리면 세련미의 차이에 불과하다고 주장했다. 인간이 궁극적으로 이해해야 하는 것은 "위대한 사건과 생각"이라면서 그는 "위대한 사건은 가장 위대한 생각"(『선악』, 285)이라고 주장한 철학자이다.

권력의지는 행위자와 행위의 구별을 새롭게 해석하도록 강력하게 요구하지만 그러한 재해석이 언어의 변화를 요구하지는 않는다. 질 들뢰즈는 다음과 같이 말했다. "대상을 장악하고 있는 세력의 가면을 우리가 먼저 써야만 새로운 세력이 가능하고, 또 그 대상을 자기 것으로 만들 수 있다. 해석은 그 대상의 복잡 미묘함을 드러낸다…… 우리가 대항해서 싸우는 세력들의 특징을 빌리지 않으면 우리 세력은 생존이 불가능하다."[18] 언어가 세계를 거울처럼 반영하지 않는다고 주장한다고 해서 세계를 거울처럼 반영하는 새로운 언어를 요구하는 것은 아니다. 언어가 세계를 반영하는 거울이 아니라는 사실을 깨닫기 위해서 기존의 구조를 재해석하는 일이 필요하다. 이러한 방법을 통해 철학은 금욕주의를 "철학의 생존 조건"으로(『도덕』, III, 10) 활용했다고 니체는 주장했다. "권력의 길"은 "낡은 덕목의 우산 아래 새로운 덕목을 소개"할 수 있는(『권력』, 310) 능력이다. "도덕에서 노예의 반란"이 그러한 업적을 이룩하였다. 과거에 천박하고 비루하며 혐오스럽다고 간주된 것을 이들 노예들은 **선**이라고 불렀던 것이다.(『도덕』, I, 10) 또 **형벌**이라는 어휘는 역사적으로 끊임없이 재해석되었는데, 그러한 해석을 가능케 했던 관행과 명분을 가볍게 열거하는데도 니체는 『도덕의 계보학』의 한 항(II, 13) 전체를 할애해야 했다.

따라서 모든 변화와 영향에도 불구하고 동일성을 잃지 않는 대상에 대해서 계속 논의할 필요가 있다. 이러한 담론이 세계의 근저에 있는 실재를 반영하지 않음은 물론이다. 이미 살펴보았듯이, 주어진 특정한 목적, 필요성 및 가치 아래서 현상들을 일관되게 잘 배합되도록 만드는 해석의 결과로서 대상이 생성한다. 이러한 결합체는 기존의 결합체의 재해석인 경우가 많으며, 우리가 최상의 삶을 살 수 있는 가능성도 이러한 결합체 때문이다. 이들은 특정한 대상이나 행위자의 자격으로 다양한 현상을 만들어내는 바, 이들을 통하여 대상이 모습을 드러낸다.

---

18 Gilles Deleuze의 『니체와 철학*Nietzsche and Philosophy*』 trans. Hugh Tomlinson(New York: Columbia University Press, 1983), p. 6. 하지만 Deleuze는 니체의 생각이 궁극적으로 전통적인 철학적 범주로부터 완전히 탈피한 생각이라고 믿고 있다. 이 점에서 그는 Haar에게 영향을 주었다.

"관념적으로 행위자를 제거하고 행위를 공허하게 만든 다음에 행위자를 다시 행위에 연결해야 한다…… 인위적으로 목표나 의도, 목적을 배제하고 행위를 공허하게 만든 다음에 **무엇인가**를 해야 한다. 목표와 의도, 목적을 다시 행위에 연결해야 한다."(『권력』, 675)

그런데 그러한 재해석을 시간상의 사물들에게, 즉 대상이라는 개념에 통시적으로 적용할 수 있을까? 특정한 대상의 효과로 나타난 새로운 현상을 어떻게 분류할 수 있는지, 또 이 현상과 이전에 결합되었던 효과들 사이의 관계를 어떻게 확정 지을 수 있 수 있는지 알아야 한다. 그래야만 계속 흐르는 역사에서 대상이 점유하는 한 단계로서 새로운 사건을 설명할 수 있을 것이다. 니체는 모든 것이 변화하고 생성한다고 주장했기 때문에 우리는 대상을 통시적으로 이해할 수 있는 방법을 찾아야 한다.

어떤 특정한 대상이 가진 통일성이나 정체성의 원인이 되는 보편적인 근거가 없듯이 어느 한 시점의 사건도 근거가 없다. 시간의 속에서 일단의 현상의 만들어내는 최상의 역사가 대상이다. 현상들의 관계를 가장 훌륭하게 엮어내는 최상의 서술을 통해 구체화된 것이 대상인 것이다. 이러한 서술을 통해서 우리는 서로 동떨어진 현상들이 동일한 목적을 향하고 있었으며, 서로 상이한 목적들이 모여서 인과관계를 이룸으로써 역사를 구성하게 되었으며, 또 그것들은 시간의 흐름 속에서 한 대상을 만들었다는 사실을 깨닫게 된다. 여기서 우리는 니체가 가장 훌륭한 단 하나의 서술이나 가장 훌륭한 하나의 결합은 존재하지 않는다고 주장했던 것을 상기해야 한다. 최상의 결합을 결정하는 것은 언제나 상이한 배경적 조건, 상이한 이해관계와 상이한 가치이다. 이들 중 어떤 것도 모든 것에 보편적으로 적용되는 완벽성과 객관성을 가지지 못한다. 권력의지는 형이상학적인 관점이 아니다. 그것은 세계의 불확정성과 가치의 다양성을 강조하고 다양한 세계관이 한꺼번에 공존할 수 있다는 입장이기 때문이다. 이러한 불확정성과 다양성을 부정하는 견해를 제외하면 권력의지는 세계에 대한 어떠한 견해나 해석도 거부하지 않는다. 권력의지는 심지어 독단주의에 대해서도 그것을 기계적으로 송두리째 거부하는 것이 아니라 유일한 진리라는 주장만을 거부한다. 그렇지 않고 만약 어떤 세계관을 거부한다면 그것은 훨씬 훌륭한 대안이 나타났을 때이다.

앞의 설명은 매우 추상적이다. 이것을 어떻게 구체적으로 이해할 것인가? 세계에 대한 많은 서술들이 어떻게 이루어지는 것일까? 이러한 질문에 대답하기 위해서 가족을 예로 들어 보자. 가족은 어떻게 성립되었는가? 무엇이 그들을 가족의 일원이 되도록 만드는 것일까? 가장 확실하고 필수적인 조건은 가족에 속한 사람의 자손으로 태어나는 것이다. 그러나 입양이나 결혼, 의절義絕과 같이 골치 아픈 문제는 제쳐 놓더라도 아주 간단한 경우에도 가족의 경계가 분명치 않을 수 있다. 서로 다른 시간대에 살았던 두 인물이 동일한 가족인지 아닌지를 판단하기는 쉽지 않다. 양자의 족보를 추적해도 결정적인 답은 나오지 않는다. 대부분의 경우에 그러한 질문에 대한 대답은 질문의 목적과 상황에 의해서 결정된다. 각 개인은 가까이는 부모의 양가에게 속해 있지만 과거로 거슬러 올라갈수록 이 두 가족의 거리는 점점 더 멀어지게 된다. 니체의 표현을 따르자면, "생리적인"—생물학적인—단계에서도 가족 관계는 우리가 보통 생각하는 가계家系보다 훨씬 복잡하다.

어떤 특별한 이유에서 가계에서 해답을 찾으려 할 때, 우리는 한 개인의 기원을 특정한 경로를 통해 그 근원인 뿌리까지 거슬러 올라가려고 한다. 이들 둘 사이의 관계를 살펴보기 위해서 그렇다. 이러한 간단한 상황에서도 우리는 "특정한 이유"가 갖는 중요성을 금방 깨달을 수 있다. 예를 들어 현재 유럽 왕가와 빅토리아 여왕의 복합적인 가계를 탐색한다고 하자. 이때 우리는 양자와는 "관계없이" 다른 조상으로 거슬러 올라가는 가계를 고려의 대상에서 제외해야 한다. 또 우리는 『포사이트가家 연대기 *The Forsyte Chronicles*』의 중요 인물들이 그 가계의 시조이자 부의 원천인 졸리언(Old Jolyon)과 갖고 있는 관계를 추적할 수도 있다. 이러한 계보는 작가인 골즈워디(John Galsworthy, 1867~1933. 1932년에 노벨 문학상을 수상한 영국의 소설가이자 극작가. 특히 1880년대로부터 1920년대까지 3대에 걸친 포사이트 가족의 역사를 3부작으로 그린 이 작품이 유명하다.—옮긴이)가 임의적으로 만든 허구인데, 가계의 시조로 거슬러 올라가면 현재의 인물들이 상상하지도 못했던 과거의 인습이나 가치관이 드러날 수 있다. 이 작품의 여러 판본의 속표지에서 자주 볼 수 있는 간략한 가계도만을 보면 아이린Irene에게도 족보가 있다는 사실을 간과하기 쉽다. 그녀는 포사이트 가문의 남자들과 두 번 결혼을 했기 때문에 그녀 자신의 조상과 친척들도 그 가문에 접목이 된다. 그럼에도 소설에서 그녀가 차지하는 비중이 작기 때문에 포사이트 가계도에 그녀 이름이 적혀 있지 않다. 골즈워디는 그녀의 족보에 대해 아무런 관심이 없었으며, 그녀 조상에 대해서도 일언반구하지 않았다.

그러나 아이린의 족보를 누락한 것이 골즈워디의 "잘못"은 아니다. 등장인물에 대한 모든 정보를 소설 속에 다 담을 수는 없는 노릇이다. 족보와 관련된 소설 속의 상황 및 다른 상황에서 "모든" 정보를 정확히 말한 다는 것은 불가능하다. 내가 골즈워디의 예를 든 이유도 그 점을 증명하기 위해서였다. 어떤 이해관계나 가치가 개입되지 않으면 다양한 가족의 상호관계의 윤곽이 명확하게 드러나지 않는다. 이해관계가 개입해야만 특정한 가계가 형성될 수 있으며, 관심 밖에 있는 친족 관계는 가계도에서 간단히 무시된다. 그러나 "모든 것이 거미줄처럼 얽혀서 서로를 규정하는 실제 세계에서"(『권력』, 584) 가족 관계는 골즈워디의 도표처럼 간단하지 않다. 어떤 특정한 관점이나 전통이 전제되지 않으면 어떤 한 개인이 어떤 가계에 속하는지 완벽하게 결정하는 일은 불가능하다.

결혼은 생물학적 요소에 복잡다단한 요소들을 가져온다. 가족의 유전자 풀에 새로운 유전형질을 유입하기 때문이다. 아주 멀리 떨어진 조상과 후손의 유전형질이 어느 정도 겹칠지 아무도 예상할 수가 없다. 서너 세대로 제한하더라도 한 개인이 고조부高祖父의 후손과 유전형질을 공유하는 확률은 0.25%밖에 되지 않는다. 그렇다면 가족이라는 개념은 구성원들이 서로 공유하는 행동과 지역, 유전형질이라는 관념과 뗄 수 없는 관계에 있다. 그럼에도 이러한 가족의 개념이 가능한 것도 위와 같이 구성원이 서로 공유하는 특징들이 매우 분명하고 명확한 서너 세대로 제한할 경우에 한해서이다. 원칙적으로 가족 구성원은 그들이 공유하는 유전전·사회적 요소와 무관할 수도 있다. 더구나 법적으로는 가족과 생물학적으로 관계가 없는 개인도 입양을 통해서 가족의 일원이 될 수 있는 반면에, 직계 후손은 이런저런 사정으로 인해서 가족에서 제외될 수도 있다.

간단히 말해서 가족 구성원에 대한 생물학적이고 법적인 질문에 대해 확실한 대답은 불가능하다. 가계도와 같이 간단한 도식을 통해서 개인과 개인들 사이의 복잡다기한 관계망을 설명할 수는 없는 것이다. 이 관계망이 다양한 길을 경유해서 확대되다 보면 마침내는 세계 모든 사람들이 가족이 될 수 있다. 이 점에서 어떤 가족의 자손이라는 것은 가족의 구성원이 되기 위한 최소한의 조건일 뿐만 아니라 최대한의 조건이기도 하다. 개별적인 가족은 특정한 이해관계와 가치관을 반영하는 장치를 통하여 이러한 관계망 속에서 분리되어 나온다.

형벌에 관한 니체의 논의를 보면 위와 같은 가족의 예가 허구가 아니라는 것을 알 수 있다. "형벌의 기원과 목적은 서로 다른, 혹은 서로 달라야 할 두 개의 개별적인 문제이다"라고 말하면서 그는 다음과 같이 서술한다.

> 목적의 체계에서 사물의 원인과 기원, 궁극적 용도, 현실적 용도, 위치는 지구의 양극처럼 서로 멀리 떨어져 있다…… 그러나 목적과 용도라는 것은 권력의지가 자신보다 허약한 사물의 주인으로 군림하면서 그것에 기능성을 부여했다는 **기호**이다. 이리하여 하나의 "사물", 기관器官, 관습의 전체 역사는 새로운 해석과 적용이 끊임없이 행해지는 기호의 고리가 된다. 여기에서 그러한 해석과 적용의 원인이 서로 연결되어 있을 필요는 없다. 이들이 완전한 우연의 장난에 의해서 앞선 것을 계승하기도 하고 새로운 것으로 교체하기도 하는 경우가 있기 때문이다.(『도덕』, II, 12)

니체는 사물의 어떤 구성요소도 변치 않고 영원할 수는 없다는 결론을 내린다. "형식은 유동적이다. 하지만 '의미'는 훨씬 더 유동적이다." 사물의 형식과 목적이 계속해서 변하기 때문에 형벌도 그 제도에 속한다고 보이는 형식과 관행, 목적, 의미의 역사에 의해서 결정이 된다. 이때 하나의 제도가 있다고 말하기 위해서는 그것이 이전의 제도를 계승하는 형식과 단계, **후예**라고 훌륭하게 서술적으로 증명이 되어야 한다.[19] 가족의 비유는 이러한 점을 분명히 드러내는 듯싶다.

위의 논의에서 가족의 구성은 다만 구성원이 생물학적, 혹은 법적 후계권을 가지는 것으로 충분할 수 있다. 사회적 집단의 변화와 시간의 변화에 따라서 달라지는 이해와 목표의 공유를 통해서 가족의 윤곽이 분명해지는 것이다. 그렇지 않으면 무한한 관계망 속에서 가족의 계보를 추적하기는 불가능해질 것이다. 이 점에서 구성원이 공유하는 이해와 목표가 사실상 가족을 규정한다고 할 수 있다. 거대하고 혼란한 조직망에서 인습적으로 선택된 소수의 관계가 바로 가계도이다. 여기에서 **인습**이라는 단서가 가족의 실재를 약화한다고 생각하면 안 된다. 지속적 대상에 대해 설명할 때 니체가 자주 사용했던 **자의적**이라는 말도 세계의 실재성을 약화시키지는 않는다. 다시 말하지만 가족은 복합적

---

19 니체가 다윈과 다윈의 견해로 여겨지는 것들에 적대적이었다는 것은 잘 알려져 있다. 이는 『선악』, 13, 14, 253; 『우상』, IX, 14; 『이사람』 III, 1; 『권력』, 684, 685에 잘 나타나 있다. 그러나 다윈을 보다 깊이 이해하게 되면, 그와 니체 사이에 몇몇 현저한 유사성이 있다는 사실을 알 수 있다. 이 사실은 근래에 보다 분명해지고 있다. 본문에서 인용한 구절에서 니체는 발전의 일반 이론을 동물 기관에도 적용시킨다. 모든 사물의 형식과 의미가 '유동적'이라고 말한 다음 그는 계속해서 다음과 같이 서술한다. "이것은 각 개인의 기관에 대해서도 마찬가지이다. 전체의 진정한 성장이 있으면, 개별적인 기관의 '의미'가 바뀐다." 진화론적 생물학이 직면한 중요한 문제의 하나는 진화 이후 오랜 세월이 지나야만 기능하는 기관들의 점진적 진화를 어떻게 설명하느냐는 것이었다. Stephen Jay Gould가 말했듯이, 이 문제는 사전事前 적응(용어가 적당하지 않은 듯이 보인다)이라는 이론에 의해 해결되었다. "눈의 5%가 무슨 효용성이 있는가라는 의미심장한 질문을 우리는 지금까지 무시했다. 초기의 시각기관을 소유한 동물은 보기 위한 목적으로 그 기관을 사용하지는 않았다고 주장함으로써 말이다." 어떤 다른 목적을 위해 시각기관을 사용했다고 주장했던 것이다. 「완전성의 문제 혹은 어떻게 대합조개는 뒤꽁무니를 이용하여 물고기의 등 위에 올라탔는가?The Problem of Perfection, or How Can a Clam Mount a Fish on Its Rear End?」 in Ever Since Darwin(New York: Norton, 1977), p. 107을 참고할 것. 또 Gould는 "사전 적응의 원리는 단순히 구조가 형식을 변화시키지 않으면서 기능을 변화시킨다고 주장할 따름이다"(p. 108)라고 말하였다. 비록 그는 구조적 연속성의 관점에서 자신의 입장을 표명하기는 했지만, 그가 제시한 예는 구조는 항시 변치 않는 것이 아니라 기능의 변화와 더불어 변화하는 사실을 암시해 준다. 그렇다면 사전 적응의 원칙은 니체의 견해와 놀랄 만한 유사성을 가진 셈이다. 나의 생각에 이러한 유사성은 니체와 다윈의 유사성의 작은 일부에 지나지 않는다. 이는 보다 체계적인 연구를 필요로 한다. 하지만 그들 사이의 연관성이 "초인이란 생물학적인 개념이다"라는 견해까지 포함하는 것은 아니다. 처음에 사람들이 초인을 생물학적인 개념으로 오해했기 때문에 니체는 진화사상을 의심적은 시선으로 보았다.

인 관계를 반영하면서 세계 **내에** 존재한다. 하지만 가족 역시 중요한 점에 있어서는 불확정적이다. 새로운 가족 관계를 결정하는 가능성이 언제나 존재하기 때문이다. 이들 새로운 가족 관계도 우리가 특정 시기에 알고 있었던 가족만큼 실재적이다. 여기서 우리는 다음과 같은 질문을 던질 수 있다. 즉 새로운 가족이 기존의 관계망 속에서 이미 존재하고 있었는지, 아니면 어떤 특별한 이유에서 우리가 새로운 길을 선택했을 때 새로운 가족을 만들게 되는지에 대한 것이다. 이 질문에 대한 대답은 불확실하다. 그리고 이러한 불확실성은 세계의 실재에 대한 니체의 불확실한 태도와 세계가 창조인가 발견인가의 질문에 대한 니체의 불확실한 태도와 일맥상통하는 것이다.

약간 다른 맥락이지만 니체는 지금까지의 논의에 직접적으로 도움이 되는 다음의 주장을 했다. "각 개인은 진화의 모든 진행과정이다." (『도덕』, 373) "인간은 전체 유기체적 세계의 한 개체일 뿐 아니라 그 속의 특별한 가계이기도 하다. **인간**이 생존한다는 사실은 해석의 종種(물론 계속 새로운 해석이 누적되고 있다)이 계속 생존해 왔다는 사실, 해석의 종이 변하지 않았다는 것을 증명한다. '적응'."(『도덕』, 678; 687) 간단히 말하자면, 가족의 통일성과 정체성을 성립하는 것은 가족 구성원들 사이의—지금까지 의도적으로 기피했던 단어를 사용하면—**계보학적** 관계 이상도 이하도 아니다. 가족의 배경이 달라지면 이전과는 다른 계보학적 관계가 성립되게 마련이다. 나의 생각으로는 이러한 계보학적 관계가 가족이나 도덕, 사회적 제도, 철학의 학파를 만들었을 뿐 아니라 글자 그대로 세계에 존재하는 모든 사물들을 만들었던 것이다.

가족의 구성원이 세계의 다른 구성원과 유대를 가지듯이 사물의 효과라고 불렀던 것들 역시 서로 복합적으로 연결되어 있다. 사물의 통일성, 즉 사물 자체는 어떤 현상의 결합체를 다른 결합체와 연결하는 계보학적 서술을 통하여 발견될 수 있다. 나중의 결합체가 이전의 결합체의 후예로서—발전이나 표현, 겉모습으로서가 아니라—이해되는 방법도 서술을 통해서 드러난다. 계보학에서는 우연한 사건이나 예기치 못한 관계, 변화, 결혼, 공격적 확장과 침해도 모두 허용된다. 그리고 정체성을 변화시키지 않고도 운명의 변화가 일어나도록 허용한다. 그런데 사물 자체가 계보학의 산물이며 하나의 사물에 대해 수많은 계보학이 가능하기 때문에, 사물 자체라는 개념은 불필요하고 모순된 개념이 된다. 그 자체로서의 세계의 본질에 대한 질문이나 세계에 대해 가장 정확한 서술이 무엇인가에 대한 질문은 모든 세계인들 가운데 어떠한 가계도가 가장 진정한 계보학적 관계인지를 묻는 질문만큼 어리석다. 그러나 진정한 가계도에 대한 대답은 아주 사소한 것일 수 있다. 즉 진정한 가계도라면 무한히 다양한 방법으로 모든 사람을 모든 사람과 연결시켜야 하기 때문에 어떠한 가계도도 만들지 못하는 것이다. 존재하는 모든 가계도는 흥미진진하지만 부분적인 것이다. 특정한 가족을 추적하면서 다른 많은 가족을 고려의 대상에서 제외해야 하기 때문이다. 세계가 무엇인가라는 질문에 대한 대답도 이와 똑같다고 니체는 생각했다.

계보학은 존재론에 대한 니체의 대안이다. 계보학은 많은 대안을 용인하지만 궁극적인 실재를 발견했다고 주장하지 않는다. 실재란 권력의지가 제시하는 불확정적인 세계상에 의존하는 것이기 때문이다. 니체는 세계를 문학 작품처럼, 또 세계 안의 사물을 등장인물이나 작품의 기타 요소들처럼 생각하였다. 세계는 본질적으로 상호 연관된 엄청난 수의 대상들의 총합이다. 이것들의 각각은 이전의 결합과 해석의 산물이며, 각 결합체는 다른 결합체와 영향을 주고받는 관계에 있다. 이러한 결합체와 그것을 연결하는 방법을 연구하는 것이 계보학이다. 계보학은 단순한 사실로 간주되었던 것들이 개별적 목적과 이해를 가진 과거의 해석과 권력의지의 반영이었다는 사실을 증명하게 된다. 그렇게 함으로써 이러한 계보학적 설명도 자신의 이해관계를 구체화하고 자신의 권력의지를 주장하게 된다.

니체는 "권력의지는 해석"(『권력』, 642)이라고 말했다. 아마 니체 자신의 해석과 계보학도 편견을 떨칠 수 없다는 점을 의식해서 한 말일 것이다. 그는, 우리가 당연하게 받아들이는 세계관이 사실은 특정 계층의 필요와 욕구, 이익을 증진하기 위해서 확립된 기독교적 해석의 결과임을 증명하는 것을 평생의 과제로 삼았다. 기독교적 해석이 모든 사람의 욕구와 필요를 충족시키지는 않기 때문이었다. 그럼에도 기독교는 자신이 보편적 진리라는 것을 주장하기 위해 이러한 사실을 숨기려고 하였다. 그렇다면 이 지점에서 우리는 다음과 같이 물을 수 있다. 니체의 계보학적 해석이 권력의지라면, 즉 그의 가치관을 가지고 역사를 변화하려는 노력의 표현이라면, 그것이 **옳다**고 말할 수 있을까? 아니라면 그의 계보학은 니체의 개인적인 취향에 지나지 않는 것일까?

제4장

자연에 대항하는 자연

"꿈에 신경을 써야 합니까?"라고 요제프가 물었다. "꿈을 해석할 수 있습니까?"
스승은 그의 눈을 들여다보더니 짤막하게 말했다.
"모든 것에 신경을 써야 한다. 왜냐하면 우리가 모든 것을 해석할 수 있기 때문이다."

—헤르만 헤세Hermann Hesse의 『유리알 유희*The Glass Bead Game*』에서

"지식의 담구자인 우리는 정작 우리 자신에 대해서 모른다."(『도덕』, 서론, 1) 이와 같이 시작되는 『도덕의 계보학』의 첫 문장은 계보학과 이것의 적용에 대한 논의에서 심각한 문제를 야기한다. 이 문장에 뒤이어 그는 "우리는 결코 우리 자신을 탐구하지 않았다. 어떻게 우리가 자신을 발견하는 일이 일어날 수 있었는가?"라고 묻는다. 그러나 그는 이 대목에서 우리가 이러한 탐구를 시작할 수 있는지, 그리고 만일 시작한다면 무엇을 **발견**할 수 있을지에 대해 아무런 대답도 하지 않는다.

『유쾌한 과학』에서 "철학자"를 묘사한 대목에서도 이와 비슷한 문제가 있다. 철학자는 "심오한 문제와 막중한 책임의 뇌운雷雲 속에서 살며, 아니 살지 않으면 안 되는 지식의 탐구자(그러나 사물을 초연하고 안정

되며 객관적인 시선으로 보지는 않는다)로서 진리 추구의 **열정**"(『과학』, 351)에 목숨을 바친 사람들이다. 여기에서 괄호 안의 문장은 진리의 추구자들이 자신의 진리 탐구의 개인적 동기를 전혀 모르고 있었다는 점을 시사한다. 어쩌면 진리 추구의 배경에 깔린 파당적이고 주관적인 동기가 잠깐 이마를 스쳤을 수는 있지만, 그것을 분명히 의식하는 것은 맹점처럼 불가능했는지 모른다. 그들은 이러한 편파성을 짐작할 수도, 볼 수도 없었다. 『도덕의 계보학』 서론의 첫 번째 항은 다음과 같이 끝난다. "우리는 필연적으로 우리 자신에게 낯설다. 우리는 자신을 이해하지 못하고, 아니 **오해해야만 한다**. 왜냐하면 '모든 것은 자신으로부터 아주 멀리 떨어져 있다'는 법칙이 적용될 수 있기 때문이다. 우리 자신에 관한한 우리는 절대로 '지식의 탐구자'가 아니다."(『도덕』, 서론, 1)

나체는 지식의 탐구자는 지식을 얻기 위해 자신에 대해서 무지하거나 무지하지 않으면 안 된다고 주장하는 듯하다. 이와 같이 개인, 유형, 혹은 제도가 과거와 같은 상태로 계속 존재하기 위하여 자신의 역할을 인정하지 않으려는 경향을 드러내는 것이 그의 계보학의 중요한 주제이다. 동시에 그것은 이 책의 주요 주제이기도 하다. 앞으로 이어지는 논의에서는 개인이나 유형 및 제도의 기원을 추적하는 계보학적 작업에서 나타나는 문제를 밝히게 될 것이다.

『도덕의 계보학』 서론의 3항은 다음과 같은 두 가지 중요하고 예리한 질문을 던진다. "도대체 어떠한 조건 아래서 인간은 선과 악이라는 가치판단을 만들었는가? 그리고 이들은 어떠한 내재적인 가치를 가지고 있는가?" 니체는 『계보학』의 제1부에서 이러한 가치판단을 분명한 쟁점으로 삼는데, 그가 비판하는 목표는 선과 악이라는 개념뿐 아니라 일반적인 도덕적 판단과 도덕관까지 망라한다. 다음의 인용문은 두 가지 질문이 서로 밀접한 관계를 맺고 있음을 보여 준다. "우리는 도덕 가치의 **비판**을 필요로 한다. 그런데 **우선적으로 이러한 가치 자체의 가치가 추궁되어야 한다.** 이러한 작업을 위해서는 도덕 가치가 성장하고 진화하며 변화하는 조건과 상황에 대해서 알아야 한다."(『도덕』, 서론, 6) 그렇다면 도덕 가치의 발생(독일어로는 Herkunft)을 연구하는 것이 우리의 도덕관에 어떤 영향을 미치고, 또 어떤 종류의 영향을 미치는지에 대해 알아보기 전에, 우선 계보학의 방법론을 살펴보기로 하자.[1]

우선 계보학이 텍스트의 해석적 모델에 입각한 것이라는 사실을 명심할 필요가 있다. 도덕 제도의 계보학은 다른 모든 제도에 대한 것과 마찬가지로 도덕적 제도가 지닌 우연적이고 복합적이며 심지어는 잡다한 성격을 드러내는 해석의 일종이다. 니체는 자신의 계보학을 그가 익명적인 "영국 심리학자"(『도덕』, I, 1)의 특징으로 보았던 사변적 심리사(speculative psychological history)와 구별하기 위해 많은 노력을 기울였다.[2] 그는 "영국의 유행을 따라서 허공에서(in the blue) 우왕좌왕하지 않도록" 독자에게 경고하였다. "계보학자에게 파란색(blue)보다 100배나 더욱 생명력이 있는 색깔은 **회색**이다. 회색은 기록된 것, 실제로 확증할 수 있는 것, 그리고 실제로 존재했던 것, 간단히 말하자면 인간의 도덕적 역사를 해독하기 어려운 상형문자로 기록한 기록 전체를 의미한다."

---

1 Michel Foucault는 기원Ursprung, 탄생Herkunft, 발생Entstehung이라는 니체의 용어를 그의 「니체, 계보학, 역사Nietzsche, Genealogy, History」 in Language, Counter-Memory, Practice, ed. with an introduction by Donald F. Bouchard(Ithaca, N. Y.: Cornell University Press, 1977), pp. 139~164, 특히 pp. 140~152에서 논의했다. 이 논문에 대해서 앞으로 언급할 때는 본문의 괄호 안에 면수로 표시하려고 한다. Foucault의 글에 한 가지 유보조항이 필요하다. 그의 계보학은 대상을 결정하는 독립적인 법칙과 원리를 가진 학문이라는 인상을 무심결에 심어줄 수가 있다. 니체는 계보학을 『도덕』, I, 1~3에서 Paul Rée와 다른 인물들을 포괄하는 보다 커다란 그림의 일부로서 생각했던 듯하다. 니체는 Foucault가 그랬듯이(p. 152 이하) 계보학을 역사와 대비시키지 않았다. 그는 계보학이 정확히 기록된 역사라고 주장했다.

(『도덕』, 서론, 7)

도덕적 관습을 주어진 것으로서가 아니라 "텍스트"로서, 의미를 가진 기호로서, 해석을 통해 밝히고자 하는 권력의지의 표현으로서 본다는 점에서 계보학은 일종의 해석이다. 니체는 『계보학』 제3부의 서두에서 제3부는 그것에 제명題銘으로 붙인 경구를 해석(독일어로는 Auslegung)한 내용이라고 말함으로써 자신의 계보학적 작업의 해석학적 성격을 강조했다. 이를 통해 그는 "책을 예술처럼 읽는"(『도덕』, 서론, 8) 방법을 제시하려고 했다. 그런데 놀랍게도 제3부와 경구의 애매모호한 관계는 지금까지 별 주목을 받지 못했다. 나는 이에 대해 내 나름대로 논평을 하기 이전에 해석이라는 용어에 포함된 의미들을 우선적으로 지적하려고 한다.

장 그라니에Jean Granier는 "비록 텍스트의 내용이 우리의 귀중한 희망을 박살낸다 해도 텍스트를 꼼꼼하게 해독해야 한다. 지식의 이상적인 기준은 문헌학적인 방법론이다"라고 말했다.[3] 상식적으로 해석은 텍스트에 유의하고 텍스트를 존중하는 태도를 전제로 한다. 정확하게 읽으려는 노력과 정확한 독서가 가능하다는 조건이 전제되는 것이다. 따라서 해석은 사물을 올바르게 이해할 수 있다는 희망을 준다. 『계보학』의

---

2 여기서 니체는 Herbert Spencer를 염두에 두고 있다는 의견이 많았다. 그러나 나는 그렇지 않다고 생각한다. 니체가 Spencer에 대해 부정적인 논의를 펼칠 때(『도덕』, I, 3), 그를 어떤 이름 없는 영국 심리학자와 대조했다. 니체는 Spencer의 견해가 '매우 합리적이'지만 '그렇다고 옳은 것은 아니'라고 생각했다. 이름 없는 영국 심리학자는 『도덕』, I, 1~2에서 언급이 되었다. 내 생각에 니체의 공격의 대상은 David Hume이었다. 「니체와 흄 그리고 계보학의 타당성Nietzsche, Hume, and the Feasibility of Genealogy」(forthcoming in the Proceedings of the Fifth Jerusalem Philosophical Encounter)이라는 논문에서 David Hoy는 Hume과 니체의 관계를 흥미진진하게 논의했다. 그러나 그는 니체의 유일한 적을 Spencer로 생각했다.

3 Jean Granier, 『니체의 철학에서 진리의 문제Le Provlème de la vérité dans la Philosophie de Nietzsche』(Paris; Editions du Seuil, 1966), p.502

서두에서도 니체는 계보학으로서 도덕의 역사와 가치의 해석은 오로지 진리만을 지향한다고 반복적으로 강변한다. 그리고 다른 학자들의 헛수고와는 달리 그는 이미 목적을 달성했다고 장담하기도 한다.[4] 『유쾌한 과학』(357)에서 그는 "우리는 기독교적 해석을 거부하고 기독교적 '의미'를 짝퉁으로 경멸한다"고 선언한 다음에 모범적인 텍스트의 해석자로서 문헌학자를 "서적에 입각한 모든 신념의 파괴자"(『과학』, 358)라고 칭하였다. 그리고 『계보학』에서 서론을 교묘하고 헷갈리게 서술하고 진리의 중요성을 지나치게 강조하면서 자신이 다룰 주제를 소개한다. 또 그는 "진리, 모든 진리, 심지어 평범하고 거칠고 추하며 혐오스럽고 비기독교적이고 부도덕한 진리―그러한 진리는 존재하기 때문에―를 위해서 모든 바람직한 것을 포기할"(『도덕』, I, 1) 결심(그는 이것을 그의 반대자들도 같이 공유하기를 바란다)을 표명함으로써 제1장의 첫 번째 항의 결론을 내린다.

니체는 전통적인 의미에서의 해석에 경의를 표하면서 자신의 해석 작업을 시작했다. 그리고 자신과 입장이 다른 계보학자들의 범한 중요한 오류를 폭로한 다음에 자신의 견해를 내놓았다. 이때 그들의 오류는 관심 대상인 가치를 잘못 설명한 데 있다. 일부는 선을 사욕 없음(『도덕』, I, 2)과 동일시했으며, 또 다른 일부는 효용성(『도덕』, I, 3)과 동일시했다. 니체는 이러한 동일시가 오류라고 생각하고서 간단히 무시했던 것은 아니었다. 그 오류의 의미를 이해하려 노력했기 때문이다. 오늘날 대부분의 사람들은 행위자나 행위가 이타적이거나 실용적인 목적

---

4 니체는 계보학이 자신의 창작품이라고 주장했다.(『과학』, 345) 그러나 각주 1에서 언급했듯이 니체는 『도덕』, I, 2에서 '영국 심리학자들'의 노력은 '도덕적 계보학'의 실패작이라고 말했다. 그렇다면 니체는 Hume과 Spencer, Rée를 포함해서 자신도 똑같이 계보학적 목표를 가지고 있다고 생각했던 듯이 보인다. 차이가 있다면 그의 작업이 성공적이었다는 것이다.

을 가지고 있으면 훌륭한 사람이나 훌륭한 행위로 간주하고 칭찬한다. 그러나 니체의 관점에서 보면 이러한 태도는 자연스러운 게 아니라 "도덕에서 노예 반란"의 결과로 빚어진 것이다. "이 반란은 2천 년의 유구한 역사를 가지고 있는데, 그 반란이 승리한지라 우리는 반란이었다는 사실을 깨닫지 못한다."(『도덕』, I, 7) 다른 사람들과 마찬가지로 자신과 입장이 다른 계보학자들도 현재의 도덕의 기원에 깔린 노예 반란의 성격을 깨닫지 못하였기 때문에 니체는 이들이 오류를 범하였다고 생각했다. 그들은 특정한 역사적 시기에 발발한 노예 반란이 오늘날 삶의 기준으로 간주되는 가치관을 생산했다는 사실에 무지한지라 이러한 가치관을 자연적인 것으로 받아들이는 것이다. 그리고 현재에 통용되는 가치를 유일한 기준으로 생각하기 때문에 공평무사함이나 효용성이라는 관념도 일차적으로는 해석의 결과라는 사실을 깨닫지 못했다. 이러한 이유로 그들은 미덕과 공평무사함이 자연적인 유대를 가지고 있으며 역사의 흐름에도 변치 않기 때문에 어떤 다른 시대에 활동하는 특별한 이해를 가진 집단도 이것을 자신의 목적에 알맞게 이용하거나 바꿀 수 없다고 생각했다. 가치를 고안된 창작품이 아니라 주어진 대상으로서 보았으며, 현재의 도덕적 범주를 분별력이 없이 과거의 행위에도 그대로 적용하는 우를 범했다. 때문에 니체는 다음과 같이 말한다. "불행하게도 도덕사가들은 역사정신을 결여하였기 때문에 훌륭한 역사적 위인들을 이해하지 못했다. 철학자의 신격화된 관습처럼 도덕사가의 사유는 **그 본성에 있어서** 비역사적이었다."(『도덕』, I, 2;『우상』, III, 1 참조)

니체에게 미덕과 이타주의, 미덕과 효용성의 관계는 자연적이지 않다. 가치평가의 기원으로까지 거슬러 올라가도 마찬가지이다. 니체는 그러한 관계가 기독교의 탄생을 가능케 했던 도덕적 노예 반란의 결과이며, 이것은 이전의 가치평가를 와해시킴으로써 가능하게 되었다고 주장했다. 사람들은 미덕이 공평무사함이라고 확신하게 되는 이유는, 특정한 집단에게 유리했던 가치평가의 기준이 사회의 모든 사람에게도 일반적으로 강제되었기 때문에 그러한 확신을 갖게 된다. 여기서 특정 집단은 "불행한 사람…… 가난하고 무기력하고 비천한 사람들…… 고통을 받고 짓밟히며 병약하고 추악한 사람들"(『도덕』, I, 7)을 말한다.

그러나 가치의 기원에 대한 니체의 견해가 옳다고 해도 여기로부터 선이 이타주의 및 효용성과 무관하다는 결론이 나오지는 않는다. 어떤 것이 부당한 기원을 가지고 있다는 단순한 사실이 그것에 반대할 이유가 되지는 않는다. 만약 니체가 이런 식으로 주장했다면 그는 기원을 본질 및 가치와 혼동하는 유전적 오류(genetic fallacy)를 범한 셈이 될 것이다.[5] 니체에게 이러한 경향이 아주 없지는 않지만 그는 이러한 주장이 허용될 수 없음을 잘 알고 있었다. 『유쾌한 과학』의 345항에서 이 점을 충분히 알 수가 있다. 그리고 『서광』에서 그는 "기원에 대해 보다 많은 통찰력을 가질수록 기원의 중요성은 축소된다"(『서광』, 44)고 말하였다. 나중에 자세히 살펴보겠지만 니체의 주장은 보다 미묘하고 복합적이다.

선의 기원을 설명하는 니체의 글을 보면 그의 적대자가 범했던 오류도 단순히 취급되어서는 안 된다는 것을 알 수 있다. 그들의 오류는 어휘의 주요 의미와 가치에 대한 일반적 해석과 제도적 기능이 과거의 것의 변형이나 전복, 강요, 도용의 결과가 아니라 자연적인 것이라고 생각한 데 있다. 그들은 자신이 확고하며 미래에도 유효한 진리로 생각했던

---

5 니체의 기원론 오류에 대한 논의로는 Hoy의 「흄, 니체 그리고 계보학의 타당성」, p. 5를 참조할 것.

것이 사실은 특정한 역사적·계보학적 해석의 결과라는 사실을 깨닫지 못했던 것이다.

니체에 의하면, 그들의 오류는 역사를 간과한 것만이 아니었다. 그들은 선이라는 용어가 오늘날에도 하나의 단일한 의미만인 아니라 복합적이라는 사실을 인정하지 않았다. 이것을 증명하기 위해서 니체는 플라톤의 『프로타고라스*Protagoras*』에 나타난 논증의 형식을 차용하는데, 영어의 even이 rough 및 odd와 대조되듯이 한 단어가 두 개의 대조어를 가지고 있으면 이 단어는 두 개의 의미를 가지고 있기 때문에 하나의 단일한 단어는 아니라는 결론이 나온다. 니체는 선이라는 개념도 두 개의 대조어를 가지고 있기 때문에 오늘날에도 우리가 일반적으로 생각하는 것보다 훨씬 복합적인 의미를 지니고 있다고 주장한다. **선**(good)의 대조어는 **사악함**과 흡사한 악(영어로 evil, 독일어로는 bose)과 **열등함** 및 **혐오스러움**과 비슷한 나쁨(영어로는 bad, 독일어로는 schlecht)의 두 가지다.(여기서 good을 '선'이나 '미덕'이 아니라 '좋음'으로 옮기는 것이 니체의 논점을 이해하는 데 도움이 될 것이다. 그러나 대부분의 경우 good은 '선'이나 '미덕'을 의미하기 때문에 '좋음'으로 하면 불필요한 혼란이 생길 것 같아서 그냥 '선'으로 옮기기로 했다.―옮긴이) 열등함과 대조되는 것으로서 선은 고결함인 반면에 효용성 및 공평무사함과 대조되는 것은 사악함이다. 이와 같은 두 종류의 가치평가의 복합적 관계에 대한 니체의 잘 알려진, 그러나 매우 난해한 설명을 여기서 일일이 열거할 수는 없다. 그러나 우리의 논의의 목적상 한 가지는 언급하고 지나가야 하겠다. 니체는 특정한 사회 집단에 적합한 해석으로서 선이 고결함과 동일하다는 견해는 선이 공평무사함이나 효용성이라는 견해보다 역사적으로 선행하는 것으로, 후자의 견해는 귀족적 도덕이 전도되면서 생겨난 도덕관이라고 주장한다. 귀족적 가치평가가 우선했던 특징들은 사실상 대부분의 평민들에게는 나쁘고 불이익이 되는 것이었다. 그런데 노예의 반란이 그러한 특징을 그 자체로서 나쁘고 악한 것으로 규정하였다. 달리 말해 귀족적 가치평가에서 배제되었던 특징은 사회의 대다수 사람들에게 유용한 것이었다. 그리하여 노예 반란이 이것을 그 자체로서 좋은 것, 예외 없이 모든 사람에게 보편적으로 좋은 것이라고 선언했던 것이다. 그러나 이러한 도덕적 가치 전도가 완벽하지는 않았다. 귀족적 가치평가와 연관된 특징과 태도가 현대인의 생각과 행동에 아직 살아 있기 때문이다. 부분적으로는 노예 반란이 아직은 절대적인 승자는 아니라고 할 수 있는 것이다. 때문에 니체는 『계보학』의 제1부(Ⅰ, 17)를 다음과 같은 낙관적인 메모로 매듭지을 수 있었다. "'좋음과 나쁨' 및 '선과 악'이라는 두 가지의 상반된 가치는 몇 천 년 동안 무섭게 투쟁해 왔다. 비록 선과 악이라는 가치가 오랫동안 군림해 왔지만 이 투쟁이 완전히 끝난 것은 아니다."(『도덕』, Ⅰ, 16; 『선악』, 260 참조) 나는 이 책의 마지막 장에서는 미래에도 계속될 이 투쟁의 성격과 니체가 바라는 투쟁의 결과를 논의하게 될 것이다. 그렇지만 지금은 니체와 대립하는 계보학자들이 범한 오류에 대해 논의를 국한하려고 한다. 앞서 말했듯이 현재의 가치평가 체계의 복합성을 무시한 것이 이들 계보학자의 부분적인 오류였다. 도덕적이라 간주되는 가치평가의 한 요소가 마치 가치평가의 본질이며 전체인 듯이 잘못 생각했던 것이다. 이 점은 나중에 자세히 논의될 것이다.

니체와 반대되는 계보학자들은 우연한 가치평가의 한 요소가 언제나 그것의 본질이었다고 가정하고, 나중에는 이것이 가치평가의 기원이라고까지 주장하게 되었다. 그래서 그들은 가치평가의 관습과 제도

(선과 악의 가치, 죄와 죄책감의 개념, 양심의 가책, 금욕주의적 삶의 양식)에 대한 특정한 해석이 모든 사회생활의 기원에도 발견된다는 것을 증명하기 위해 노력했다. 그들은 도덕적 관습은 해석이 아니라 진리이기 때문에 현재의 도덕적 관습은 역사적으로도 변치 않고 영원히 지속될 것이라는 것을 억지로 증명하려고 했던 것이다.

니체가 전통적 도덕의 역사에 대해서 과도하게 반발하고 자신의 계보학이 가진 독창성과 가치를 과도하게 강조한 것은(『과학』, 345) 관습적 가치와 제도에 대한 단선적이거나 정적인 이해에 대한 거부감에서 나온 것이다. 그렇다고 계보학이 그 자체의 독립적인 법칙과 원리를 가진 새로운 종류의 역사학인 것은 아니다. 그것은 역사를 진지하게 생각하고, 지금껏 경시되었던 역사의 의미를 재발견하려는 시도이다. 다만 계보학은 도덕의 경우처럼 제도와 관습이 시간의 변화에도 불구하고 불변하고 영속한다고 믿는 태도를 공격할 따름으로, 이들 제도와 관습들이 역사적 진행의 결과로 변화하는 과정을 보여 주는 데 목표를 두고 있다. 인간이 그러한 변화를 어떻게 간과하고 그것의 기원과 내력을 망각하는 것이 이들 제도와 관습의 유지에 어떤 도움이 되는지를 밝히고, 그러한 제도와 관습이 우연의 산물이라는 사실이라는 폭로함으로써 개혁과 변화의 가능성의 문을 열어놓는 것이다. 따라서 계보학은 직접적이며 실질적인 결과를 가져올 수 있다. 니체는 지금 우리가 알고 있는 형태로 제도가 탄생했다는 견해를 거부했을 뿐 아니라, 제도의 기원을 추적하면 그것의 진정한 목적과 본질을 알 수 있다는 학자들의 견해도 반박하였다. 초기 저서로부터 시작해서 이러한 역사적 연구를 통해 그는 이들 제도와 관습이 원래의 조건이나 목적과는 완전히 다른 방향으로 발전하게 되었다는 사실을 밝힘으로써 이것의 전기의 단계에서 후기의 단계로의 발전은 매우 비논리적이고 비합리적이라고 주장했다. "어디에서나 모든 기원은 조야하고 형체가 없으며 공허하고 추하다…… 어디에서나 기원을 향한 여행은 야만에 도달하게 마련이다." (『그리스』, Ⅰ)[6]

도덕도 역시 복합적이고 우발적이며 때로는 폭력적으로 발전했다. 가치평가(『도덕』, Ⅰ, 7, 8, 10), 부채負債, 형벌(『도덕』, Ⅱ, 4~6, 12~14), 삶(『도덕』, Ⅲ, 2)의 최초의 형태는 계속해서 전유되고 폐기되며, 새롭게 해석되고 번역됨으로써 현대인의 삶의 터전인 일반적 제도로 발전되었다. 계보학자에게 가능한 최악의 가설은 현재의 이러한 제도의 목적과 의미, 최종적 결과가 초기에도 이미 있었다는 주장이다. 형벌의 역사를 살펴보면 모든 제도들이 이성적으로 설명할 수 없는 우연한 사건들의 결과로 인해 발전했다는 사실을 알 수 있다. "어떤 것이 최고의 효용성을 갖는다는 점이 증명된다고 해서 우리가 그것의 기원에 대해 조금이라도 더 알게 된 것은 아니다. 다시 말해 그것이 효용성이 있다고 해서 그것이 반드시 존재해야 하는 이유는 되지 않는다."(『서광』, 37; 44 참조) 니체는 이것을 다음과 같이 생물학적으로 표현하였다. "어떤 신체기관의 효용성이 그것의 기원을 설명하는 것은 아니다."(『권력』, 647) 어떤 대상이 현재 가진 기능을 역추적함으로써 그것의 기원에 이를 수는 없다. 연구의 대상이 무엇인지 알기 위해 그 역사를 아는 것이 중요하지

---

6 『도덕』, Ⅰ, 6에서 니체는 순수와 **비순수**의 파생어에 대해 논의한 다음 이것들의 초기 형태를 '너무 무겁고 광범하게, 혹은 너무나 상징적으로' 받아들이지 말라고 경고했다. "원시 민족들이 사용한 개념들은 처음에는 믿을 수 없을 만큼 유치하고, 형식적이며 제한되고 직설적이었다. 그리고 우리가 거의 상상할 수 없을 정도로 그 의미가 **비상징적**이었다." 이러한 니체의 견해는 『초도덕적 의미에 있어서의 진리와 거짓에 대하여On Truth and Lies in a Nonmoral Sense』의 주장과 모순된다. 이 글에서 그는 언어의 기원이 은유라고 주장했다. 오늘날 많은 학자들은 그것이 언어의 기원에 관한 니체의 최종적 견해라고 생각한다. 나의 생각에 이 글은 너무 과대평가되었다.

만, 그것의 기원이 그것의 본질을 설명해 주는 것은 아니다. "**시초에 있었다**. 기원을 찬양하는 것. 그것은 역사가 완성되면서 움이 트는 형이상학적 새싹이다. 그것은 우리로 하여금 사물의 **시초**에 매우 가치가 있으며 본질적인 것들이 있었다고 생각하도록 만든다."(『방랑』, 3)

미셸 푸코Michel Foucault에 의하면, "계보학자는 사물의 배후에 '무엇인가 우리가 모르는 전혀 다른 비밀'이 있다는 사실을 발견한다. 그러나 그 비밀이 영원하고 본질적인 것은 아니다. 그 비밀은, 본질은 없으며 본질이라는 것도 다른 잡다한 것들을 엉성하게 결합한 결과라는 사실이다."(p. 142) 이것이 니체가 『도덕의 계보학』에서 증명하려 했던 내용이다. 그는 『계보학』에서 서로 연관된 형태로 나름의 의미를 가지고 존재하다가 기독교에 의하여 전용되어 현대의 개인 및 사회생활의 지침서가 된 다양한 가치, 관습 및 삶의 방식이 **도덕적으로** 되는 방식을 논의하였다.

『계보학』의 제1부는 **좋음**(고상함)과 **나쁨**(천박함)이라는 개념에 표현된 전前 도덕적 가치를 기독교가 전복함으로써 천박한 특징들이 새로운 유형의 선(온유함)을 의미하게 된 반면, 이전의 고상한 특징들은 악(사악함)으로 규정되었다는 것을 주장한다. 제2부에서 니체는 서로 다른 당사자들 간의 이해관계를 해결했던 부채와 교환의 계약적 개념과 형벌이라는 법적 개념이 죄책감과, 악, 양심의 가책, 사후의 속죄와 같은 개념들로 근본적인 변화를 겪게 되었다고 주장한다. 난해한 제3부는 일상생활에서 가장 중요한 활동과 가치를 부정하고 멀리하려는 "금욕주의적 이상"을 설명하려는 시도이다. 금욕주의자들은 "우리의 삶을 원점으로 되돌리지 않으면 안 되는 그릇된 길로, 혹은 우리가 노력을 통해 의해서 교정할 수 있는, **아니 교정하지 않으면 안 되는** 오류로서"(『도덕』, Ⅲ, 2) 취급한다. 그런데 금욕주의적 생활과 기원, 기능, 진정한 의미에 대한 니체의 분석은 너무나 난해해서 다음에 이어지는 본격적인 논의에서도 충분히 해명하기 어렵기 때문에 나의 논의는 부분적일 수밖에 없다. 그래서 이 장의 서두에서 언급했던 난관과 계보학의 몇몇 독특한 특징에 한정해서 논의하게 될 것이다.

『도덕의 계보학』 제3부 "금욕주의적 이념의 의미는 무엇인가?"는 『차라투스트라는 이렇게 말했다』에서 표명된 경구에 "무심하고 조롱하고 난폭한 진리는 이러한 모습의 **우리를** 원한다. 진리는 여자(독일어로는 ein Weib)이기 때문에 전사戰士를 사랑한다"(『차라』, Ⅰ, 7)에 대한 해석의 시도라고 니체가 말했다. 이 경구는 「독서와 글쓰기에 대해서」라는 제목의 항목에 있는데, 여기에서 그는 총칼의 전쟁이 아니라 지적인 탐구의 열정과 당파성을 염두에 두고 있다. 그가 칭찬한 대상은 군인의 지혜가 아니라 사색자의 힘인 것이다. 이 경구의 또 하나 주요한 특징으로 지혜를 여자와 동일시한 것이 아니라 작가를 전사로 비유하였다는 점을 꼽을 수 있다. 이러한 전사의 비유는 『계보학』의 제3부와 공평무사하고 객관적인 진리를 강조했던 이 책의 서두 사이의 갈등을 암시하고 있다. "지식 추구자"를 전사로 생각하기 쉽지 않다. 전사로서 비유할 수 있다고 하더라도, 진리에 대한 학자의 진지한 헌신을 **무심하고, 조롱하고, 난폭하고**라는 표현의 의미 내용과 조화하는 것은 더욱 어려운 일이다. 과연 이러한 표현이 학자를 향한 것일까? 학자는 진리가 아니라 우선적으로 승리를 노리는 것일까?

어떤 의미에서 제3부가 그러한 경구에 대한 해석일까?『도덕의 계보학』에서 니체는 이 경구를 두 번 다시 언급하지 않으며, 이에 대한 해석을 시도하지도 않고, 또 **관심**을 보이지도 않는 듯이 보인다. 제3부는 표제로 인용된 이 경구에 대한 해석의 시도라는 것마저도 까마득히 잊은 듯이 보인다. 그러나 그가 해석을 주해나 해설, 혹은 그의 표현을 빌리면 "개념적 번역"(『권력』, 605)으로 생각하지는 않는다는 점을 염두에 둘 필요가 있다. 반대로 "정복하고 승리하는 주인은 해석을 이용한다"(『도덕』, II, 12)고 믿었던 그는 "해석은 그것의 대상에 대해 주인이 되는 수단"(『권력』, 643)이라고 주장할 수 있었다. 이 점에서 경구가 자기 반영적으로 글쓰기에 적용된 것이 제3부라고 할 수 있다. 그렇게 함으로써 그는 제3부에서 경구를 해석, 즉 확대하고 적용할 수 있게 된다. 제3부는 모호한 경구에 그것의 원래의 의도일 수도 아닐 수도 있는 새로운 의미와 방향을 부여했다는 점에서 그것을 지배하고 전유하는 좋은 예라고 할 수 있다. 경구가 자기 반영적으로 텍스트에 적용된 것으로, 니체는 그것을 자신의 텍스트에 적용함으로써 해석하는 것이다. 이때 제3부가 해석을 함으로써 공격의 목표로 삼은 대상은 금욕주의적 이념이다. 니체는 금욕주의적 이념도 사실은 나름의 목적과 목표, 가치를 가지고 군림하려 했던 어떤 과거 사건의 재해석이라고 주장했다. 그렇다면 그의 텍스트는 금욕주의적 이념과 관련된 어떤 해석에 대한 재해석이라고 할 수 있다. 그의 텍스트는 그 자체의 목표와 목적 및 가치의 구현물인 것이다. 금욕주의를 밀어내고 자신의 견해를 확립하려는 니체의 노력은 금욕주의의 성격을 이해하면서 동시에 그것을 정복하려는 시도이다.

그렇다면 니체의 해석이 구현하려는 가치란 무엇인가? 『계보학』의 서두를 보면 계보학자의 주요 동기가 진리의 추구라는 인상을 준다. 니체는 금욕주의를 묘사하면서 "가난과 순결, 겸손"(도덕, III, 8)에 도덕적으로 헌신하는 금욕주의적 도덕관이 오류와 왜곡의 결과라고 비난한다. 그런데 이러한 비난의 의미를 이해하고, 그것이 가진 자기모순을 이해하기 위해서 우리는 먼저, 그가 심각하게 모순된 삶의 방식으로 정의하는 금욕주의적 "도덕관"을 이해할 필요가 있다. 나중에 우리는 계보학적 탐구의 대상에 내재하는 모순과 계보학적 탐구 자체의 모순이라는 두 종류의 모순을 언급하게 될 터인데, 아이러니하게도 양자는 서로를 반영하는 자신의 모습이라는 점을 설명하게 될 것이다.

니체에게 도덕적·기독교적 금욕주의는 보다 스케일이 큰 현상의 한 단면이었다. 그는 예술가들에게서 때로 발견되는 금욕주의와 달리 철학자들은(『도덕』, Ⅲ, 2~4) 언제나 금욕주의적 경향이 있다고 주장했다. "지상에 철학자들이 존재하는 한 철학자들이 존재했던 모든 장소에는…… 관능주의에 대한 철학자들의 묘한 분노와 노여움이 있었다는 것은 의문의 여지가 없다…… 동시에 모든 금욕주의적 이념에 대해서 철학자들은 묘한 편향과 애정을 보여 왔다. 우리는 그러한 사실을 무시해서는 안 된다. 이 양자가…… 모두 한 유형에 속한다."(『도덕』, Ⅲ, 7) 니체는 여기서 자신의 주장을 과장한 것 같다. 비록 금욕주의가 본질적인 철학이 있긴 하지만 모든 철학자들이 금욕주의적이었던 것은 아니다.[7] 그럼에도 이 주장은 그를 이해하는 중요한 단서가 된다. 그의 목적은 철학적 금욕주의와 도덕적 금욕주의를 구별하는 데 있기 때문이다. 사람들의 대부분과 심지어 철학자들에게도 삶의 쾌감을 절제하는 것은 보다 중요한 다른 쾌감을 확실하게 해두기 위한 방법이다. 성욕이 창조에 미치는 부정적 영향에 관한 니체의 설명이 순진하긴 하지만(『도덕』,

---

[7] 예를 들어, 독신으로 살았던 철학자들을 니체가 기록한 목록(『도덕』, Ⅲ, 7)에 결혼한 철학자들의 목록을 덧붙일 수 있을 것이다. 누구보다도 아리스토텔레스와 헤겔, 마르크스는 결혼한 철학자들이었다.

Ⅲ, 8), 세속적인 쾌락에서 벗어나려는 욕구로서 금욕주의는 "독립성"과 지적 성취에 "이르기 위한 지름길이다."(『도덕』, Ⅲ, 7) 이러한 형태의 금욕주의는 사려 깊은 자기 억제의 표현이라고 볼 수 있다. 보다 많은 이익을 취하기 위해서 현재의 어떤 이익을 포기하는 태도이기 때문이다. 여기에서 중요한 기준은 효용성이지 도덕성이 아니기 때문에 그러한 금욕주의는 철저히 이기주의적이다. 철학자들은 금욕주의적 이념에서 "가장 지고하고 과감한 정신성과 웃음을 위한 최적의 조건"을 찾는 것이다. 그것은 "'존재'를 부정하는 것이 아니라 자신만의 존재를 긍정하려는 행동이다. 마침내 **'세상은 멸망하더라도 철학과 철학자인 나는 살아남으리라는'** 불경스러운 희망을 품을 정도로."(『도덕』, Ⅲ, 7)

"모든 위대하고 생산적이며 창의적이었던 영혼을 자세히 살펴본다면…… 가난과 순결 및 겸손이라는 세 종류의 금욕주의적 이념을 언제나 마주치게 된다"고 니체는 말했다. 그렇지만 그들은 이러한 이상을 의무나 미덕으로 여기지 않는다고 그는 덧붙였다. 금욕주의적 이념을 단지 "그들의 **가장 훌륭한** 삶과 **가장 아름다운** 결실을 위한 최적의 자연적인 조건"(『도덕』, Ⅲ, 8)으로서 생각할 따름이다. 이어서 니체는 철학과 금욕주의 사이의 묘한 관계에 대해 논의하기 시작한다. 철학은 "오랫동안 스스로를 위한 용기가 없었다."(『도덕』, Ⅲ, 9) 그리하여 더욱 과격한 금욕주의적 사제의 태도를 차용할 수밖에 없었다. "**금욕주의적 사제**는 최근까지 혐오스럽고 끔찍한 유충幼蟲의 몸을 제공했다. 철학자들은 유충의 몸을 빌려서만 살고 기어 다닐 수 있었다."(『도덕』, Ⅲ, 10)[8] 여기에서 중요한 점은 철학자들이 보다 나은 현세의 삶을 위하여 금욕주

---

8 Deleuze의 『니체와 철학』, p. 5를 참조할 것. 더불어 앞으로 이 책을 언급할 때는 본문 안의 괄호에 면수를 표기할 것임.

의의 가면을 썼다는 것이다. 그것은 삶의 부정이거나 과거 죄의 속죄도 아니었고, 그렇다고 미래의 삶을 위한 준비의 과정도 아니었다. 비도덕적 금욕주의는 현세의 삶의 특정한 유형을 미화하는 것이었지, 쾌락을 비난하는 것은 아니었다. 쾌락에 본질적으로 그릇되었거나 쾌락이 모두가 피해야 할 죄악이라고 간주하지도 않았다. 비도덕적 금욕주의자들은 다른 사람들도 자신들이 회피하는 쾌락을 포기하면 보다 많은 행복을 누릴 것이라는 독단적 주장을 하지도 않았다. 자신이 확보하려는 철학적 삶이 누구에게나 훌륭한 것이라고 믿지도 않았기에 그렇게 주장할 이유가 없었던 것이다. 그러한 금욕주의자들은 다른 사람들이 추구하거나 기피해야 할 것의 목록을 법률로 제정할 필요를 느끼지 못했다.

니체가 과연 과거의 위대한 철학자들이 이러한 관점에 입각해서 의식적으로 금욕주의를 실천했다고 생각했는지는 분명치 않다. 그렇게 생각하지 않았더라면 사제적 금욕주의는 철학의 "유충적인 몸" 훨씬 그 이상이었음에 틀림없다. 그림에도 불구하고 금욕주의적 이념이 모든 사람이 아니라 어떤 특정한 부류의 사람을 위한 최상의 삶으로서 "의미"를 가지고 있다는 점은 변함이 없다. 금욕주의는 실제로 삶을 진작시키고, 니체의 표현으로 삶을 보다 강렬하게 긍정할 수 있는 수단을 제공한다. 결과와는 상관없이 최상의 삶을 살고자 하는 욕구와 경향, 충동이 바로 금욕주의인 셈이다.

그러나 니체에게 "모든 의미란 권력의지다."(『권력』, 590) 따라서 그의 관점에서 도덕적 금욕주의는 극복할 수 없는 모순을 그 자체가 안고 있는 셈이다. 그들은 자신을 삶으로부터 최대한 유리시키고, 이미 소유하고 있는 재산을 내세의 보상—니체의 자연주의적 시각에서 보자면 존재하지 않는―을 위해서 포기하려는 사람들이기 때문이다. 삶의 한 단면이 아니라 삶 전체를 무시하는 점에서 도덕적 금욕주의자들은 권력의지마저도 포기하는 듯이 보인다. 그러나 니체는 이러한 노력이 실현될 수 있으리라고 생각하지 않았다. 가능하다고도 생각하지도 않았다. 모든 노력은 기본적으로 권력의지의 표현이기 때문이었다. 그렇다면 도덕적 금욕주의는 스스로의 절멸을 꾀하는 권력의지의 표현이 된다.

지금껏 논의한 분별력 있는 행동의 구조가 근본적인 변화를 겪고, 작은 쾌락을 억제함으로써 큰 쾌락을 확보하려는 것이 아니라 쾌락 전체를 회피하려는 욕구로 재해석되면, 금욕주의는 도덕으로 발전하기 시작한다. 이전에 개인적 삶에 대한 특정한 태도가 금욕주의였다면 이제 그것은 삶 전체에 대해서 다음과 같은 판단을 내린다. "여기서 문제가 되는 사상은 금욕주의적 사제가 우리의 삶에 부과하는 **가치평가**이다. 그는 자신의 삶(이것과 관련된 것은 '자연', '세계', 변화생성과 무상함이다)을 자신이 저항하고 배척해야 할 전혀 다른 삶의 양식과 대립시키거나 **삶 자체**를 부정한다. 그러한 금욕주의에 있어서 삶은 다른 존재 방식으로 넘어가는 다리에 지나지 않는다."(『도덕』, Ⅲ, 2) 그런데 만일 기독교의 형이상학이 용인되지 않고, 또 영원한 세계와 삶이 존재하지 않는다면 어떻게 그러한 금욕주의적 태도가 발생할 수 있었겠는가? 니체처럼 우리가 모든 것을 완벽하게 자연주의적으로 설명하려 한다면, 자연과 대항하는 삶의 양식이 존재한다는 사실은 매우 심각한 문제가 아닐 수 없다. 이러한 삶의 양식도 다른 모든 것을 설명해 주는 자연주의적 메커니즘에 의하여 설명되지 않으면 안 되기 때문이다. 그렇다면 모든 다른 것과 마찬가지로 자연적 현상으로 취급되어야 하는 금욕주의적 삶은 그 자체로 "자기 모순적"이 된다.

> 여기에 그 유례가 없는 **원한**(怨恨, 프랑스어로 ressentiment)이 지배한다. 삶의 어떤 것을 지배하려는 것이 아니라 삶 자체를, 삶의 가장 심오하고 강력하며 기본적인 조건마저도 지배하려는 탐욕스러운 본능과 권력의지……이 모든 것은 극단적으로 모순적이다. 우리는 이 고통 속에서 **즐거워하고**, 삶을 위한 전제와 생리적 능력이 감소하면 할수록 더욱더 의기양양하고 우쭐해하는 삶의 모순, 조화를 결단코 **거부하는** 모순을 위한 모순에 직면하고 있는 것이다.(『도덕』, Ⅲ, 11)

어떻게 자연이 자연에 역행하는 것이 가능하고, 또 그것이 필요한 것일까? 니체는 이러한 자연의 역행이 "인간적인 것, 보다 동물적인 것, 아니 보다 물질적인 것"(『도덕』, Ⅲ, 28) 이 기독교적·도덕적으로 퇴화한 것이라고 주장했다. "예수의 '자연에 반한' 투쟁은 도대체 무엇이란 말인가? 우리는 그의 말이나 설명에 기만당하지 말아야 한다. 그럼에도 그것은 자연이 자연적인 것에 대항하는 것이다."(『권력』, 228) 니체는 언제나 이러한 자기 반영적 상황에 주목했으며, 초기의 저서부터 이것을 설명할 이론을 마련하기 위해 많은 노력을 기울였다. 분명한 비자연적 조건도 궁극적으로는 언제나 자연적인 목적을 달성하기 위한 수단이었다. 비록 시간이 지나면서 이 문제에 대한 그의 태도가 근본적으로 바뀌었지만 후기의 견해와 초기의 견해 사이에는 다음과 같은 유사성이 있다. "이러한 환상들은 자연이 스스로의 목적을 달성하기 위해서 이용하는 것들이다. 환상이 그 진정한 목적을 숨기고 있는 것이다. 우리는 환상을 향해서 손을 내밀지만 자연은 환상을 통해서 그 목적을 이룬다."(『비극』, 3) 니체는 이러한 메커니즘을 비극의 기능에서도 발견하였다. 가령 삶의 진실에 대한 과도한 "디오니소스적" 통찰은 인간을 절망과 무기력으로 이끌게 마련이다. "지식은 행동을 저지하고 행동은 환상의 베일을 필요로 한다. 그것이 바로 햄릿의 교훈이다."(『비극』, 7) 비극의 세계에서는 "사물의 영원한 본질"을 바꾸기 위해 노력하는 강력한 개인도 언제나 실패로 막을 내린다. 그러나 인간의 허무한 노력에 대한 이러한 비탄의 어조와는 대조적으로 합창단은, 자연을 바꾸려는 그들의 노력에도 불구하고 비극적 영웅들 역시 관객과 마찬가지로 자연의 산물이며 자연의 일부라는 사실을 관객에게 상기시킨다. 그리하여 인간 자신도 살아 있는 모든 것의 일부라는 인식을 갖게 함으로써 삶을 "파괴할 수 없을 정도로 강력하고 유쾌하게" 하고, 또 살아갈 가치를 부여받게 된다. 비극은 삶과 대비되는 것이 아니라 삶의 한 부분이며 삶의 창작품이다. "가장 다정하면서도 가장 심오한 고통에 각별히 민감했던 그리스인들은 세계 역사의 무자비한 파괴와 자연의 잔인함을 과감하게 직면하자 불교적인 의지의 부정으로 빠지려는 찰나에 합창단의 합창으로부터 위안을 받는다. 예술이 그리스인들 구제했던 것이다. 그리고 예술은 삶을 통하여 구원받았다."(『비극』, 7) 비극은 인간의 모든 노력을 억제하는 듯이 보이지만 궁극적으로는 그러한 노력을 오히려 권장한다. 비극의 진정한 목적과 표면적인 목적이 서로 대립하는 듯이 보이지만 양자는 모두 삶의 이익에 기여한다.(『비극』, 15, 18 참조) 니체가 그리스인들을 계속 흠모했던 이유는 이러한 종류의 비극적 메커니즘을 그들이 활용할 수 있었기 때문이다. 『유쾌한 과학』의 보보(Baubo: 원시적이고 음란한 여자 귀신.—옮긴이)로 의인화된 진리를 직시한 그리스인들은 진리에 혐오감을 느끼고 진리의 추구를 거부한다. 그리고 진리를 정복하기 위한 맨 처음의 시도들이 그들의 최종 목표가 된다. "아, 그리스인들이여! 그들은 어떻게 살아가야 하는지 방법을 알았다. 필요한 것은 과감하게 표면과 껍데기에 머무는 것이었다. 그리하여 겉모습을 환영하고 형식과 음조, 말 등 전체 현상의 올림포스를 믿었다. 그들은 **바로 그 심오함으로 인해서** 천박했던 것이다!"(『과학』, 서론, 4; 『비극』, 24 참조)

그런데 그들이 부정하는 것을 권장하는 메커니즘이 어떻게 도덕적 금욕주의와 연관되는가? 니체에 의하면 금욕주의적 사제들은 삶의 본질적인 모습과 기능을 비하하고 이로부터 등을 돌리는 고집스런 사람들이었다.(『우상』, V, 「반자연으로서의 도덕」 참조) 그것은 삶을 중단하도록 권장하는 것이다. 니체는 계보학을 통해서 도덕적 금욕주의가 이전의 온건하고 세속적인 금욕주의를 근본적으로 변화시킴으로써 등장하였다는 사실을 밝힌다. 전자에는 모순이 없으나 후계자인 도덕적 금욕주의—삶이 삶에 적대적인—에는 모순이 있다. 이러한 모순을 해결하고 근본적인 변화가 일어난 이유를 해명하는 것이 니체의 기획으로, 그의 해결의 열쇠는 다음과 같다. "이러한 **삶에 적대적인** 유형의 사람들이 증가하는 것은 삶의 매우 중요한 필요성에서 나온다. 이와 같이 자기모순적 유형이 사라지지 않는 것은 이것이 **삶 자체의 이해**에 기여하기 때문이다."(『도덕』, III, 2)

도덕적 금욕주의에 대한 뿌리 깊은 반감에도 불구하고 니체는 『비극의 탄생』에서 예술에 부여했던 것과 같은 종류의 역할을 도덕적 금욕주의에도 부여한다. 예술이 사람들을 삶으로부터 격리시키고 인간의 실패를 묘사하는 까닭은 인생이 살만한 가치가 있다는 사실을 증명하기 위한 데 있다. 금욕적 사제들도 삶을 거부하고 적대적인 태도를 취하지만 그것은 신도와 자신들을 유혹해서 계속 살아가도록 만들기 위한 목적에서이다. "금욕적 사제가 대변하는 그러한 자기모순은, 즉 '삶에 **적대적인 삶**'은 생리적·심리적 관점에서 보았을 때 불합리하지 않다. 다만 표면적으로만 불합리하게 보일 따름이다…… 사태의 진실을 다음과 같다. **금욕주의적 이념은 퇴화하는 삶의 방어적 본능에서 나온다.** 모든 수단을 동원해서 삶을 계속 유지하고 생존을 위해서 투쟁하는 것이다." (『도덕』, Ⅲ, 13)

니체는 "인간이라는 동물은 다른 동물보다도 더욱 병들고 불확실하고 변덕스러우며 애매모호한 동물이다. 이에 대해 의심의 여지가 없다. 인간은 병든 동물이다"(『도덕』, Ⅲ, 13)라고 말했다. 그는 때로는 순진하게 때로는 노골적으로 이러한 "질병"의 원인이 전적으로 생리학적이라고 주장하기도 한다.[9] 그의 생리학적 견해를 진지하게 받아들일 필요는 없다고 해도 그가 질병으로 표현한 현상은 진지하게 검토해야 한다. 대부분의 사람들은 실제로 불행하거나, 아니면 자신이 불행하게 느낀다. 니체는 꿈꾸는 것을 이룰 수 없는 사람들, 용감하거나 관대하기를, 강하거나 잔인하기를, 아니면 악명을 떨치기를 꿈꾸는 사람들, 즉 역사에 뚜렷한 발자취를 남기고 싶어 하지만 그럴 수 없는 사람들로 세상이 가득 찼다고 보았다. 이들은 "고통 받는 사람들"로서 『계보학』의 제1부에 의하면 이들 스스로 유약함이 미덕이라고 믿는 사람들, 따라서 유약함은 자연적 결함이 아니라 선택의 결과인 사람들이다. 그들은 자신의 유약함 때문에 삶이 "내세"에서 충분히 보상받을 조건이 충분하다고 생각

---

9 예를 들어 니체는 다음과 같이 말했다. "아마도 교감신경계에 이상이 있거나, 담즙의 과다한 분비, 피에 있는 황산칼슘이나 아인산염의 결핍, 혈액 순환을 방해하는 복부의 장애, 난소의 쇠퇴와 같은 것이 원인인지 모른다."(『도덕』, Ⅱ, 15)

하기도 한다. 또 이들은 스스로 독창적으로 두각을 나타낼 수 없기 때문에 순응을 미덕으로 간주하고 그것을 모든 사람들에게 강요한다. 이렇게 하여 가축의 무리와 같은 "대중"이 탄생한다. 온유함과 순응이 아니라 강함과 구별(차이 혹은 탁월)을 주된 미덕으로 간주했던 귀족적 가치를 전도시킴으로써 고통 받는 사람들의 가치가 탄생한다. 귀족적 가치는 모든 사람이 소유할 수 있는 것이 아니었다. 그러나 모든 사람의 미덕으로서 약간의 도덕적인 약자의 가치는 무능에서 비롯된 고통을 완화하는 목적을 지니고 있다. 무능을 대단한 성취인 듯이 해석함으로써. 그럼에도 이러한 처방은 "실제 질병이 **아니라** 고통 받는 사람들의 고통과 패배감만을"(『도덕』, Ⅲ, 17) 치유할 따름이다. 질병의 원인은 제거되지 않는다. 그래서 고통은 계속해서 다양한 모습으로 출현할 수 있다. 이 책의 마지막 장에서 논의하겠지만 니체는 고통이 완전히 사라질 수 있다고 생각하지는 않았으며, 그것을 치유하기 위한 처방전도 제시하지 않았다.

약자들은 자신과 다를 뿐 아니라 대중의 도덕에 무관심한 소수의 "복 받은 위대한 성취자들"(『반그리스도』, 4)을 질투하고 **원한**(ressentimment)에 사로잡혀 있다. 질투하는 사람과 마찬가지로 이들은 자기 자신 때문에 괴로워하는 사람들이다. "깊은 슬픔을 간직한 사람들의 은밀한 눈길을 어디에서나 마주칠 수 있다. 타고난 실패자들의 내면으로 향한 눈―그것은 한숨을 쉬고 있지 않은가!―은 이들이 스스로에게 지껄이는 말을 무심결에 드러낸다. '만약 내가 다른 사람이 된다면 얼마나 좋을까'라고 한숨 쉬듯 속삭이며 계속해서 말한다. '하지만 희망이 없어. 나는 나이다. 어떻게 내가 아닐 수 있단 말인가? 아, 그렇지만, **나는 내가 혐오스럽다!**'"(도덕, Ⅲ, 14) 콘래드Conrad의 『로드 짐Lord Jim』에서 슈타인Stein이 말하듯이 "단지 한 가지 것만이 우리가 우리인 것을 치유할 수 있는지 모른다." 바로 이 지점에서 금욕주의적 이념이 등장하고 사람들은 더 이상 살아갈 모든 의욕을 상실한다. 바로 여기에서 삶의 적대자로서 금욕주의의 가면이 벗겨지고 그 참모습이 드러나게 된다. "분명한 삶의 적대자, 이 금욕적 사제, **거부자**. 그는 삶을 **보존하고** 긍정하는 가장 거대한 세력이다."(『도덕』, Ⅲ, 13) 도대체 어떻게 이러한 역설이 가능한 것일까?

아무리 강도가 세다고 해도 육체적·심리적인 고통에서 가장 끔찍한 것은 고통 자체가 아니다. 니체는 인간이 아무리 엄청난 고통이라도 참을 수 있다고 생각했다. 만약 고통에 이유가 있으며 어떤 과업을 위한 수단이 된다면 고통은 환영받을 수도 있다.(『도덕』, Ⅲ, 28 참조) 인간의 불행에 있어서 가장 끔찍한 일은 이 불행이 아무런 이유가 없을 때이다. 이유 없는 고통은 왜 참으면서 인내해야 하는가라는 질문을 야기하기 때문에 고통을 설명하고 정당화시킬 어떤 해석이 필요해진다. 금욕적 사제들이 이룩한 가장 위대한 업적은 고통의 의미를 설명했다는 것, 그리고 이 설명이 "고통에 민감한 **죄책감에 물든 사람들**"에게 강한 호소력을 지녔다는 사실에 있다. 금욕적 사제는 고통에 대해서 책임져야 할 사람, 고통당하는 사람들이 분노를 쏟을 대상을 제공함으로써 "과격한 감정의 분출에 의해서…… 더 이상 참을 수 없을 정도로 격심한 고통을 **완화시킬**"(『도덕』, Ⅲ, 15) 수 있었다. 금욕주의자의 해석은 여기서 머무르지 않고 한 걸음 더 나아간다. "'나는 고통을 당한다. 이에 대해서 누군가가 책임을 져야 한다.' 모든 병든 양들은 이렇게 생각한다. 그런데 그들의 목자인 금욕적 사제는 다음과 같이 말한다. '그렇다, 나의 양들이여! 누군가 고통에 대해서 책임을 져야 한다. 너희 자신이 바로 책임자이다. 다른 사람이 아닌 너희 스스로가 이에 대해서 책임을 져야 한다. **너 자신에 대해서 네가 책임을 져야 한다.'**("『도덕』, Ⅲ, 15)

니체에 의하면, 고통을 당하는 이유는 사람들이 스스로의 야망을 실현할 수 없으며 자신의 욕망을 만족시킬 수 없기 때문이다. 금욕주의자는 고통을 주어진 것으로서 받아들이고 그것을 이룩하지 못한 야망의 증상이 아니라 죄에 대한 징벌로 해석한다. 이러한 해석에 따르면 우리는 감각적이거나 자만심이 있고 잔인하거나 야망이 많기 때문에 고통을 당하는 것이지 욕망이 만족되지 않아서가 아니다. 여기에서 더욱 중요한 것은, 그들이 이러한 욕망의 충족을 **원할** 수도 있다는 사실로 인하여 고통을 당하는 것이다. 행동의 도덕적 특징을 동기와 의도에서 찾으려는 이유가 여기에 있다. 이러한 방법을 통하여 금욕주의는 귀족들이 미덕으로 간주한 특징들을 자신도 갖기를 원하는 사실로부터 죄의 개념을 이끌어 낸다. 그러나 이 욕망은 미덕이든 아니든 그것을 충족하려는 욕구는 인간이 존재하는 한 사라질 수가 없다고 니체는 생각했다. 이러한 욕망과 이에 따라서 행동하려는 경향은 인간의 본성의 일부이기 때문에 징벌은 계속해서 지속될 수밖에 없다. 이와 같이 금욕주의는 고통을 제거할 수는 없었지만 그것이 필수불가결한 이유를 성공적으로 제시했다.

인간은 자기 자신으로 인하여 여러 고통을 당하면서…… 고통을 당하는 이유를 모르기 때문에 그 이유를 찾으면서─그 이유를 알면 고통이 완화되기 때문에─동시에 치료와 마약을 갈망하다가, 마침내는 감춰진 비밀을 잘 아는 자와 상담하게 된다. 그리고 보라! 그들은 답의 힌트를 얻었다. 그들의 마법사, 금욕적 사제로부터 고통의 '이유'에 대한 **첫 번째** 힌트를 얻었던 것이다.

즉 그들은 **그 이유를 자신 안에서 그리고 죄책감** 속에서, 또 과거의 편린 속에서 찾아야 하는 것, 그리고 고통을 하나의 징벌로서 이해해야 하는 것을.(『도덕』, Ⅲ, 20)

고통에 대한 금욕주의적 해석이 천재적인 해석으로 평가될 수 있는 여러 이유가 있다. 이미 살펴보았듯이 니체는 고통이 신체적이고 심리적인 이유에서 인간에게 필연적일 수밖에 없다고 생각했다. 어쩌면 사회적이고 경제적인 이유도 있을 수 있다. 금욕주의자들이 이러한 고통을 제거할 수 있다고 생각한 것은 아니다. 그들은 고통의 책임을 고통을 당하는 사람의 몫으로, 또 제거할 가망이 없는 조건의 탓으로 돌린다. 따라서 고통을 제거할 수 있는 것이라고 약속하지 않는다. 적어도 지상에서의 삶이 지속되는 동안은 말이다. 따라서 금욕주의는 고통을 제거하지 못한다는 비난을 초래할 염려가 없다. 금욕주의는 우리가 고통의 원인으로부터 최대한의 거리를 유지한다면 고통이 감소될 것이라고 약속한다. 물론 이러한 원인을 완전히 제거하는 것은 불가능하다. 이들을 제거하려는 시도는 삶을 제거하려는 시도와 마찬가지일 것이다. 이러한 이유로 인하여 니체는 금욕주의적 이념이란 "감각과 이성에 대한 공포, 행복과 아름다움에 대한 두려움, 모든 현상, 변화, 생성, 죽음, 바람 및 갈망 그 자체로부터 벗어나려는 갈망. 이 모든 것들은 **무를 향한 의지**, 삶에 대한 반대의지, 가장 기본적인 삶의 조건에 대한 반역이다"(『도덕』, Ⅲ, 28; Ⅲ, 1 참조)라고 말했다. 일반적으로 욕망은 떳떳하지 못한 이러저러한 욕망이다. 인간은 본질적인 "죄스러운" 욕망을 피할 수 없다. 그리하여 가장 극단적인 형태에서 금욕주의적 이념은 욕망을 멈추려는 욕망, 의욕하는 것을 멈추려는 의지가 된다. 니체는 이러한 자기 파괴적인 시도를 모든 노력을 포기하려는 시도와 대비시킨다. 고통에 아무런 이유가 없다는 철저한 인식이 빚어낸 가장 위험한 "허무주의적" 결과가 바로 이러한 시도이다. 이와 대조적으로 "무에의 의지"는 의지이며 "여전히 **의지**로 남아 있다."(『도덕』, III, 28) 의지를 의지하지 않는 것도 여전히 의지하는 것임에 틀림이 없다. 이것은 지금까지의 자신과는 다른 존재가 되고자 하는 의지이다. 지금까지 자신과 다른 존재를 의지하는 것은 자신을 "극복"하려는 의지이다. 그것이 바로 니체가 "삶에의 의지"(『과학』, 349)라고 부른 권력의지가 표현되는 특별한 방법이 아닌가. 이리하여 순환구조는 완성된다.

삶에 대한 금욕주의적 증오는 약자와 금욕적 사제가 삶을 살아갈 이유를 제시하는 메커니즘이다. 금욕적 사제도 약자와 마찬가지로 병든 사람이다. 사제처럼 자연을 거부하기 때문에 "삶의 치유적 본능이 고개를 들 수 있다. 이리하여 모든 고통을 당하는 사람들의 나쁜 본능이 자기 훈련과, 자기 감시, 자기 극복의 목적에 이용될 수 있다."(『도덕』, III, 16) 이것이 차라투스트라가 칭찬한 자기 극복은 아니며, 또 이러한 노력이 실패할 운명에 처해 있지만 "무에의 의지"도 여전히 자신을 정복하려는 노력의 하나임에는 틀림이 없다. 다시 말하거니와 무에의 의지는 모든 존재의 원동력이 되는 삶의 본능의 표현이다. "생명이 있는 곳에만 의지가 있다. 내가 가르쳤듯이 삶에 대한 의지가 아니라 권력에 대한 의지가."(『차라』, II, 12)[10]

권력의지의 한 단면으로서 파악된 금욕주의적 이념은 이제 더 이상 모순이 아니다. 니체는 죄는 하나의 사실이 아니라 "생리학적 의기소침"(『도덕』, III, 16)에 대한 해석이라고 주장했다. 우리는 이러한 니체의 진단에 동의하지 않을 수도 있다. 그럼에도 불구하고 어떠한 원인에서 비롯되었든 인간의 불행은 종교적 해석을 가져왔으며, 또 해석은 그것의 원인인 불행을 어느 정도 완화한다는 니체의 주장은 정당한 듯이 보인다.[11]

　"쾌감보다 훨씬 큰 불쾌감이 이러한 허구적 도덕성과 종교의 원인이다. 그러나 이러한 불쾌감의 우세는 데카당스의 공식을 제공한다."(『반그리스도』, 15) 이러한 데카당스에 직면하면 금욕주의적 이념은 궁극적으로는 긍정적인 기능을 행사한다. 그것이 삶을 계속 유지시키기 때문이다. 그럼에도 불구하고 금욕주의는 불쾌감을 계속 증대시키고 사람들로 하여금 자신에 보다 덜 만족하게 함으로써 데카당스가 더욱 조장될 소지가 있다. 성자들은 언제나 자신을 가장 못된 죄인으로서 생각하지 않았던가. 본성을 부인하고 "무"를 의욕하면서 허약한 인간들은 "이제 무엇인가를 **의지**할 수 있게 된다. 처음에는 의욕의 목적이나 이유 혹은 의욕의 도구는 전혀 문제되지 않는다. 여하튼 **의지 자체가 구원을 받았기 때문이다.**"(『도덕』, Ⅲ, 28) 비도덕적 금욕주의는 긍정적인 이유는, 약간의 쾌락을 희생함으로써 보다 많은 쾌락을 확보하며 현세에서 보다 훌륭한 삶을 영위할 수 있게 만들어 주기 때문이다. 그러나 도덕적 금

---

10 인용된 같은 항에서 차라투스트라는 삶에의 의지란 존재하지 않는다고 주장했다.(『우상』, Ⅸ, 14 참조) "진실로 말하노니, '존재에의 의지'를 말한 사람은 진리를 말한 것이 아니다. 그것은 존재하지 않는다. 존재하지 않는 것은 의욕할 수 없고, 또 존재하는 것이라면 어떻게 더욱 존재할 수가 있단 말인가?" 이러한 견해의 기원은 플라톤의 『향연*Symposium*』(200a~204d)에서 찾을 수 있다. 여기서 욕망은 소유하지 못한 것에 대한 것으로서 정의된다. 그러나 플라톤은 우리가 당시에 소유하고 있는 것을 계속해서 소유하려는 욕망도 있다는 것을 인정했다.(200c~e)

11 『도덕』, Ⅱ, 16에서 니체는 원래는 타인에게 향했던 공격적 본능이 내부로 향한 형태가 양심의 가책 및 죄책감이라고 생각했다. 또 양심의 가책과 죄책감은 "인간이 경험한 근본적인 변화의 중압감에 시달리면서 생긴 심각한 질병이며, 이러한 변화는 인간이 사회와 평화의 울타리에 갇혀 있다는 사실을 깨닫는 순간 일어난다." 이러한 견해는 고통에 대한 그의 소박한 설명에 새로운 깊이를 더한다. 이것을 『문화와 불만*Civilization and Its Discontents*』에서 Freud가 결론적으로 표명한 염세적 인생관뿐만이 아니라 Freud를 그러한 결론으로 유도한 추론 과정도 동시에 예견하는 것이었다.

욕주의는 이러한 부정을 극단적으로 밀어붙임으로써 모든 쾌락을 부정하고 이 세계를 한꺼번에 매도한다. 그렇다고 도덕적 금욕주의가 모든 점에 있어서 부정적인 것은 아니다. 그것이 특정한 종류의 사람들로 하여금 가능한 가장 훌륭한 삶을 살도록 허용하기 때문이다. 비록 가장 훌륭한 삶도 불행의 또 다른 모습에 불과하지만 말이다. 모든 이념과 마찬가지로 도덕적 금욕주의도 사라 코프만이 말했듯이 "긍정적이다. 부정적 이념은 평가하는 존재 자체를 긍정한다. 비록 이것이 보다 강한 삶과 인간의 미래를 해칠지라도 이들은 존재하기 위한 수단이다."[12] 그런데 여기에서 니체의 계보학적 해석이 금욕주의적 이념 역시 긍정적이며 권력의지의 표현이라는 것을 증명했다고 하자. 그럼에도 그가 어떠한 근거에서 그것을 비판하느냐 하는 문제는 남는다. 왜 그는 "우리가 그것을 유럽의 정신적 건강의 역사에 있어서 **진정한 재난**이라고 부르는 것은 과장이 아니다"(『도덕』, Ⅲ, 28)라고 말했던 것일까? 이것이 우리가 해결해야 할 문제이다.

이 질문에 대한 부분적인 대답은 코프만의 인용문의 마지막 부분에 어느 정도 암시되어 있다. 금욕주의적 이념이 이것을 실제로 필요로 하는 사람들의 삶을 통제하는 것으로 끝나지는 않는다는 것이다. 니체 자신도 방금 인용한 구절에 대하여 다음과 같은 말을 덧붙임으로써 이 질문에 대한 해답을 예시했다고 할 수 있다. "공포의 대상, 어떤 재난보다도 더욱 파괴적인 재난은 인간이 심한 두려움뿐만 아니라 심한 **구토**까지도, 또 커다란 두려움뿐만이 아니라 커다란 연민까지 자극해야 하는 것이다."(『도덕』, Ⅲ, 14) 니체는 금욕주의적 이념을 제공하는 자의 목적

---

12 Kofman, 『니체와 은유』, p. 187

이 여기에 있다고 생각했다. **원한**에 찬 그들은 다음과 같은 목표를 설정했다. 즉 **"의도된** 것이 아니라 행복한 사건으로서 가끔 역사상에 출현했던" "가장 고결한 유형"(『반그리스도』, 3)의 인물들마저도 금욕주의적이 되도록 설득해야 하는 것이다. 이들 고귀한 유형의 인물들이 자신의 성향에 반해서 고통을 당하도록 훈련해야 하는 것이다. 니체는 약자들이 언제 "궁극적이고 미묘하며 숭고한 복수의 개가를 올릴 수 있을 것인가?"라는 물음을 제기하고 다음과 같이 대답한다. "의심할 여지없이 만약 그들이 행복한 사람들의 **양심**을 자신의 불행으로 **중독시키는** 데 성공한다면, 행복한 사람들은 자신의 좋은 운명을 부끄러워하면서 서로에게 다음과 같이 말하리라. '행복한 것은 수치스러운 것이야. **불행이 압도적이거든!**'"(『도덕』, III, 14)

니체가 금욕주의적 이념에서 찾아낸 권력의지는 『계보학』의 제1부에서 논의했던 귀족의 권력의지에서는 볼 수 없었던 새로운 특징을 드러낸다. 나폴레옹이나 괴테Goethe와 같은 인물을 포함한 이들 이상적인 귀족들은 행복하게도 노예의 도덕에 전염되지 않고, 자신이 좋다고 느낀 것에 기뻐할 뿐 다른 사람들이 자신과 같아지기를 바라지 않는다. "거리의 파토스" 때문에 그들은 자신이 다른 사람들과 다르다는 사실에 커다란 기쁨을 느낀다.(『도덕』, I, 2) 이들 소수의 개인은 "나쁜" 사람들—즉 저열하고 비천한 사람들—이 자신처럼 고귀하고 강해질 수 있으리라고 상상도 하지 못한다. 고귀한 개인의 권력의지는 다름에 대한 긍정에서 표출된다. 그들이 다른 사람처럼 되기를 원치 않는 것처럼 다른 사람들도 그들과 같아지는 것을 원치 않는다. 비록 그것이 가능할지라도 말이다. 그들은 개별적이고 두드러진 개인으로서 남아 있기를 바라는 것이다. 그러나 세계의 나머지 사람들에게는 개인적 차이가 최소화되어야 했다. 니체는 약자가 고귀한 개인을 질투하는 동안에는 잠재적으로라도 후자가 전자에게 위험한 존재로서 간주된다고 생각했다. 노예의 도덕의 주요 목표는 이러한 고귀한 인물들이 자신의 탁월한 특징을 수치스러워하고 그것을 포기하도록 유도하는 것이었다. 이들 고귀한 인물을 일반 대중의 수준으로 끌어 내림으로써 그들에 대한 약자의 공포와 질투를 한꺼번에 불식하려는 것이다. 이것이 노예적 도덕의 최후의 승리일 것이다. "탁월성의 어떤 **형태**를 재현하려는 약자들의 의지, 건강한 사람들을 압제하기 위한 여러 전략적 본능, 즉 가장 허약한 사람들의 권력에 대한 의지가 도처에 범람하고 있다."(『도덕』, III, 14)

"강자와 약자", "귀족과 천민" 및 "건강한 사람과 병든 사람" 같은 니체의 용어는 그가 사용한 언어 중에서도 가장 모호한 것들이다. 이러한 두 집단 사이의 분명한 차이는 노예의 도덕이 모든 사람을 하나의 유일한 행동 규범에 종속하는 반면, 귀족적 가치판단을 하는 인물들은 이러한 노예적 기질을 이해하면서도 그것을 우스꽝스럽게 여긴다는 데 있다. 그렇다면 어떻게 이들 귀족적인 인물들이 노예의 도덕과 금욕주의적 이념을 자신의 것으로 받아들일 수가 있었을까? 해석은 그것이 해석이라는 사실을 은폐하는 한 모든 사람들에게 구속력을 가지는 듯이 보인다. 이러한 목적을 달성하기 위해서 특정한 해석이 객관적으로 확실하게 세계를 재현하는 것으로 제시되고, 사람이고 이성적 존재라면, 신의 아들딸이라면 모두가 지켜야 하는 규범으로 사람들에게 전달한다. 사람들의 집단과 무관하게 보편적인 특징들을 강조하는 것은 사실상 해석의 편파성을 숨기고 특정한 이익과 가치를 은폐하며, 또 그것의 권력의지를 부정하는 행위이다. 금욕주의적 이념은 그러한 이념을 필요로 하지 않는 사람들, 또 그것이 없으면 보다 훌륭한 삶을 살 수 있는 사람들을 지배하려는 목표를 가지고 있다. 그것은 자신을 해석이 아니라 사실로 제시함으로써, 자신을 다른 무엇으로 제시함으로써 이러한 목적을 달성할 수 있다. 이러한 이유로 금욕주의적 이념의 권력의지는 해로울 뿐 아니라 본질적으로 기만적이다. 니체가 그것을 자연스럽고 긍정적인 것으로 인정하는 한편 그것을 맹렬하게 비난하는 두 번째의 이유가 여기에 있다.

어떤 견해가 해석이라고 고백한다고 해서 그것이 오류가 되지는 않는다. 이러한 고백은 특정한 견해가 다른 견해와 마찬가지로 특정한 목적과 특정한 이해의 산물이라는 것, 즉 이것이 모든 사람들에게 보편적으로 적절한 견해는 아니라는 것을 의미한다. 이러한 이유로 진리의 문제를 제쳐놓을 수는 없지만, 해석에 대해서 물을 수 있는 최종적인 질문은 그것이 어떠한 이해에 기여하는가에 대한 것이어야 한다. 어떤 사람들에게 그 해석이 적절하며, 또 그것은 누구에게 혜택을 주는가 하는 물음이 중요하다. 그래서 질 들뢰즈는 제도와 이것을 가능케 한 해석을 점검할 때 우리는 "무엇인가"라는 "형이상학적 질문" 대신 "어떤 것……"이라는 계보학적 질문을 던져야 한다고 주장했다. 여기서 들뢰즈는 『방랑자와 그림자The Wanderer and His Shadow』에 대한 다음과 같은 서문의 초안을 염두에 두고 있었다. "그것이 무엇인가? 나는 호기심에 차서 외쳤다. '**그것이 어떤 것인가**'라고 너는 물어야 한다. 이렇게 디오니소스는 말했다. 그리고는 개성적인 방식으로, 다시 말해 유혹적인 태도로 침묵을 지켰다." 들뢰즈는 이 인용문의 "'어떤 것'이라는 질문이 다음을 의미한다"고 설명한다. "어떤 주어진 대상을 사로잡는 세력은 무엇인가? 또 이것을 사로잡는 의지는 무엇인가?"(pp. 76~77) 이 질문은 개인과 관계된 것이 아니다. 들뢰즈가 강조하듯이 "우리는 '누가 의욕하

는가?' '누가 해석하는가' 혹은 '누가 가치 평가하는가'라고 질문해서
는 안 된다. 왜냐하면 언제 어디에서나 권력의지는 **하나**이기 때문이다."
(pp. 77) 어떤 견해를 제시하고, 또 고귀하게 만드는 삶의 특징, 인물의
유형을 명백히 드러내려는 시도가 해석인 것이다. 이러한 유형은 그 견
해를 처음 내놓은 사람이나 의도했던 것이나, 아니면 무의식적으로 그
러한 삶을 살았던 사람들과 상당히 거리가 먼 것일 수도 있다. 이 점에
서 어떤 견해와 제도에 대한 계보학적 추적은 창시자가 처음에 품고 있
었던 목적과 목표에 대한 탐구가 아니다. 또 전통적인 방식의 기원에
대한 탐구, 특정한 작가나 행위자가 목적으로 생각했던 것이나 이러한
작품이 최초의 관객에게 주었던 의미를 추적하는 작업과도 거리가 멀
다. 계보학은 서로 다른 제도들이 이룩했던 다양하고 예측하지 못했던
결과들, 때로는 서로 아무런 관계가 없었던 결과들에 대한 연구이다.

　한 유명한 구절에서 니체는 다음과 같이 말했다. "점차 나에게 모든
위대한 철학의 정체가 분명해진다. 그것은 철학자의 개인적 고백, 무의
식적인 비망록이다. 또한 모든 철학의 도덕적(혹은 비도덕적) 뿌리로부
터 철학 전체의 나무가 솟아올랐다."(『선악』, 6) 이 인용문은 때로 니체
의 소박한 심리사적心理史的 단순화로서 이해되곤 했다.[13] 다시 말해서
그는 어떤 철학적 견해가 "진정으로" 의미하는 것을 이해하기 위해서
는 철학자의 생애의 특정한 사건을 찾아내야 한다고 믿었다는 것이다.
그 특정한 사건이 철학자의 특정한 견해를 어느 정도 설명해 줄 수 있
으리라는 것이다. 이러한 니체 해석이 유치하게 니체에 적용되면, 그는
부친의 너무 빠른 죽음에 분개했으며 아동기에 자신을 보살필 권위적

---

[13] 니체를 비롯한 다른 사상가에게도 적용되는 이러한 견해는 Ben-Ami Scharfstein의 『철학자들The
　　Philosophers』(Oxford: Basil Blackwell, 1980)에서 찾을 수 있다.

남성이 없었기 때문에(그가 초기에 바그너를 흠모했던 이유를 언제나 이러한 맥락에서 이해되었다) 신의 죽음이라는 유명한 명제에 도달할 수 있었다는 주장이 나온다. 그러나 자신을 때로 "심리학자"로 자처했던 니체는 그러한 탐구에는 아무런 관심이 없었다. 실제로 그러한 연구를 행했던 적은 한 번도 없었다. 위 인용문은 한편으로 어떤 철학적 견해의 배후에 놓인 (의식적이건 무의식적이건) 도덕적 의도와 다른 한편으로 그것 이외의 다른 구성요소들 사이의 관계에 대한 것이다. 니체는 모든 철학적 견해는 특정한 사람들에게만 적절하며, 이러한 사람들이 훌륭히 성장할 수 있는 세계상과 가치관을 제시하는 데 목적이 있다고 믿었다. 이미 살펴보았듯이 니체는 다음과 같이 말했다. "우리는 철학에서 가장 자유로울 수 있는, 즉 우리의 가장 강력한 충동들이 자유롭게 활동할 수 있는 세계상을 추구한다. 이것이 나의 경우이다."(『권력』, 418) 그는 어떤 철학적 견해에 대한 가치평가는 이러한 유형의 행위자에 대한 가치평가라고 생각하였다. 그는 모든 철학자들이 실제로 그러한 유형을 제시하기 위해 노력하였다고 생각했다. 그렇지만 그러한 사실을 명백하게 인식한 것은 자신이 처음이라고 주장했다.

자신의 견해를 모든 사람에게 절대적으로 주입시키기 위해 금욕주의적 이념은 자신의 권력의지와 자신의 특정한 기원과 목표를 은폐한다. 그것은 자신을 해석이 아니라 텍스트로서 제시한다. 그것은 가난하고 짓밟힌 사람들의 삶으로 이루어진 "텍스트"에 대한 하나의 해석에 불과한데도 말이다. 또 이들의 삶도 과거의 삶의 방식에 대한 수많은 해석과 그것의 전복의 결과에 불과한데도 말이다. 니체는 도덕은 "다른 해석이나 목표를 허용하지 않는다. 그것은 금욕주의적 해석의 기준에 입각해서 거부하고 부정하기도 하고, 긍정하고 시인하기도 한다(이보다 더욱 철저하게 짜인 해석의 체계가 존재한 적이 있었던가?)"(『도덕』, Ⅲ;『선악』, 202 참조)고 생각했다. 이러한 금욕주의자의 기만은 모든 독단주의의 특징으로서 자기기만이다. 니체가 금욕주의적 이념에 반대하는 또 하나의 이유가 여기에 있었다. 금욕주의는 역사의 근본적인 우연성을 부인할 뿐 아니라 모든 제도가 변화와 수정, 소멸의 가능성을 가지고 있다는 사실도 거부한다. 더욱 우려스러운 것은 금욕주의는 다양한 종류의 삶이 동시에 가능하다는 것을 부정하는 데 있다. 그리고 그것은 다원적 삶의 해석이 기독교를 비롯한 절대론적 규범에 내재한 일원적 평준화의 경향보다 훨씬 더 희망적이라는 것도 부정한다. 니체가 제시한 미래의 도덕은 "다음과 같은 동의의 기반 위에 서야 한다. 즉 '한 사람에게 좋은 것이 다른 사람에게도 역시 좋다'라는 말이 **부도덕하다**고 판단되는 동의의 기반 위에 서야 한다."(『선악』, 221)

니체가 옹호하는 해석은 금욕주의와 반대로 자신의 실상을 스스럼없이 드러내고 위에 말한 두 가지 의미에서 자신이 편향적이라고 널리 알리고 이에 대한 비판을 환영하는 자세이다. 여기에서 특히 비판을 환영하는 자세가 중요하다. 이러한 비판을 거쳐서 이루어진 새로운 해석이 없으면 모든 견해가 해석이라는 앎이 그러한 견해의 기원과 가치, 목적에 대한 명확한 인식으로 구체화될 수 없기 때문이다. 『계보학』에서 니체는 이 점을 강조하였다. 바로 이점으로 인해서 그는 자신의 탐구도 금욕주의적 이념이 가진 모순과 비슷한 종류의 모순을 가질 수 있는 가능성에 눈을 뜨게 되었다. 그러나 그의 탐구방법에 내재하는 모순을 해결하는 일은 탐구 대상이 가진 모순을 해결하는 일보다 훨씬 어려울 수 있다.

니체는 금욕주의를 거부했지만, 이 책의 마지막 장에서 논할 여러 복합적인 이유로 인하여 이것을 대체할 긍정적 도덕관을 제시하지 않았다. 그는 전통적 도덕 제도에 대한 자신의 해석이 전쟁 포고와 마찬가지라고 생각했다. 그것의 진정한 정체를 밝히면 사람들은 이로부터 등을 돌리게 될 것이었다. 그렇지만 "제도의 진정한 정체를 밝히는 것"은 심각한 문제를 야기한다. 그것은 "삶의 본능이 절대적인 진리로 여기는 것들이 오류"라고 증명하고 싶어서 안달이 난 "거짓말"이었다.(『도덕』, Ⅲ, 12; 『반그리스도』, 56 참조) 또 그것은 선택의 자유와 죄책감, 징벌에 관한 그릇된 전제 관념―그가 그 정체를 밝히고자 했던(『우상』, Ⅵ 참조; 『반그리스도』, 38)―에 입각해 있었다. 이러한 문제들의 진상을 밝히고자 하는 생각에서 그는 기독교를 공격하게 되었다. 그럼에도 동시에 그는 자신의 비판이 앞서 논의했던 의미에서 해석이라는 사실, 따라서 자신의 비판은 전통적인 의미의 비판과는 다르다는 사실을 의식하고 있었다. 그는 "비판이 나에게 무슨 소용이 있으랴!"(『도덕』, 서론 4)라고 말하기도 했다. 그럼에도 그는 금욕주의적 이념이 단지 해석에 지나지 않으며, 객관성과 보편성을 지니고 있지 않다는 것을 증명하는 것을 비판의 목적으로 삼았다. 그는 이것이 의심할 수 없는 진리라고 믿으면서 논지를 전개했다. 그러나 이러한 믿음은 모순적이지 않은가.

『계보학』 제1부의 23-26항에서 진리에 대한 믿음을 논의한 다음 니체는 다음과 같은 깜짝 놀랄 결론을 내린다. 금욕주의적 이념의 허구성을 폭로한 진리에 대한 믿음의 현대판으로서 과학과 역사서술은 금욕주의적 이념의 적대자가 아니라 그것의 "가장 최신의, 그리고 가장 고결한 형태"(『도덕』, Ⅲ, 23)라는 것이다. 24항에서 니체는 과학의 중요성이 진지하게 논의된 『유쾌한 과학』의 제5권을 언급하면서 중요한 구절의 하나를 인용하였다. "과학에 대한 믿음의 배후에는 **형이상학적 믿음**

이 도사리고 있다. 오늘날 진리의 추구자들, 신을 믿지 않는 반反형이상학자인 우리의 **탐구**의 열정은 유구한 천 년 역사의 믿음에서 온 것이다. 그것은 신은 진리이고 진리는 신이라는 기독교적 신앙, 플라톤의 신앙이다."(『과학』, 344) 그렇다면 니체는 한편으로는 금욕주의적 이념과 대결하면서 (또 니체의 전례를 따르는 모든 사람들) 다른 한편으로는 그것을 지속시키기 위해 노력했다는 말이 된다. 금욕주의적 이념이 삶을 부인함으로써 삶을 유지했듯이.

진리에의 믿음이 금욕주의의 반대가 아니라 그것의 일부인 이유를 설명하는 것은 매우 어렵다. 그 주된 이유의 하나는 "진리에 대한 믿음에 있어서 금욕주의적 이념의 옹호자들은 다른 누구보다도 더욱 엄격하고 절대적이다"(『도덕』, III, 24)는 데 있다. 니체는 "과학이 진리보다 **더 필요한** 것은 **아무것도 없으며** 진리와 비교하면 다른 것들은 이류에 지나지 않는다"(『과학』, 344)는 믿음에 기초를 두고 있다. 이와 같이 무조건적인 믿음에 입각해 있기 때문에 과학은 자신이 저항하면서 비판하는 독단주의와 완전히 결별할 수 없다. 이것 외에 다른 이유도 있다.[14] 앞에 인용한 『유쾌한 과학』의 항에서 그는 과학적인 진리에의 헌신은 기만당하지 않고 기만하지 않으려는 의지라고 말한다. 기만당하지 않으려는 의지는 분명히 신중함에서 나온다. "기만당하는 것이 유해하며 위험하고 치명적한다고 가정한다." 그러나 니체는 이러한 가정이 근거가 없는 것이라고 주장한다. 진상을 아는 것보다 속는 것이 이익이 되는 때가 많기 때문이다. 그리하여 "만약 거짓도 진리와 마찬가지로 유용하다

---

14 『도덕』, III, 24의 번역에 대한 주 2에서 Kaufmann은 이것이 니체가 금욕주의와 과학을 연결시킨 유일한 이유라고 생각한다. "이러한 무조건적인 태도, 질문하지 않으려는 태도가 니체에게는 심히 못마땅한 것이었다."

는 사실이 증명되었다면—이것은 사실이다—모든 신념 가운데 진리가 가장 중요하다"는 절대적 믿음은 "생겨날 수가 없었을 것이다." 그렇지만 절대적 진리의 추구는 이러한 신중함의 원칙에서 성립하지 못한다. "'진리에의 의지'는 '나는 결코 기만당하지 않겠다'는 의지가 **아니라**— 여기에는 어떠한 대안도 없다— '나는 심지어 나 자신도 속이지 않겠다는 의지'를 뜻한다. **이러한 의지와 더불어서 우리는 도덕적 기반 위에 서게 된다.**"(『과학』, 344) 니체에 의하면 삶은 허위와 오류, 기만, 환상의 덩어리이다. 인간이 다른 동식물과 다를 이유가 없지만 우리는 다르다고 생각한다. 이와 같이 세계의 나머지와 인간을 대립시키는 믿음은 니체가 금욕주의의 해석에서 논의했던 자기 부정의 변증법적 운동을 반복한다. 진리에 대한 절대적 의지는 자연을 전적으로 거부하려는 인간적 노력의 산물이다. 기만과 오류는 자연의 본질이기 때문이다. 그렇다면 진리에의 의지는 금욕주의의 한 형태라고 할 수 있다.

이러한 도발적인 주장의 진위를 평가하는 일은 어렵다. 니체의 논의가 압축적이고 추상적이기 때문이다. 만일 원했다면 니체는 자신의 습관적 글쓰기에서 어긋나기는 하지만, 이 문제를 붙들고 더욱 오래 씨름하면서 논의를 확대하고 입장을 보다 정교하게 가다듬으며, 가설을 더욱 분명하게 명시할 수 있었을 것이다. 그러나 다행스럽게도 우리는 이 논의를 이와 같이 난해한 지점에서 중단할 수 있다. 과학이 금욕주의의 또 다른 판본이라고 그가 주장한 이유는 지금까지 언급한 두 가지 이유와 무관하기 때문이다.

만약 이 책에서 내가 주장하는 논지가 옳다면 이 문제는 니체가 의문을 제기하고 그것을 해결하려고 노력을 했던 어려운 문제 중에서도 어려운 문제이다. 그러나 그는 이것에 대해 분명한 입장을 밝히지 않는다.

이것은 그의 글의 구조에 내재되어 있기 때문에 직접적인 논의의 대상으로 등장하지 않지만 계속 그 모습을 드러낸다. 그 난제의 성격은 다음과 같다고 말할 수 있다. 해석은 자신이 진리인지라 모든 사람들이 받아들이지 않으면 안 되는 견해로서 제시되는바, 자신의 해석적인 성격을 아무리 분명하게 고백한다고 해도 해석을 제시하는 사람은 일종의 독단주의적 신념을 피할 수가 없다. 진리에 대한 믿음이 의문시되지 않는다는 것이 아니라 적어도 견해를 내놓는 동안에는 그 견해가 의문의 대상이 되지는 않는다는 것이다. 진리와 같은 것은 존재하지 않는다는 의견도 진리의 자격으로 제시되지 않으면 안 된다. 이미 살펴보았듯이 금욕주의는 자신이 해석이라는 사실을 은폐하려 한다. 그러나 금욕주의가 해석에 불과하면서 그것을 공격하는 계보학적 작업 역시도 진리의 이름으로 행해진다. 이와 같이 진리에 대한 믿음이 존재하는 한 금욕주의의 바탕인 독단주의는 사라질 수가 없다.

다음과 같이 니체의 자유정신을 생각해 볼 수 있다. "튼튼하지 않은 밧줄과 가능성에 매달려 있으면서 심연의 가장자리에서도 춤을 출 수 있는 사람의 자기를 결정하는 즐거움과 능력, 그리고 믿음과 확실성을 향한 모든 희망을 포기할 수 있는 의지의 **자유**를 상상할 수 있다. 그것이 **탁월한 자유정신**이다."(『과학』, 347) 니체가 구체적으로 표현하지는 않은 이러한 자유정신을 우리는 상상해 볼 수 있다. 그는 『계보학』에서 이러한 자유정신의 구체적 예를 제시할 법도 했을 텐데 이러한 불가능한 이상을 구체적으로 묘사할 수 없다고 판단한 듯이 보인다. 도덕에 관한 그의 계보학적 설명이 그것 자체에 대한 자기반영적 질문을 야기할 수 있지만, 적어도 그의 방법론에 대한 또 하나의 계보학이 집필되지 않는 한 그러한 질문에 대한 대답을 기대할 수는 없다. 물론 후자의 계보학도 똑같은 질문에 다시 직면하겠지만. 그렇다면 지식의 추구자들이 자기 자신의 정체에 무지한 것은 당연하다고 할 수 있다. "지식에의 의지는 비판을 요구한다. 진리의 가치를 실험적으로 **의심하는 것이** 우리의 임무이다."(『도덕』, Ⅲ, 24) 그러나 진리에의 의지가 없다면 어떻게 이러한 임무를 수행할 수 있겠는가? 계보학과 마찬가지로 그러한 비판도 자연이 자연에 대항하는 또 하나의 예가 아닐까? 그리고 이것이 바로 계보학이 폭로하는 금욕주의의 정체가 아닌가?

그러나 금욕주의의 "부수물"일뿐 아니라 그것의 "핵심"인 진리에의 의지는 어쩌면 금욕주의적 이념의 최대의 적인지 모른다. 금욕주의는 내부로부터 기반이 와해되고 있는지 모른다. "기독교의 신을 진짜 정복한 것이 무엇인지 아는가? 그것은 기독교적 양심이다. 기독교보다 더욱 엄격하게 해석된 진실이라는 개념, 과학적 양심과 지적인 고매함으로 해석되고 승화된 고해 신부의 순화된 기독교적 양심이 그것이다."(『과학』, 357) 과학은 진실을 강조한 기독교의 후계자이며, "2천 년 동안 훈련된 진실이…… 마침내 **신에 대한 믿음의 거짓말**을 더 이상 허용하지 않게 된 결과였다."(『도덕』, Ⅲ, 27) 이렇게 기독교가 그 자체의 기반을 해체했던 것이다. 니체의 말을 빌리면, 기독교는 자기 극복의 씨앗을 품고 있었다.

모든 위대한 것은 자기 극복을 통하여 자신의 몰락을 가져온다. 그것이 생명의 법칙이다…… 이렇게 **독단으로서** 기독교는 자신의 도덕에 의하여 파괴되었다. 마찬가지로 **도덕으로서** 기독교도 이제 소멸할 수밖에 없다. 우리는 이러한 사건의 문턱에 서 있지 않은가. 기독교의 진실성은 추론을 거듭한 끝에 마침내 자신의 **가장 놀라운** 추론, 자신을 **부정하는** 추론에 이르지 않으면 안 된다.

'**진리에의 의지로 인해 의미가 무엇인가**'라는 질문이 제기되는 순간에 그 사건은 도래할 것이다.(『도덕』, III, 27)

혹자는 이러한 질문도 진리에의 의지에 의해 제기된다고 의심할 수도 있다. 그렇다면 이러한 "사건"은 자연이 자연에 대항하는 또 하나가 예가 될 수 있다. 그것은 『계보학』의 구조와 논증하는 방법, 탐구 대상을 움직이게 만드는 순환구조의 또 다른 예가 될지 모른다. 그런데 과연 그러한 "사건"이 완료될 수 있을까?

만약 진리에 대한 문제가 니체의 진지성에 대한 의심과 더불어 겹쳐 있다면 이 질문에 대해 대답하는 것이 매우 절실하고 절박하게 된다. 그가 "형이상학"과 "철학"으로부터 과연 자유로워졌는지 결정하는(만약 우리가 이것에 관심이 있다면) 것이 불가능한 것은 그의 진지성과 무관하지 않다. 이러한 질문에 대해 확실히 대답할 수가 없다고 니체 스스로도 의식하고 있었다. 앞서 논의했던 그 순환구조 때문에 "형이상학"에서 벗어나려는 시도는 언제나 형이상학의 일부로 수렴되기 쉬운 위험성을 가지고 있다. 아마도 의식적으로 그는 철학의 종말을 내세움으로써 철학의 일부가 되었는지도 모른다. 이제 그의 후계자들은 아방가르드적 최후의 형이상학자로서 그가 예견했던 형이상학의 죽음보다도 더욱 과격한 죽음의 판본을 제안하고 있다. 그리고 니체를 철학 안으로 포섭함으로써 자신은 철학의 밖으로 벗어나려는 의도에서 그의 후계자들은 더 많은 철학을 만들어내고 있다. 금욕주의적 이념이 삶을 영위하도록 만드는 책략이었듯이, 역설적으로 철학의 죽음도 철학자들이 계속 철학적인 글을 쓰게 하는 철학의 책략인지 모른다.[15]

금욕주의적 이념과 과학은 모두 "진리는 헤아릴 수 없이 존엄하기 때문에 비판될 수 없다"는 무조건적인 신념에 뿌리를 두고 있다는 점에서 "금욕주의적 이념을 비하하는 것은 과학을 비하하는 결과를 필연적으로 초래한다."(『도덕』, III, 25) 그러나 더욱 더 과학에 의존하지 않고서, 즉 과학을 계속 유지하지 않고서 어떻게 과학을 비하할 수 있단 말인가? 니체는 이러한 어려움을 의식하고 있었다. 이것이 그가 과학이 금욕주의적 이념의 궁극적인 적이라는 의견을 거부한 이유이자, "지고한 정신의 영역에서도 금욕주의적 이념은 현재 그것을 **해롭게** 할 수 있는 **단 하나**의 진정한 적이 있을 따름이다. 그것은 이 이념의 개그맨들이다. 그들만이 그러한 이념을 불신하도록 만들기 때문이다"(『도덕』, III, 27)라고 말한 이유이다. 니체는 그러한 개그맨이 되려고 했다. 그가 웃긴다는 이야기가 아니다. 그것은 금욕주의의 내적인 모순과 기만을 폭로하고 비난하면서 그것과 똑같은 모순과 기만을 무의식적으로 반복하지 않으려는 시도였다. 이러한 모순과 기만을 반복하면 금욕주의에 대해 불신하도록 만들기는커녕 그것 자체도 동일한 종류의 모순과 기만에 빠져 있다는 자기 파괴적인 논증으로 끝나기 때문이다. 이러한 비판의 어려움을 극복하는 것이 니체가 스스로에게 부과한 임무였다. 이에 대해서 짤막하게 언급하고 이 장을 끝맺으려 한다. 이 임무를 완수하려는 그의 노력에 대해서는 제2부에서 논의될 것이다.

니체는 기독교적 도덕이 삶에 대해서 부정적인 태도를 취했기 때문에 그것을 거부하였다. 이러한 기독교관은 『계보학』뿐 아니라 그의 후기 저서의 핵심이기도 하다. 교회는 "언제나 관능성과, 자만심, 지배욕,

---

15 「우리가 주제를 바꿀 수 있을 것인가?: 과학, 문학, 문화 및 철학의 미래에 관한 리처드 로티의 견해Can We Ever Quite Change the Subject?: Richard Rorty on Science, Literature, Culture, and the Future of Philosophy」, Boundary 2, 12(1982), 395~413에서 이 문제를 자세히 논의했다.

탐욕, 복수심 등을 도려내도록 강요해 왔다. 그러나 정념의 뿌리를 비난하는 것은 삶의 뿌리를 비난하는 것이다. 교회가 하는 일은 **삶에 적대적이다.**"(『우상』, V, 1) 살아 있는 생명체가 생명의 일부를 제거하려는 기독교의 모순된 행태에 반발하였던 그는 그것이 전도顚倒된 세계관을 모든 강요하고 있다고 비난했다. "신학자의 본능이 확산되는 곳마다 **가치판단**은 거꾸로 물구나무서기하고, '진리'와 '거짓'의 개념은 필연적으로 전복된다. 즉 삶에 해로운 모든 것이 '진리'의 이름으로 불리고, 삶을 진작하고 긍정하며 정당화하고 승리하도록 만드는 모든 것이 '거짓'이라고 불린다."(『반그리스도』, 9) 그럼에도 니체는 아주 부정적인 이념도 그 추종자의 삶에는 도움이 된다는 사실을 잘 알고 있었다. 세계에 대한 모든 해석은 특정한 삶에 대한 긍정의 표현이다. 따라서 계보학자의 임무는 각 개인에게 가장 적합한 삶의 양식을 발견하는 작업에 다름이 아니다. 모든 부정은 약간의 긍정적 가치를 전제하게 마련이다. 또 "삶 자체는 가치를 매기도록 강요한다. 우리가 가치를 결정할 때 삶은 우리를 통해서 가치가 매겨지게 된다." 그렇다면 우리가 사는 삶을 저주하는 이념은 그러한 삶을 행복하게 살 수 없는 사람들의 이념, "쇠퇴하고 나약하고 저주받은 삶"(『우상』, V, 5)을 사는 사람들의 이념인 셈이다. 이러한 이념이 이와 같이 쇠퇴하는 삶을 도와준다는 사실에는 의심의 여지가 없다. 쇠퇴하는 삶은 이러한 이념을 통해서 살아갈 수 있는 길을 모색하는 것이다. 주어진 삶을 행복하게 살 수 없는 사람들은 삶을 비난하고 자신의 생존을 보장해 주는 새로운 삶의 양식을 고안하게 마련이다.

기독교의 가치 전도에 직면한 니체는 또 하나의 새로운 가치 전도로서 기독교적 이념의 전도를 제창했다. 니체는 삶을 솔직하게 긍정하고 찬양해야 한다고 때로 주장하였다. 기독교와는 대조적으로 그는 삶은 본질적으로 즐겁고 기쁘며 좋은 것이라고 생각했던 것이다. 초기의 몇몇 저서에서도 그는 그러한 견해를 표시했다.(『비극』, 7, 9, 24를 보라) 그렇지만 후기의 저서에서 그의 입장은 보다 미묘하고 복합적이다. 삶에 대한 부정적인 판단을 대놓고서 공격하는 대신에 그는 이러한 판단에 의거해서 살아가는 사람의 유형을 가리키는 암시나 기호로서 이러한 부정적 판단을 이해한다. 그는 긍정적인 판단도 이러한 맥락에서 파악한다. 어떤 판단이 긍정적인지 부정적인지 물을 뿐만 아니라 그것이 긍정하는 특정 대상이 무엇인지를 질문하는 것이다. 궁극적으로 보면 모든 판단은 긍정적이다. 그가 직접적으로 공격하는 대상은 특정한 판단이 아니라, 유일하게 올바른 삶이 있으며 그것을 유일한 기준에 따라서 판단할 수 있는 듯이 삶의 가치에 대해서 보편적인 판단을 내리려는 경향이었다. 원근법주의는 긍정적이든 부정적이든 이러한 일반적 가치평가에 쐐기를 박는다. "긍정이든 부정이든 삶에 대한 판단, 삶에 관한 가치판단은 궁극적으로는 진리가 아니다. 이들 판단은 단지 증상으로서만 가치를 지닌다. 단지 증상으로서만 생각할 가치가 있다. 그 자체로 보면 이러한 가치는 어리석은 행동이다. 우리는 있는 힘을 다해서 손을 뻗어서 다음과 같이 놀라운 견해를 붙잡기 위해 노력해야 한다. 즉 **삶의 가치는 판단될 수 없다는 것이다.**"(『우상』, Ⅱ, 2) 삶에 대한 전체적인 평가는 있을 수가 없다. 만약 삶이라는 것이 존재한다면 삶 그 자체는 아무 가치가 없기 때문이다. "변화생성은 매 순간 같은 값어치를 지닌다. 이들 가치의 총합은 언제나 동일하게 남아 있다. 다른 말로 표현하자면 변화생성은 아무런 가치가 없다. 다른 가치의 기준이 되어 주거나 '가치'라는 말이 적용될 수 있는 것은 존재하지 않기 때문이다. **세계 전체의 가치**

는 측정될 수 없다. 그렇다면 철학적 염세주의는 우스꽝스러운 것이다."(『권력』, 708) 이와 같은 니체의 주장은 철학적 낙천주의도 염세주의와 마찬가지로 우스꽝스러운 것이라는 점을 암시한다. 그는 세계에 관한 어떠한 일반적인 태도도 진지하게 수용할 수 없었다. 때문에 기독교의 부정적 가치를 단순히 전도시키거나 모든 삶을 무조건적으로 찬양하는 태도를 취하지 않았다.

하지만 가치 없는 삶은 불가능하다. 차라투스트라는 "어느 누구도 무엇인가를 평가하지 않고서는 살 수가 없다"고 말했다. 그러나 앞에서 논의했듯이 가치와 가치의 판단은 본질적으로 보편적일 수 없다. 위의 인용문에 이어서 차라투스트라는 다음과 같이 말했다. "만약 자신을 보존하려 한다면 우리는 이웃을 평가하듯이 우리 삶을 평가해서는 안 된다."(『차라』, I, 14) 삶 자체는 가치가 없지만 개인이나 집단의 삶은 개인과 집단이 부여한 가치를 소장한다. 어떤 삶은 비천하고 끔찍하지만 어떤 삶은 훌륭하다. 삶의 가치는 그것을 어떻게 만드느냐에 달려 있는 것이다. 그래서 니체는 가치는 발견되는 것이 아니라 창조되는 것이라고 말하였다. 그러나 대부분의 사람들은 이것을 이해하지 못한다. 그들은 전승된 일반적 판단을 반복하기 때문에 가치는 세상에 이미 객관적으로 존재하는 것이라고 생각하는 경향이 있다. "자신의 의지를 사물에 부과할 수 없는, 힘없는 사람들이라고 할지라도 사물에 약간의 **의미**를 부과한다. 이것은 사물에 이미 의지가 있다는 믿음이다. 의지의 강도는 우리가 얼마나 사물에 의미를 부여하지 않을 수 있는가, 의미 없는 세상에서 얼마나 견딜 수 있는가에 달려 있다. **왜냐하면 세계를 부분적으로 구성하는 것은 우리 자신의 힘이기 때문이다.**"(『권력』, 585A)

그렇다면 무엇이 세계에 의미와 구조 및 가치를 부여하는가? 그것은 우리가 이 책의 남은 부분에서 살펴보게 될 텐데, 첫째로는 고통과 아픔은 지울 수 없는 삶의 일부로서 세상의 다른 것들과 마찬가지로 그 자체로서는 선도 악도 아니라는 것을 달갑게 받아들이는 것이다. 이들의 가치는 그것으로 무엇을 만드느냐에 달려 있다. "가장 용감하고 가장 고통에 익숙한 동물인 인간은 고통을 고통으로서 **거부하지 않는다.** 만약 고통에 **의미와 목적**이 있다고 생각하면 인간은 고통을 **원하고** 추구하기까지 한다."(『도덕』, Ⅲ, 28) 두 번째로, 삶이 품고 있는 고통과 아픔에도 불구하고, 아니 바로 고통과 아픔이 있기 때문에 우리는 자신에게 가장 적합하고 자랑스러운 삶을 창조할 수 있다. 삶의 기회가 다시 주어진다고 해도 그것의 아주 사소한 부분까지 이전의 삶을 그대로 반복하고 싶을 정도로 성취적인 삶을 살아야 하는 것이다. 이것은 살았던 삶을 있는 그대로 긍정하는 자세이자 그것과 다른 삶이 가능하리라고 상상조차 하지 않는 자세이다. 그러한 생각도 떠오르지 않도록 삶을 긍정하는 것이다.

이것이 영겁회귀의 사상이다. 영겁회귀는 삶의 사소한 부분들도 똑같이 삶에 본질적인 의미를 가지기 때문에 한 조각이라도 변화가 생기면 삶 전체가 붕괴될 정도로 삶을 유기적으로 완벽하게 구성해야 한다는 전제를 가진다. 이러한 삶을 사는 사람에게 중요한 것은 삶의 본질적·도덕적 특징이 아니라 삶의 경험과 행동을 훌륭하게 조직하는 작업이다. 이와 같이 삶과 세계에 대한 그의 유미주의적인 태도는 니체 자신도 인정하듯이 본질적으로 형식주의적이다. 그는 "삶을 포함해서 내용은 이제 단순히 형식적인 것이 된다"(『권력』, 818)고 말하지 않았던가.

금욕주의적 이념의 개그맨이 되기 위해서는 삶과 세계의 보편적 가치를 결정하려는 시도를 포기해야 한다. 그것은 자신의 목표를 성취하는 방법을 다른 사람들에게 강요하지 않고서 자신의 삶을 가치 있게 만들기 위해 자기 자신을 바라보는 것이다. 도덕적 원근법주의자가 되어야 하는 것이다.

위대한 업적을 이루는 방법을 보여 주지 않으면서 위대한 업적을 성취하는 능력은 위대한 예술가의 본질적인 특징의 하나이다. 예술가는 다른 사람들이 그것을 성취할 수 있는지 없는지에 대해서 관심을 갖지 않는다. 니체는 예술과 도덕이 서로 대립각을 세우는 개념이라는 것을 잘 알고 있었다. **"거짓말을 정당화하고 기만에의 의지로 인해서** 양심의 가책을 느끼지 않는 예술은 금욕주의적 이념과 본질적으로 대립적이다. 이 대립은 과학과 금욕주의적 이념의 대립보다도 더욱 근본적인 것이다. 유럽이 배출한 가장 탁월한 예술의 적수 플라톤은 이것을 본능적으로 알고 있었다."(『도덕』, Ⅲ, 25) 그런데 니체는 자신이 속한 전통을 공격하면서도 그것을 동시에 수용하고 포기한다. 앞서 살펴보았듯이 너무나 거세게 공격하면 자신의 의도와는 정반대로 공격의 대상을 계속 유지시킬 수 있다. 그렇다고 과거의 전통과 완전히 단절하고 예술에 귀의하면(때로 그는 이 가능성을 고려했던바) 관심의 대상만을 바꿀 뿐 그 전통은 그대로 유지될 것이다. 글쓰기를 통해서 니체는 독단주의를 거부하면서 독단주의에 대한 경종을 울리려고 시도했다. 이와 같이 어려운 문제에 대한 그의 유례없는 해결책은 의식적으로 자신을 허구적인 인물로 만들고, 자신의 삶을 문학 작품으로 만드는 것이다. 앞으로 이어지는 논의에서 나는 이러한 니체의 해결책을 자세히 살펴볼 텐데, 자신의 자아를 재료로 삼아서 순도 높은 철학적 견해를 가진 작중인물을 창조하는 것이 무엇인지에 대해 논의할 것이다. 이러한 기획을 성공시키기 위해서는 세계와 삶에 관해 어떠한 철학적 견해를 취해야 하는가? 그리고 삶을 문학으로 만들려는 시도는 독단주의와 자연을 자연에 대립시키는 필요성에서 과연 벗어날 수 있는 것일까?

제2부

자아

제5장

현재의 삶이 우리의 영원한 삶이다

삶을 최대한 이용하는 것과 최소한 이용하는 것에는 차이가 있다.
그래서 다른 시간과 다른 공간에서 보다 훌륭한 삶을 살 수 있도록 말이다.
삶을 최대한 이용하는 것이 죄가 되는 것일까?
현재와 마찬가지로 미래에도 우리의 삶은 매수되어야 하는 것일까?

─헨리 제임스(Henry James, 1843~1916. 미국의 소설가.─옮긴이)의
「벨트라피오의 작가The Author of Beltraffio」에서

니체의 견해에 대해서 나름대로 의견을 표명할 수는 있지만 그 견해들이 모두 다 합리적이라고 생각하는 것은 무리다. 니체는 상식의 구조를, 일상 언어의 의미 구조를, 이성적 사유의 언어 구조를 계속해서 흠집을 낸다. 그는 이러한 식의 글쓰기에 고집스럽게 집착할 뿐 아니라 자랑스러워하기도 한다. "내가 어떻게 오늘날 사람들이 읽는 작가의 하나라고 잘못 생각할 수 있을까? 단지 미래가 나에게 있을 따름이다. 어떤 작가들은 사후에 태어나는 것이다."(『반그리스도』, 서론) 카를 폰 게르스도르프Carl von Gersdorff에게 보낸 편지에서 그는 오만할 정도로 솔직하게 다음과 같이 말한다. "『차라투스트라』와 같은 작품을 쓸 수 있는 사람은 오늘날 존재하지 않습니다."[1]

사상사에서 자신이 차지하는 독특한 위치를 지나치게 강조함으로써 니체는—그의 글의 목적에는 필수적이었는지 모르지만—많은 불이익을 당했다. 독자들이 그를 다음과 같이 생각하도록 만들었기 때문이다. 그는 상식적으로 말이 안 되는 견해를 주장하고는 아무 정당한 근거도 없이 그것이 너무나 시대에 앞선 것이라고 옹호하는 사상가이거나, 아니면 가르침이 아니라 충격을 주기 좋아하는 사상가로서 그를 매도하도록 만드는 구실을 그의 글이 제공하는 것이다. 니체가 독자에게 충격을 가하고 싶어 했다는 것은 의심의 여지가 없다. 그러나 그는 충격이 가르침과 모순된다고 생각하지 않았다. 그는 가르침에도 열심이었던 것이다. 그런데 그의 많은 견해 중에서도 가장 난감하기 짝이 없는 영겁회귀 사상의 경우 그가 가르침에도 열심이었다는 주장이 상당히 의심스러워진다. 그럼에도 차라투스트라(『차라』, III, 13)와 니체는(『우상』, X, 5) 자신이 영겁회귀의 교사라고 주장했다.

일반적으로 영겁회귀는 우주론적인 가설로 이해된다. 이러한 우주론적 해석에 따르면, 영겁회귀는 우주에서 과거에 일어난 모든 사건과 지금 일어나는 모든 사건, 또 앞으로 일어날 모든 사건이 완벽하게 똑같은 사건들로서 똑같은 순서에 따라서 이미 일어났으며, 앞으로도 무한히 반복적으로 일어날 것이라는 주장을 의미한다. 이러한 사건의 주기는 절대적으로 동일하다. 그렇다면 오로지 하나의 주기만이 있으며, 이것이 무한히 반복된다고 말하는 것이 정확할 것이다. 만약 여기에 정확이라는 말이 적용될 수 있다면. 또한 영겁회귀는 "이미 **무한히** 자신

1 Peter Fuss, Henry Shapiro의 『니체: 그의 서한에 나타난 자화상*Nietzsche: A Self-Portrait from His Letters*』(Cambridge, Mass.: Harvard University Press, 1971), p. 74에서 재인용. 이 편지를 쓴 날짜는 1883년 7월 28일이다.

을 반복하면서 유희하는 순환적 운동으로서의 세계"(『권력』, 1066)라고 말할 수도 있다. 이러한 반복 사이에는 어떠한 변화나 상호작용도 있을 수가 없다. 우리가 지금 하고 있는 일은 과거에 이미 일어났던 행동의 반복임에도 틀림이 없지만 주기의 반복 사이에는 아무런 상호작용이 없기 때문에 그것을 기억하는 것은 불가능하다. 그럼에도 우리의 현재 행동이 정확하게 미래에도 무한하게 그대로 반복될 것이라고 할 수 있다.[2]

니체가 이러한 우주론적 이론을 진지하게 받아들였다고 생각하지 않는 해석자도 있지만[3] 그렇다고 그가 진지하게 이것을 주장했다는 증거를 텍스트에서 찾기가 불가능한 것은 아니다. 그러나 그러한 증거가 영겁회귀의 이해에 큰 도움을 주지는 않는다. 니체가 영겁회귀를 설명한 구절에 모두 우주론적 이론이 등장하는 것은 아니다. 그리고 회귀와 그것의 심리적 충격에 대해서 언급한 여러 대목을 살펴보면 그가 이러한 우주론적 가설을 진지하게 믿었다는 증거가 보이지 않는다. 그가 영겁회귀를 심리학적으로 중요하게 이용했던 점에 미루어 보면 이것이 물질적 우주론과는 아무런 관계가 없다고 생각할 수도 있다. 그럼에도

---

2 회귀에 대한 이러한 설명은 최근의 많은 저서에서 발견되었다. Danto의 『철학자로서 니체』의 제7장, Kaufmann의 『니체: 철학자, 심리학자, 반그리스도』의 제11장 Joe Krueger의 「우주론적 가설로서의 니체의 회귀Nietzschean Recurrence as a Cosmological Hypothesis」, Journal of the History of Philosophy, ⅩⅤ(1978), 435~444, Arnold Zuboff의 「니체와 영겁회귀Nietzsche and Eternal Recurrence」, in Robert Solomon, ed., Nietzsche: A Collection of Critical Essays(Garden City, N. Y.: Doubleday, 1973), pp. 343~357, Bernd Magnus의 「니체의 영원론적 반신화反神話Nietzsche's Eternalistic Countermyth」, Review of Metaphysics, ⅩⅩⅤ(1973), 604~616, 그리고 『니체의 실존적 명제Nietzsche's Existential Imperative』(Bloomington: Indiana University Press, 1978), Ivan Soll의 「회귀에 대한 고찰Reflection on Recurrence」, in Solomon, Nietzsche, pp. 322~342. 앞으로 살펴보겠지만, Magnus와 Soll은 가설의 실상보다는 그것의 가능성에 보다 관심이 많다. 이들 논문과 저서에 대해 앞으로 언급하게 될 때는 본문의 관호 안에 면수로 표시할 것이다.

3 Tracy B. Strong, 『니체와 변형의 정치학Friedrich Nietzsche and the Politics of Transfiguration』(Berkeley: University of California Press, 1975), p.261

많은 니체 해석자와 니체도 때로는 영겁회귀를 우주론적 이론과 동일시했다.

때로 니체는 이러한 우주론이 무용지물이라고 생각했는지 모른다. 만일 이것이 사실이라면 이것은 그가 회귀의 "증거"를 책으로 출판하기를 꺼렸다는 사실에 대한 이유가 될 것이다. 만약 영겁회귀가 우주론적으로 이해되어야 한다면 그러한 출판된 증거가 필요했을 것이다. 그러나 성격상 경험적 확증이 불가능한 회귀 이론은 선험적 증명이 전제되지 않고는 논리적 설득력을 가질 수가 없다.[4] 이것은 중요한 문제이다. 매우 유명한 구절에서 니체는 회귀를 『차라투스트라는 이렇게 말했다』의 "근본적 사상"으로서 정의했으며(『차라』, 1에 대한 『이사람』), 또 이미 살펴보았듯이 차라투스트라를 회귀의 교사라고 칭하지 않았던가. 우주론을 가르치기 위해서는 사실적 증거를 제시하려는 최소한의 노력이라도 있어야 한다. 그러나 그는 출판된 저서에서 이러한 노력을 하지 않았던 데다가 『차라투스트라』에서 서정시를 쓰듯이 회귀 이론을 말함으로써 그것이 과학적일 수도 있다는 생각 자체를 아주 우스꽝스럽게 만들었다. 앞으로 논의할 『차라투스트라』의 「환영과 수수께끼」(『차라』, Ⅲ, 2)라는 항목이 그러한 서정적 스타일의 증거가 된다고도 할 수 있다. 이미 말했듯이 『우상의 황혼』에서 니체는 자신을 영겁회귀의 교사로서 칭했다. 이 책의 스타일은 『차라투스트라』와는 현저하게 다르기 때문에 필요하다면 니체는 여기에서 우주론적 이론에 대한 엄격한 논증을 할 수도 있었을 것이다. 그러나 그는 그러한 논증을 전개하지 않았다.

니체의 메모에는 우주론적 증명을 위한 시도가 없지 않았다. 이들 메

---

4 『철학자로서 니체』, p. 204에서 Danto는 이러한 조장을 훌륭히 전개했다. Kaufmann도 그가 회귀의 '초역사적 성격'이라 부른 것을 『니체』(pp. 319~321)에서 논의했다.

모의 일부를 『권력의지』에 포함한 엘리자베트 니체는(『권력』, 1053~67) 그것을 책의 결론 부분에 배치함으로써 그것을 특히 강조했다는 인상을 준다. 그러나 이들 메모의 목적이 무엇인지 판단하기는 어렵다. 단지 출판되지 않았다는 것 때문이 아니라 그러한 메모 목적이 밝혀지지 않았기 때문에 그것을 니체의 중요한 견해로 받아들이기도 어렵다. 그는 완성할 수 없었던 저술의 일부로 포함할 계획을 가지고 있었던 것일까?(『권력』, 1057을 보라) 아니면 자신이 찾아낸 증거가 너무나 불만족스러워서 출판하지 않았던 것일까? 스스로 확신이 생길 때까지 기다리면서 말이다. 아니면 회귀가 그의 사상의 중요한 축이기는 하지만 증거는 필요하지 않다고 생각했던 것일까?

이런 질문에 대한 대답이 무엇이든 니체는 불확실하고 미완성인 "증거"에 만족하지 못했음이 틀림없다. 거칠게 생각할 때 우주의 역사가 무한히 반복된다는 결론에 이르기 위해서는 적어도 다음과 같은 두 가지 전제가 충족되어야 한다.

1) 우주의 에너지의 총합은 제한되어 있다.
2) 우주의 에너지 상황의 총량은 제한되어 있다.

이러한 전제를 분명하게 명시한 니체는 첫 번째 전제에서 두 번째 전제가 나온다고 생각했던 것 같다.(『전집』, V2, 421) 그러나 사실은 그렇지 않다. 우주의 체계에서 에너지의 양이 제한되어 있다고 하더라도 그 총합은 무한한 방법으로 배분될 수 있다. 이때 그가 염두에 두고 있는 반복은 불가능해진다.[5] 두 번째 전제가 충족되기 위해서는 첫 번째 전제와는 다른 입증이 필요하지만 무엇으로 그것을 입증할 수 있는지는 불분명하다. 이러한 논의에서 게오르그 짐멜(Georg Simmel, 1858~1918. 독일의 생철학生哲學의 대표적 철학자이며 사회학자.—옮긴이)의 고전적 반박, 즉 두 번째 전제가 참이며 우주에 제한된 숫자의 상황만이 있다고 가정해도(정확히 말해 이것은 세 번째 전제이다) 이러한 상황의 특정한 결합이 반복되는 것을 기대할 수는 없다는 반박을 상기할 필요가 있다.[6]

회귀에 대한 우주론적 해석을 증명하지는 않아도 일반적으로 그것을 뒷받침한다고 생각된 구절들을 조심스럽게 살펴보면, 니체가 그러한 이론을 주장했는지의 여부조차 불분명하다는 사실을 발견하게 된다. 예를 들어 『권력의지』—니체의 다양한 메모에서 수집된 글들로 이루어진—의 55항을 생각해 보자. 그가 영겁회귀를 "모든 가능한 가설 가운데 가장 **과학적인** 가설"이라고, 더 나아가 가장 "물리적"인 가설이라고 생각했다면 이로부터 우주론적인 가설이 유도될 수도 있겠다.(카우프만, p. 326 참조) 그러나 이러한 추측은 근거가 없다. 우선 독일어 wissen-schaftlich가 scientific보다 훨씬 광범위한 의미를 가지고 있다는 점은 논외로 하더라도 니체가 자연과학의 정당성을 근본적으로 의심했다는 사실을 기억해야 한다. "물리학이 세계-설명(World-explanation)이 **아니라**(우리에게 적합한) 세계에 대한 해석이며 주석이라는 사실을 아마도 오늘날 대여섯 사람이 깨닫고 있는지 모른다."(『선악』, 14) "오늘

---

5 Danto의 『철학자로서 니체』, p. 206. Magnus가 수용한 이러한 비판은 Krueger의 주장이기도 하다. 이러한 비판으로부터 니체를 옹호하는 글에는 Marvin Sterling의 「영겁회귀에 대한 최근의 논의에 대한 비판적 논평Recent Discussions of Eternal Recurrence: Some Critical Comments」, Nietzsche-Studien, Ⅵ(1977), 261~291이 있다. 하지만 Marvin은 니체가 매우 의심스러운 존재론적 이론을 가지고 있었다고 주장함으로써 그를 옹호했다.

6 Simmel의 『쇼펜하우어와 니체Schopenhauer and Nietzsche』(Leipzig: Duncher and Humblot, 1907), pp. 250~151, 그리고 Kaufmann의 『니체』, p. 327. Soll은 Simmel의 비판이 상태의 임의적 재조합에는 적용될 수 없다는 사실을 암시하면서도 니체의 결정론은 그러한 해석을 허용하지 않는다고 정확하게 진단했다. 그의 「회귀에 대한 고찰」, pp. 327 이하 참조

날 '객관성'과 '과학적'임을 운운하면서…… '의지에서 독립한 순수 지식'으로서 자신을 정당화하는 대부분의 것들은 위장된 회의주의나 의지의 마비에 불과하다."(『선악』, 208) 때문에 아무런 논증을 거치지 않고서 우리는 니체가 영겁회귀를 통해 물리학을 앞지르려 했다고 가정할수는 없다. 무엇보다 그는 이러한 경쟁도 전통적인 의미에서의 경기로서 거부하였다. 위의 인용문의 올바른 이해를 위해서는 전후의 문맥을살펴보아야 한다. 이 인용문이 있는 구절은 다음과 같이 시작한다. "이사상을 가장 두려운 형태로 한 번 생각해 보자. 아무런 의미나 목적 없이, 또 무의 종말도 없이 어쩔 수 없이 반복되는 그대로의 존재를, '영겁회귀'를. 이것은 가장 극단적인 허무주의이다. 무('무의미성')가 외부에서 존재하는 것이다!"(『권력』, 55) 여기서 중요한 논점은 우주는 진보하지도 않고 지향하는 특정한 목적도 없으며 다만 현재와 마찬가지로 무한히 지속될 것이라는 생각에 있다. 동일한 개별적 사건이 무한하게 반복된다는 주장은 여기에 없다. 이 대목에서 니체는 기독교의 종말을 예견하면서 세계 전체와 모든 개인적인 삶은 그 자체의 고유한 목적을 지닌다는 견해를 피력하고 있다. 기독교의 종말로 인해 "존재에는 아무런 의미도 없고 모든 것이 헛된 것처럼 보이며…… 목적이나 목표가 없는 '공허한' 지속이라는 생각은 아주 무서운 생각이다."(『권력』, 55)

이 구절에서 니체는 영겁회귀에 대한 일반적 해석인 우주론에 대해 단 한 번도 언급하지 않는다. 그는 세계가 계속 존재하는 한 그것은 어느 정도 지금까지 진행되었던 방식으로 지속될 것이며, 어떤 궁극적인 상황도 그 이전에 살았던 사람들의 삶을 구원해 줄 수는 없다고 주장할 따름이다. 이 구절이 우리 논의 대상인 영겁회귀를 해석하고 있다는 것을 깨닫는다면 그것이 보다 명백해진다. 앞서 말했듯이 니체는 영겁회귀는 "모든 가능한 가설 가운데 가장 **과학적인 가설**"이라고 주장한 다음에 "우리는 궁극적 목적을 부정한다. 만약 존재에 목적이 있었다면 이미 그것은 실현되었을 것이다"(『권력』, 55)라고 말했다. 그렇다면 영겁회귀가 "과학적"인 이유는 그것이 객관적이거나 사실과 부합하기 때문이 아니라—이러한 가능성 자체를 니체는 모순으로 간주했거니와—목적론적인 요소를 전적으로 배제하기 때문이다. 이것이 그의 메모의 주된 주장이다. 이러한 의미로 과학이 정의된다면 회귀에 대한 그의 주장은 분명히 "과학적"이다.

사실, 회귀를 논의한 니체의 저서에서 우주론을 분명히 언급한 구절을 찾기는 매우 어렵다. 니체는 "일찍이 존재했던 것, 그리고 지금 존재하고 있는 것과 화해하면서 조화롭게 살뿐 아니라 **다 카포**(처음부터 반복하여)를 열정적으로 욕망하면서 **존재했던 것**과 **존재하는 것**이 영원히 반복하기를 원하는, 정신적이고 활발하며 긍정적인 인간"(『선악』, 56)을 존경했다. 여기서 니체는 "존재했던 것이나 존재하는 것"이 영원히 반복되기를 **원하는 욕망**을 강조하였다. 그러나 그는 반복될 대상의 정체 무엇인지, 영겁회귀에 관한 우주론이 사실인지, 그러한 우주론이 모순적인지와 같은 질문에 대해서는 답을 제시하지 않는다. 다음 인용에서도 우주론적 가설의 진위는 여전히 불명료하다. "인간의 위대성을 향한 나의 공식은 **운명애**(amor fati)이다. 즉 과거와 미래, 그리고 영원에 걸쳐서 아무것도 달라지기를 원치 않는 것이다. 필연적인 것을 회피하지 않고 견디며—필연적인 것을 이상주의자들은 거짓으로 적당히 얼버무린다—또 그것을 **사랑하는 것**이다."(『이사람』, Ⅱ, 10)

언뜻 보기에 의미가 분명한 다음의 텍스트도 의문의 여지가 많다.

사라져 가는 것 **파괴하는 것**을 긍정하는 것은 디오니소스적 철학의 결정적 특징이다. 대립과 전투에 대해서도 '예'라고 긍정하는 것, **존재라는 개념을 철** 저하게 부인하고 변화생성을 긍정하는 것, 이것이야말로 지금까지 생각된 어떤 사상보다도 더욱 귀중한 것이다. 영겁회귀의 사상, 모든 것(alle Ding)이 무조건 적으로 무한하게 반복하는 순환. 헤라클레이토스가 차라투스트라에게 이러 한 사상을 **이미 가르쳤는지도 모른다.**(『비극, 3에 대한 『이사람』, III』)⁷

모든 것이라는 말이 세계사에서 발생한 모든 개별적 사건이라고 생 각하면 안 된다. 니체는 회귀를, 역사를 구성하는 개별 사건들이 아니라 자연 주기의 무한한 반복을 강조하는 디오니소스 사상과 연결하기 때 문이다. 그는 디오니소스 사상이 쇠퇴와 부패까지 포함해서 자연 주기 의 모든 것을 찬양한다는 사실을 강조했다. 그리고 그는 헤라클레이토 스로부터 우주론이 아니라 전쟁과 죽음도 평화로운 삶의 또 다른 측면 이며, 또 모든 것들은 서로 의존적으로 존재한다는 사상을 물려받았다. 사실상 니체는 자신의 주장으로 간주되는 우주론을 단호하게 거부하는 듯이 보이기도 한다. "별들의 순환 운동처럼 모든 것들이 어디에서나 우 아하게 움직인다고 생각하는 것을 경계하자"(『과학』, 109)고 말하였다.

---

7 이 인용문은 다음과 같이 계속된다. "적어도 스토아 철학은 그러한 요소를 가지고 있었고, 스토 아 철학자들은 헤라클레이토스부터 중요한 관념들을 물려받았다." 여기에서 니체의 견해는 매 우 과장된 것이다. 그럼에도 그가 스토아 철학자들이 헤라클레이토스로부터 무엇을 물려받았다 고 말하는지는 분명하지 않다. 특별히 이 대목을 쓰기 이전에 그가 다음과 같이 말했다는 사실 을 상기하면 더욱 그러하다. "헤라클레이토스는 '황량한 마음'을 완전히 벗어나지 못했다. 이미 스토아 철학자들은 그를 피상적으로 재해석함으로써, 우주적 유희라는 근본적으로 미학적인 개 념을 세계의 유용한 목적이라는 통속적인 개념으로 바꾸었다."(『그리스』, 7)『반시대적 고찰』에 서 니체는 "천체의 별자리가 미세한 사항에 이르기까지 모든 것을 똑같이 계속 반복한다면, 지 상에서도 역시 이러한 반복이 있어야 할 것이다"라는 견해를 부정적으로 묘사했다. 니체는 이러 한 견해가 피타고라스학파의 사상이라고 생각했다.(『고찰』, II, 2)

니체의 저서에서 우주론과 가장 가까운 두 구절이 『차라투스트라는 이렇게 말했다』에 있다. 「회복기의 환자The Convalescent」(『차라』, III, 13)라는 제목의 항에서 차라투스트라는 「심연의 사상」과 직면한다. 심연의 사상과 회귀의 관계는 앞으로 우리가 고민할 주제인데, 심연의 사상이 너무나 끔찍해서 차라투스트라는 의식을 잃고 7일 동안 자리에 누워 있게 된다. 이 기간이 지나자 그를 지켜보던 동물들은 다음과 같이 말한다.

> 모든 것은 가고 다시 돌아온다. 그렇게 존재의 바퀴는 돌아가는 것이다. 모든 것은 죽고 또다시 태어난다. 영원히 존재의 수레바퀴는 돌아간다. 모든 것은 깨지고 또다시 조립된다. 영원히 똑같은 건물이 건축되는 것이다. 모든 것들은 작별하고 다시 환영하면서 만난다. 영원히 존재의 고리는 자신에 충실한 것이다. 모든 존재는 '지금' 시작한다. 바로 '여기'의 주위에서 '저기'에 있는 천체가 돌고 있다. 중심은 어디에나 있다. 영원의 길은 원형인 것이다.(『차라』, III, 13)

이 구절에는 디오니소스적 자연관이 표명되어 있다. 동물들은 차라투스트라를 "영겁회귀의 교사"로서 환호하고 그가 "처음으로 그러한 사상을 가르쳐야 한다"고 부탁하면서, "그대가 가르치는 것, 즉 모든 것은 영원히 반복해서 발생하며 우리도 역시 마찬가지이다. 우리와 주위에 있는 모든 것이 이미 무한한 횟수로 존재했다는 사상을 이해한다"(『차라』, III, 13)고 말한다. 그런데 이미 무한한 횟수로 설파된 사상을—만약 그 사상이 진리라면—차라투스트라가 **처음으로** 가르칠 인물이라고 말하는 주장은 아이러니하다. 더구나 이 사상을 처음 소개하는 것이 차라투스트라가 아니라 동물이라는 사실은 더욱 아이러니하다. 그런데 여기에서 더욱 중요한 것은, 그가 짐짓 생색을 내면서 이들 동물을 "어릿광대이며 손풍금장이"라고 애칭으로 부르면서 자신의 생각을 "손풍금에 맞춰 부르는 노래"로 바꿔놓았다고 이들을 비난하고, 동물들이 자신의 생각으로 돌린 사상을 인정하지 않았다는 사실이다. 이유야 어찌 되었든 동물의 영겁회귀관도 엄격한 의미의 우주론은 아니라고 할 수 있다. 그럼에도 인간을 구성하는 요소들이 가능한 모든 배합의 형태로 이미 무한하게 존재했고, 또 미래에도 계속 그렇게 존재할 것이라는 견해와 동물들의 사상이 모순되지는 않는다. 니체가 다음과 같이 말했을 때 이러한 영겁회귀를 염두에 두었는지 모른다. "세계는 존재한다. 그것은 생성하는 것도 사라지는 것도 아니다. 차라리 이렇게 말해야 하지 않을까? 세계는 생성하고 사라진다. 그러나 세계는 사라지기를 결코 멈추지 않을 것이다. 세계의 분비물은 세계의 음식이다."(『권력』, 1066) 또 『교육자로서의 쇼펜하우어*Schopenhauer as Educator*』에서 그는 한 개인이 어떠한 우연한 우주적 배합이 일어날지라도 두 번 다시 똑같이 존재할 수 없다고 단언했다. "우리는 독특하기 때문에 단 한 번만 존재할 것이며, 상상이 가능한 어떠한 우연도 우리처럼 기묘하고 변덕스러운 존재를 두 번 다시 만들 수는 없다."(『고찰』, III, 1)

차라투스트라의 "심연의 사상"을 영겁회귀의 우주론이라고 할 수 있을까? 때로 이러한 주장이 제기되기도 했지만 심연의 사상은 그렇지 않다고 시사한다. "인간에 대한 엄청난 구역질. **이것이** 나를 숨 막히게 하게 목구멍까지 올라왔다······ 내 노래와 질문에 숨이 막혔고 메스꺼웠고 이가 갈렸으며 밤낮으로 울어야 했다. '아! 인간이 영원히 회귀한다니! 왜소한 인간이 영원히 반복된다니!'"(『차라』, III, 13) 이 대목이 암시하는 생각을 다음의 구절에서도 알 수 있다. "영원에 대한 막강하고 무시무시한 통찰력의 소유자, '심연의 생각'을 품으면서도 그것을 존재에 대한 반대로, 심지어 **존재의 영겁회귀**에 대한 반대로 간주하지 않는 자, 오히려 그것 때문에 자신을 모든 존재에 대해 영원히 긍정하는 자. 이것이 바로 차라투스트라이다."(『차라』, 6에 대한 『이사람』, Ⅲ, 강조는 나의 것임) 여기에서 만약 "심연의 사상"을 우주가 영원히 반복하는 것으로 받아들이면 이 인용문을 이해하기가 불가능해진다. 심연의 사상이 존재와 존재의 영원회귀에 대한 **반대**로서 제시되었기 때문에 양자를 동일시한다면 니체는 영겁회귀를 반대하는 결론이 나올 것이다. 그런데 만일 심연의 사상을 "왜소한 인간"이 대변하는 인간의 유형으로 회귀하는 것으로 받아들이면 이 인용문을 훨씬 쉽게 이해할 수 있다. 차라투스트라는 서론에 소개된 "최후의 인간"과 비슷하게 혐오스러운 인간유형이 영원히 존재할 수 있다는 생각에 혐오감이 솟구쳤던 것이다. 서론에서 "최후의 인간"은 "눈을 깜빡거리면서" "무엇이 사랑인가?' '창조란 무엇인가?' '욕망하는 것은 무엇인가?' '별은 무엇인가?'"와 같은 질문을 던지지 않았던가. 이때 차라투스트라의 혐오감을 설명하기 위해서 세계가 무한히 반복된다는 가정이 필요하지는 않다. 그는 만약 자신이 다시 존재한다면 왜소한 인간을 포함해서 선과 악, 세계의 모든 것들이 다시 존재할 것이라는 생각에 치를 떨었던 것이다. 만약 다시 살기를 원한다면 왜소한 인간을 포함해서 모든 악까지도 동시에 있기를 원하지 않으면 안 된다는 생각이 끔찍했던 것이다. 이것이 심연의 사상이다. 이것은 때로 회귀를 설명하는 것으로 간주된 애매모호한 우주론과는 전적으로 무관한 사상이다.

「환영과 수수께끼On the Vision and the Riddle」(『차라』, Ⅲ, 2)에서 차라투스트

라가 언덕을 오르면서 무등을 태웠던 절름발이 난쟁이, 즉 "무거운 정신"과 나누는 대화가 있다.(『차라』, Ⅳ, 12 참조) "모든 진리는 구부러져 있으며 시간은 원이다"라고 차라투스트라가 아니라 난쟁이가 주장했다. "모든 것은 공허하며 모든 것은 동일하고 모든 것은 이미 있었다"(『차라』, Ⅱ, 19)고 외쳤던 인물이 예언자이었듯이 말이다. 난쟁이로부터 벗어나기 위해 차라투스트라는 출입문에서 다음과 같이 말한다.

> 이 순간을…… 보라. 이 출입문, 이 순간으로부터 길고 영원한 길이 **뒤로** 이어진다. 우리 뒤에는 '영원'이 놓여 있다. 이 길을 **걸을 수 있는** 존재는 이미 이 길을 걸었다. 일어날 **수 있는** 모든 사건은 이미 일어났으며 그 결과가 있었으며, 또 사라지지 않았는가. 난쟁이여, 만약 모든 것이 이미 존재했다면 그대는 이 순간을 어떻게 생각하는가? 이 출입문도 이미 존재하지 않았겠는가? **모든** 것은 서로 단단하게 맞물려 있어서 이 순간도 앞으로 올 것들을 끌어오고 있지 않을까? 이 순간도 마찬가지가 아닐까? 그리하여 걸을 **수 있는** 것들은 **저기** 긴 길을 걸을 수 있고, 또 **반드시** 다시 걸어야 하지 않겠는가.
>
> 그리고 달밤에 기어 다니는 이 느릿느릿한 거미, 이 달밤, 그리고 문에서 영원한 것들에 대해 중얼거리는 그대와 나. 이 모든 것이 이미 존재하지 않았을까? 그리하여 우리는 저기 우리 앞에 있는 다른 길로, 이 무시무시한 길로 돌아가서 다시 걸어야 하지 않을까? 우리는 영원히 돌아와야 하지 않을까?(『차라』, Ⅲ, 2)

이 구절은 출판된 니체의 저서 가운데 가장 명확하게 우주론적인 설명을 하고 있지만 여기에도 석연치 않은 점이 있다. 차라투스트라는 난쟁이를 쫓아 버리기 위해서 이 말을 했다. 실제로 이 말이 끝나자마자 난쟁이는 사라지고 더 이상 보이지 않는다. 나중에 차라투스트라의 동물들이 영겁회귀를 아무 의문 없이 좋아하며 받아들인 것과 대조적으로 난쟁이는 공포의 반응을 보인다. 그렇다면 그는 무슨 목적으로 이것을 난쟁이에게 말했을까? 그 자신 이 말을 믿었는가? 만약 믿었다고 하면, 니체는 왜 『차라투스트라』의 후반부의 「회복기의 환자」에서 차라투스트라가 아직 영겁회귀를 가르치지 않았다고 말했던 것일까? 그는 단지 난쟁이를 쫓을 목적에서 이 이야기를 한 것일까? 그리고 이 이야기가 주는 심리적 효과는 우주론과 상관없는 영겁회귀(weaker hypothesis)(반면에 저자는 우주론적 영겁회귀의 가설을 stronger hypothesis라고 불렀다. 역자는 전자를 비우주론적 영겁회귀라고 칭할 것이다)를 전제하는 것일까?

이러한 비우주론적 영겁회귀의 해석에 따르면, 이 순간을 비롯한 모든 순간은 과거에 일어났던 모든 사건들과 미래에 일어날 모든 사건들을 잠재적으로 가지고 있다. 앞서 권력의지를 논의하는 자리에서 니체는 세계의 모든 사건들이 서로 긴밀하게 얽혀 있는 것으로 생각했다고 설명했다. 따라서 어떤 것이 현재와 다르게 발생하면 다른 모든 것들도 다르게 발생하지 않으면 안 된다고 그는 생각했다. 어떤 하나의 사건이 다시 발생하면 모든 사건들이 다시 발생해야 하는 것이다. 니체는 세계 전체의 역사, 혹은 소박하게 모든 개인의 역사가 매 순간마다 전체적으로 서로 엮여 있다고 생각했다. "그대는 알지 못하는가? 모든 행동에 모든 사건의 역사가 글자 그대로 반복되고 있다는 사실을."(『대8절판』, Ⅶ, 725; 『권력』, 373 참조) 이러한 맥락에서 보면 아주 터무니없는 재난이나 상상조차 불가능한 우연도 우리에게 닥친 일은 일단 발생한 이상 우연이 아니라고 말할 수 있다. 이것이 차라투스트라가 점진적으로 깨닫는 중요한 사상이다. 그의 다음과 같은 말—우리가 나중에 설명하게 될—

은 이 점을 잘 나타내고 있다. "우연이 나에게 일어날 수 있는 시대는 이미 지났도다. 나의 것이 아닌 것이 어떻게 나에게 다가올 수 있으랴? 회귀하는 것 마침내 나에게로 귀향하는 것은 나 자신, 낯선 나라에서 모든 것과 사건들 사이에 흩어져 있던 나 자신이다."(『차라』, Ⅲ, 1) 세계의 시간적인 단면들이 이와 같이 불가분의 본질적인 관계로 엮여 있기 때문에 그들 가운데 어느 하나라도 어느 특정한 시간대 반복한다면 모든 다른 것들도 동시에 반복하게 될 것이다. 최상의 모습과 최상의 순간이 존재하기 위해서는 혐오스럽고 추악한 세계의 부분도 그것의 필수적인 구성요소로서 존재하면 안 된다는 말이 된다. 따라서 어떤 하나라고 회귀한다면 혐오스럽고 추한 것들도 동시에 회귀해야 하는 것이다. 이것이 차라투스트라가 「회복기의 환자」에서 받아들여야 했던 심연의 사상이다. 「환영의 수수께끼」의 후반에서 이러한 심연의 사상은 그에게 다음과 같은 환상을 갖도록 유인하는데, 그는 뱀이 입으로 들어가 숨 막혀 죽어가는 한 목동의 환영을 보았다. 그는 뱀을 이빨로 물어서 목을 끊어버리라고 외친다. 이러한 충고에 따라서 행동한 목동은 갑자기 놀랍게 변신한다. "더 이상 목동이 아니고 더 이상 인간이 아니게 변신한 자가 빛에 둘러싸여 웃고 있었다."(『차라』, Ⅲ, 2) 이때 그는 수수께끼처럼 목동이 누구냐고 묻는다. 이 질문에 니체는 「회복기의 환자」에 등장하는 이미지[인간에 대한 엄청난 혐오감, 이것이 내 목구멍으로 기어 들어 나를 질식시켰다(『차라』, Ⅲ, 13)]와 동일한 이미지를 사용하여 대답한다. 목동은 차라투스트라 자신으로서 그는 마침내 세계에서 가장 혐오스럽고 추악한 것들도 긍정할 준비가 되어 있는 것이다.

니체는 영겁회귀라고 부른 심연의 사상이 때로 자신이 품었던 우주론과 무관하다는 것을 알고 있었다. 우주론적인 가정을 세세히 증명하지 않았던 이유가 여기에 있는지도 모른다. 물론 니체가 이 점을 몰랐을 가능성도 배제할 수는 없다. 지금까지 살펴본 텍스트의 구절들은 그가 알고 있었을 가능성으로 기울고 있지만, 그렇다고 그게 절대적으로 확실한 증거가 되지는 않는다. 철학적인 관점에서 보면 영겁회귀에 대한 니체의 태도는 의심스러운 우주론이 사실이거나 일관된 이론이어야 하는 전제를 요구하지 않는다. 그럼에도 불구하고 불행하게 이러한 이론이 가진 약점으로 인해서 영겁회귀에 대한 니체의 심오한 통찰—회귀사상의 심리적 중요성과 삶에 미치는 영향—은 은폐되었다. 나는 영겁회귀가 우주에 대한 이론이 아니라 자아에 대한 것이라고 생각하고 있다.[8]

회귀사상에 대한 심리적 해석은 『유쾌한 과학』의 제4부에 나타난다. 여기에서 니체는 회귀사상에 관한 제반 문제를 처음으로 자세하게 논의한다.

가장 무거운 무게. 어느 날이나 어느 깊은 밤에 그대의 가장 고독한 공간으로 악마가 몰래 찾아와서 다음과 같이 말한다고 하자. '네가 현재 살고 있고, 또 과거에 살아 왔던 삶을 다시 한 번, 아니 수없이 되풀이해 살아야 한다. 아무것도 새로운 것은 없다. 모든 고통과 기쁨, 모든 생각과 모든 한숨, 너의 삶

---

8 니체가 회귀를 일종의 우주론으로서 생각했다는 견해는 그와 친하게 지냈던 작가들이 그러한 견해를 주장했다는 사실에 의거하고 있다. 예를 들어, Heine(Kaufmann의 『니체』, pp. 317~319 참조)와 『의지와 표상으로서의 세계The World as Will and Representation』의 Schopenhauer가 그러한 견해를 피력했다. 우리가 이미 살펴보았듯이, 니체는 헤라클레이토스와 피타고라스학파 및 스토아학파의 철학자들에게서 그러한 견해의 기원을 발견했다. 하지만 이러한 전례를 언급했다는 사실이 그의 회귀사상을 자동적으로 우주론과 맺어 주는 것은 아니다. 왜냐하면 그는 회귀사상이 근본적으로 독창적인 사상이라고 끈질기게 주장했기 때문이었다. 어쩌면 그의 독창성이란 이러한 우주론적인 관념을 심리적으로 이용한 데서 찾을 수 있는지도 모른다.

에서 말할 수 없이 크고 작은 모든 것들이 모두 똑같은 순서로 되돌아올 것이다. 심지어 이 거미와 나무 사이의 달빛, 이 순간이 나 자신까지 포함해서 그대로 되돌아올 것이다. 시간의 영원한 모래시계는 계속 거꾸로 돌면서 회전하고 먼지보다 적은 너도 함께 회전할 것이다.'

그렇다면 그대는 몸을 땅바닥에 내던지면서 이를 갈고 악마를 저주하겠는가? 아니면 '너는 신이다. 그보다 더욱 신성한 말을 들어 본 적이 없다'라고 대답할 수 있는 그러한 놀라운 순간을 단 한 번이라도 체험한 적이 있는가? 만일 이러한 생각이 그대를 지배하고 있다면 그 생각이 현재의 그대를 변화시키거나 그대를 박살낼 것이다. 모든 것들에 대해서 '나는 다시 이것을 원하는가? 수없이 반복하기를 원하는가?'라고 묻는 질문이 그대의 행동에 무거운 무게를 부과할 것이다. 이러한 궁극적인 긍정과 확증(seal), 그 이상의 어떤 것도 원하지 않기 위해 얼마나 자신과 삶을 사랑해야 하는가.(『과학』, 341;『전집』, V 2 394 참조)

「환영과 수수께끼」에서 차라투스트라의 역할을 악마가 연기하는 이 대목은 세계와 우리가 영원히 반복한다는 견해가 사실인지 거짓인지를 묻지 않는다. 이러한 견해가 과연 신뢰할 만한 것인지에 대해서도 관심이 없다. 이러한 질문에 니체는 무관심한 것이다. 그의 주된 관심은, 인간의 삶이 반복하고 모든 세세한 사항까지 똑같이 영원히 되풀이되는 가능성 앞에서 절망하는 대신에 기뻐하고 반기기 위해서 인간이 자신에 대해서 어떠한 태도를 지녀야 하는가에 대한 의문에 있다.[9]

이 구절에서 악마의 질문에 대해서 니체가 두 가지 반응만을 고려하

---

9 「회귀에 대한 고찰」의 p. 323에서 Soll이, 또 「니체의 영원론적 반신화」의 p. 607에서 Magnus가 이러한 관점을 표명했다.

였다는 점에 유의할 필요가 있다. 두 가지 반응은 질식하는 목동과 춤, 절대적 절망과 완벽한 기쁨의 대조에 있다. 여기에서 니체는 우리가 이러한 질문에 신경을 쓰지 않을 수 있는 가능성은 전혀 고려하지 않는다. 무관심에는 두 가지 종류가 있다. 첫 번째는, 회귀 자체에 대해 관심을 갖지 않는 태도로, 회귀를 우주론적으로 설명한 아서 단토의 다음과 같은 말에 그러한 반응이 잘 표현되어 있다. "우리가 사라지고 다시 돌아오고, 또다시 사라진다는 사실은 아무 문제가 되지 않는다. 중요한 것은 우리가 영원히 무엇을 하는가이다. 임무가 무엇이든 상관없이 우리가 얻을 수 있는 최고의 즐거움을 누리고 삶에 커다란 의미를 부여해야 하는 것이다. 이 모든 것은 결과를 위해서가 아니라 사물 자체를 위한 것이다. 왜냐하면 사물은 과거에 그것이 존재했던 것과, 또 미래에 존재할 것에 언제나 도착하기 때문이다."(p. 212) 이와 똑같은 태도를 니코스 카잔차키스(Nikos Kazantzakis, 1883~1957. 그리스의 작가. 대표작은 『그리스인 조르바』.—옮긴이)도 표명했다. "나는 최후의 가장 큰 유혹인 희망을 뿌리친다. 우리가 싸운다면 그것이 우리를 기쁘게 하기 때문이다. 우리의 노래를 들을 귀가 없다고 하더라도 우리는 노래를 부른다. 우리가 어디로 향하는가? 우리가 과연 승리할 것인가? 도대체 이 싸움의 목적은 무엇인가? 그러한 질문을 던지지 말아야 한다. 단지 열심히 싸워라."[10] 이러한 반응이 긍정적임에는 틀림이 없지만 그것은 니체의 "궁극적 긍정과 확증"의 단계에 이르지는 못한다. 비록 니체는 카잔차키스가 분명히 염두에 두었을 저서에서 다음과 같이 말했지만 말이다.

"그대 창조자들이여. 이러한 '……을 위해서'를 잊어버려라. 그대의

---

10 Kazantzakis, Asketike-Salvatores Dei(Athens: Sympan, n.d), pp. 49, 58. 번역은 나의 것임.

미덕은 그대가 '……을 위해서'나 '…… 때문에'라는 목적 아래서 행동하지 말라고 명령한다."(『차라』, Ⅳ, 13) 단토와 카잔차키스가 말하는 긍정은 우리가 현재 하고 있는 것은 이미 완료되었고, 또 미래에 계속하게 될 것이라는 사실에 대해서 무관심하기 때문에 생기는 긍정이다.[11] 그러나 니체는 이러한 무관심을 경계하였다. 사실 그는 자기 극복을 통해서 자신의 독자들이 그들 일상의 관심 밖에 있는 듯 보이는 전체 과거도 진심으로 받아들이기를 원했다. "새로운 의지를 인간에게 가르치련다. 인간이 맹목적으로 지금까지 걸어 왔던 길을 **의욕하고** 그것을 긍정하는 것을."(『차라』, Ⅰ, 3)

삶이 회귀의 실제적 측면보다는 심리적인 효과에 관심을 가졌던 이반 솔Ivan Soll은 두 번째 종류의 무관심을 대표한다. 회귀가 가진 초역사적 성질을 고려한다면, 우리는 미래에 회귀하는 경험을 현재 예상할 수 없으며 미래에 현재의 경험을 기억할 수도 없는 듯이 보인다. 그러나 미래에 관심을 갖기 위해서는 과거와 현재, 미래가 서로 긴밀하게 엮여 있다는 심리적인 확신이 전제되어야 한다. 이러한 심리적인 확신이 결여되면 회귀, 즉 이미 살았던 것과 똑같이 다시 살아야 하는 가능성은 솔의 주장처럼 "전적으로 우리와 무관한 문제가 된다."[12] 현재의 삶과 무관한 미래를 경험하게 되면 미래는 현재의 우리에게 아무런 의미가 없다는 솔의 견해는 전적으로 타당한 듯이 보인다. 그럼에도 불구하고

---

11 우주론으로서의 영겁회귀를 숙명론으로 받아들이지 않는 유일한 방법은 이러한 견해라고 생각한다. 그러나 이렇게 이해된 회귀사상은 단지 결정론—운명론으로 귀결되지 않는—에 이를 뿐이라는 주장이 있을 수 있다. 하지만 나의 생각에는, 어떤 사건이 과거에 이미 일어났다고 해서 현재에 다시 그것이 필연적으로 다시 일어나야 한다는 사실과, 세계의 다른 사건들과 마찬가지로 인간의 행동도 다른 사건들에 의한다는 관념과 동일한 것은 아니다. 니체는 결정론을 수용하기는 했지만, 우리의 신념이나 생각이 행동의 원인으로 작용할 수 있다고 주장했다.

니체는 이러한 가능성을 고려하지 않았다.

위의 논의로부터 다음과 같은 결론을 내릴 수 있는 것일까? 영겁회귀가 인간에게 직접적인 중요성을 가지고 있으며 삶에 위대한 긍정이나 부정을 초래할 힘을 가지고 있다면, 혹시 니체는 그것이 가져올 파급 효과에 대해서 잘못 이해하였다고. 이러한 결론이 터무니없지는 않지만, 나는 니체가 이러한 무관심을 고려하지 않았던 것은 그가 회귀를 우주론적 이론으로서 주장하지 않았기 때문이라고 생각한다. 지금까지 논의했던 두 종류의 무관심은 회귀의 우주론이 인간의 소관 밖에 있다는 사실에서 비롯되었다. 단토는 우주론적 회귀라는 사실에 무관심하였으며, 카잔차키스는 우주론적 회귀의 가능성에 대하여 관심이 없었다.

세계의 물리적 구조와 무관하게 회귀를 해석하는 것이 가능하다. 이러한 해석이 정당하다면 니체가 두 가지 반응만을 고려했던 것은 충분한 타당성을 부여받게 된다. 아니 두 가지 이외의 반응을 생각하는 것도 불가능해진다. 단순하게 설명하기 위해 한 개인 삶의 일회적 반복을 당분간 고려하고, 이어서 세계사의 무한한 반복에 확대하기로 하자.

영겁회귀에 대한 가장 일반적인 견해는 그것을 무조건적인 우주론적 주장으로 보는 견해이다.

---

12 Soll의 「회귀에 대한 고찰」의 p. 339. Soll의 논의는 보다 최근에 Derek Parfit가 주장한 견해와 비슷한 정체성 및 연속성을 전제로 하는 듯이 보인다. Parfit의 「개인적 정체성Personal Identity」, in John Perry, ed., Personal Identity(Berkeley: University of California Press, 1975), pp. 199~223 참조할 것. 하지만 Soll은 정체성과 연속성 사이에 분명한 구별을 두지 않는다. 이 때문에 Sterling은 그의 견해를 부당하게 비판하였던 것이다.(「영겁회귀에 대한 최근의 논의」, pp.273~274 참조) Zuboff는 단지 현재 우리의 삶뿐 아니라 그것의 많은 가능성도 동시에 영원히 회귀할 것이기 때문에, 회귀는 관심 밖의 문제라고 주장했다.(「니체와 영겁회귀」의 350~352 참조) 그러나 이러한 주장은 근거가 박약하다. Krueger의 「니체적 회귀」의 442~443, Soll의 「회귀에 대한 고찰」의 pp. 327~332를 참조할 것.

가) 나의 삶은 똑같이 동일한 방법으로 반복될 것이다.

이러한 해석에 대한 반응으로 운명론적인 체념이나 이미 운명 지어진 결과에 무관심하고 태연자약하게 기쁨의 태도가 가능하다.

두 번째 견해는 영겁회귀를 조건부적 우주론적 주장으로 보는 견해이다.

나) 나의 삶은 동일한 방법으로 똑같이 반복될는지 모른다.

이러한 조건적 우주론적인 해석에 대해 무조건적 견해와 마찬가지로 절대적인 무관심을 보일 수 있다. 그러나 이 두 해석은 니체가 『유쾌한 과학』의 341항에서 생생하게 묘사했던 고뇌에 찬 반응을 설명해 줄 수 없다.

내가 제시하려는 견해는 회귀의 조건적인 해석이다.

다) 만일 삶이 반복된다면, 그것은 오로지 똑같이 동일한 방법으로 반복될 것이다.

이것은 물리학과 아무 상관이 없는 해석이며, 앞서 논의한 우주론적 회귀의 사실성이나 일관성의 문제와도 무관한 해석이다. 내 삶이 회귀할 수 있다고 주장하지 않기 때문이다. 그리고 이것의 근거는 우주론이 아니라 제3장에서 논의된 사물의 구성 원리이다. 주체가 자신의 경험 및 행동과 갖는 관계, 일반적으로는 대상이 그것의 성질과 갖는 관계와 관련되는 것이다. 회귀 사상이 인간에게 직접적이고 심각한 심리적 효과를 준다고 주장하는 이유도 여기에서 찾을 수 있다. 우리는 이에 대해서 무관심할 수 없는 것이다.

이러한 심리적인 효과에 대해 본격적으로 논하기 이전에 우선 다)의 조건이 성립될 수 있는 근거를 설명하지 않으면 안 된다. 우리는 왜 다시 살 수가 없는 것일까? 새로운 삶에서 적어도 서너 가지는 현재와 다르게 선택할 수 있는 가능성은 없는 것일까? 예를 들어 나이가 들어서 얻은 귀중한 지식을 젊어서 가지고 있었다면 우리는 지금과는 전혀 다른 현재로 오는 길을 걷게 되지 않았을까? 과거에 행동했듯이 행동하지 않았더라면 혹은 하지 않았던 행동을 했더라면 하고 우리가 원했던 적이 얼마나 많은가. 우리가 과거의 일부나, 현재, 혹은 예상되는 미래를 바꾸고 싶어 하는 것은 충분히 이유가 있다.

니체의 악마는 왜 보다 합리적인 대안을 제시하지 않을까? 왜 그는 모든 세세한 사항까지 똑같은 삶의 회귀만을 제안하고 비슷하지만 완전히 똑같지는 않은 삶의 회귀는 제시하지 않았을까? 그러나 내가 주장했듯이 이러한 질문에 대해 니체의 물리학이나 시간관에서 해답을 찾을 수는 없다. 니체가 그러한 생각을 가진 적이 있다고 하더라도. 이에 대한 대답은 그가 실체적 주체관을 배격했다는 사실에서 찾을 수 있다. 개인이 경험과 행동의 총합을 넘어서는 실체적인 것이라는 견해를 전적으로 배격해야 하는 것이다. 니체는 물체의 특징과 성질의 배후에 존재하는 지속적 대상으로서 물 자체라는 관념을 단호히 거부하였다. 그가 만약 삶이 반복한다면 그것은 이미 살았던 삶과 정확히 동일하다고 생각한 궁극적 이유는 권력의지—그가 물 자체의 부정한 것도 권력의지와 무관하지 않다—에서 찾을 수 있지 않을까?

권력의지와 관련된 니체의 견해를 다음과 같은 글에서 찾을 수 있다. "행하는 것, 영향을 미치는 것, 생성하는 것의 배후에 '존재'는 없다. '행위자'란 행위에 덧붙여진 허구이다…… 과학은 아직도 오해의 소지가 많은 언어적 지배를 받고 있으며 '주체'(예를 들어 원자라는 말도 칸트의 물 자체와 마찬가지로 이러한 바꿔친 아이changeling이다)라는 바꿔친 아이*를 아직도 처분하지 못해 애태우고 있다."(『도덕』, I,

13)[13] 니체는 때로 번개의 비유를 빌어서 이러한 생각을 표현했는데, 이것은 앞서 인용된 구절의 바로 이어서 나올 뿐 아니라 다른 곳에서도 자주 사용하곤 했다. "만약 '번갯불'이라면 나는 불을 처음에는 행동으로서 다음에는 주체로서 생각한다. 그리하여 사건 이전에 있는 어떤 다른 존재를 사건에 덧붙이는 것이다. 그 덧붙여진 것은 고정되고 '변화생성'하지 않는 **존재**이다."(『권력』, 531) 그는 이와 같은 번개의 이미지를 사용해서 인간의 언어습관도 비판했다. "예를 들어 번개에 대해 말할 때 우리는 '번개가 번개 친다'라고 하지 않고 축약해서 '번개 친다(it flashes)'라고 한다. 마찬가지로 우리는 기억술이나 생략형이 실재라고, 나아가서는 그것이 궁극적인 원인이라고 믿는 나쁜 습관을 가지고 있다. '나'라는 한마디 말도 마찬가지이다."(『권력』, 548) 따라서 다음에 인용되는 구절에서 그가 또다시 번개의 이미지를 사용할 때 니체는 권력의지와 영겁회귀의 관계를 짚어내려고 했다고 할 수 있다. 그리고 이것은 내가 제시하려는 영겁회귀 해석을 뒷받침해 준다고 볼 수 있다. "만약 세계의 일순간만이 회귀한다면―번개가 말하기를―모든 것도 똑같이 회귀하게 될 것이다."(『전집』, Ⅶ, 1, 503)

니체는 각각의 대상과 연관된 특징과 성격의 총합의 배경에 어떠한 실체도 없으며, 경험과 행동의 총합의 배경에 어떠한 개인도 없다고 믿었다. 만일 이러한 요소의 어느 하나라도 변하면 이것들의 총합으로서

---

13 이러한 니체의 견해는 프랑스의 실존주의, 특히 Sartre에게 지대한 영향을 미쳤다. Sartre의 『자아의 초월 *The Transcendence of the Ego*』 trans. Forrese Williams and Robert Kirkpatrick(New York: Farrar, Straus and Giroux, 1957), pp. 73~74를 참조할 것. 또 이에 대한 논의로는 John Wilcox의 『니체에서의 진리와 가치*Truth and Value in Nietzsche*』(Ann Arbor: University of Michigan Press, 1974). pp. 114~126을 참조할 것. Strong은 권력의지와 영겁회귀 사이에는 아무런 관계가 없다고 보았다. 그의 『니체와 변형의 정치학』, p. 261을 참조할 것.

주체도 변하지 않으면 안 된다. 또 그는 엄격히 말해서 주체에 속한 성질들은 모두 똑같이 본질적으로 중요하기 때문에 궁극적으로는 본질적이고 우연적인 요소 사이의 구별은 있을 수 없다고 생각했다. 어떤 성질이 달라지면 주체도 현재와는 다른 주체가 될 것이다. 더 나아가 만약 세계에 존재하는 **어느** 한 대상이 달라지면 세계의 **모든** 대상도 역시 달라질 것이라고 생각했다. 이미 살펴보았듯이 개별적인 사물의 특징은 그것이 다른 사물에 미치는 영향이며, 또 다른 사물의 특징도 이러한 영향의 결과에 지나지 않는다. 따라서 어떤 사물의 특징, 그 사물이 변하면 다른 사물도 필연적으로 이전과는 다른 영향 아래 놓이게 되고, 그러면서 이들 사물이 변하면서 다른 사물들에게 다른 영향력을 행사하게 될 것이다. 그리고 이러한 영향의 연쇄 고리는 맨 처음의 사물로 되돌아와 새로운 변화와 영향을 야기할 것이 틀림없다. "다른 사물들 없이는 어떤 사물도 존재할 수가 없다"(『권력』, 577)는 견해는 차라투스트라의 다음과 같은 유명한 말의 배경에 깔린 생각이다. "그대는 하나의 기쁨을 한번이라도 긍정한 적이 있는가? 그렇다면 나의 친구들이여 그대들은 모든 슬픔을 긍정한 것이다. 모든 것들은 서로 얽혀 있고 서로 맞물려 있으며 서로에게 반해 있다. 만약 그대가 어떤 한 가지가 반복되기를 원해서 '행복이여 너는 나를 기쁘게 한다! 잠깐 내 곁에 머물라'라고 말한다면, 그대는 **모든 것**을 되풀이하기를 원한 것이다. 모든 것이 새로이 시작하기를, 영원하기를, 서로 얽히고 맞물리고 서로 매혹되기를 원하는 것이다."(『차라』, Ⅳ, 19) 이러한 견해는 "우리가 만일 한순간을 긍정한다면 우리는 자신만이 아니라 모든 경험을 긍정한 것이다"(『권력』, 1032)라는 말의 배경에 있다. 다음과 같은 구절도 이러한 맥락에서 이해할 수 있다. "'비난할 만한 행동'이라는 개념은 이해하기 어렵다. 일단 발생한 어떤 일도 그 자체로서는 비난할 만하지 않다. 우리는 이 행동을 지우기를 원치 않는다. 모든 것은 다른 모든 것들과 서로 얽혀 있기 때문에 한 가지를 제거하기 원하는 것은 다른 모든 것들도 함께 제거하기를 원하는 것이다. 따라서 비난할 만한 행동이라고 말하는 것은 세계를 비난하는 것이다."(『권력』, 293)

악마가 전적인 거부나 전적인 긍정의 양자택일밖에 없는 동일한 삶을 제시했는가에 대한 질문에 권력의지 개념이 도움을 줄 수 있다. 어떻게 되었든 현재의 나와 다른 삶은 나의 삶이 아니다. 아무리 사소한 것이라도 지금과 다르기를 원하는 것은 모든 것이 다르기를 원하는 것과 같은 의미이지 않은가. 그것은 다른 사람이 되기를 원하는 것과 같이 불가능한 욕망이다. 이러한 이유에서 그는 『계보학』의 제3부에서 금욕주의를 비난했다.(Ⅲ, 14) 자신의 무엇을 바꾸기를 원하는 것은 자기 자신이기를 포기하는 것과 마찬가지였던 것이다.

니체는 세계의 모든 것들이 밀접하게 얽혀 있다고 보았기 때문에 자신이 달라지기를 원하는 것은 세계 전체가 달라지기를 원하는 것과 같은 의미를 가진다고 보았다. 바로 이러한 이유 때문에 그는 악마의 제안에 대한 두 가지 반응만을 고려의 대상으로 삼았다. 만일 내가 자신과 자신의 삶의 작은 일부라도 긍정한다면 나의 모든 것을 긍정하고 세계의 모든 것도 동시에 긍정하는 셈이 될 것이다. 반면에 내가 아무리 사소하고 무의미한 부분이라도 거부한다면 나는 삶 전체와 세계 전체를 거부하는 셈이 될 것이다. 이 두 가지 극단적인 대립 사이에 중간 지점은 없다.

이러한 영겁회귀의 해석은 세계의 모든 다른 것에도 일반적으로 적용될 수 있다. 다) 견해는 이제 다음과 같이 표현될 수 있다.

다´) 개인적인 삶과 그 삶의 단 한순간까지도 포함해서 만약 세계의 어떤 것 하나라도 회귀한다면, 세계의 모든 것들은 똑같은 방법으로 회귀하게 될 것이다.

『유쾌한 과학』에서 아직 니체는 이러한 견해에 도달하지 못했는지 모른다. 카우프만의 설명(pp. 188~189)에 의하면 당시 니체는 권력의지 사상─점점 구체적으로 그 윤곽을 갖추기 시작한─을 영겁회귀의 사상과 연결하지 못했다. 『유쾌한 과학』에서 그의 관심은 삶의 회귀의 가능성 앞에서 우리가 어떠한 반응을 보여야 할 것인가의 문제에 쏠려 있다. 하지만 다´)와 같은 견해는 서서히 그 윤곽을 갖추어 가고 있었다. 1991년 8월에 "사람들과 시대 위 6천 피트 상공에서"(『차라』, 1에 대한 『이사람』, Ⅲ) 그가 깨달았던 사상, 즉 『차라투스트라』의 근본적인 사상의 하나였던 것은, 만약 우리가 또 하나의 삶을 갖게 된다면 그것이 우리의 삶이기 위해서는 우리가 이미 살았던 삶과 반드시 똑같은 삶이어야 한다는 사상─이것의 영향은 『차라투스트라』 전체에 드러나고 있다─이었다. 만약 이 삶이 이미 살았던 세계와 똑같은 세계에서 그것의 일부로 사는 것이 아니라면 이러한 삶은 우리 삶이라고 말할 수도 없을 것이다. 그렇다면 세계의 혐오스럽고 끔찍한 것들까지 포함해서 사소한 것들도 이미 존재했던 대로 회귀해야만 삶의 회귀가 가능하게 된다고 할 수 있다.[14]

"신을 부정하는" 차라투스트라는 청중들에게 "지상에 충실하라……내세의 희망을 말하는 자를 믿지 말라"(『차라』, 서론, 3)고 명한다. 영겁회귀는 이 삶과 이 세계만이 존재하는 유일한 삶이며 세계라는 사실을 긍정하는 사상이다. "이 삶이 그대의 영원한 삶"(『전집』, Ⅵ, 513)이라고 그가 말하지 않았던가. 만일 다시 살게 되더라도, 무한히 반복하면서 다시 살게 되더라도, 우리는 이미 살았던 삶과 똑같은 삶을 살게 될 것이다. 삶이 구원을 받아야 한다면, 그것은 내세의 삶이 아니라 바로 여기 주어진 현재의 삶이어야 한다. 니체에게 "다른" 삶은 불가능할 뿐 아니라 기만이며 거짓이었다.

행동 하나하나가 지금 우리의 주체에 똑같이 본질적이기 때문에 니체는 제2의 다른 삶은 불가능하다고 보았다. 왜 이러한 견해를 받아들여야 할까? 예를 들어 아무 의미 없는 상황에서 내가 약간 다른 옷을 입는 경우에 이런 사소한 행동은 무시해도 좋은 사소한 차이만 있지 않을까? 왜 니체는 행동의 중요성에 차등을 두지 않았을까?

엄격하게 말해서 니체는 개인의 모든 행동은 그의 정체성에 똑같은 중요성을 가진다고 생각했다. 여기에서 중요성의 등급이 있을 수가 없다. 그러나 심리적인 관점에서 보면 이 질문에 대한 대답이 간단하지 않다. 일어난 행동은 어떤 의미에서 이미 주어진 것이고 불변하는 것이지만, 그것이 갖는 중요성—그에게 궁극적으로 자신의 본질이라 할 수 있는—의 징도는 다를 수 있기 때문이다.

---

14 실체적 주체를 거부하는 것이 한 개인의 모든 행동이 똑같이 본질적이라는 견해로 연결될 수는 있지만 다) 또는 다`) 와 같은 견해는 아니라는 반론이 있을 수 있다. 만약 나의 모든 행동이 나에게 중요하다면 나는 모든 가능한 세계에서 똑같은 직업을 갖게 될 것이라고 생각할 수 있다. 하지만 다음과 같은 생각도 가능하다. 만약 삶의 각각 다른 시기에 내가 두세 가지의 직업을 가졌다면, 그 각각은 독립적인 별개의 삶을 이룰 텐데, 그렇다면 이들 시기는 모든 면에서 똑같아야 되는가? 이러한 반론에 대해 우리는 시기의 의미가 무엇인지를 물을 수 있다. 미래의 삶을 나의 전체 삶의 한 시기로 간주하자면, 이 가정의 성립 조건으로서 우리는 지속적인 주체를 설정해야 한다. 그러나 니체는 내 행동의 총합으로서의 주체는 죽음과 더불어 사라진다고 보았다. 사람들이 나를 나로서 확인할 수 있는 것은, 내가 과거에 태어났던 것처럼 다시 태어나고 내가 과거에 성장했던 방식으로 다시 성장할 때에만 가능하다. 여기서 다음과 같은 결론이 나올 수 있다. 만일 내가 다시 산다면 나를 둘러싼 전체 세계(내가 논의했던 세계상의 가정에서)는 이미 존재했던 나의 세계와 똑같아야 된다는 것이다. 이러한 결론은 니체가 실체적 주체를 거부했다는 사실을 받아들일 때에만 가능하다. 한 개인의 삶의 모든 부분들이 후에 발생하는 모든 부분을 필연적으로 규정하기 때문에 한 부분은, 이전에 존재했거나 이후에 존재할 똑같은 부분이 앞서서 발생하고, 또 후에 발생해야만 회귀한다는 해석을 전제하지 않더라도 말이다.

이러한 맥락에서 유의해야 할 첫 번째 사항은 내가 만일 사소한 것으로 생각했던 몇 가지 것만을 제외하고 모든 것이 과거의 삶 그대로 반복하기를 원한다면 이러한 바람은 참으로 이상한 바람일 것이다. 왜 그러한 사소한 사건이 달라지기를 바라겠는가? 또 그러한 사건이 아무런 문제도 되지 않으면, 내가 왜 그것을 수많은 사건들 가운데 특별히 선택해서 관심을 보이고 주목하겠는가? 사소한 사건이란 기억에 남아 있지 않은 사건이 아닌가. 그것은 삶에 아무런 각인도 남겨 놓지 않는다. 그렇다면 니체의 관심은 우리가 중요하게 생각하는 삶의 측면들, 우리의 삶과 현재의 자신을 형성한 원인들로서 삶의 측면들에 있었다고 할 수 있다. 예를 들어 어떤 사람은 옷이 중요하지 않다고 생각한다. 어울리지 않는 넥타이를 매도 개의치 않는 사람은 이런 넥타이를 다시 매야 하는 생각에 혐오감을 느끼거나 절망하지 않는다. 어울리지 않는 넥타이를 이미 아무 생각 없이 매고 다녔기 때문이다. 이것은 다른 사소한 사건들에게도 모두 적용될 수 있다. 삶의 아주 사소한 측면들만이 달라지기를 원하는 것은—만약 우리가 의식하고 있으면—중요한 점에 있어서는 현재의 삶을 긍정한다는 말이 된다. 그렇지만 우리가 어떤 특징을 의식하고 있는 것은 이것이 생각하는 이상으로 중요하다는 사실을 암시하고 있다.

그렇다면 삶의 방식에서 보편적으로 중요한 것은 무엇일까? 두 가지 이유로 인해서 이 질문에는 답이 없다고 니체는 보았다. 첫째, 모든 개인에게 일원적으로 적용할 수 있는 대답은 없다. 원근법주의는 다음과 같이 말한다. "그들은 '이것이 **나의** 선이며 악'이라고 말한다. 이 한마디로 그들은 '모든 사람을 위한 선, 모든 사람을 위한 악'이라 말하는 두더지와 난쟁이의 입을 막아 버렸다…… 나에게 '절대적인 길'을 묻는 사람에게 대답하겠다. '이것이 **나의** 길이다. 그대의 길은 어디에 있는 가?' **절대적인** 길은 존재하지 않기 때문이다."(『차라』, Ⅲ, 2;『전집』, Ⅵ, 493 참조) 두 번째로, 특정한 개인에게 중요한 것이 무엇인 가하는 질문에 대한 확실한 대답은 존재하지 않는다는 것이다. 우리의 경험과 행동이 갖는 상대적 중요성이 한꺼번에 완전히 결정되지는 않는다. 그것의 중요성은 우리가 계속 심각하게 생각하고 규정해야 하는 문제이다. 니체는 모든 행동이 똑같이 중요하다고 생각했지만, 이것들이 개인의 본질과 갖는 관계와 성격은 논쟁의 여지가 많다. 행동과 행동 사이의 관계를 어떻게 이해해야 하는가? 행위의 특징적이며 결정적인 패턴은 무엇인가? 어떠한 행동들이 이러한 패턴에 속하고 지속적인 영향력을 가지는가? 어떤 행동이 패턴에 속하지 않는 예외적인 행동이며 우연의 결과인가? 이러한 모든 질문들에 대해서 우리는 계속해서 상이한 대답하고 내놓는다. 니체가 때로 초인이라 부른 인물은 인간의 유동적 성질을 철저하게 인식하는 인간이었다. 『차라투스트라』의 서론과 초반부에서 초인을 처음으로 소개했을 때 니체가 강조한 끊임없는 "자기 초극"을 가능케 하는 것은 이러한 삶의 유동성이었다. 삶의 유동적 성격은 영겁회귀가 왜 "가능한 가장 지고한 긍정의 처방"(『차라』, 1에 대한 『이사람』, Ⅲ) 인지에 대해 이유도 설명해 준다. 「구원에 대하여」의 한 항(『차라』, Ⅱ, 20)은 삶은 전체로서 긍정되어야만 비로소 정당화될 수 있다는 점을 시사한다. 긍정의 참모습은 삶과 세계의 모든 것들이 영원히 회귀하기를 바라는 마음에서 표출된다. 다시 말해 우리는 이 삶과 세계의 어느 것도 달라지기를 원하지 않아야 하는 것이다. 그렇다면 차라투스트라의 요청에 따라서 미래에 회귀할 것으로서 삶을 살기를 원하고 초인이 행동하듯이(『차라』, Ⅰ, 1, 16 참조) 행동하기를 원한다고 가정해 보자. 이러한 계획이 성공할 수 있을 것인가?

이러한 계획에는 두 가지 장애물이 있다. 첫째로 미래를 지배할 수 있는 능력은 차라투스트라가 때로 암시하듯이 그렇게 절대적이지 않다. 어떤 특정한 시점에서 무엇이 가능한가 하는 물음은 언제나 과거와 현재에 의해 제한을 받기 때문이다. 이 점을 염두에 두고 생각하면 니체의 "자력 추진 바퀴(self-propelled wheel)"(『차라』, Ⅰ, 1) 이미지는 너무 단순해 보인다. 두 번째로 소박하지만 논박하기 어려운 관점에서 보면, 과거는 이미 주어진 것, 이미 일어난 사건들로서, 우리가 통제할 수 없는 사건들로 과거가 구성되어 있다. 이러한 사건 중에는 결코 반복하기를 원치 않는 경험과, 행동, 개성의 특징, 삶의 부분들이 반드시 끼어 있게 마련이다. 계속 후회하는 사건들은 이미 더 이상 움직일 수 없이 고정된 과거가 된 것이다. 그런데 어떻게 후회막심한 과거의 일부를 받아들일 수 있는가?

이러한 질문은 『차라투스트라』에서 니체를 괴롭히는 질문이었다.

과거에 살았던 사람을 구원하는 것, 그리고 모든 '과거'를 '나는 그것을 의욕한다'로 재창조하는 것. 나는 이것만이 유일한 구원이라고 부른다…… 의지가 우리를 자유롭게 하는 것이다. 그런데 이러한 해방자에게 족쇄를 채우는 것은 무엇인가? 그것은 '과거'이다. 이것이 의지가 이를 갈면서 깊은 슬픔에 잠기는 이유이다. 이미 끝나버린 과거에 대해서 무기력한 의지는 모든 지나간 과거에 분노하는 유령과 같다. 의지는 과거까지도 의지의 대상으로 삼을 수는 없는 것이다. 시간과 시간의 질투심을 무너뜨릴 수 없다는 것, 이것이 의지의 가장 고독한 슬픔의 원인이다.(『차라』, Ⅱ, 20)[15]

만약 믿을 수 없이 기막힌 행운 덕분에 어떠한 후회할 일도 하지 않고 살지 않았다면, 혹은 후회할 일 없이 살았다고 자기를 기만하지 않는다면 니체가 권장하는 긍정은 불가능해 보인다. 과거는 미래로 향하는 모든 길을 거부하도록 압력을 가한다. 그런데 니체는 인간의 모든 것이 똑같이 중요하기 때문에 삶 전체 혹은 세계 전체의 한 부분이라도 긍정할 수 없으면 다른 모든 것들도 긍정할 수 없다고 주장하였다. 부분적으로 자신을 긍정하기 위해서는 적어도 몇몇 특징을 자신으로부터 분리하여 떼어낼 수 있는 전제가 먼저 충족되어야 한다. 우리가 자신을 부정하지 않으면서도 이러한 우발적 특징들은 거부할 수 있어야 한다. 그러나 니체는 우연적인 특징이라는 것을 전적으로 부인하였다.

그럼에도 니체는 여전히 구원이 가능하다고 믿었던 듯이 보인다. 비록 그는 구원을 독특하게 이해했지만 말이다. "'천국에 있는' 듯이, 또는 '영원한' 듯이 느끼기 위해 우리가 **살지 않으면 안 되는** 방법에 대한 강한 본능—반면에 다른 행동에 있어서는 '천국에 있다'고 느끼지 **않아야 한다**—이것이 '구원'의 심리적 실재이다. 그것은 새로운 신앙이 **아니라** 새로운 삶의 방법이다."(『반그리스도』, 33) 니체는 새로운 삶의 방법을 통해서 과거를 변화시킬 수 있다고 믿고 있다. 새로운 삶의 방식을 통해서 과거 자체가 새로워지는 것이다. "의지는 창조자이다. 창조적 의지가 과거를 향해서 '그러나 내가 그것을 의욕한 것이다'라고 선언하기

---

15 비록 접근 방향과 강조점에서 차이가 있기는 하지만, 내가 여기서 제시하는 회귀의 해석과도 어느 정도 상관이 있는 회귀의 해석이 Pierre Klossowski의 『니체와 악순환*Nietzsche et le cercle Vicieux*』(Paris: Mercure de France, 1969)이다. 이 책의 일부가 David Allison이 편집한 『새로운 니체*The New Nietzsche*』(New York: Dell, 1977), pp. 107~120에 실려 있다. Heidegger는 '의지의 시간에 대한 저항'을 의도적으로 '형이상학적'으로, 즉 순간성을 비하하면서 영원한 진리의 세계를 구현하려는 노력으로서 보았다. 「누가 니체의 차라투스트라인가?Who is Nietzsche's Zarathustra?」(『새로운 니체』, pp. 72~78)를 참조할 것. Heidegger는 이러한 해석을 그의 『니체』(Pfuleingen: Neske, 1961), I , 255~472에서 자세히 전개했다.

전까지는 모든 '과거'가 파편이며 수수께끼이고 끔찍한 사건에 지나지 않는다. 창조적 의지가 과거를 향해서 '그렇게 나는 의욕한다. 앞으로도 그렇게 의욕할 것이다'라고 말하기 전까지는."(『차라』, Ⅱ, 20) 과거를 향한 이러한 의지가 과거를 이미 일어난 사건 이전의 원래 상태로 돌려놓지는 않는다. 그럼에도 무엇이 과거인지 정확히 규명하는 작업이 매우 어렵다는 것을 받아들일 필요가 있다. 과거의 사건들은 서술 속에서만 존재할 수 있다. 때문에 서술이 달라지면 과거의 사건도 달라지게 마련이다. 이것이 니체의 주장의 핵심으로, 그는 여기에서 과거의 모든 행동이 현재의 나를 위한 필수적 조건이라는 견해를 재천명하고 있다. 현재의 나를 생각하는 나의 태도는 과거의 본질에 결정적인 영향을 미치는 것이다. 만일 단 한순간이라도 반복하고 싶은 삶을 살고 있다면 나는 동시에 과거의 모든 행동들을 긍정하게 될 것이며, 내가 반복하려는 삶의 본질적 구성 요소로서 이들 행동들은 이제 새로운 관점에서 의미가 서술될 수 있다. 과거의 기반 위에서 긍정할 수 있는 미래를 창조하는 작업이 그러한 미래를 가능케 하는 모든 것을 정당화하고, 또한 구원하는 것이다. "나는 가르치노니 우리에게 파편적이고 수수께끼이며 끔찍한 우발적 사건들을 새롭게 창조하고 하나로 만들어라. 창조자로서, 수수께끼를 푸는 자로서, 사건을 구원하는 자로서 나는 그대가 미래를 일구고 그들의 창조행위로 모든 과거를 긍정하기를 가르치노라."(『차라』, Ⅲ, 12)[16] 현재를 긍정하는 것은 현재에 이르는 모든 과거를 긍정하는 의미를 가진다고 할 수 있다. 이런 맥락에서 모든 과거에 대해서 우리는 "나는 그렇게 의욕했다"고 말할 수 있다. 모든 다른 것들의 의미

---

16 니체는 특히 구원의 개념과 연관된 과거의 재해석을 때로 '파괴'나 '무효화'로서 표현하기도 했다. 『차라』, Ⅰ, 16; 『도덕』, Ⅱ, 24 참조할 것.

나 본질과 마찬가지로 과거의 의미와 본질도 그들 사이의 관계에서 발견된다. 과거의 의미는 그것이 현재와 갖는 관계 속에 있다. 그리고 미래는 아직 도래하지 않았기 때문에 과거의 의미와 본질은 아직 결정되지 않았다고 말해도 좋다.

그럼에도 다음과 같은 한 가지에 있어서 과거는 바뀔 수 없다. 만약 다시 살기를 원하면 우리는 이미 살았던 삶을 반복해야 한다는 니체의 생각에 그 점이 암시되어 있다. 그는 삶의 사건들을 주어진 것으로 수용하고, 그러한 과거의 기반 위에서 전체의 삶을 긍정하는 무엇인가를 성취해야 한다고 주장했다. 이러한 성취하는 삶을 통하여 과거의 모든 경험을 긍정할 수 있는 것이다. 과거의 모든 부분들은 현재의 우리를 만들기 위하여 필요한 필요조건이면서 다른 부분과 결합함으로써 현재의 우리를 만드는 충분조건도 되기 때문이다. 이러한 과정을 통해서 과거는 변화하는 것이다. 과거를 현재와 연결하는 서술의 내용과 성격이 변하면서 과거의 우연한 사건도 우리가 기꺼이 책임지고("그렇게 나는 의욕한다.") 반복할 수 있는 사건으로 전환되기 때문이다.

이상적인 상황이라면 이러한 방법을 통해 과거의 모든 것을 구원할 수 있다. 시간과도 화해할 수 있다. "단순한 우연이 그대에게 일어날 수 있는 시대는 지났다."(『차라』, III, 1) 과거의 의미는 그것이 미래에 대해 갖는 관계에 의해 결정된다는 사실을 이해함으로써 우리는 시간과도 화해할 수가 있다. 이것을 이해하지 못하면, "책임질 중요한 것도 없고 노력해야 할 중요한 목표도 없으며, 과거와 미래보다는 현재에만 집착하는 노예의 낙천적 태도"(『비극』, 11)를 초래할 따름이다. 이상적이 아닌 상황에서도 이러한 방법을 통해 인간은 자신을 동물들과 구별할 수 있다. 동물은 "어제와 오늘이 무슨 의미를 갖는지 모르는"(『고찰』, II, 1)

피조물이다. 동물과 구별되면서 인간은 노예의 낙천적 태도와는 정반대의 태도를 가질 수 있다. 즉 과거의 의미가 이미 완벽하게 결정된 것으로 판단하고 이에 대해서 끊임없이 우수에 잠기는 태도를 지닐 수도 있다. 차라투스트라가 "창백한 범죄자들"이라고 부른 사람들의 태도가 그러하다. "어떤 행동을 했을 때 그들은 그 행위와 일치한다. 그러나 행위가 완료된 후에는 그 이미지를 갖지 못한다. 그리하여 언제나 자신을 한 가지 행위의 행위자로서만 이해한다…… 그들에게 예외가 본질이 된 것이다."(『차라』, Ⅰ, 6) 이렇게 과거에 잠기는 태도가 **원한**(ressentiment)의 원인이다. 다른 사람뿐만 아니라 자신에게 향하기도 하는(『도덕』, Ⅲ, 15) 원한은 "죄의식, 즉 **과거의 한 부분**"(『도덕』, Ⅲ, 20)에 사로잡힘으로써 현재의 삶을 끝없이 불행하게 만든다. 『차라투스트라』(Ⅰ, 18)에서 니체는 적이 가한 악에 대해 복수의 칼날을 겨누는 것보다 그러한 악이 가져오는 좋은 결과를 생각하는 훨씬 바람직하다고 말한다. 악에 대해 원한에 사로잡히는 대신에 그것을 자기 향상의 재료로서 이용하면 악의 악한 역할을 더 이상 행사하지 못하게 되는 것이다. 『계보학』에서 그는 다음과 같이 말한다. "적이나 우연한 사건, 심지어 우리의 잘못한 행위마저도 기억에 담아두지 않는 것. 이것이 강자의 증거이다. 그들은 만들고 회복하고 망각하는 힘이 넘치는 인물들이다."(『도덕』, Ⅰ, 10)[17]

우리는 과거의 사건을 진지하게 수용함으로써 이것을 보다 정교하고 조화로우며 통일된 패턴의 주요 요소로 만들 수 있다. 아니면 그것을 심각하게 생각하지 않고 행동을 통해 그것을 단순한 예외로, 즉 우

---

17 이 중요한 주제는 니체의 글에 자주 나타난다. 『차라』, Ⅰ, 18; 『차라』, Ⅱ, 7; 『도덕』, Ⅲ, 16을 참조할 것. 『권력』, 233에서 니체는 "경험을 쉽게 잊어버릴 능력이 없는 것이 이미 퇴폐의 징조이다"라고 말했다.

리의 삶과 개성에 아무런 지속적 영향을 주지 못하는 시시껄렁한 사건으로 처리할 수도 있다. 사소한 사건에 대해 원한의 감정을 품는 것은 매우 우스꽝스러울 것이다. 만일 중요한 사건이라면 그것을 성공적으로 우리의 한 요소로 만들어야 하는데, 만일 그것과 다른 사건들의 연관성을 찾음으로써 변화시키고, 우울이나 비참, 정열, 고통, 노력 등을 경험과 지식, 미래를 위한 재료로 만드는 경우에 우리가 원한을 품는 것은 격에 맞지 않는 일이 된다. 자아는 과거의 영향과 무관한 것이 아니라 부단히 변화하기 것이기 때문이다. 모든 개별적인 사건은 부단히 변화하는 자아에 대한 궁극적 영향의 정도에 따라서 그것의 의미가 결정된다.

니체에게 있어서 삶의 정당성은 현재를 긍정하면서, 또한 모든 과거도 긍정하는 순간에 주어진다. 비록 과거의 어떤 특정한 사건을 싫어해도 우리가 이제 그것이 달라지지를 원치 않기 때문이다. 이때 우리와 관계된 모든 것은 본질적인 의미에서 우리의 일부가 되고, 그것은 우리의 행동에서도 여실히 드러난다. "나의 친구여, 어머니가 아이에게 각인되어 있듯이 그대의 모든 행동에 그대가 각인되도록 하라. 이것이 미덕에 관한 **그대의** 격언이 되도록 하라."(『차라』, II, 5) 삶은 잘 조직된 유기체로서 그것의 한 부분이라도 바꾸면 모든 것이 일시에 와해되고, 또 한 가지 측면이 변하면 다른 모든 측면도 한꺼번에 변하게 된다. 그렇다면 영겁회귀는 "가장 지고한 긍정의 처방"인 것이다. 회귀적 인간은 일단 일어난 사건과 삶의 모든 것이 영원히 반복하는 것을 적극적으로 긍정하는 자이다. 이러한 사람은 장차 일어날 모든 불확실한 사건도 모두 긍정하는 자, 과거이건 현재이건 우연이건 의도했건 선이건 악이건 세계의 모든 것의 영겁회귀를 긍정하는 자이다.

이러한 영겁회귀 사상에서 초래될 심각한 문제의 하나로 자기기만의 위험을 들 수가 있다. 실제로 삶과 세계가 영원히 회귀하기를 원치 않으면서도 그렇다고 생각할 수 있다. 예를 들어 삶의 실상을 있는 올바르게 보고 싶지 않고 삶의 매우 부정적인 단면을 있는 그대로 대면하고 싶지 않기 때문에 나는 삶의 회귀를 긍정한다고 말할 수 있지 않은가. 이러한 자기기만의 가능성은 심각한 문제가 아닐 수 없다. 무엇보다 니체가 삶에 필요한 것이 무엇인지를 마음대로 결정할 수 있는 자유를 주었기 때문이다. 그렇다면 나의 전체를 있는 그대로 긍정하지 않고 삶의 아주 작은 부분에 제한해서 그러한 삶이 영원히 반복하기를 바랄 수도 있을 것이다.

니체가 이런 심각한 문제를 의식하지 못했던 것은 아니다. 악마의 질문을 "절대적인 고독"으로 서술한 이유가 그것 때문이지 않을까. 이러한 절대적 고독의 순간에 자기 자신에 대해서 가장 정직할 수 있기 때문이다. 또 차라투스트라가 회귀의 사상을 수용하는 것이 얼마나 어려운 것인지 그 어려움을 애써 강조한 이유도 거기에 있지 않을까? 니체는 악마의 질문에 그렇다고 대답하기 위해서 얼마나 많은 고통과 진지한 자기 성찰이 요구되는지 구구절절하게 묘사하였다. 그리하여 삶의 모든 것을 그대로 긍정하는 것은 삶의 **모든 것을** 이미 진지하게 검토하였다는 말이 된다. 그렇지 않고서 어떻게 삶의 모든 것을 긍정할 수 있겠는가. 아무튼 여기에서 자기기만의 위험성이 더욱 심각할 수밖에 없는 이유의 하나는 우리가 행동의 전체를 한꺼번에 볼 수가 없는 점에 있다. 어떤 인간의 행동의 "총합"을 거론하는 게 가능한 일일까? 다음 장에서 살펴보겠지만 자기 성찰의 과정은 끝이 없을 수 있다.

니체는 이러한 끊임없는 성찰(혹은 해석)을 영겁회귀의 자연스러운 귀결로 받아들일지 모른다. 만일 그가 하나의 변화가 모든 것들을 동시에 변화하는 것의 가장 이상적인 모델을 완벽한 서술, 완벽한 이야기의 구조에 입각해서 이해했다면 이러한 끊임없는 성찰의 과정을 더욱 바람직하게 생각했을 것이다. 완벽한 이야기에서는 어떤 세부 사항도 무의미하지 않고, 모든 부분은 알맞은 제 자리를 차지하고 있기 때문에 아무것도 우연적이거나 임의적이지 않으며, 모든 "왜?"라는 질문에 대해 타당한 대답을 가지고 있다. 대답을 하는 대신에 "왜 그래서는 안 되는 것이지?"라며 반문하지도 않는 것이다. 윌리엄 라보프(Willian Labov, 1927~ . 사회언어학에 변이연구 방법론을 정립시킨 미국의 언어학자.—옮긴이)의 말을 빌리면, "요령 없는 이야기는 '그래서 어떻다는 거야?'라는 김 빠지는 질문을 하게 만든다. 그러나 훌륭한 이야기꾼은 이러한 질문이 나오지 않도록 이야기를 전개한다. 따라서 이야기가 끝났을 때 청중은 '그래서 어떻다는 거야?'라고 질문할 엄두도 내지 못하게 된다."[18] 어떤 이야기가 무의미한 것은 거기에 독립적인 도덕적 교훈이 없어서가 아니다. 오히려 도덕적 교훈으로 이야기의 정당화를 꾀해야 한다면 그것은 이미 실패한 이야기나 다름이 없다. 훌륭한 이야기는 의문이 들게 만들지 않는다. 의문이 들기 전에 이야기 자체에 이미 해답이 마련되어 있기 때문이다. 이야기 자체가 바로 대답이다. 마찬가지로 완벽한 삶은 그 자체가 바로 삶을 정당화한다. 니체도 이러한 생각을 가지고 있었으며, 다음의 인용문에서 볼 수 있듯이 그는 문학과 삶의 연관성을 염두에 두고 있었던 듯이 보인다. 그는 작품을 쓰면서 삶의 가장 빛나는 순

---

18 William Labov의 「서술분석: 말로 표현된 개인적 경험Narrative Analysis: Oral Versions of Personal Experience」, in Essays on the Verbal and Visual Arts: Proceedings of the American Ethnological Society(Seattle: American Ethnological Society, 1966), pp. 37~39

간을 경험했던 작가들을 논의하면서 다음과 같이 결론을 내린다.

> 만일 책을 비롯해서 인간의 모든 행동이 여러 측면에서 다른 행동과 결정, 사상의 원인이라고 생각한다면, 이미 일어난 모든 사건은 앞으로 일어날 모든 사건과 뗄 수 없이 맞물려 있다고 생각한다면, 우리는 진정한 운동의 **불멸성**을 발견한 셈이다. 일단 한 번 움직인 것은 존재의 일반적인 결합 속에 밀봉되어 불멸의 것이 된다. 호박琥珀 속에 들어 있는 벌레처럼.(『인간』, I, 208)

이러한 모델은 영겁회귀 사상을 텍스트로서 세계라는 은유, 즉 세계를 해석의 대상인 텍스트로서 파악하는 니체의 생각과 일맥상통한다. 해석은 끝없는 무한한 과정이기 때문에, 단 하나의 텍스트에 대해서도 완벽하며 총체적인 해석은 불가능하기 때문에, 문학적 모델은 하나의 관점에 입각해서 삶의 모든 것을 총체적으로 바라보려는 성찰의 노력—그러한 하나의 관점이 가능하다고 전제하면—이 끝없이 계속되어야 하는 이유를 설명해 준다.

이러한 문학의 유추가 니체의 견해가 가진 두 가지 핵심을 전면에 부각하는 장점이 있다. 비록 이것이 두 가지의 심각한 난점도 동시에 부각하지만 말이다. 우리는 앞서서 한 개인의 삶의 일부가 달라지면 그는 더 이상 동일한 개인이 아니라는 입장을 살펴보았다. 또 개인의 모든 특징들이 똑같이 중요하기 때문에 주체는 그러한 특징의 총합에 불과하고, 그러한 특징도 그것이 다른 사물에 미치는 영향의 결과에 지나지 않는다는 입장도 이미 살펴보았다. 이것은 "만약에 내가 ~대신에 ~을 했더라면 나는 ~와는 다른 ~가 되었을 텐데"라는 가정적인 진술이 현실적으로 실현될 수 없음을 말해 준다. 나의 특징에 어떤 변화가 생기면 그것은 연쇄반응을 몰고 와서 나와 세계가 한꺼번에 무너지기 때문이다. 그렇다면 이상적인 삶은 "만약"이라는 가정은 불가능하다는 깨달음 위에서 그러한 가정이 현실로 실현되는 것을 원치 않는 사람의 삶이라고 할 수 있다.

실제로 존재하는 개인이 아니라 허구적 인물을 묘사함으로써 문학적 모델은 니체의 독특한 견해를 직관적으로 이해할 수 있게 만들어 준다. 허구적 인물은 자신이 존재하는 이야기 속에서 자신과 관련된 진술들의 총합이라고 할 수 있다. 그들은 자신에 대해서 묘사된 내용 이상이나 이하도 아니다. 적어도 원칙적으로는 인물에 대한 모든 세부묘사는 중요한 의미를 지니는데. 그러한 묘사의 분량에 따라서 등장인물의 중요성이 결정된다. 이상적인 서술의 경우에 인물의 사소한 행동 하나만 변해도 그와 그가 속한 이야기는 산산이 와해되게 마련이다. 이야기의 일관성을 추구하는 작가는 하나의 사소한 변화가 있다면 그것에 상응하는 또 다른 변화를 묘사해야 하고, 그러면서 나중에는 전혀 다른 이야기가 전개될 것이다. 이야기의 한 요소가 변하면 다른 것들도 따라서 변하기 때문이다.

예를 들어 안나 카레니나Anna Karenina는 브론스키Vronsky와 사랑에 빠지지 않을 수 있었을까? 남편을 버리지 않을 수 있었을까? 아들을 조금 덜 사랑할 수 있었을까? 보다 덜 인습을 따를 수 있었을까? 오블론스키Oblonsky의 누이가 아닐 수 있었을까? 문학 작품의 등장인물의 경우에 이러한 질문에 답하기는 불가능하지는 않다고 할지라도 매우 어렵다. 문학의 이러한 성격을 통해서 니체는 이상적 인물과 완벽한 삶에 대한 자신의 견해를 발전시킬 수 있었던 듯이 보인다.

그러나 이러한 문학과의 연관성이 심각한 문제를 야기할 수 있다. 비록 문학이 앞서 언급한 가정적 진술의 불가능성을 증명해 준다고 해도 니체가 문학을 삶에 적용함으로써 자신의 견해를 정당화할 수는 없지 않은가. 그는 사실과 허구를 분명하게 구별할 수 있다고 생각하지 않았다. 그럼에도 다음과 같은 반문이 있을 수 있다. 니체가 지나치게 문학의 모델에 입각해서 생각했기 때문에 가정적 진술이 사실의 세계에서는 발생할 수 있는 가능성을 무시하지 않았을까. 바로 이 점에 허구와 사실의 차이가 있는데 말이다.

니체가 가진 입장의 중요한 특징으로는 이상적인 인물의 모델을 문학 작품의 등장인물에게서 찾았으며, 또 이상적인 삶의 모델을 훌륭한 이야기에서 찾았다는 점을 들 수 있다.[19] 혹자는 이것이 그의 가장 큰 취약점이라고 볼 수도 있다. 다음 장에서 나는 니체가 삶의 미학적이며 구성적인 성격을 강조했기 때문에 그의 정당성이 약화되지는 않는다는 사실을 살펴보게 될 것이다. 그리고 마지막 장에서는 그가 자신의 견해를 독특한 방법으로 제시함으로써 반론의 가능성을 미리 차단했다는 것도 살펴보게 될 것이다.

---

19 Shapiro는 나의 해석과 정반대로 영겁회귀를 해석했다. Shapiro는 회귀사상이 서술의 개념 자체에 대한 공격이라고 주장했다. 그에 따르면, 차라투스트라와 『반그리스도』에서 묘사된 예수, 이 두 인물에 있어서 "경험의 총합은 그 자체로서 충분하기 때문에 이것은 어떤 외부적인 설명을 필요로 하지 않는 것이었다…… 연속적인 사건 속에서 어떤 독립된 행위의 주체도 인정하지 않고 단지 사건들의 상호관계만을 인정하기 때문에 외부적 회귀는 반서술적이다. 즉 외부적 회귀에는 서술의 시작도 중간도 끝도 없다. 단지 지속적인 변화생성의 순환만이 있을 따름이다. 그리하여 외부적 회귀는 모든 서술의 핵심인 개별적 행위의 주체를 변화생성의 순환 속에 해체시켜 버린다." Shapiro의 「니체의 낙서: 『반그리스도』의 책 읽기Nietzsche's Graffito: A Reading of The Antichrist」, Boundary 2, 9~10(1981), 136, 그의 「르낭 대 니체Nietzsche Contra Renan」, History and Theory 21(1982), 218을 참조할 것. 그는 또한 아직 출판되지 않은 원고인 「회귀의 심리학The Psychology of the Recurrence」에서 이러한 주제를 논의했다. 나는 니체가 어떤 종류의 독립적 행위의 주체를 인정하지 않았다는 주장에는 충분히 동의하지만, 그렇다고 그가 행위의 주체나 대상을 '해체'했다고 생각하지는 않는다. 니체는 이들을 서술적 작업을 통하여 형성된 복합적인 구성으로 보았던 것이다.

니체의 방법론의 두 번째 중요한 특징으로서 미학적 모델도 역시 **도덕성**과 관련된 심각한 문제를 야기할 수 있다. 다음 장에서 설명하겠지만 작품 속의 인물은 완벽함에도 불구하고 사악한 인물이거나 그러한 인물을 대변할 수 있다. 만약 니체가 인간을 작중인물처럼, 또 삶을 문학 작품처럼 다루었다면 우리는 왜 그가 이상적인 삶의 모습을 구체적으로 묘사하기를 거부했는지 이유를 설명할 수 있어야 한다. 그는 다양한 행동들의 질質보다는 그것들이 일관되고 독자적이면서 동기가 분명한 총체로 통합되는 방식에 관심을 가졌다. 총체가 특정한 행동을 필요로 한다면 그것은 그 성격이나 질과 무관하게 전체와 잘 조화가 될 것이다. 도덕성이 아니라 조화가 작품 속의 인물을 이해하고 평가하는 중요한 요인이기 때문이다. 이러한 문학적 모델은 니체의 또 다른 견해, 즉 개별적인 행동과 사건은 그 자체로서는 아무런 특징을 가지지 않는다는 견해도 설명해 줄 수 있다. 그는 행동의 의미는 그것이 삶의 전체에 대해 갖는 관계에 따라서 결정되며 끊임없이 새로워진다고 생각했다. 작중 인물의 특징이나 행동의 의미는 오로지 다른 인물들의 특징 및 이야기 전체와의 관계 속에서만 비로소 결정되는 것이다.

이제 인간은 자신의 나쁜 행동도 너무 오랫동안 마음에 품지 말아야 한다는 것, 또 미덕은 행동 자체가 아니라 그것이 전체적 자아 "자신의 의지"(『차라』, Ⅰ, 1)의 관계에 따라서 평가되어야 한다는 니체의 견해를 소개하기로 하자. 작중 인물을 평가할 때 가장 먼저 고려되는 요소는 일관성이다. 마찬가지로 니체는 일관성이 인간에게 본질적인 중요성을 갖는다고 주장했는데, 아무리 도덕적으로 불쾌한 인물을 작가는 창조한다고 해도 그들이 이야기에 결정적인 의미를 가지며, 또한 신빙성이 있는 인물인 경우에는 독자의 비난을 받지 않는다. 니체가 칭찬을 아끼지 않았던 도스토예프스키Dostoyevsky(『우상』, IX, 45; 『반그리스도』, 31 참조)의 『지하생활자의 수기Notes from the Underground』의 서술자가 좋은 예이다. 그는 작중인물로서는 훌륭하지만 실제 우리 주위의 사람이라면 쳐다보기도 싫은 인물이다. 때로 우리가 작중인물에게 도덕적으로 반응하기도 하지만 보다 중요한 것은 미학적인 것이다. 부도덕한 인물이 흠이 된다면 그가 무의미하게 등장을 했거나 성격 묘사가 엉망이든지 아니면 그의 사악한 행동이 이야기에서 본질적인 기능을 가지지 못하는 경우에 한해서이다. 즉 그가 이야기에 존재할 이유가 없기 때문에 "왜 거기에 있어야 하는가?"라는 질문에 대해서 "왜 있으면 안 된단 말인가?"라는 식의 볼멘 반문밖에 나올 수 없는 경우에 부도덕한 인물은 흠이 된다.

그러나 이 점으로 인해서 니체의 방법론에 대해 두 번째 문제가 생긴다. 그가 찬양했던 이야기 속의 완벽한 인물이 도덕적으로는 거부감을 주는 인물이라고 할지라도, 때로 오해되듯이, 그가 순진하게 "부도덕성"으로 인해서 이들의 이기심이나 잔인성을 찬양하지는 않는다.(『서광』, 103 참조) 그럼에도 다음과 같은 석연치 않은 느낌을 완전히 지울 수는 없다. 즉 누군가 니체의 이상적인 삶을 구현하면서도 도덕적으로는 매우 타기할 만한 인물이 될 가능성이 있다는 것이다.[20] 이러한 가능성은 우리의 현실에 직접적인 영향을 주지 않는 허구적 인물인 경우에는 별 문제가 되지 않는다. 그러나 실제로 우리 주변의 인물이라면 심각한 위험이 된다는 반론이 있을 수 있다. 어쩌면 니체의 견해를 제대로 이해하기 위해서는 이상적인 삶의 모습으로 제시된 **초인**을 다만 다

---

20 최근에 J. P. Stern이 이러한 반론을 그의 책 『니체의 연구A Study of Nietzsche』(Cambridge: Cambridge University Press, 1979), pp. 120~121에서 제기했다.

양한 삶의 한 유형으로서만 이해해야 할지 모른다.[21] 우리의 개인적 삶은 그러한 초인의 모델에 입각해서 니체가 강조한 통일성과 일관성을 확보할 수 있어야 하는 것이다. 여기서 우리는 특별히 사악하고 혐오스러운 삶을 부적절한 것으로서 배척해야 하는 분명한 이유를 발견할 수 있을지 모른다. 그럼에도 나는 어떻게 그것이 가능한지 방법이 상상이 되지 않는다. 더구나 니체 스스로도 이러한 방법이나 지침에 대해서 아무런 관심을 보이지 않았다. 내 생각에 그는 자신이 대놓고 칭찬했던 삶보다 훨씬 많은 삶의 유형이 그러한 모델과 일치한다고 생각했던 듯하다. 그런데 이것이 그의 "부도덕주의"가 가진 위험이 아닐까. 비록 그는 그러한 위험을 기꺼이 감수할 준비가 되어 있었지만. 그럼에도 여기에서 우리는 누군가의 삶이 영겁회귀 사상의 기준을 통과하는 것은 아주 어렵다는 사실을 깊이 명심할 필요가 있다. 영겁회귀의 조건을 만족하는 삶과 자아를 설계하는 것은 매우 지난한 일이다. 사악한 인물들이 이러한 시험을 쉽게 통과할 수 있다고 상상해서는 안 된다. 또 니체가 이들을 비난할 수가 없기 때문에 비난하지 않았다고 잘못 생각해서도 안 된다. 그는 그의 완벽한 모델로부터 어떤 특정한 유형의 사람들을 배제하는 일에는 아무런 관심이 없었다. 그는 다만 영겁회귀 사상에 유일하게 일치하는 삶의 유형을 어떻게 설계할 수 있을 것인가라는 어려운 문제에만 관심을 가지고 있었다.

영겁회귀 모델은 니체의 열역학에 대한 피상적인 논의가 아니라 글쓰기에 대한 그의 깊은 관심으로부터 설명되어야 한다. 이상적인 삶을

---

21 이러한 견해는 Magnus의 「니체의 초인에 있어서의 완벽성과 태도Perfectibility and Attitude in Nietzsche's Übermensch」, Review of Metaphysics, 36(1983), 633~659에서 제시되었다. 그는 같은 논문의 pp. 638~639에서 Stern의 반론도 논의했다.

이야기와의 관계에서 찾기 위해 프루스트Proust의 『잃어버린 시간을 찾아서Remembrance of Things Past』에 나오는 특정한 용어들 소개하는 것이 도움이 될 것이다. 이 허구적 자서전에서 프루스트는 작가가 되기 위한 방황의 과정에서 겪었던 어리석고 사소하며 무의미하고 우발적이며 때로는 끔찍한 사건들을 자세하게 힘들여서 묘사한다. 그는 낭비했던 시간, 지인들, 삶의 여러 시기에 품었던 의견과 가치, 심경의 변화, 우정, 가족과 애인들, 하인에 대한 태도, 사교계에 입문하려던 노력, 유치하고 비열한 행동의 동기들을 비롯해서 아주 사소한 것들까지도 기록했다. 그런데 바로 이러한 엉성한 우연들이 그가 작가가 되었던 원인이 아니었던가. 이들이 하나의 통일된 패턴의 일부로 녹아들어간 결과 마침내 저술로 완성된 것이다. 그는 『잃어버린 시간을 찾아서』가 자신이 작가가 되기 위해 방황하며 겪었던 모든 어리석고 무의미하며 우발적이고 때로는 끔찍했던 모든 사건을 자세히 적은 것이라고 말했다. 그는 낭비했던 시간, 지인들, 삶의 여러 시기에 품었던 의견과 가치, 심경의 변화, 우정, 가족과 애인들, 하인에 대한 태도, 사교계에 입문하려던 노력, 유치하고 때로는 비열했던 행동의 동기 등에 관심이 있었다. 그의 소설은 이러한 엉성한 우연적 사건들이 모여서 어떻게 자신을 작가로 만들었는지, 또 어떻게 통일된 패턴의 일부로서 저서로 완성되었는지의 과정에 대한 추적이다. 이와 같이 모든 무의미하고 우발적인 사건들을 서술하는 책. 이것이 프루스트가 아직 시작하지 않았으나 독자들이 이제 막 독서를 끝낸 책이 아닌가.

그러나 프루스트의 서술자의 삶이 니체의 독자적인 이상적 삶의 모습일 필요는 없으며, 또 그러한 이상적 삶인 것도 아니다. 그러나 그 불완전함에도 불구하고 완벽한 삶으로 성숙하며, 또 그렇게 보이는 삶, 그리고 부단히 자신에게로 되돌아오는 삶을 서술하는 완벽한 소설 『잃어 버린 시간을 찾아서』가 영겁회귀를 이해하는 아주 좋은 모델이 될 수 있다.

이러한 완벽한 삶을 성취하고 창조하기 위해서는 이미 주어진 것들을 부단히 해석할 뿐만이 아니라, 또한 부단히 새롭게 행동해야 한다. 전체적인 자아는 개별적인 행동에 내재하기 때문이다. 니체는 완벽한 삶을 사는 것은 이미 존재하는 자아를 이해하고 그러한 기반 위에서 사는 것이라고 생각한 듯이 보인다. 이러한 삶은 새로운 행동을 이미 존재하는 것들에 새롭게 통합하려는 노력의 삶이자, 또 이러한 새로운 행동의 재해석이 아직 존재하지 않는 새로운 자아의 창조와 발견에 이바지하는 삶이다. 창조와 발견, 지식과 행동, 문학과 삶 사이의 역설적인 상호작용이 니체의 자아 개념의 중심에 자리 잡고 있다. 이러한 긴장관계가 차라투스트라의 다음과 같이 난해한 자기 서술을 이해하는 열쇠를 제공한다. "**그것은** 철저하게 나 자신이다. 비틀거리면서, 일어나면서, 일어나는 자, 단련하는 자, 그리고 엄격하게 극기하는 자. 그것이 일찍이 자신에게 '지금의 네가 되어라!'라고 가르쳤다."(『차라』, IV, 1)

니체 스스로도 이러한 차라투스트라의 충고를 가슴에 새겼다. 그는 그 충고를 삶의 목표로, 집필의 목표로 삼음으로써 그 충고에 따라서 살았다. 그는 다른 사람이 아닌 근본적으로 **자신만의 것**인 삶의 길을 꾸준히 걸어서 그러한 목표에 도달하려 시도했다.

제6장
어떻게 내가 현재의 내가 될 것인가

사람들은 언제나 보다 좋은 미래를 창조할 것이라고 소리친다.
그러나 아니다. 미래는 어느 누구에게도 관심이 없는 냉담한 진공이다.
그러나 과거는 생명으로 가득 차 있다.
그것은 우리를 짜증나게 하고 화나게 하며 경멸하기도 하면서
우리가 자신을 파괴하거나 재창조하도록 자극한다.
미래의 주인이 되는 유일한 길은 과거를 변화하는 것이다.

—밀란 쿤데라(Milan Kundera, 1929~. 체코 태생의 작가.—옮긴이)의
『웃음과 망각의 책*The Book of Laughter and Forgetting*』에서

니체에게 존재와 변화생성의 관계는 일반적인 것이 아니다. "최후의
의도에 기대지 않고서 생성을 이해해야 한다…… 변화는 최종 상태를
지향하지 않으며 '존재'로 흘러가는 것도 아니다."(『권력』, 708) 그가 철
학자들을 비판("인간은 언제나 철학자였다")한 이유 중의 하나는 그들이
변화로부터 눈을 돌리고 오로지 존재에만 집중했기 때문이었다. "무無
도 **있기** 때문에, 자신의 '세계'로서 철학자들에게 남겨진 유일한 세계는
상상적인 것이다."(『권력』, 570) 니체는 현상과 실재의 구별에 대한 거부
로 일관하였다. "우리는 진정한 세계를 파괴했다. 그렇다면 어떤 세계
가 우리에게 남아 있는가? 현상적인 세계? 아니다. **실재 세계를 파괴함으
로써 우리는 현상적인 세계도 파괴하였다.**"(『우상』, IV, 6) "'진정한 세계'와

'현상적인 세계'는 허위로 조작된 세계와 실재를 의미한다."(『이사람』, 서론, 2)[1] 그는 이러한 현상과 실재의 대립은 무의미하다고 주장한다. "현상적인 세계와 거짓의 세계, 이것이 바로 대립이다." 그런데 이러한 대립이 전적으로 무의미하기 때문에 우리는 "현상에 대해서 말할 약간의 권리마저도 잃었다."(『권력』, 461; 567 참조)

니체가 현상과 실재의 구별을 단순히 공격한 것만은 아니었다. 이미 살펴보았듯이 그는 이러한 구별의 기원에 대한 심리학적인 설명까지 제시했다. 이러한 구별은 생각과 욕망 및 행동의 배후에는 자아라는 실체가 존재한다는 신념을 바깥 세계에 투사한 결과로서 생긴 것이다. "언어는 어디에서나 행위자와 행위를 찾고 의지가 행동의 원인이라고 믿으며, 또한 자아 존재로서의 자아와 실체로서의 자아를 믿는다. 나아가 언어는 이러한 자아, 즉 실체에 대한 믿음을 모든 사물에 투사한다. 그리하여 언어는 '사물'이라는 개념을 **창조한다**…… 자아의 개념의 파생어로서 존재의 개념이 뒤따라 창조된다."(『우상』, III, 5)

"사물에 대한 믿음의 심리학적 기원"(『권력』, 473)에 대한 니체의 설명이 가진 난점은 이미 설명되었다. 이 자리에서 나는 그가 사물 일반과 특정한 자아 사이에 존재한다고 생각한 밀접한 유사성을 점검하는 것이다. 그는 이들이 모두 똑같은 이유에서 부적절한 개념이라고 보았다. "생성이…… '존재'로 흘러가는 것은 아니다"라는 견해는 세계뿐만이 아니라 자아에도 그대로 적용될 수가 있다. 그렇다면 문제는 이 장

---

1 이러한 니체의 비판이 『비극의 탄생』에서도 있는 것은 아니다. 이 책의 제2장을 참조할 것. 현상과 실재의 차이를 중심으로 한 『비극의 탄생』이 그것의 수사학적 성격 때문에 현상과 실재의 차이가 무너진다고 주장한 Paul de Man에 나는 동의하지 않는다. 그의 『독서의 알레고리Allegories of Readings』(New Haven: Yale University Press, 1980), pp. 79~102를 참고할 것. 이 책을 다시 언급할 때는 본문에 괄호로 면수를 표시할 것이다.

의 제목을 어떻게 설명할 것이냐는 것이 된다. 니체의 경구에서 가장 인상적인 "어떻게 현재의 우리로 변할 것인가(Wie man Wird, was man ist)"를 어떻게 이해할 것인가? 이것은 니체의 지적 자서전이자 마지막 책『이 사람을 보라』의 부제이다. 얼마나 풍자적인 제목인가?[2]

이 문구는 우연히 니체의 상상력을 순간적으로 사로잡았던 멋진 표현에 불과할 수도 있다. 그러나 이와 같이 지나치게 단순한 설명은 올바르지 않다. 이 문장의 배후에 있는 사상과 이 문장은『이 사람을 보라』(『고찰』, 3에 대한 Ⅱ, 9, Ⅲ)에서도 발견될 뿐 아니라 그의 다른 글에서도 흔적을 찾을 수 있다. 그는 1874년에『교육자로서의 쇼펜하우어 Schopenhauer as Educator』와『반시대적 고찰』의 제3부에서도 이와 관련된 표현을 사용한 적이 있다. "대중에게 속하기를 원치 않는 사람들은 자신을 쉽게 생각해서는 안 된다. '그대 자신이 되어라!(Sei du selbst!) 지금 그대가 하는 모든 행동, 생각 및 욕구는 그대 자신이 아니다'라고 소리치는 양심의 목소리에 따라 살아야 한다."(『고찰』, Ⅲ, 1)[3] 이것은『유쾌한 과학』에서 보다 단순하게 표현되었다. "그대의 양심이 무엇이라고 말하는가? 그대는 그대 자신이 되지 않으면 안 된다(du sollst der werden, der

---

2 니체는 마흔네 살의 생일인 1888년 10월 15일에『이 사람을 보라Ecce Homo』를 집필하기 시작했다. 그리고 채 3주일이 지나지 않은 11월 3일에 글을 마쳤다. 그 기간 동안, 그리고 1889년 1월 그의 건강이 극도로 악화되기 전의 기간 동안, 그는『니체 대 바그너Nietzsche Contra Wagner』및『디오니소스적 열광자Dionysos-Dithyramben』의 텍스트를 편집했다. 그러나 이 두 저서는 이미 출판된 글들로서 그의 새로운 글을 포함하고 있지 않다.

3 현재의 자기 자신으로 변화생성한다는 생각은 니체의 학창시절 이후로 계속 관심을 사로잡았다. 1867년 11월 3일에 Erwin Rohde에게 보낸 편지에 그것의 단초가 어느 정도 표명되어 있다.『니체의 편지: 비평적 전집판Nietzsche Briefwechsel: Kritische Gesamtausgabe』, Giorgio Colli and Mazzino Montinari, eds.(Berlin: de Gruyter, 1975~), Ⅰ, 2, 235 참조할 것. 니체는 이러한 '엄숙한 말'을 핀다로스의『아폴로 송가Pythian Ode』, 1, 73: (genoi' hoios essi mathōn)에서 찾았다. 그는 이 구절에서 마지막 단어와 핀다로스의 통치술에 대한 말을 생략했다. 이 중요하고 난해한 구절에 대한 최근의 논의로는 Erich Thummer의「핀다로스의 두 번째 아폴로 송가Die Zweite Pythische Ode Pindaros」, Rheinisches Museum Für Philologie, 115(1972), 293~307이 있다.

du bist)."(『과학』, 270) 이 책에서 그는 행동의 "도덕적 가치"에 대해서 걱정하는 사람과는 반대로 자기 자신과 자신과 같은 유형의 사람은 "우리 자신이 되기를 원한다"(『과학』, 335)라고 덧붙였다. 그리고 그의 후기 저서에서도 차라투스트라는 "일찍이 자신에게 '지금의 그대가 되어라!'라고 가르쳤다."(『차라』, Ⅳ, 1) 이 문장은 그의 사상의 핵심은 아니라 할지라도 중요한 사상임에는 틀림이 없다.

"지금의 그대가 되어라"라는 문장은 이해하기 애매하게 보인다. 니체가 변화생성과 존재의 차이를 인정하지 않기 때문만은 아니다. 이해가 어려운 근본적인 이유는 주체로서의 독립적 자아라는 개념을 그가 근거가 없는 허구로 간주하기 때문이다. 그리고 그는 자아라는 허구로부터 변화와 생성의 구분이 생겨나는 것으로 생각했다. "실체는 존재하지 않는다. 행동과 영향, 변화의 배후에 '존재'는 존재하지 않는다. '행위자'는 행위에 덧붙여진 허구에 불과하다. 행위가 전부이다."(『도덕』, Ⅰ, 13) 그러나 만약 자아 같은 것이 존재하지 않는다면 우리가 되고자 하는 존재도 따라서 없는 것이 아닐까?

니체는 권력의지를 주체에 적용함으로써 행위 주체를 행동들의 총합으로서 파악했다. 권력의지 사상에 의하면 세계에 존재하는 모든 대상은 이것이 다른 것들에 미치는 영향의 결과로, 이러한 사상은 전통적인 의미의 사물을 완전히 부정하고 있다. 이러한 견해가 우리가 개괄적으로 논의했던 문제로서 자아와 관련된 문제를 야기한다. 그것은 어떤 행동을 우리가 행위자의 행동에 속하는 것으로서 인정할 것인가 하는 질문이다. "행동이 전부이다."라는 말이 적용될 주체는 도대체 누구인가? 이러한 질문에 대해 다음과 같은 구절이 더해지면 더욱 이해가 힘들어진다. "생각하는 것으로서의 '정신'은 '생각'을 믿는 그릇된 자기 성찰로부터 두 번째로 파생된 개념이다. 전혀 일어나지 않은 '생각'이라는 행동이 우선적으로 가정된다. 그 다음에는 모든 생각 활동의 뿌리가 되는 주체로서의 실체가 가정된다. 다시 말하면, **행동이나 행위자 모두 허구이다.**"(『권력』, 477)[4] 이러한 이중의 부정은 우리에게 어떠한 대상도 남겨 놓지 않는 듯이 보인다. 이에 대한 논의는 다음으로 미루기로 하고, 우선 주체를 일련의 행동으로 파악한 니체의 주장을 현상과 실체의 구별을 거부한 그의 견해와의 관련 속에서 이해할 필요가 있다. 『유쾌한 과학』에서 니체는 다음과 같이 물었다. "나에게 현상이란 무엇인가? 그것은 정녕 과학의 반대는 아니다. 현상의 속성을 말하지 않고 어떻게 본질에 대해서 말할 수 있겠는가?"(『과학』, 54) 현상에 대한 이러한 견해는 우리의 관심의 대상인 문구를 해석할 수 있는 길을 더욱 어렵게 만든다.

이러한 해석은 자아이면서 동시에 변화의 대상인 자아를 여러 이유로 인해서 억압되고 은폐된 생각과 욕구와 동일시하는 점에서 프로이트의 심리학으로 흐르기 쉽다. 이때 억압되고 은폐된 생각과 욕구는 현재의 의식적인 자아 현상의 배후에 있는 실체가 된다. 의식적인 생각과 욕망은 진정한 자아의 실체에 접근하는 수단이거나 그것에 대한 기호에 지나지 않는 것이다. 이와 같은 프로이트적 해석은 다음 문구를 잘 설명해 준다고 볼 수 있다. "가난을 풍요로운 미덕으로 바꾸는 요술은 존재하지 않는다. 그러나 가난을 필요한 것으로 재해석함으로써 가난에 대해 불쾌해하지 않고 가난한 운명에 낙담하지 않을 수 있다."(『과학』, 17) 그런데 이 대목은 자기기만과 관련해서 심각한 질문을 던지게

---

4 이미 제3장에서 논의했듯이, 『권력』, 668에서 니체는 의지와 관련해서 이와 비슷한 말을 했다. 이 말이 적용된 또 다른 예는 『권력』, 675에서 발견할 수 있다.

한다. 나중에 내가 이 문제와 다시 씨름하게 되겠지만 우선, 인용된 문구가 재해석의 중요성을 강조함에는 틀림이 없지만 이것이 니체의 경구에 대한 충분한 설명은 아니라는 것이다. 니체와 프로이트Freud 사이에는 유사성과 연관성이 많다.[5] 그렇지만 자아가 삶의 초기에 대부분 형성된 상태로 내재하면서 계속 해방의 분출구를 찾는 충동이라는 통속적 프로이트 이론은 자아가 허구라는 니체의 견해와 양립할 수가 없다. 니체는 현상의 배후에 놓인 실재를 거부하였기 때문이다.

이러한 프로이트적 해석은 불변하는 자아나 진정한 자아가 발견의 손길을 기다리고 있다는 관점에 근거하고 있는데, 이것은 진리가 발견인지 아니면 창조인지에 대한 니체의 불확실한 태도와 대립된다. "'진리'는…… 발견의 손길을 기다리며 주어진 무엇이 아니다. 진리는 창조되어야 하는 것, 자체로서 아무런 목적이 없는 무를 극복하려는 의지나 과정에 붙여진 이름이다. 자체로서 확실하고 결정적인 무엇을 의식하는 것이 아니라 **무한한 과정으로서**, 그리고 적극적 결정의 힘으로서 우리에게 소개된 개념이다."(『권력』, 552)[6] 니체는 발견의 대상으로서 진리와 불변하는 대상으로서 자아 사이에 밀접한 연관성이 있다고 보았다. 이러한 이유로 그는 사회적 집단의 구성원들이 너무 많은 비밀을 가지고 있으면 안 된다고 생각했으며, 진실에 대한 필요, "분명하고 불변하는 기호"로서 자신을 증명할 의무도 부분적으로는 그것에서 기인한다고 보았다. 그리고 이러한 사회적 요구가 가능하기 위해서 "그대는 자신을 알 수 있는 지식의 대상으로서 간주해야 하고, 그대 자신이 숨김

---

5 니체와 Freud 사이의 연관성에 대한 복합적인 논의로는 Paul Laurent Assoun의 『프로이트와 니체*Freud et Nietzsche*』(Paris: Presses Universitaires de France, 1980)가 있다. 특별히 pp. 169~186을 참고할 것.

없이 투명하게 드러날 수 있다고 생각해야 하며, 그러나 자신을 변화하는 것으로 보면 안 된다. 이와 같이 진실성에 대한 요구는 인간의 불변성과 앎의 가능성을 전제로 한다. 사실상 교육은 가축의 무리에게 인간의 본성에 대한 확실한 믿음을 갖도록 가르치는 데 있지 않은가. 교육은 우선 믿음을 주입하고, 다음에는 '진실성'을 요구한다."(『권력』, 277)

니체는 "'이것이 이러하다는 믿음'을 '이것은 **이렇게 되어야 한다**는 의지'로 바꾸기를"(『권력』, 593) 원했다. 진리를 발견의 대상이라기보

---

6 『니체의 연구A Study of Nietzsche』(Cambridge: Cambridge University Press, 1979), p. 116에서 저자가 소개한 니체의 방법론은 Stern의 다음과 같은 반론을 해결하는 데 도움이 된다. Stern은 『교육자로서의 쇼펜하우어』(『고찰』, Ⅲ, 1)의 "너의 진정한 자아는…… 그대가 자신이라고 생각하는 것보다도 훨씬 거대한 것이다"라는 문장을 인용한다. 그리고 자아라고 생각하는 것이 사실은 "사회적이고…… 그리하여 거짓된 자아이다."라고 주장한 다음에 다음의 질문을 던진다. "'우리의 진정한 자아'는 '우리의 일상적 자아'보다도 훨씬 사소한 것이라고 말하는 것도 똑같이 가능하다. 그런데 고맙게도 사회나 관습, 법이 이것을 느끼지 못하도록 하는 것이 아닐까?" 그러나 니체는 비사회적이거나 前前 사회적인 자아가 존재하거나, 다른 자아와 상관없이 독립적으로 존재하는 자아가 있다고 생각하지 않았다. 때문에 자아가 억압되거나 해방되어야 한다고 생각하지도 않았다. Richard Rorty는 "인간이 해방되어야 할 진정한 자아, 세력에 의해서 형성되기 이전에 존재하는 순수한 자아를 가지고 있다는 前前 니체적 가정"에 대해서 언급했다. 그의 「니체와 마르크스를 넘어서Beyond Nietzsche and Marx」in London Review of Books(19 February 1981), p. 6을 참조할 것.
이와 같은 맥락에서 혹자는 『차라』, Ⅰ, 4에서 차라투스트라가 자아(das Selbst)와 동일시한 신체와 그가 의식, 즉 '나(das Ich)'라고 말하는 주체와 동일시한 정신의 차이를 말한 부분을 지적하면서 신체는 그것 자체의 목적을 위해 의식을 사용한다고 주장할 수 있다. 심지어 신체를 비하하고 그것으로부터 등을 돌리는 '신체의 경멸자'도 무의식적인 자아, 즉 그들의 육체적 욕망을 따르고 있는지도 모른다는 것이다. 언뜻 보기에 이러한 견해는 Freud의 정신분석을 상기시킨다. 그러나 내 생각에 Freud와의 유사성은 여기까지이다. 중요한 것은 니체가 의식과 무의식을 구별했는가가 아니다. 물론 그는 이들을 구별했다.(Assoun의 『프로이트와 니체』, pp. 170~179 참조할 것) 그렇지만 문제가 되는 것은 그가 무의식적인 자아를 진정한 자아로 생각했는지, 또 그가 무의식적인 자아를 의식적인 삶에 들어오는 가변적인 것들의 배후에 있는 지속적 실재로서 생각했는지에 관한 의문이다. 니체는 그렇게 생각하지 않았다. 반대로 니체는 인간이 안정된 자아를 가지고 있다는 믿음 때문에 사람들은 육체의 '경멸자'가 되었다고 주장했다. "심지어 그대의 어리석음과 경멸에 있어서도…… 그대는 자아를 위해 일하고 있다." 단지 "자아가 원하는 것, 즉 자신을 넘어서 창조하는 일을 실현할 수 없기" 때문에 "그대의 자아는 죽어서 삶으로부터 도피하기를 바라는 것이다."(『차라』, Ⅰ, 4) 부분과 전체의 관계로 연결된 의식적인 자아와 무의식적인 자아는 부단한 변화와 발전의 경향을 지닌다.(『권력』, 659) 때문에 우리의 진정한 자아를 발견하는 것은 불가능하다.

다는 창작품으로서 간주했기 때문인데, 자아에 대한 태도도 비슷하다. "현재의 자기 자신으로 변하기 원하는" 사람은 "신선하고 독자적이며 탁월하고, 또한 자신의 입법자로서 **자신을 창조하는 사람**"(『과학』, 335, 강조는 나의 것임)이었다. 『차라투스트라는 이렇게 말했다』는 자신을 창조하는 사상, 혹은 초인이 되어 가는 과정을 묘사한 책이다. 차라투스트라와 그의 제자들이 계속 "창조자"로서 묘사되는 이유이다. 그가 숭배했던 몇몇 진정한 영웅의 하나인 괴테Goethe에 대해 그가 "그는 자신을 창조했다"(『우상』, IX, 49)라고 말했을 때 니체로서는 최대의 찬사를 보낸 것이었다.

이제 이러한 문제에 대해 니체가 취하는 불확실한 태도에 대해 다시 생각해 보기로 하자. 존재하는 사물, 혹은 발견의 손길을 기다리는 진리가 존재한다는 관념을 끊임없이 공격하고 창조를 지나치게 강조했음에도 차라투스트라는 다음과 같이 수수께끼와 같은 말을 던졌다. "영혼을 우선적으로 발명하지 않으면 결코 영혼을 발견할 수 없다."(『차라』, I, 8) 이러한 모호한 견해는 나중에 그가 제자들에게 하는 말에서도 드러난다. "그대는 아직도 세계를 창조하기를 원하는가. 무릎을 꿇고 경배할 수 있도록?"(『차라』, II, 2; III, 3 참조) 비록 "논리의 공리는…… 우리가 실재를 **창조하는** 수단이다"(『권력』, 516)라고 말했음에도 그는 여전히 "이성적 사유는 우리가 거부할 수 없는 패러다임에 따른 해석"(『권력』, 522)이라고 덧붙였다. 그렇다면 만드는 것과 발견하는 것, 창조하는 것과 발견하는 것, 법을 입법하는 것과 법에 의해 지배되는 것, 이들 양자의 관계는 매우 복합적이고, 또한 상호보완적이 된다. 우리의 창조는 궁극적으로 우리의 진리이고, 진리는 우리의 창조를 제한하기도 한다.[7]

그렇다면 자아는 언젠가 발견되기 위해서 우선 창조되어야 하는 것으로 보인다. 이 경우에 우리는 다음과 같은 문제에 직면한다. 우리가 현재의 자아가 되기 이전에, 즉 무엇인가 되기도 전에 어떻게 현재의 자아가 될 수 있는가? 이와는 반대로 만약 그러한 자아가 이미 존재하는 우리라면 우리가 어떻게 그러한 자아가 될 수 있는가? 어떻게, 또 왜 **그러한** 자아가 다른 것이 아니라 우리이어야 하는가? 왜 그것은 존재하지 않는 다른 것에 대해서 적어도 현재 존재하고 있는 특권을 가진 현재의 자아이어서는 안 되는가?

여기서 잠시 논의를 멈추고, 불확실한 의미에도 불구하고 자아의 창조를 강조한 니체가 "현재의 우리로 변화하라"는 문구에 대해 일견 타당해 보이는 다음의 해석을 배척한다는 사실에 주목하기로 하자. 그것은 현재의 우리로 변화하는 것이 우리가 본래 가지고 있는 모든 능력을 최대한 실현하는 것이라는 해석이다. 이것은 아리스토텔레스적이라고 단정하기는 어려울지 모르지만 그렇다고 틀렸다고 말하기도 어렵다. 이러한 해석은 현실성과 잠재성의 구별을 가지고 니체의 유별난 논리를 설명할 수 있는 단서가 될 수도 있다. 잠재적인 존재가 현실적 존재는 아닐지도 모르기 때문이다. 그러나 이러한 이점에도 불구하고 이러한 해석은 두 가지 심각한 문제를 가진다. 첫째, 우리의 능력이 원칙적

---

7 이러한 양면적 가치는 Harold Alderman의 『니체의 선물*Nietzsche's Gift*』(Athens, Ohio: Ohio University Press, 1977)에 잘 반영되어 있다. 예를 들어 Alderman은 "초인은 대지의 의미이다…… 그럼에도 불구하고 우리는 그가 그러한 의미를 위해 의욕하지 않으면 안 된다…… 사실상 차라투스트라의 서문은 무엇인가가 존재한다는 것과 우리가 그것이 존재하도록 의욕하지 않으면 안 된다는 것을 동시에 말해 준다."(p. 26) 또 Alderman은 『차라』, I, 1 의 글이 "우리가 자신을 창조—혹은 직면—할 수 있는 조건에 대한 니체의 진술"(p. 35)로서 이해하였다. 비록 Alderman은 "자신이기 위해서 우리의 한계도 알아야 한다. 그럼으로써 우리는 성장하여 자신의 한계를 직면할 수 있다"(p. 126)라고 말했지만, 이러한 문제를 명확하게 논의하지 않았다. 내 생각에 Alderman은 니체가 비판하였던 (『권력』, 495; 『이사람』, II, 9 참조) 발견의 측면을 너무 강조한 듯하다. 우리의 한계가 이미 확립되어 있다는 것을 강조하였기 때문에 내가 이 장에서 논의할 아리스토텔레스적 해석에 치우친 듯이 보인다.

으로 다 소모될 수도 있고 만일 이들 능력이 모두 현실화되면 우리는 진정한 자기 자신으로 현실화될 수 있다는 결론이 되는데, 이때 생성은 멈추게 된다. 니체가 부정했던 생성이 "존재로 흘러가는" 결과가 실현되는 것이다. 두 번째로, 변화생성을 본래적인 능력의 실현으로 보는 견해는 자아의 창조를 이미 주어진 것이 점차적으로 드러나는 과정으로서 파악하는 견해이다. 그러나 니체는 사물과 사람의 본질이 변화생성보다 선행해서 미리 존재한다는 관념을 철저하게 반박하였다. 니체는 사물의 "본질"이라는 관념 자체를 여기저기에서 일관되게 공격했다.

그렇다면 어떤 점에서 존재하지도 않는 자아가 창조되고 어떻게 진정한 자아가 될 수 있는지를 설명해야 한다. 니체가 변화생성은 최종 상태를 지향하지 않는다고 주장했기 때문에 설명은 더욱 어렵게 된다. 그는 끊임없는 변화와 부재하는 항구성을 세계의 전반적인 특징으로 보았다. "만약 세계의 운동이 최종 상태를 지향했다면 최종 상태는 이미 도래했을 것이다. 단 하나의 근본적인 사실은 운동이 최종 상태를 지향하지 않는다는 것이다."(『권력』, 708)[8] 니체는 개인에 대해서도 마찬가지라고 생각했다. 예를 들어 『유쾌한 과학』에서 그는 "**많은** 것과 **많은** 상태를 알려주는 엄청나게 귀중한 수단"으로서 "짧은 습관(Kurze Gewohnheiten)"(『과학』, 295)을 찬양하였다. 그리고 같은 저서에서 의지와 파도라는 뛰어난 직유를 가지고 끊임없는 변화와 재생은 불가항력적이고 동시에 매우 가치 있는 것이라는 신념을 피력하였다.

---

8 이러한 견해는 영겁회귀에 대한 그의 메모에 가끔 나타나는 견해이다. 제5장에서 나는 이러한 견해는 언제나 회귀를 '미완성인' 세계의 끊임없는 존재상태로 보는 견해와 양립할 수 있다고 지적했다. 『권력』, 639를 참조할 것. "세계가 확실히 안정된 상태를 향해서 나아가지 않는다는 것이 지금까지 증명된 유일한 사실이다."

이 파도는 얼마나 악착같이 다가오는가! 파도는 마치 무엇인가를 뒤쫓는 듯하다. 이 구불구불한 절벽의 모든 틈바구니를 향해 얼마나 무시무시한 속도로 뛰어오르는 것이냐! 엄청난 값어치의 귀중한 보물이 그곳에 숨겨져 있다는 듯이. 이제 파도는 후퇴한다, 약간은 속도를 늦추어서 그러나 아직도 흥분해서 하얗게 질린 얼굴을 하고서. 파도는 절망했단 말인가? 아니면 찾던 보물을 발견했는가? 아니면 짐짓 절망한 듯 가장하는 것일까? 그러나 이미 또 다른 파도가 달려오고 있다. 처음의 파도보다도 더욱 악착같이, 더욱 야성적으로. 파도는 많은 비밀을 간직한 영혼처럼 보인다. 곧 보물을 찾을 최후의 발견자처럼 보인다. 이렇게 파도는 살고 있다. 의욕하는 인간도 파도처럼 살아야 한다. 이 이상 더 할 말이 없다.(『과학』, 310)

끊임없는 변화는 『차라투스트라』에서 강조되는 중요 개념의 하나이다. "불변하는 모든 것, 그것은 다만 비유에 지나지 않는다. 시인은 너무 많은 거짓말을 한다…… 가장 훌륭한 비유는 시간과 변화에 대한 이야기이다. 그러한 비유로 하여금 모든 일시적인 것들이 옳다고 주장하며 노래하게 하라…… 그대 창조자여, 그대의 삶에는 수많은 쓰라린 죽음이 있어야 한다. 새로이 태어나는 아이가 되기 위해 창조자는 스스로 어머니가 되어 산고를 겪어야 한다."(『차라』, II, 2)

위의 인용문에서 니체가 영원하지 않고 소멸하는 것들을 옹호하고 있음을 알 수 있다. 그렇다면 그가 존재와 같은 것이 존재한다고 생각했을 리 없다. 이 대목에서 변화생성과 존재 사이에 놓인 관계에 대한 의문이 생긴다. 이 질문에 대답하기 위해서 존재에 대한 니체의 생각을 검토할 필요가 있다. 모든 전통적인 개념과 마찬가지로 존재는 그의 글에서 이중적인 측면을 가지고 있다. 역사와 변화에 초연한 것으로서 존재 개념을 부정하면서도 그는 이것을 계속 새롭게 해석하면서 사용하였다. 어쩌면 그의 해석이 매우 독창적이기 때문에 엉뚱한 방향으로 빗나가지 않으면서도 우리가 고민했던 모순에서 벗어날 수 있었는지도 모른다.

위의 질문에 대한 대답의 단서는 우리 앞에 놓인 마지막 장애물을 통과함으로써 찾을 수 있을 것이다. 형이상학적인 주체로서 자아는 허구에 불과하다는 그의 견해는 이미 논의되었다. 그는 행위의 주체로서 인간이 기본적인 통일성을 가지고 있다는 관념도 받아들이지 않았다. 그럼에도 역설적이지만 그러한 통일성의 관념을 충격적이면서 미묘하게 전복했던 그의 방법이 어쩌면 이 문제에 대한 해결의 열쇠를 제공할 수 있다. 그리고 그러한 해결책을 통해서 그는 우리가 자신과 자아를 이해할 수 있도록 도움을 주었는지 모른다.

우선 자아의 통일성을 어떻게 전복했는지에 대해 살펴보자. 일찍이 『인간적인, 너무나 인간적인』의 제2부를 집필하면서 니체는 역사학도들이 "형이상학자와 달리 불멸의 영혼이 아니라 죽어야 하는 영혼을 다루기 때문에 행복하다"(『잠언』, 17)라고 말했다. 그리고 『유쾌한 과학』에서 그는 의식이 "유기체의 통일성"(『과학』, 2)의 근거나 배후라는 관념을 공박했다. 그럼에도 우리는 그가 자아가 시간을 초월하여 존재한다고 확신할 수 있는 근거가 없다는 점만을 지적한 것으로 해석할 수도 있다. 그렇다면 그는 흄의 영향을 받은 근대 철학자들이 가진 회의주의적 입장을 취한 셈이다. 그러나 니체의 견해가 이 지점에서 끝난다고 생각하면 안 된다. 아래에 인용되는 『선악을 넘어서』의 한 과격한 구절은 이 점을 명확하게 보여 준다.

과학은 영혼을 영원하고 보이지 않는 불멸의 것이나 단자로 생각하는 믿음을 추방해야만 한다. 개인적으로 말하자면 '영혼'을 반드시 한꺼번에 제거할 필요는 없다…… 그러나 영혼에 보다 새롭고 세련된 가설을 세울 수 있는 길은 열려 있다. '죽게 마련인 영혼', '주관적 다양성으로서의 영혼' 및 '충동과 감정의 사회적 구조로서의 영혼'과 같은 개념은 과학의 분야에서 그 정당한 권리를 인정받아야 한다.(『선악』, 12)[9]

"다양성으로서의 주체"는 『권력의지』에 계속해서 나타나는 주제이다. 다음과 같은 특징적인 구절이 단적인 예이다. "하나의 유일한 주체에 대한 가설은 필요하지 않다. 주체의 다양성도 그것의 유일성을 가정하는 것만큼 충분히 가능한 수 있다. 다양한 주체의 상호작용과 투쟁이 사유와 의식의 근거이다. 지배권을 가진 '세포'의 귀족정치? 공동통치와 통치술을 알고 있는 사람들의 평등한 귀족정치?"(『권력』, 490) 이 메모에다가 니체는 자신의 가설의 목록으로 "다양성으로서 주체"와 "주체의 끊임없는 일시성과 순간성, '죽어야 할 영혼'"을 덧붙였다. 우리는 앞서 "통일성은 조직과 협동으로서의 통일성일 따름"이라는 그의 견해, 그리고 "다양한 속성의 기반으로서 발명된"(『권력』, 561) 주체에 대한 믿음을 그가 비판한 대목을 살펴보았다. 모든 사회적·정치적 기구와 마찬가지로 통일성이 미리 주어져 있다고 가정할 수는 없는 것이다. 그러한 체제의 구성 요소들이 동일한 목적과 목표로 조율될 때에만 통일성은 이루어지는 것이다. 만약 조율이 가능하다면 그렇다는 것이다.

---

9 진리에 대한 논의와 관련해서 다음 사실에 주목할 필요가 있다. 인용된 구절에 뒤이어 니체는 이러한 가설을 받아들이고 "바로 그 때문에 저주받은 발명자, 어쩌면 저주받은 발견자가 될 운명에 처한", "새로운 심리학자들"(『선악』, 12)에 대해 언급하였다.

정치에 대한 과격한 발언으로 니체가 악명을 떨치게 되었음에도 자아에 대한 그의 정치적 은유는 플라톤보다 훨씬 평등주의적이다. 이 은유를 통해 우리는 문제의 문구를 올바른 이해할 수 있게 될 수 있다. 그는 살아 있는 주체에게 고유한 통일성이 부여되어 있다고 선험적으로 가정할 근거가 없다고 판단했다. 차라투스트라는 다음과 같이 말하지 않았던가. "나는 통일성을 사악하고 염세적인 것으로 부른다. 절대자와 충만성, 넘치는 풍부함, 영원성에 대한 모든 가르침을 그렇게 부른다." (『차라』, Ⅱ, 2)¹⁰ "파편적이고 알 수 없으며 끔찍한 우연을 창조하고서 이들을 하나로 결합하는 것, 그것이 나의 창작이자 목표이다."(『차라』, Ⅱ, 20; Ⅲ, 12 참조)

니체가 자아의 통일성을 부정한 것은 우리가 살펴보았던 권력의지의 필연적 귀결이다. 이것은 다름 아닌 생각과 욕망(모든 것을 대변하는 의미에서)이라는 "정신적 활동"은 그것의 내용과 뗄 수 없는 관계를 가지고 있으며, 또 이들 내용은 내용대로 다른 생각이나 욕구, 행동의 내용과 밀접한 관계를 가진다(『권력』, 584, 672 참조)는 견해이다. 니체는 행동을 내용과 분리하는 것은 정당치 않다고 주장한다. 의지란 언제나 "무엇인가를 의욕하기"(『권력』, 668 참조) 때문에 의욕에서 그 "목적"을 제거하면 의욕마저 사라지게 마련이다. 이러한 이유로 그는 의지를 소리 높여 강조하면서도, "의지 같은 것은 없다"(『권력』, 488; 671, 715, 692 참조)라는, 충격적이고 모순적으로 들리는 진술을 할 수 있었다. 사유의 본질에 대한 그의 입장도 이를 반영한다. "인식론자들이 이해하는 의미

---

10 『니체의 철학*Nietzsches Philosophie*』(Stuttgart: Kohlhammer, 1960)에서 Eugen Fink는 통일성을 비롯한 기타 전통적인 '형이상학적' 개념에 대한 니체의 공격을 상세히 정리했다. 그의 책은 서양 철학과 니체에 대한 Heidegger의 견해에 의존한 바가 크다.

에서 '사유'는 발생하지 않는다. 그것은 어떤 사유의 진행 과정에서 한 요소를 추출하고 나머지를 제거한 결과로 얻어진 전적으로 임의적인 허구이다. 사유는 이해를 가능하게 하기 위해 이들 요소들을 임의적으로 배열한 결과이다."(『권력』, 477; 479 참조)

니체의 방법론에 포함된 생각은 다음과 같이 정리될 수 있다. 인간은 사유 및 욕망의 내용을 다른 내용으로부터 분리해내려는 경향이 있다. 우리는 각각의 정신적인 활동이 다른 정신적 활동의 내용과 독립해서 어떤 독자적 내용을 가지고 있다고 가정한다. 이러저러한 사건을 판단하는 사유가 이미 거기에 주어져 있어서 우리가 미래에 무엇을 생각하고 원하며 행하든지 그것은 변치 않는다고 믿는 것이다. 그리고 우리의 사유가 잘못된 것으로 증명되는 경우에도 그것의 중요성은 이미 확실하고 영원한 것으로 결정되어 있다고 보는 것이다. 이와 같이 정신적 활동의 내용을 서로 구분해놓은 다음에 한 걸음 더 나아가 우리는 각 활동의 내용을 그것을 의도한 활동으로부터 구분한다. 그러면서 생각은 그것의 의도나 관심과 독립된 사건이 된다. 이와 같은 두 단계의 "추상화" 과정을 거침으로써 생각이나 관념과 같은 일단의 동질同質적인 통일체를 나타나는데, 우리는 그것을 주체라고 부른다는 것이다. 주체는 이러한 동질적이고 조화로운 활동을 수행하는 것으로 가정되기 때문에 주체가 통일성이라고 생각하기 쉽다는 것이다.

니체는 위와 같은 생각을 가지고 있었기 때문에 행위도 허구이며 행위자는 "두 번째 파생어"라고 주장하였다. 자아에 대한 개념을 형성할 때 그 정신적 활동의 내용을 계산에 넣지 않기 때문에 자아를 유일한 것으로 생각하는 경향이 있다는 것이다. 진정한 자아의 실체를 찾기 위해 정신 활동의 내용을 추상화한 다음, 그러한 정신 상태에만 초점을 맞추는 전략은 데카르트의 『성찰*Meditations*』에서 기원을 찾을 수 있다. 데카르트는 의심, 이해, 긍정, 욕망, 저항감, 상상 및 지각 등을 "자기 자신으로부터 분리할 수 있는지"를 물었다. 그리고는 이러한 "속성들"이 정신 활동일 뿐 그 이상도 이하도 아니라고 생각했다. 그는 정신적 활동의 내용을 전혀 고려하지 않은 것이다. 따라서 내가 생각하는 것의 내용이 오류라고 해도 "그럼에도 불구하고 생각하는 힘이 중단되지는 않는다. 그것은 여전히 나의 생각의 한 부분을 이루고 있다"고 주장할 수 있었다. 그리고 어떠한 것도 지각하지 않는 경우에도 "내가 빛을 보고 소음을 듣고, 열을 감지한다는 사실은 나에게 여전히 확실하다. 이것이 잘못될 수는 없다"고 주장했다.[11]

그러나 니체에게 "사물"은 그것의 영향과 특징의 총합 이상도 이하도 아니다. 사물은 그러한 총합에 지나지 않기 때문에 과연 모순되는 특징들이 하나의 단일한 주체를 이룰 수 있는지는 의문으로 남는다. 만일 이와 같이 모순된 특징을 가진 독립적인 주체를 가정하지 않으면 이들은 서로 다른 개별적인 사물을 형성할 것이다. 그러나 사물은 다만 이들 특징들의 총합에 지나지 않는지라 우리가 개별 주체의 것으로 간주한 특징들, 혹은 자아를 형성하기 위해 사용된 특징들이 활동의 내용에서 분리된 정신 활동의 총합이라고 할 수는 없다. "비슷한 상태들이 하나의 실체의 결과라고 보는 허구가 '주체'이다. 우리가 사실로서 간주하는 것은 이들 상태들을 조율하고 비슷하게 하는 활동이지 그들의 동등성 때문이 아니다. 동등성이라는 개념은 거부되어야 한다."(『권력』, 485) 그렇다면 자아의 속성은 활동의 내용이 수반된 활동의 총합라

---

11 Descartes, 『성찰 Ⅱ』, ed. and trans. Elizabeth S. Haldane and F. R. T. Ross(New York: Dover, 1955), Ⅰ, 153.

고 할 수 있다. 각 주체가 성립되기 위해서는 그것이 생각하고 원하고 행동하는 사실뿐 아니라 그것의 내용도 동시에 포함되어 있어야 한다. 그리고 내용을 심각하게 고려하는 순간에 우리는 그것의 모순까지 진지하게 생각할 수밖에 없다. 우리가 생각하고 원하고 행하는 것은 거의 일관성이 없으며 일관성이 있다고 해도 아주 드문 일이다. 많은 생각들은 서로 모순되고 욕망과 불협화음을 일으킨다. 물론 욕망 자체도 일관성이 없고 행동과 모순되는 관계에 있다. 그렇다면 이들 다양하고 모순적인 생각과 행동, 욕망의 집합체인 자아의 통일성은 불가능할 수밖에 없다고 할 수 있다. 니체는 만일 자아에 통일성이 있다면 그것은 유기체가 행동을 일관되게 조직하고 활동의 덕분이라고 보았다. 이러한 활동의 통일성이 자아에 통일성을 주는 것이지, 하나의 단일한 자아가 모순되는 많은 성향들을 하나로 통일하는 것은 아니다.

그런데 여기에서 제기되는 문제가 있다. 니체가 한편으로는 일관성으로서 통일성과 다른 한편으로는 "수적 동일성(numerical identity)"으로서 통일성을 분명히 구분하지 않았다는 것이다. 혹자는 자아가 독자적인 일관성이 없다는 전제로부터 자아가 단일하지 않다는 결론이 나오지는 않는다고 지적할 수 있다. 이렇게 주장하는 사람들은, 우리가 자아의 통일성을 운운할 수 있는 것은 단일한 자아가 이미 존재하기 때문이라고 말한다. 그렇지 않다면 통일성이 누구의 통일성이란 말인가? 모순되는 일단의 생각과 욕망을 가지고 있다는 것은 이것들이 어떠한 개인의 생각과 욕망이라는 것을 이미 가정하고 있지 않은가? 만일 그렇지 않다면 이러한 생각과 욕망을 모순되는 관계가 아니라 다른 사람에 속하는 것이 될 것이다.

이러한 반론에 대해서 우리는 다음과 같이 대답할 수 있다. 니체는 자아의 동일성과 통일성의 근거에 대해서가 아니라 통일된 자아의 일관성에 관해 이의를 제기했다고. 그럼에도 사물은 일련의 효과들의 집합이라는 그의 주장은 이러한 구분 자체를 무효화하기 때문에 이처럼 손쉽고 중립적인 대답이 적절치 않다. 그의 주장처럼 사물이 오로지 이러한 효과들의 집합이라면, 그것이 특정한 관점으로 통일된 일단의 효과 이상의 정체성을 가질 수 있다고 주장할 수가 있을까. 다시 말하지만 그가 일관성과 수적 동일성을 구분할 수 있었는지는 불투명하다. 그렇다면 문제는 다음과 같이 절박한 질문으로 압축된다. 다양한 것을 배합함으로써 단일한 자아가 형성하게 만들고, 또 이것을 다른 개별 주체에 속하는 배합과 구별하게 만드는 것이 무엇일까?

이 지점에서 자아에 대한 정치적 은유를 다시 상기해 볼 필요가 있다. 기본적인 단계에서 육체의 통일성은 자아의 통일성의 충분조건은 아니라 할지라도 그것의 필요조건이 될 수는 있다. 그는 육체의 통일성도 다른 통일성과 마찬가지로 절대적 사실은 아니라고 일관되게 주장하였다. "육체는 엄청난 복합성들(multiplicities)의 명백한 증거이다."(『권력』, 518) 『권력의지』 660항의 제목이 「정치적 구조로서의 육체」이다. 그런데 대부분 이러한 복합성은 일관된 구조를 갖는다. 일반적으로 육체의 욕구와 목표는 서로 모순되지 않는다. "왜 육체와 생리학이 출발점인가? 우리는 주체-통일성(subject-unity)의 본질에 대해 정확하게 알 수 있는데, 주체는 공동체의 꼭대기에 있는 통치자이며('정신'이나 '생명력'이 아니다), 이들 통치자들은 부분과 전체를 통일하기 위해서 위계 및 노동 분업을 필요로 한다."(『권력』, 492) 이것이 차라투스트라가 육체를 "하나의 의미를 가진 다양성이자 전쟁이며 평화이고, 양떼이며 목자다"(『차라』, Ⅰ, 4)라고 외친 이유이다.

일관되게 조직된 육체는 서로 모순되는 생각과 욕망, 행동들이 단일한 주체로 결합할 수 있는 공통된 근거가 된다. 특정한 생각과 욕망, 행동은 육체를 다른 방향으로 움직이고, 육체를 다른 상황과 다른 맥락 속에 놓고, 또 그것을 지배하기 위해 투쟁을 벌이기도 한다. 성격 특징으로서 이것들의 패턴에 대해서도 마찬가지이다. 지배적인 습관과 특징은 주도권을 잡고 있는 동안에 주체의 역할을 행사한다. 위의 은유를 빌면 통치자로 군림하는 것이다. 우리가 어떤 행동을 할 때 이러한 특징이 자아의 목소리로 말을 한다. 이러한 특징과 습관이 통일성과 일관성을 가지고 있는 동안에는 우리는 "나"라고 말하는 주체가 된다. 그러나 통치권이 언제나 안정되어 있는 것은 아니다. 그것과 상이하고 모순되는 습관이나 성격 특징이 똑같은 육체에 공존하고 있기 때문에 어느 시기에는 또 다른 패턴이 "통치자"의 역할을 차지할 수 있다. 이와 같이 시간이 흐르면서 우리는 복수複數의 정체성을 가지는 것이다. 국가의 목소리처럼 "나"는 언제나 동일한 대상을 향하는 듯이 보이는 경우에도 그것이 발하는 내용과 사수하는 이익이 언제나 동일한 상태로 있는 것은 아니다. 그것은 부단한 변화의 소용돌이에 있다. 물론 이러한 변화는 때로 더욱 거대한 통일성을 향해 나아갈 수도 있다.

그러나 통일성은 이미 주어진 것이 아니다. 일상적인 변덕은 말할 것도 없고 허약한 의지나 자기기만은 끊임없이 통일성을 위협하는 요인들이다. 비트겐슈타인Wittgenstein은 다음과 같이 말한 적이 있다. "언어는 고대 도시와 같다. 그 도시는 좁은 골목길과 거리, 낡고 새로운 저택들, 다양한 시대의 흔적을 간직한 저택들의 미로이다. 그런데 이 도시는 반듯하고 규칙적인 거리와 동일한 모습의 저택들이 있는 현대 도시에 둘러싸여 있다."[12] 허약한 의지와 자기기만에 대해 최근에 논문을 발표한 아멜리 로티Amélie Rorty는 비트겐슈타인의 은유를 자아에 적용하였다. 그녀는 자아는 계획된 현대적 도시가 아니라, 반¥독립적 이웃 마을들이 주위에 있으며 길들은 구불구불하고, 아직 강력한 중앙집권적 정부가 수립되지 않은 중세 도시와 같다고 주장했다. "행위의 주체인 자아는 다양한 목적을 이루기 위하여 삶의 여러 시기에 습득한 습관들, 생각과 지각, 동기, 행동의 습관들의 느슨한 집합체라고 생각해야 한다."[13]

자아에 정체성을 부여하는 통일성은 주어진 것이 아니라 성취되어야 하며 출발점이 아니라 목표이다. 규제적 원칙과 비슷한 이러한 통일성을 인간이 어느 정도 지니고 있다는 사실을 니체는 의심하지 않았다. 이러한 통일성으로 인해서 그는 "유일자"에 대해서 초기의 긍정적인 평가를 할 수 있었던바, 그것을 적극적으로 권장하였으며, 그는 당시 이러한 자아관이 결핍된 동시대인을 향해 다음과 같이 말해야 했다. "그대의 온 몸에 과거의 문자를 잔뜩 써놓고, 또 그 문자들 위에 새로운 문자들이 더해진다. 그럼으로써 그대는 모든 문자의 해독자의 눈으로부터 그대 자신을 완벽하게 숨겼다."(『차라』, II, 14)[14]

니체의 견해는 『국가론』에서 플라톤이 시도한 영혼 분석과 놀랄 만한 유사성을 가지고 있다고 볼 수 있다. 니체와 플라톤은 모두 주체를 쪼개고 자아의 정체를 표현하기 위하 정치적 은유를 사용하며, 쪼개는 작업을 수행한 후에는 행위의 주체를 다시 지정해야 하는 문제를 직면한다. 그럼에도 그러한 유사성 못지않게 차이도 현저하다. 실체로

---

12 Ludwig Wittgenstein의 『철학적 탐구*Philosophical Investigations*』, trans. and ed. G. E. M. Anscombe(New York: Macmillan, 1953), 18항.

13 Rorty, 「자기기만, 의지의 허약 및 비합리성Self-Deception, Akrasia, and Irrationality」, Social Science Information, XIX(1980), 920.

서 개인의 개념을 해체하는 니체의 태도는 플라톤에 비해서 훨씬 복잡다단하지만 플라톤보다 덜 체계적이다. 또 니체는 인간 행동의 동기에 세 가지 근원만이 있다면서 이성적 동기의 지배를 강조한 플라톤의 주장을 격렬하게 비판했다. 그는 매우 많은 숫자의 동기와 성격 특징이 있다고 생각했으며, 플라톤과는 대조적으로 어떤 동기가 자아를 지배할 것인가 하는 문제는 상황에 따라 다양한 답이 있다고 보았다. 그리고 이러한 대답이 도덕적인 것으로만 제한되어서는 안 된다고 생각하였다.

특정한 경우에 지배적인 개성의 특징은 자신과 다른 경쟁적 특징들을 깡그리 무시하고, 이들과 함께 존재한다는 사실도 부인할 수 있다. 이것이 자기기만이다. 이와는 대조적으로 경쟁자를 인정하고 그것을 자신의 가치 평가와 조화하기 위해 노력하지만, 그것을 행동으로 옮길 수 없는 경우가 허약한 의지이다. 반면에 이러한 행동을 실천하는 과정에서 자신과 경쟁자가 함께 변화를 겪을 수 있다. 이것이 자아의 완성을 위해 반드시 필요한 과정으로서, 마침내 우리가 희구하는 통일성에

---

14 이 구절은 회화적이고 문학적인 단어(vollschreiben, überpinseln, Zeichendeuter 가운데, 마지막의 것인 Zeichendeuter는 Kaufmann의 영역보다 훨씬 많이 천문학적이고 점성술적인 이미지를 간직하고 있다)를 많이 사용하고 있다. 이 구절은 니체가 모든 '고유한' 통일성을 완전히 부정했다고 해석하는 사람들에게 커다란 호소력을 가진 구절이다. 나의 생각에, 통일성은 주어진 것이 아니기 때문에 모든 '물감의 껍질'과 이상한 '문자'가 벗겨져도 그것의 밑에서 통일성이 드러나지는 않는다고 니체는 생각하였다. 그렇다고 그가 이러한 혼란스러운 재료에서 통일성 확보의 노력을 하지 않았다고 생각하면 안 된다. 『권력』, 259, 966을 참조할 것. 이와 대조되는 견해로 Stanley Corngold의 「축의 시대(1882~1888) 동안 니체에서의 자아의 문제Question of the Self in Nietzsche During the Axial Period(1882~1888)」, Boundary 2, IX~X(1981), 55~98과 Hillis Miller의 「니체에서 자아의 불명료성The Disarticulation of the Self in Nietzsche」, The Monist, LXIV(1981), 247~261을 참조할 것. Kant에 대한 언급이 있는, 다음 인용되는 『선악』, 215도 나의 견해를 뒷받침한다. 항성들이 많은 태양의 빛, 때로는 색깔이 다른 태양의 빛을 흡수하듯이, "우리 '별이 아롱진 하늘'의 복합적인 기계학 때문에 우리 현대인들의 도덕은 다르게 결정된다. 우리의 행동은 여러 다양한 색깔로 번갈아 비치고 때문에 일정하지 않다. 우리는 다양한 색깔의 행동을 하는 경우가 많다."

이를 수도 있다.

> 주체라는 원자는 없다. 주체의 영역은 증대하거나 감소하며 그것의 중심도 계속해서 변하고 있다. 알맞은 구조를 갖추지 못한 주체는 두 부분으로 쪼개진다. 주체는 허약한 주체를 파괴하지 않고 그것을 변형함으로써 자신의 부하로 만들고, 일정 부분 그것과 새로운 통일성을 이룰 수 있다. 주체는 '실체'가 아니라 더욱 강해지고자 노력하고, 단지 간접적으로만(즉 자신을 **초월함으로써**) 자신을 보존하기 위해 노력하는 것이다.(『권력』, 488; 617 참조)

이 구절을 통해서 우리는 지배와 권력에 대해 말할 때 니체는(다양한 습관과 개성 특징이 단일한 주체를 형성하기 위하여 서로 경쟁하고 지배하려는) 많은 경우 자기 자신을 극복하는 지배력과 권력을 염두에 두고 있다는 것을 알 수가 있다. 다양한 습관과 성격들이 한 개인을 지배하기 위해 경합을 벌이는 것이다. 이 점에서 권력의지의 유일한 대상은 아니어도 그 주된 대상이 자신의 자아라고 할 수 있다.[15] 이 구절에서 "나"라고 말하는 주체가 언제나 동일한 인물은 아니라는 것을 니체가 넌지시 암시하고 있음을 알 수 있다. 그리고 개인을 지배하고 창조하는 결과로서 통일성은 계속해서 확장하고 진화하는 목표를 향해 더욱 많은 개성의 특징을 통합하는 것이라는 사실도 깨달을 수 있다. 그렇다면 니체가 말하는 생성과 존재의 구별은 절대적이 아니며, 우리가 이 논의를 시작하면서 직면했던 난점이 없이 "존재"라는 개념을 사용할 수 있게 된다. 그러나 이러한 해석을 올바른 것으로 받아들이기 위해서 우리는 먼저 그

---

15 『니체의 연구』에서 Stern은 이러한 견해를 부인했다. 그의 책의 제7장, 특히 p. 122와 각주 7을 참조할 것.

것의 내용을 보다 확실하게 해둘 필요가 있다.

　니체는 19세기 후반의 독일 교육제도를 때로 비판하였다. 교육이 과거에 높은 가치를 지녔던 신념이나 욕망을 희생하면서라도 사람들이 진정한 개인으로 성숙하도록 도와줘야 하는데, 당시의 교육은 사람들이 팔방미인이 되도록 한다는 것이다.(『우상』, IX, 41) 『권력의지』에서 니체는 "지금까지 독일 사람들은…… 아무것도 아니었다. 그들은 모든 것이었다. 이제 그들은 무엇인가 되어야 한다. 다시 말해 이제 모든 것이기를 중지해야 한다"(『권력』, 108; 『고찰』, II, 4, 10 참조)고 말했다. "개인으로 성숙하고" 자신의 다양한 특징을 하나로 통합하는 목표는 엄격한 자기 훈련(니체가 애용했던 표현이다)을 통해서만 얻어질 수 있다. 이 엄격함의 반대는 니체 주위의 많은 사람들이 흠뻑 젖어 있던 "자신에 대한 관용"이었다. 이것은 "여러 소신이 공존하도록 허용하는" 태도로 "이러한 사람들은 서로 잘 어울린다. 그들은 다른 모든 사람들과 마찬가지로 행여 체면이 깎이는 일을 하지 않을까 전전긍긍해 하며 산다. 그런데 무엇이 우리의 체면을 손상하는가? 그것은 일관되게 행동하는 것이다. 즉 똑바로 걸을 때, 다섯 가지의 애매한 해석을 견디지 못할 만큼 단호할 때, 자신에게 충실할 때."(『우상』, IX, 18) 이 의미심장한 문구는 오늘날 사람들이 오해하듯이 니체가 무조건적으로 다의성을 찬양하지는 않았다는 사실을 말해 준다. 여기에서 그가 개인이 통일성을 이루기 위해서는 몇몇 개성의 특징을 배제해야 한다고 믿었음에도, 이렇게 배제된 특징의 존재를 부정해서는 안 된다고 생각했음을 알 수 있다.

　앞 장에서 살펴보았듯이 니체의 가장 중심적인 사상의 하나는 우리가 행하는 모든 것이 똑같은 중요성을 갖는다는 견해였다. 지금까지 경험했던 모든 일들이 지금 나의 존재의 형성에 도움이 되는 것이다. 오늘날 내가 다시 행하고 싶지 않은 행동이나 영원히 잊고 싶은 개성적 특징이 있었다고 할지라도 내가 그러한 경험이나 태도를 과거에 지니지 않았다면 현재의 나는 없을 것이다. 사유와 행동은 떼려야 뗄 수 없는 관계로 나의 전체 삶과 엮여 있기 때문에 어디에서 하나가 끝나고, 또 어디서 다른 하나가 시작되는지 말하는 것은 불가능하다. "최근의 행동은 이 행동과 관계된다. 그러나 뒤로 거슬러 올라가면 보다 넓은 과거의 지평이 펼쳐진다. 하나의 행동은 보다 광범위한 미래의 사실의 한 부분이기도 하다. 제한된 과정과 광범위한 과정이 서로 분리된 것은 아니다."(『권력』, 672)

니체는 초기의 생성 과정의 뒤를 이으면서 대체하는 존재의 상태가 통일성이라고 생각하지는 않았다. 반대로 그는 개성 특징과 습관, 행동의 패턴을 끊임없이 통합하는 과정이 통일성이라고 이해하였다. 어떤 때에는 이러한 과정이 과거로 돌아가서 폐기되었던 특징을 현재에 되살려 개성으로 통합하기도 한다. 미래의 개성적 발달을 위해서 이것의 필요성을 증명함으로써 말이다. 특징들의 "본질"이 고도로 복합적인 과정에서 변화를 겪는다는 사실을 증명하려 할 때.

하나의 것이 필요하다. 개성에 스타일을 부여하는 것은 희귀하고 위대한 예술이다. 이것은 자신의 본성의 모든 장단점을 조망한 다음에 예술적 목적에 적합하게 조화함으로써 하나하나가 예술과 이성으로 표현되며, 심지어는 약점도 눈을 즐겁게 하는 예술이다. 여기에는 많은 제2의 천성이 추가됨으로써 제1의 천성의 일부가 사라지기도 했다. 이것은 오랜 훈련과 매일의 근면을 통해서 이루어지는 일이다. 여기에서 제거할 수 없는 추함은 숨겨진다. 그러면서 추함도 숭고함으로 재해석이 된다. 모호하며 형태를 갖추기를 거부하는 것들도 보존되어 원경에 배치된다……마침내 작품이 완성되어야만 우리는 하나의 지배적 취향이 크고 작은 모든 것들을 얼마나 많이 지배하면서 하나의 작품으로 빚었는지 분명하게 알 수 있다. 우리의 생각만큼 이러한 취향이 좋은가 나쁜가 하는 것은 중요하지 않다. 중요한 것은 단일한 취향이라는 사실이다.(『과학』, 290)

이러한 과정은 점진적이며 매우 지난한 과정이다. 차라투스트라는 "나도 진정 기다리는 법을 배웠다. 단지 **나 자신**을 기다리는 법을. 무엇보다 나는 일어서 걷고 뛰며 오르고 춤추는 법을 배웠다. 이것이 나의 사상이다. 언젠가 날기를 원하는 사람은 우선 일어서서 걷고 뛰며 오르고 춤추는 법을 배워야 한다. 처음부터 날개로 날아가는 것은 아니다"(『차라』, Ⅲ, 2)라고 말했다. 니체의 통일성은 시간이 지나야 윤곽이 분명해지면서 진정한 존재로 형상화되는 점진적 과정으로, 특정한 시간대에 성취된다. 그 시간에 성취된 통일성은 과거와 현재가 통일된 모습이다. 미래는 이미 성취된 통일성에 위협 요소이다. 미래의 새로운 사건이 특별한 노력을 기울이지 않는다면 지금까지 우리가 이룬 자아로 통합되지 않을 수 있기 때문이다.

위에서 논의한 문제를 차치하더라도 니체가 추구하는 통일성은 끊임없는 자기기만의 위험에 직면하고 있다. 우리는 반대되는 스타일과 취향, 힘, 중요성 등을 무시하고 일부분이 전체라고 간주함으로써 자신의 개성에 "양식"을 부여하고 "하나의 단일한 취향"으로 그것을 제한할 수도 있다. 니체 스스로 이러한 문제를 인식하고 있었다. 자기에 대해 신념을 가진 사람을 두 종류로 구분한 점에서 알 수 있다. 단지 전체를 조망하기를 거부함으로써 신념을 가지게 된 부류가 있다. "만약 자신의 밑바닥까지 보아야 한다면 그들은 대체 무엇을 보게 될 것인가?" 다른 부류의 사람은 뒤늦게 신념을 소유하고 자신의 신념을 문제로 직면하는 부류이다. "그들이 이룩하는 모든 훌륭하고 위대한 것들이 처음에는 자신의 내부에 있던 회의주의자와 벌인 논쟁이었다."(『과학』, 284; 『차라』, Ⅱ, 21 참조) 자신을 기만할 수 있는 가능성이 완전히 제거될 수는 없다. 통일성은 존재하는 다양성을 부정함으로써 성취되기 때문이다.

통일성 자체가 아니라 통일성의 느낌만을 가질 수 있다고 말하는 것이 정확한지 모른다. 앞서 인용했던 구절에서 언급된 어려운 임무를 성공하지 못했을 때 우리는 어쩌면 그 임무를 완성한 것인지 모른다. 스타일과 개성은 근본적으로 공적公的인 개념이기 때문에 사실과 느낌의 구별이 가능할 수 있다. 물론 니체는 자신의 기준에 의해서 자신을 평가해야 한다는 것을 누누이 역설했다. 그러나 그도 우리가 자신을 알수 있는 특별한 방법은 없다고 생각한 점을 염두에 두면 이러한 질문에 대한 해답을 외부로부터 주어질 수도 있다. 자신의 과거에 대한 성찰까지 포함하는 이러한 외부는 지금까지 존재한 적이 없는 무수한 사람들로 구성될 수도 있다. 그럼에도 통일성이라는 사실과 그것의 느낌 사이의 구별은 매우 중요하다. 또 구별은 유지되어야 한다. 만약 태양이 빛을 비출 대상이 없으면 태양은 행복할 수 있을 것인가에 대해 차라투스트라가 물은 적이 있다.(『차라』, 1; 『도덕』, Ⅱ, 7, 23 참조) 마찬가지로 통일성의 존재 여부는 외부 관찰자의 관점에 의존하는지 모른다. 인간의 존재는 어느 정도 자신을 지켜보는 사람들의 시선에 의존하기 때문이다. 이 장의 후반부에서 살펴보겠지만, 니체는 독자들에게 많이 의존하였다.[16]

판단에 따라서 행동할 능력이 없는 의지의 허약함은 통일성 부재의 단적인 증거이다. 이것은 모순적인 습관과 가치의 패턴, 지각의 양상이 동일한 한 개인—이러한 표현을 이 단계에서 사용해도 좋다면—내에 공존한다는 사실을 의미한다. 니체는 의지의 자유를 철저하게 거부하였다. 마찬가지로 철저하게 그는 강요된 의지나 부자유한 의지에 대해서도 적대적이었다. 이 두 가지는 "신화"에 지나지 않았던 것이다. 실제 삶에서는 "강한 의지와 허약한 의지의 문제만이 있을 따름이다."(『선악』, 21; 19, 36 참조; 『우상』, VI, 7) 그는 강함과 약함이라는 개념을 독자적으로 해석함으로써 앞서 논의한 조직 및 통합과 연결하였다.

의지의 허약함. 이것은 오해의 소지가 많은 은유이다. 의지는 존재하지 않기 때문에 결과적으로 강한 의지나 허약한 의지도 존재하지 않는다. 다양하게 흩어진 충동들과 이들을 결합하는 체계적 질서가 부재할 때 '허약한' 의지가 나타난다. 이들이 하나의 지배적인 충동 밑에 통합되면 '강한 의지'로 변한다. 허약한 의지가 중력이 없이 동요한다면 강한 의지는 방향의 정확성과 선명함을 의미한다.(『권력』, 46; 45 참조)

자유와 필연을 부정하였던 니체는 그러나 차라투스트라로 하여금 "필연이 자유 자체"인 상황을 찬양하였다.(『차라』, III, 12) 마찬가지로 그는 "영혼의 평화"는 평온한 마음이나 공허한 자기만족, 혹은 반대로

---

16 나의 해석과 『과학』, 367의 니체의 견해는 표면적으로만 모순적이다. 이 구절에서 니체는 '독백적 예술'과 '관중을 위한 예술'을 구분한 다음에, '증인의 관점에서' 작업 중인 자신의 작품을 대하는 예술가와 '세계를 완전히 망각한' 예술가를 구별했다. 그러나 이러한 니체의 구분을 대중들의 반응에 관심을 갖는 예술가와 관심을 갖지 않는 예술가의 구분과 혼동하면 안 된다. 니체의 구분은 예술가가 어떠한 종류의 관객을 염두에 두고 있는가에 그 초점이 맞추어져 있다. '세계를 망각한' 예술가도 그들 스스로의 작품을 검토한다. 그들 자신이 자신의 작품의 관객인 것이다.

"행하고 창조하고 일하고 의욕하는 가운데서의 성숙과 지배력의 표현, 즉 평안한 호흡, **성취된** '의지의 자유'"(『우상』, V, 3; 『도덕』, Ⅱ, 2 참조)의 하나를 의미할 수 있다고 말하였다. 여기에서 그는 전통적 개념을 자신의 독특한 목적으로 흡수하는데, 그렇다고 그 목적이 괴상하거나 적절치 못한 것은 아니다.

위와 같은 의미의 의지의 자유는 인과로부터의 완벽한 탈피가 아니라 개인이 선호하는 목표들이 조화된 상태이다. 아무런 갈등이나 충돌이 없이 욕망이 사유를 따르며 행동이 욕망을 따르는 상태로, 선택과 속박의 구별이 사라진 듯이 보인다. 니체는 이것이 험난한 난관을 극복한 다음에야 도달할 수 있는 예외적 상황이라고 생각하였다. 이 점에서 니체와 소크라테스 사이의 복합적인 관계를 다시 찾을 수 있다. 플라톤의 초기 대화록에서 소크라테스는 사람들이 모두 이러한 상태가 이미 실현된 조건에 살고 있으나 선에 대한 무지로 인해서 그러한 의지의 자유를 누리지 못한다고 말하였다.

사유와 행동의 조화를 이루는 것이 얼마나 어려운지 니체는 잘 알고 있었다. 그는 정치적 은유를 사용하여 이와 같이 성공적인 조화의 설명을 꾀하였다. "**결과, 그것이 나 자신이다.** 여기서 일어난 일은 조화롭고 행복한 국가에서 일어나는 일이다. 지배계급은 자기 자신을 국가의 성공과 동일시한다."(『선악』, 19) 더욱 문학적으로 표현하면 성공은 최대의 다양한 성향들이 최소한의 불화를 유지하는 상태이다. 『유쾌한 과학』의 290항에 암시된 이 견해의 의미를 다음 인용문이 더욱 확실하게 해주고 있다. "가장 위대한 인간은 가장 많은 충동을 견딜 수 있는 인간이다. 인간이라는 '식물'이 가장 잘 성장한 자리에서 우리는 더할 나위 없이 세계 서로 충돌하면서도(셰익스피어의 예를 생각하라) 잘 통제되어 있는 본능을 발견한다."(『권력』, 966; 259, 928 참조) 니체가 찬양했던 위대한 영웅들은 이와 같이 다양한 충동을 통제하는 능력의 기반에서 "총체성 속에서만 모든 것은 구원을 받고 정당성을 부여받는다는 확신을 가지고 자기 자신으로부터 총체성을 뽑아내려 했으며"(『권력』, 95) 자신이 살던 시대와 상충되는 모든 경향을 한 몸에 짊어졌던 괴테와 같은 인물들이었다. "그가 원했던 것은 총체성이었다…… 그는 자신을 완벽하게 단련했다. 그는 자신을 창조한 것이다."(『우상』, IX, 49;『권력』, 1014 참조)[17]

이러한 총체성을 성취한 훌륭한 예가 프루스트의 서술자이다. 그는 자신에게 일어난 모든 것을 글에 담아서 자신을 창조했다.(다음 이어지는 논의에서 나는 니체도 그런 식으로 자신을 창조하였다는 사실을 독자에게 보여 주려고 한다.) 프루스트의 서술자는 다음과 같이 말했다. "예술 작품을 형성하는 데 있어서 우리는 자유롭지 않다. 어떻게 작품을 창조할지를 우리가 선택하는 것은 아니다. 그것은 이미 작품에 선행해서―숨겨진 필연으로서―존재하는지라 자연의 법칙이라도 된다는 듯이 그것을 따를 수밖에 없다. 다시 말해 우리는 그 법칙을 발견해야 한다."[18] 그러나 서술자가 말하는 "우리 진정한 삶의 발견"(그 발견을 묘사하고 그 자체 발견의 과정이 되는)은 예술 작품을 창조하는 과정에서만 성취될 수 있다. 니체의 견해와 정확히 일치하는 프루스트의 글에서 발견과 창조 사이

---

17 욕망과 성향의 위계질서적 구조로서 인간을 파악한 니체의 견해는 Harry Frankfurt의 견해를 이미 예견하고 있다. 그의 「의지의 자유와 인간의 개념Freedom of the Will and the Concept of a Person」, Journal of Philosophy, 68(1971), 5~20을 참고할 것. 그들 사이의 상이점에도 불구하고, 이 두 견해는 니체가 모든 행위자가 자아를 가졌다고 가정하지 않았던 것처럼 Frankfurt도 모든 사람이 인간이지는 않다고 주장한 점에서 일치한다. Frankfurt는 의지의 향방에 대해서 욕망을 가진 행위의 주체만이 인간이라고 말했다.(p. 11) 또 니체가 '의지의 자유'는 행위자에게 주어진 것이 아니라 성취되는 것이라고 말했듯이, Frankfurt도 "자유를 쉽게 즐기는 사람들이 있다. 하지만 어떤 사람들은 자유를 위해서 투쟁해야 한다"(p. 17)라고 말했다.

18 Marcel Proust, 『잃어버린 시간을 찾아서Remembrance of things Past』, III, 915.

의 불확실한 관계는 현재의 자신으로 변화하는 과정에 수반되는 긴장감도 완벽하게 나타내고 있다.

자아의 창조는 낮은 단계의 사유, 욕망 및 행동이 보다 높은 질서와 조화를 창조하는 과정이다. 이것은 우리가 경험하는 모든 것에 기꺼이 책임을 지고 어떠한 상황이든 참된 것을 자발적으로 인정하는 능력의 함양하는 것이다. 경험하는 모든 것이 우리의 본질을 형성하기 때문이다.

어떤 점에서 이러한 자발성은 새로운 개성적 특징으로서, 어느 시점에서 이전의 상태를 대치하게 되는 새로운 발전 단계이다. 그러나 이러한 단계가 용기가 비겁함을 대치하고 관대함이 인색함을 대치하는 것처럼 하나의 개성적인 특징이 다른 특징을 대치하는 것은 아니다. 니체가 말하는 자기 창조는 우리가 경험한 모든 것을 긍정하고, 이상적으로는 모든 경험을 완벽하게 일관된 전체로 통합하는 작업이다. 용감하게 변하는 것은 이전에 내가 했을지도 모르는 비겁한 행동을 하지 않으면서 새로운 행동을 추구하는 것이다. 그러나 나의 행동이 내 자신의 것이라고 깨달았다는 이유 때문에 행동을 바꿀 필요는 없다. 만일 바꿔야 한다면 그것은 지금까지의 행동의 특징이었던 패턴과 내가 현재 하고 있는 새로운 행동에 따라서 결정되어야만 한다.

통일된 자아에 대한 니체의 견해는 끊임없는 변화와 공존하는 것이다. 따라서 삶의 어떤 시점에서 우리의 개성이 충분히 성숙했기 때문에 더 이상의 변화는 없을 것이라는 생각은 니체의 의견과 일치하지 않는다. 니체에게 현재의 자신으로 변한다는 사상은 이러한 종류의 자기만족을 철저히 배격한다. "'변화의 과정에 있는' 사람들은 자기만족과 뻔뻔하게 '월계관을 쓰고 은퇴하는 행동', '자화자찬'을 지각하는 순간에 분노하지 않으면 안 된다."(『권력』, 108) 자아의 창조는 정적인 사건이나 일단 성취하면 변화와 발전의 가능성이 없는 최종적 목표가 아니다.

하지만 그러한 "사건"이 과연 일어날 수 있는지, 또 그것이 규제적인 원칙을 가지고 있는지는 분명치 않다. 만약 정신적 상황의 숫자를 세는 것이 타당하다면 수 있다면 이들 "모두"를 성공적으로 조화롭게 통일할 수 있는지 모른다. 그러나 조화롭게 통일하는 방법은 이것들을 세는 방법에 따라서 달라진다. 예를 들어서 시간적으로 분리된 두 생각도 따지고 보면 하나의 긴 생각의 흐름의 일부가 아닐 수 있다. 행동의 모든 내용이 불가분의 관계를 맺고 있다는 니체의 견해도 그러한 주장의 연장선에 있다고 볼 수 있다. 사유와 행동을 재해석함으로써 보다 길고 "보다 광범위한" 과정의 일부, 즉 하나의 정신 활동의 일부로 이해하는 일도 이와 똑같은 결과에 직면하게 마련이다. 경험과 행동의 정확한 숫자 같은 것은 아예 존재하지 않는다.

살아 있는 한 우리가 언제나 예상치 못한 새로운 상황에 직면한다. 우리는 계속 새로운 생각과 욕망에 사로잡히며 계속해서 새로운 행동을 한다. 이러한 새로운 생각과 욕망, 행동의 관점에서 우리는 이전의 것을 재해석하거나 재조정하고, 심지어는 폐기처분해야 할 필요에 직면할 수도 있다. "자신을 중심으로 선회하라. '더욱 훌륭해지거나' 달리 바뀌지 않을 욕망은 없다"(『권력』, 425; 『차라』, IV, 19 참조)는 니체의 주장은 끊임없는 발전의 요구와 잘 맞아떨어진다. 이러한 맥락에서 볼 때 나 자신으로 남아 있고 싶은 욕망을 어떤 특정한 개성 특징을 변치 않게 계속 유지하기를 원하는 욕망과 다르다고 할 수 있다. 앞서 인용한 글에 그가 "이익으로서 간주하고 이용하는 특징의 다양성"(『과학』, 371 참조)이라고 덧붙이는 것을 보아도 이 점이 분명하다. 나 자신으로 남아 있고 싶은 욕망은 나의 모든 경험들, 적어도 내가 의식하고 있는 경험들을 자신의 것으로 하나가 되게 전체적·통합적으로 조직하려는 욕망이다. 선하건 악하건 모든 경험을 나의 것으로서 긍정하는 정신을 말하는 것이다. 그렇다고 그것이 나의 모든 미래 행동을 충분히 예견할 수 있을 만큼 확고부동한 개성적 특징을 의미하지는 않는다. 어느 정도 상관관계가 없지는 않지만 나이가 들어간다고 해서 변치 않는 자신으로 머물지는 않는다. 젊은 사람도 "최악의 취향으로서 절대를 향한 취향"에 너무나 사로잡힌 나머지 "삶의 진정한 예술가처럼 자신의 감정을 작품으로 만들고 부자연스러운 것도 감행하는"(『선악』, 31) 지혜가 없을 수 있다. 중요한 것은 내가 이미 행했거나 지금 행하고 있거나 미래에 행할 수 있는 것을 부단히 변화시킴으로써 미완성인 전체의 요소로서 활용할 수 있는 유연성이다.

그러한 요소들은 끊임없이 재해석되기 때문에 하나도 변치 않고 그대로 남아 있을 수 없다. 통일성에 대한 차라투스트라의 불신과 고정된 목표에 대한 거부는 개성적 특징이 불변한다는 관념에 대한 그의 저항으로, 『유쾌한 과학』의 295항에서 니체가 찬양한 "짧은 습관"과 같은 맥락에 있다. 이와는 대조적으로 니체가 자신의 가르침이 파편들과 수수께끼, 우연을 "하나로 통합하는 작업"이라고 자랑스럽게 언명했을 때 이러한 짧은 습관의 끊임없는 통합과 재해석을 염두에 두고 있었다.

이러한 통합에 대한 최종적 평가는 영겁회귀 사상이 요구하는 시험을 어느 정도 성공적으로 통과하는가에 달려 있다. 그것은 내가 만일 두 번 다시 산다고 하더라도 현재의 삶에서 경험했던 것들을 그대로 반복하려는 하는 의지이다. 차라투스트라는 다음과 같이 외쳤다. "나는 죽음에게 다음과 같이 말하겠다. '**그것이** 삶이었던가? 좋다! 그러면 다시 한 번'이라고."(『차라』, Ⅳ, 19) 삶을 반복하는 것은 현재의 삶을 구성하는 모든 사건들이 그대로 반복됨으로써만 가능하다는 것을 앞서 살펴보았다. 그렇다면 내가 동일한 것들을 반복할 것인가 아닌가 하는 질문에 대해서는 선택의 여지가 없다. 중요한 것은 내가 과연 동일한 것을 똑같이 반복하기를 **원하는가 원치 않는가**이다. 중요한 것은 과거에 경험했던 것을 다시 흔쾌히 경험하고, 또 모든 행동들을 진정한 나의 것으로서 받아들이기를 원하는 자세이다.

생성은 존재와 맞물려 있기 때문에 "지금의 우리로 변하라."는 니체의 명령은 모순이 아니다. 현재의 자신으로 변한다는 말은 경험과 행동을 끊임없이 확장 통합하고 그가 "자유"(『우상』, IX, 38)로 정의한 자신에 대해 책임을 떠맡는 능력의 확대에 참여한다는 말이다. "변화생성에 존재의 성격을 강요하는 것이 지고한 권력의지이다."(『권력』, 617) 그러나 존재의 성격이 안정성과 항구성을 뜻하는 것은 아니다. **모든 것이 반복한다는 것은 생성의 세계를 존재의 세계로 끌어올리는 것이다**"(『권력』, 617)라고 그가 말하지 않았던가.

영겁회귀는 삶과 세계를 있는 그대로 반복하기 원하는 능력이다. "가감하거나 제거하거나 선택하지 않고 디오니소스처럼 세계를 있는 그대로 긍정하는 능력, 동일한 사물과 동일한 논리적·비논리적인 얽힘의 영원한 순환을 긍정하는" 능력인 것이다. "이것은 철학자가 도달할 수 있는 최고의 경지이다. 존재에 대해서 디오니소스적인 관계를 취하는 것. 이것을 위한 나의 처방이 운명애(amor fati)이다."(『권력』, 1041;『경우』, 4에 대한 『이사람』, II, 10, III 참조;『바그너』, 결론, 1) 이상적인 경우에 이러한 욕망은, 모든 경험과 그것의 원인을 포함해서 모든 것을 결합함으로써 그 중의 하나라도 빠지면 전체가 와르르 와해될 정도로 완벽한 통일체를 만들려고 하는 욕망이 된다. 니체에게 존재는 다른 것이 되기를 원치 않는 고정된 상태이다.

그렇다면 우리의 존재는 변화생성이다. 자신을 향해 지금의 자신이 되도록 충고하는 과정에서 차라투스트라는 변화생성하는 자신의 존재가 계속 변화생성하기를, 또 모든 것이 그대로 반복하기를 원하는 경지에 도달하기 위해 끊임없이 변화생성하는 인물이다. 지금의 자신으로 변화생성하는 것이 어떤 새로운 상태에 도달함으로써 그러한 변화생성을 중단하는 것을 의미하지는 않는다. 자신의 모든 행동을 자기 자신이라고 생각하고, 또 모든 경험이 지금의 자신이라는 사실을 인정하는 태도를 갖는 것이 지금의 자신으로 변하라는 니체의 명령이 의미이다. 우리는 모든 경험을 하나의 일관된 전체로 통합하고 자신의 모든 것을 긍정할 수 있어야 한다. 이것이 바로 개성에 스타일을 주는 것이다. 존재하는 것은 변화생성하는 것이다.

자신의 개성에 스타일을 부여한다는 생각은 하나의 개성이나 "취향"을 갖는 것이 그것의 질보다 훨씬 중요하다는 니체의 견해(『과학』, 290)와 일맥상통한다. 그런데 이러한 견해로 인해서 그는 부도덕적이라는 비난을 받았다. 그는 오만방자하게 과거의 도덕적 미덕을 경멸하고 "강자"가 "약자"를 무자비하게 지배하고 착취해도 좋다는 견해를 유포했다는 비난을 받았던 것이다.

니체가 이기심을 찬양한 것은 분명하다. 그러나 또 한 가지 분명한 사실은 그가 이기주의와 이타주의의 차이를 부정했다는 것이다. 그는 "계속되는 적응의 결과 이기주의가 동시에 이타주의인 미래", 타인을 위한 사랑과 존경이 자신에 대한 사랑과 존경인 미래를 묘사하였다. "우리는 마침내, 이타적 행동이 이기적 행동의 한 종류이며, 자신을 희생하며 타인을 사랑하는 정도에 따라서 자신의 개인적 힘과 개성도 증명된다는 사실을 깨닫게 될 것이다."(『권력』, 786; 964 참조) 그는 과거에 사람들이 서로에 대해 불필요할 정도로 잔인했으며, 앞으로도 계속 그러하리라고 생각하지만, 그렇다고 이러한 잔인성을 찬양하지는 않았다. 그는 잔인성은 그것의 의도와 정반대의 결과를 가져온다고 생각했다.

> 모든 살아 있는 것들은 사력을 다해서 자신의 왕국을 확장하려 하고 허약한 것들을 정복한다. 그럼으로써 생명체는 자신에 대한 기쁨을 느낀다. 그러나 이러한 경향이 계속 '인도주의적으로' 바뀌면서 타자를 진정으로 자신에게 통합하는 일이 매우 어려워졌다. 타인을 무턱대고 공격함으로써 우리는 힘의 우월을 증명할 수는 있다. 그러나 이렇게 하면 그에게 반감을 불러일으키기 때문에 그를 진정으로 복종시키는 것은 훨씬 어려워진다.(『권력』, 769)

우리는 이러한 "정복"이 새로운 연합과 새로운 통일성, 새로운 자아로 발전한다는 그의 견해(『권력』, 488; 636 참조)를 살펴보았다. 지속적인 실체가 아닌 자아는 다른 대상을 "파괴하지 않고" 자신에게 통합할 경우 자아도 역시 변화를 겪어야 한다. 그렇다면 니체의 기분 나쁜 신체적 은유는 강력하고 영향력 있는 스승에 대해서도 마찬가지로 참이 될 것이다.

어찌되었든 도덕을 무시하면서 개성의 중요성을 강조한 니체의 견해를 쉽게 폐기할 수는 없다. 나는 이러한 상황을 표현해 줄 적절한 어휘를 가지고 있지 않다. 탐탁지는 않지만 개성이나 스타일이라는 용어를 사용하기로 하자. 개성이나 스타일을 가졌다는 것은 뭔가 무척 훌륭한 인물인 것 같은 느낌을 준다. 그러나 개성을 가졌다는 사실이 모든 다른 특징을 무효화시키며 어떠한 행동이든 정당화하지는 않는다. 니체의 입장은 "이러한 취향이 좋은지 나쁜지 하는 질문은 우리가 생각하는 것만큼 **중요하지 않다**"(『과학』, 290, 강조는 나의 것임)라는 말에 잘 드러나 있다. 사람과 삶의 가치 평가는 행동의 내용과 함께 형식적 요인의 지배를 받는다고 그는 생각했다. 아리스토텔레스의 주장처럼 행동의 본질은 개성에 달려있다. "행동은 아무런 가치가 없다. 가치는 **누가** 행동을 했는가에 달려 있다."(『권력』, 292) 니체에 의하면 가치의 결정은 개인의 도덕성과는 별개로 그가 하나의 개성을 완성하였는지에 의해 결정되어야 한다. 개성을 단지 고려해야 한다는 말이 아니다. 우리가 매일 사람들과 교제하면서 의지하는 것이 개성이기 때문이다.

구제할 가망 없이 사악한 사람도 개성을 가진다고 할 수 있는가? 아리스토텔레스는 "야수적"이라고 이름을 붙인 행동을 하는 사람에 대해서 개성(personality)(니체적인 맥락에서는 개성이지만 아리스토텔레스에 있어서는 인격이라고 봐야 더 적절할 것이다)이 결여된 자라고 보았다.[19] 개성이나 스타일을 가진 사람은 어떤 점에서 본질적으로 훌륭하고 바람직한 무엇을 가지고 있기 때문에 극단적인 악을 칭찬하는 것은 불가능할 수 있다. 이러한 사람들의 사악함은 그들의 장점을 가릴 정도로 압도적일 수 있다. 그러나 문제는 더욱 복합적이다. 개성은 행동의 특징—개성이 행동의 패턴이다—만큼 독립적이 아니다. 그리고 일관성이 개성의 충분조건인 것은 아니다. **과도한** 일관성은 오히려 개성이 없는 기계적 행동을 의미하기도 한다. 다시 아리스토텔레스에 따르면 개성을 갖추기 위해서는 지속적으로 행동을 절제해야 할 수도 있다. 물론 모든 행동에 대해 절제가 과도와 결핍의 중용이라는 아리스토텔레스의 견해에 니체

---

19 Aristotle, 『니코마코스 윤리학*Nicomachean Ethics*』, VI권, 1, 6.

는 흔쾌히 동의하지 않을 것이다. 과도나 결핍은 그가 "위대한 스타일"이라 부른 보다 높은 단계의 통합을 실현하는 재료들이기도 하였다. 아무튼 니체는 아리스토텔레스가 상상했던 것보다 훨씬 많은 숫자의 행위 유형에 개성을 인정하였고, 설사 이들 행동이 도덕적으로 혐오스러운 인물이라 할지라도 그가 개성이 있으면 매우 긍정적으로 평가하였다.

부도덕한 성격의 인물을 칭찬하는 경우에 이유가 매우 복합적이다. 그러나 끔찍한 유형의 사람들마저도(만일 그들이 존재한다면) 기꺼이 칭찬을 아끼지 않는 수 경우가 있다. 문학이 그렇지 않은가. 개성의 중요성을 강조한 니체의 견해를 가장 잘 옹호할 수 있는 대표적인 인물은 문학 작품 속의 위대한 악당들이다. 가령 셰익스피어 작품의 리처드 3세, 페이긴(Fagin: Charles Dikins의 『올리버 트위스트 *Oliver Twist*』에 나오는, 어린이를 소매치기나 도둑질의 앞잡이로 이용했던 늙은 악한.—옮긴이), 돈 조반니, 표트르 카라마조프, 샤를뤼(Proust의 『잃어버린 시간을 찾아서』의 주요 등장인물의 하나로 거만하고 오만한 귀족이며 퇴폐적인 남색가.—옮긴이) 등이 그 예이다. 이 들 인물에 대해서 독자는 도덕적 판단을 유보한다. 독자의 관심사는 그들 행동의 내용이 아니라 행동의 전체적인 특징, 그들 마음의 구조에 있기 때문이다. 그리하여 독자는 아무 망설임이나 염려 없이 자유롭게 칭찬할 수 있게 된다.

이 경우에도 역시 성격의 중요성과 자아의 본성에 대한 니체의 견해는 문학적인 모델에 입각해 있다. 작중 인물의 가장 중요한 특징이 구성에 있기 때문에 그들 행동의 질은 부차적인 문제로 머물 수밖에 없다. 등장인물의 행동은 의미나 본질은 행동이 전체 구조에서 차지하는 위치와 불가분의 관계에 있다. 이상적인 경우 인물에 관계된 모든 요소들은 똑같이 본질적인 의미를 가진다. 등장인물들의 개별적인 특징들이 서로 다른 특징들을 보조하고 돕도록 구성되어야 하는 것이다. 제5장에서 내가 영겁회귀와의 연관 속에서 논의한 특징이 바로 이것이다. 많은 경우 니체의 사유는 문학적 모델에 입각해 있었기 때문에 그는 완벽한 삶의 기준을 자족성에서 찾았다.

이러한 견해에 대해서 다음과 같은 반론이 제기될 수 있다. 악당이나 (일관성 있게 묘사된) 모순적 인물에 대한 우리의 찬탄은 등장인물에 대한 찬탄이 아니라 이들을 창조한 작가에 대한 것이라는 것이다. 이 주장에 따르자면, 니체가 문학을 삶에 그대로 적용한 것은 정당하지 않다는 것이다. 하지만 삶의 경우 "인물"과 "작가"는 동일한 인물이어서 이들 중 하나를 칭찬하는 것은 나머지 하나도 칭찬하는 셈이라는 점을 기억할 필요가 있다. 이것은 또한 모순적인 인물이 문학에서는 경탄의 대상이 될 수는 있지만 실제의 삶에서는 그렇지 못한 이유이기도 하다. 실제의 삶에서 모순적인 인물은 형편없는 작가에 불과하기 때문이다. 창작품과 창조자 사이에 분명한 구분의 선을 그을 수는 없는 일이다. 비록 문학과 삶의 유사성이 완벽하지는 않지만 이에 대한 반론이 가정하는 것만큼 이들이 이질적인 관계에 있지는 않다.[20]

니체는 언제나 문학적 모델이나 예술적 모델을 바탕으로 세계를 이해했다. 그의 독특한 사상이나 가장 독창적인 관념들은 이러한 이해의 결과였다. 일찍이 『비극의 탄생』을 저술할 때 니체는 바그너가 디오니

---

20 만일 나의 가정이 정확하다면, 각 개인이 살아가면서 창작하는 예술 작품으로서 삶을 파악(이러한 관념은 Sartre의 자기기만의 분석에 많은 영향을 미쳤다. 그의 『존재와 무*Being and Nothing*』, trans. Hazel Barnes(New York: Philosophical Library, 1956), pp. 55~70은 니체의 관점의 기원은 세계 극장(theatrum mundi)의 은유라는 전통에서 찾을 수 있다. 니체는 이러한 전통에 독특한 해석을 가하여, 공연되는 세계 연극의 관람자로서의 신과 천사를 제거했다.(『도덕』, II, 7, 16, 23 참조) 이 점은 매우 역설적이라 할 수 있다. 왜냐하면 세계 극장의 전통을 세운 것은 플라톤이기 때문이다.(『법』의 644d~e, 804c) Ernst Curtius의 『유럽의 문학과 라틴의 중세*European Literature and the Latin Middle Ages*』(Princeton, N. J.: Princeton University Press, 1953), pp. 138~144 참조할 것.

소스의 현대적 구현이며, 그리스 고전시대의 해체 과정의 정반대 과정을 거쳐서 탄생하는 미래의 예술 작품에서는 디오니소스가 재생하리라고 보았다.(『비극』, 19) 하지만 폴 드 만Paul de Man이 말했듯이 "이러한 종류의 글은 논리적 주장으로서는 아무런 가치가 없다. 니체는 역사의 실제 사건이 형식적 균형에 입각해 있다고 가정했기 때문이다. 회화나 음악이나 문학적 허구는 쉽게 이러한 균형을 이룰 수 있다. 그렇지만 이러한 균형으로 실제의 역사적인 사건을 예견할 수는 없다."(p. 84) 충동적으로 많은 편지를 썼던 니체는 의사소통을 위해 그와 가장 친밀한 친구와도 직접 교제하거나 대화를 나누기 보다는 오히려 (당시에는 하나의 문학적 장르로 간주되었던) 편지를 통하여 접촉하기를 바랐다.[21] 또 그는 때로 예술가들이 작품을 창작하듯이 우리도 삶을 창작해야 한다고 주장했다. "우리는 예술가로부터 배울 것이 있다. 비록 다른 문제에 있어서는 예술가들보다 현명해야 하지만 말이다. 왜냐하면 예술가들의 '사물을 배열하고 아름답게 만드는' 미묘한 힘은 예술이 끝나고 인생이 시작하는 순간 멈춰 버리기 때문이다. 우리는 삶의 시인이기를 원한다. 우선 가장 작은, 가장 일상적인 문제로부터 시작하여."(『과학』, 299; 301 참조) 또 니체는 자유란 "자발성의 재능이다. 모든 예술가들은 이 말의 뜻을 이해하리라"(『권력』, 705)라고 말하기도 했다. 더불어서 그는 누구보다도 먼저 예술가들에게서 영혼의 평화를 발견했다. 이미 설명했던 니체의 표현을 빌리자면, 이들 예술가들은 "의지의 자유를 성취했던" 사람들이다. "이러한 문제에 있어서 예술가들의 후각이 보다 예민한 것 같다. 스스로가 '자발적으로' 아무것도 행하지 못하고 필연성에 의해서

---

21 Ronald Hayman, 『니체: 중요한 삶Nietzsche: A Critical Life』(New York: Oxford University Press, 1980), p. 119.

모든 일을 행한다는 사실을 너무나 잘 알고 있는 이들 예술가들에게 있어서 자유, 예민성 및 충만한 힘의 느낌, 창조적인 성향과 조형의 느낌이 극대치에 이른다. 간단히 말하자면 필연성과 '의지의 자유'가 예술가들에게는 하나가 된다."(『선악』, 213)

그렇다면 완벽한 문학 작품의 특징인 완벽한 통일성과 자유를 우리가 어떻게 구가할 수 있을 것인가? 어떻게 우리가 저속한 샤를뤼나 고상한 브루투스(Brutus, ? 85~BC. 42. 로마의 정치가로서 시저의 암살자 중의 한 사람. 여기서는 실제 인물인 브루투스라기보다는 셰익스피어의 비극인 『줄리어스 시저』에 나오는 브루투스를 의미한다.—옮긴이)와 달리 실제로 존재하는 작중인물이면서 동시에 그 인물의 작가가 될 수 있을 것인가?

아마도 실현 불가능한 이러한 목표를 달성하는 방법 중의 하나는 다음과 같은 특색을 갖춘 책을 완성하는 것이다. 표면적으로는 많은 모순을 지니고 있으나 꼼꼼하게 잘 읽으면 이들 사건 사이에 깊은 연관성이 있는 그러한 저술을 말이다. 이러한 목표가 성취되는 마지막 시점에서 우리는 그러한 저서에 대한 또 하나의 책을 집필할 수도 있다. 이 책들이 서로 어떻게 조화되는지, 또 그 속에서 어떻게 분명한 하나의 모습이 드러나는지, 또 그러한 모습이나 인물, 작가나 인간이 완전하게 드러나기 위하여 가장 불합리한 모순마저도 얼마나 필요한지를 보여 주는 것이다. "자연은 결코 비약하지 않는다(Natura non facit saltum). 우리가 아무리 높은 곳을 향하여 대담하게 날고, 또 하나의 모순에서 다른 모순으로 아무리 힘차게 건너뛴다고 할지라도, 잘 살펴보면 새로운 건물이 낡은 건물의 터전에서 솟아오르는 흔적이나 이음새를 발견할 수 있다. 이것이 전기 작가의 임무이다. 전기 작가는 자연은 결코 비약하지 않는다는 원칙을 그들의 작업에 적용해야 한다."(『방랑』, 198)

차라투스트라는 "돌아오는 것, 마침내 나에게 귀향하는 것은 나 자신이다"(『차라』, Ⅲ, 1)라고 말했다. 니체가 『반시대적 고찰』을 쓴 이유도 여기에 있지 않을까? 4부로 구성된 이 책의 세 부분은 역사적인 인물에 대한 글이고 나머지 하나는 역사 자체에 대한 것이다. "내 마음 깊은 곳에서 이들은 나에게 속삭였다……『바이로이트의 바그너Wagner in Bayreuth』는 나의 미래상이다. 『교육자로서의 쇼펜하우어』에는 나의 내면적인 역사, 나의 **생성하는 모습**이 기록되어 있다."(『고찰』, 3에 대한 『이사람』, Ⅲ; Ⅲ, 『비극』, 4참조; Ⅲ, 『인간』, 1) 이 책을 쓰기 전에 그는 다음과 같이 말한 적이 있다. "그대가 이전에 사랑했던 그것이…… 지금은 오류로 보인다…… 이러한 오류는 과거에 그대가 지금과는 다른 사람이었을 때 필요했다. 그대는 언제나 다른 사람이지 않은가? 마찬가지로 현재의 '진리'도 지금의 그대에게만 필요한 것이다."(『과학』, 307) 그리고 그는 『이사람을 보라』에서 『교육자로서의 쇼펜하우어』를 집필하던 시절의 자신에 대해 다음과 같이 회고했다.

내가 학자로서의 연구를 하고 이러한 학자적 작업에 대해 어느 정도 **알고** 지냈던 시절을 생각하면 이 책에서 등장하는 학자에 대한 나의 가혹한 심리 분석은 중요성을 지닌다. 이 책은 **거리감**(feeling of distance)을 가지고 나의 과업과 수단, 또 막간극과 부수적인 작업들이 무엇인가에 대해 가지고 있던 깊은 확신을 표현하였다. 그러면서 또한 내가 하나가 되기 위해, 즉 여러 장소에 다양하게 존재했던 내가 통일된 하나가 되기 위하여 학자가 되어야 했던 나의 신중한 선택도 표현하고 있다. 얼마 동안 나는 학자가 **되어야 했다**.(『고찰』, 3에 대한 『이사람』, Ⅲ)

그렇다면 하나의 사물, 자신의 독특한 개성, 참된 자신이 될 수 있는 하나의 방법은 다른 모든 책들을 쓴 난 다음『이 사람을 보라』를 집필하고 나서 "어떻게 우리는 현재의 우리로 변하는가"라는 부제를 붙이는 것이라 할 수 있다. 자기 성찰적인 이러한 책을 씀으로써 그는 올바르게 자신을 창조하고, 또 발견할 수 있지 않았을까?『이 사람을 보라』에서 독자에게 말을 건네는 화자는 자신을 창조했던 작가이자 동시에, 이 책을 쓰는 작가가 이전에 집필했던 모든 작품들을 통해서 직·간접적으로 자신을 창조했던 작가라고 할 수 있다.

이러한 인물이 많은 작품 속에서 등장한다는 사실은 통일성에 대한 우리의 이해에 심각한 장애가 될 수 있다. 계속 강조했듯이 특히 통일성의 모델이 문학 작품이라는 점을 생각하면 말이다. 문학의 등장인물은 많은 작품 속에 등장할 수 있다. 오디세이와 오이디푸스Oedipus는 서양 문학에 계속해서 등장하는 인물들이다. 비록 다양한 문학 작품 안에서도 이들의 중요한 특징들은 변치 않고 지속적으로 유지시켜 주는 "신화"나 "전설"이 등 뒤에 있다고 일반 대중들이 말하기도 하지만, 이것은 어디까지나 대중적 의견에 불과할 뿐 그 이상이 아니다. 따지고 보면 "신화"도 인물의 묘사에서 계속 동일하게 유지되는 특징들에 지나지 않는다. 이들 개별적인 묘사로부터 추상화된 공통요소가 신화이기 때문에 그것은 결정저긴 구속력을 가지지 못한다. 미리 오디세이는 그러그러한 인물이라고 전제하지 않으면 어느 누구도 트로이의 포위 공격에 참가하지 않았던 오디세이나 전쟁 후 곧바로 이타카(Ithaca: 그리스 서쪽에 있는 섬. 오디세이의 고향.—옮긴이)로 귀향한 오디세이, 심지어 아둔하고 재치 없는 오디세이가 "진짜" 오디세이가 아니라고 증명할 수 없다. 에우리피데스Euripides는 그의 극작품에서 트로이에 간 적이 없었던 헬렌Helen이 트로이에 있었던 듯이 묘사를 하였다. 여기서 다음과 같은 질문이 제기될 수 있다. 만일 어떤 신화가 오디세이나 오이디푸스와 같은 인물의 본질적인 특징을 미리 결정해 놓지 않으면 작가들은 아무런 모순이 없이 앞뒤가 맞지 않게 모순적인 인물을 서술할 수가 있을 것이다. 그렇게 되면 "오디세이"라는 단일한 인물이 존재하지 않는다는 결론이 나온다. 달리 말해서 작중인물은 내가 생각했던 것과 같은 통일성을 가지지 않는다는 결론이 나올 수 있다. 어쩌면 오디세이는 모든 다른 인물들과 마찬가지로 매우 모순적인 인물인지 모른다. 만일 이러한 우리의 짐작이 옳다면 니체가 작중인물들을 너무나 순진하게 이해했거나, 그의 사상이 문학적 모델과는 무관한 것이라고 결론을 내릴 수도 있을 것이다. 반대로 만약 그가 자신으로부터 작중인물을 창조하려는 의도가 있었다고 해도 통일성과 일관성을 목표로 하지 않았을 수도 있다. 그렇다면 문학성과 통일성은 일치하지 않는다고 말할 수 있지 않을까.

작중인물은 본질을 가지지 않고, 또 많은 작품에서 서로 반대되는 특징을 가질 수 있다는 것은 확실하다.[22] 그렇다면 다양한 작품에서 아주 다른 모습으로 등장하는 오디세이와 같은 인물은 도대체 누구란 말인가? 이들은 적어도 역사의 한 지점에서는 일관된 특징을 지녔던 인물임에 틀림없다. 내 생각에 이러한 특징으로 인해서 작가들로 많은 변형을 가하였던 원인인 듯하다. 그렇게 변형시킴으로써 독자들이 과연 주인공을 식별할 수 있는지 궁금했던 것이다. 여러 작품에서 서로 모순적인 특징이 생기는 것은 이러한 이유이다. 장기적인 관점에서 이러한 모순

---

22 Hayman, 『니체 : 중요한 삶』, p. 119 참조할 것.

은 등장인물을 위해 매우 다행스러운 현상인지도 모른다. 흥미진진한 인물은 다양한 작품에 이러저러한 다른 모습으로 계속 등장하기 때문이다. 그렇다고 개별적인 작품에서 묘사된 이들의 성격적 특징이 전혀 일관성이 없다는 것은 아니다. 위대한 인물은 상이한 작품에서는 서로 양립할 수 없는 모순적 특징을 지니기도 하지만, 개별적인 작품 안에서는 일관되고 통일된 모습으로 묘사된다. 니체가 이러한 인물들의 한 가지 특징을 계속 묘사하기 때문에 그가 문학의 모델을 가지고 일관성을 추구하지 못할 이유가 없어 보인다.

문학적 모델에 대한 위의 반론은 그 방향을 잘못되기는 했지만 의도치 않게 니체의 글의 중요한 한 단면을 드러내었다. 그가 개성적인 인물을 통일되고 일관되게 제시했다는 사실을 별도로 하더라도 니체는 글을 통해 그러한 인물에 대해 다양하고 서로 모순되기도 한 해석을 가능케 하였기 때문이다. 이 책을 포함해서 각각의 해석은 나름대로 통일성과 일관성을 추구한다. 니체가 모순되고 다의적多義的인 견해를 가지고 있었다는 해석도 나름대로 근거가 있다고 할 수 있다. 이러한 해석의 결과로 형성된 니체의 이미지는 원칙적으로는 일관된 동기에서 나온 것이 아닌가. 현재 니체에 대한 많은 해석이 있다. 오디세이에 대한 여러 모순되는 해석이 공존하듯이 니체 해석들도 서로 모순적인 면모를 보여 준다. 바로 이러한 이유로 "도대체 진짜 니체는 누구인가?"나 "그에 대한 정확한 해석은 도대체 무엇인가?"와 같은 질문이 끊이지 않는 것이다. 니체는 그것을 원했다. 여기에서 그에 대한 질문은 "진짜 오디세이는 누구인가?"나 "그에 대한 어떤 이야기가 옳은가?"와 같은 질문처럼 대답하기가 쉬울 수도 어려울 수도 있다. 어쩌면 이러한 질문 자체는 무의미한지도 모르지만. 그러나 이러한 질문이 무의미하다고 해도 독자는 그에 대해 계속 질문을 던지면서 어떠한 니체의 해석이 다른 것보다 훌륭한지 결정하는 것은 가능하다. 마치 앨프레드 테니슨 Alfred Tennyson의 오디세이가 호메로스Homeros의 오디세이보다 훨씬 열등하다고 평가할 수 있는 것처럼 말이다. 이러한 맥락에서 우리는 니체가 원근법주의를 가지고 비판했던 가설에 저항하지 않으면 안 된다. "궁극적"인 진리가 없다고 해도 원근법주의로부터 모든 견해가 똑같이 유효하다는 결론이 유도되지는 않기 때문이다.

그럼에도 많은 독자들은 니체의 기획이 시작부터 실패하도록 예정되어 있었다고 생각할지 모른다. 지금까지 그만큼 삶을 문학에 가까이 끌어온 작가는 없었지만 니체 자신에게 있어서는 삶과 문학이 궁극적으로 한 점으로 모아지지 않았기 때문에 그의 이상이었던 통일성의 성취가 불가능했는지도 모른다. 혹자는 『이 사람을 보라』가 그의 모든 삶을 총정리한 것은 아니며, 이 책과 더불어 그의 삶이 끝나지도 않았고 이후로도 12년이나 불행하게 살았다는 사실을 지적할 수 있다. 경험한 모든 것들로부터 하나의 통일된 개성을 만들어내는 것은 엄청난 노력을 요구한다. 우리는 자신의 삶을 자서전을 기록하고, 또 이러한 자서전을 쓰는 행위에 대한 글을 또 써야 하며, 이것은 또 다른 글쓰기의 대상이 되면서 이런 식으로 글이 끊임없이 이어질지 모른다. 니체는 최후를 맞이하기 훨씬 전에 자서전을 집필했다. "모든 종말이 목표는 아니다. 음악이 끝난다고 해서 그 끝이 목표는 아니다. 그럼에도 음악이 끝나지 않은 이상 음악은 계속 목표를 향해 가고 있다고 할 수 있다. 하나의 우화."(『방랑』, 204) 이 우화는 줄곧 우리의 관심을 붙잡고 놓아주지 않던 문장의 의미를 해명해 주고, 세계와 예술 및 그의 모든 저술의 관계에 대한 니체의 입장도 조명해 주고 있다. 그러나 아무리 완벽한 것이라 할지라도 그러한 음악이 우리의 삶(여기서 자서전을 의미하는 것은 아니다)이 모방하는 모델인지에 대해 의심할 수 있다.

니체는 『도덕의 계보학』에서 다음과 같이 말했다. "예술가와 그들의 작품을 우리는 따로 떼어놓고 봐야 한다. 예술가를 작품처럼 심각하게 취급하면 안 된다. 예술가는 어차피 작품을 위한 조건, 모태, 토양, 작품을 살찌우는 퇴비나 비료 등에 불과하지 않은가. 따라서 작품을 즐기고 싶으면 예술가를 잊어야 한다."(『도덕』, Ⅲ, 4) 그렇다면 만약 작품이 전체적으로 한 인물―작품이 그의 자서전으로 밝혀지고―을 성공적으로 창조한다면 어찌되는가? 그 경우에 중요한 것은 작가의 삶이 아니라 그의 저술을 통해서 드러난 "자서전"만이 중요하다는 니체의 입장이 대답이 될 것이다. 역사와 사상사에 엄청난 영향력을 행사했던 소크라테스가 플라톤의 대화록으로 묘사된 소크라테스이듯이 삶의 가치와 스타일을 결정하는 권력의지가 표현되는 것도 그러한 작중인물이다. 우리는 앞서 작중인물이 도덕성과 특정한 행동 내용과 상관없이 평가된다는 것을 살펴보았다. 그들은 "선악을 넘어서" 있는 것이다. 그렇다면 니체의 저술에 기록된 (이러한 일반적인 의미에서만이 아니라 그 자신에게 본질적인 독특한 방법으로 그의 행동의 내용 자체가 모든 선악의 피안에서, 즉 우리 행동의 특정한 내용의 피안에서 평가하려는 노력이기 때문에) 선과 악을 초월한 인물에 대해서는 어떠한 평가를 해야 하는 것일까?

제7장

선악을 넘어서

바다에 빠지는 자처럼 인간은 태어나서 꿈에 빠진다.
미숙한 사람들이 그러하듯 수면 위로 기어오르려 안간힘을 쓰면 익사할 것이다.
그렇지 않은가?……너에게 길을 보여 주겠다. 파괴적인 세력에 지혜롭게 복종하라.
물속에서 손과 발을 허우적거리면 깊은 바다가 너를 둥둥 떠 있도록 할 것이다.

—조지프 콘래드(Joseph Conrade, 1857~1924. 폴란드 태생의 영국 해양소설가.—옮긴이)의
『로드 짐』에서

이상적인 국가의 시민들에게 국가를 사랑하고 이를 위해 자신을 희생하며 주어진 위계질서 안에서 만족하며 살도록 가르치기 위해 플라톤은『국가론*Republic*』에서 금속의 신화를 이용했다. 시민들이 진리로 삼아야 하는 이 신화에 따르면, 시민들은 대지에서 태어나 대지에서 성장하기 때문에 문자 그대로 대지의 자식들이다. 그리고 자신에게 어느 정도 귀금속들이 다양하게 배합된 결과가 그들의 몸인데, 귀금속의 다양한 배분이 그들이 국가에서 맡아야 최종적인 역할을 결정한다. 도덕적·정치적인 체계를 정당화하기 위해서 귀금속의 신화를 고안한 플라톤은 이것이 완전한 거짓임을 잘 알고 있었다. 그의 막가파식 표현을 빌리면 그것은 "고상한 거짓말"(『국가론』, 414b)이었다.[1]

이러한 종류의 거짓말은 다음 인용에서 니체가 염두에 두었던 생각의 사소하지만 매우 중요한 일부였다. "사제들은 신성한 목적의 수단으로 거짓말을 할 수 있다는 이론을 가지고 있다…… 철학자들도 사제와 같은 궁극적 동기를 가지고 자신이 인간의 미래를 책임진다고 생각하는 순간에 거짓의 권리를 당연하게 여기게 된다. 누구보다도 플라톤을 보라."(『권력』, 141) 이 구절의 주제는 니체가 "도덕에 대한 반대 운동"(『서광』, 1에 대한 『이사람』, Ⅲ)으로 묘사했던 계획—그의 사상의 중심적이면서도 난해하고 혼란스러운 견해들—의 작지만 중요한 일부이다.

니체의 텍스트를 주의해서 읽지 않으면 그가 도덕이 위선적이라는 이유로 도덕을 비난하는 인상을 받는다. 모든 도덕은 사회를 지배하게 되는 순간에 이전에 절대적으로 배척했던 관례들을 다시 사용하지 않으면 제도적으로 정착될 수 없다고 된다고 주장했기 때문이다. 이와 관련해서 보다 일반적인 주장을 전개하기 위하여 똑같은 예를 사용했던 점을 생각하면 이러한 인상은 훨씬 강화될 것이다.

우리는 다음과 같이 중요한 원칙을 주장할 수 있다. 즉 도덕을 정하기 위해서는 도덕의 반대를 향한 무조건적인 의지를 가져야만 한다는 것이다…… 소위 **종교적 기만**이라는 작은 사실 하나가 나에게 이 문제에 접근할 수 있는 최초의 단서를 제공했다. 이 **종교적 기만**이야말로 인간성을 '향상했던' 철학자와 사제들의 유산이었다. 마누Manu와 플라톤, 공자, 유대교, 기독교의 교사들 모

---

1 이 구절은 플라톤의 많은 주석자들을 혼란에 빠트렸다. 각별히 F. M. Conford는 그의 『국가론 Republic』(New York: Oxford University Press, 1945)에서 'gennaion ti hen pseudomenous'란 구절을 단순히 "창작의 과감한 비상"이라고 옮기고는, 플라톤의 '무해한 알레고리'는 '신약성서의 우화나 『천로역정Pilgrim's Progress』의 알레고리'(p. 106, n. 1)에 비교할 수 있다는 주석을 달았다. 하지만 플라톤은 시민들이 그것에 대해 묻자 그대로의 진리로서 받아들이기를 원한다고 분명히 말했다. 이 점을 고려할 때 우화나 알레고리로 받아들일 수는 없다.

두 거짓말을 해도 좋은 자신의 권리를 한 번도 의심한 적이 없었다…… 원칙적으로 다음과 같이 말할 수 있다. 지금까지 인류의 도덕적 향상을 위해 사용했던 **모든** 수단은 철저하게 **부도덕**했다고.(『우상』, Ⅶ, 5)

절대적인 것은 아니지만 니체는 도덕과 도덕 철학을 엄격하게 구분하려고 했다. 그에게 도덕은 삶의 안내자로서의 규칙과 가치의 체계라면 도덕 철학은 이러한 가치의 체계를 정전화하고 합리화하려는 시도였다.(『선악』, 210) 그가 다음과 같이 합리적으로 말한 대상은 도덕 철학이 아니라 도덕이었다. "도덕적 이념의 역사는 승리한 전쟁에 수반되는 강제와 거짓말, 험담, 불의와 같이 '비도덕적인 수단'을 통하여 이루어졌다."(『권력』, 306) 이것은 "도덕은 부도덕성의 특수한 경우이다"(『권력』, 308; 401, 461 참조)는 그의 유명한 주장을 뒷받침해 준다.

그러나 니체는 이러한 역사적 사실이 도덕에 대한 반대 이유라고 생각하지는 않았다. 부도덕한 수단에 의존하는 이유로 도덕을 반대하는 것은 그 자체 또 하나의 도덕적 판단이며, 결과적으로 도덕적 가치를 영속화하는 결과를 가져온다. 무엇보다 그의 "도덕에 대한 반대 운동"은 이와 같이 영속화된 도덕 가치판단에 대한 반감의 표현이 아니었던가. 그는 부도덕은 피할 수 없는 현상이기 때문에 그것을 비난해서는 안 된다고 생각하였다.

삶은 그 **본질적으로** 이질적이고 허약한 삶을 전유專有化하고 공격하며 정복하는 과정이다. 억압, 잔인, 의지의 강요, 통합 및 착취가 삶의 과정이다. 그런데 왜 우리는 수세기 동안 비난의 대상이었던 이러한 말들을 계속 사용하는 것일까?…… '착취'……는 유기체의 가장 기본적 기능으로서 생명체의 본질

이 아닌가. 착취는 권력의지의 결과이다. 그리고 권력의지는 다름 아닌 삶의 의지이다.(『선악』, 259)

그렇다면 어떤 대상이 부도덕하다는 점을 증명했다고 해서—이 증명 행위가 도덕적이라고 할지라도—그 대상을 거부해야 하는 이유가 되지는 않는다. "부도덕한 것을 찾아 헤매는 사람들이 있다. '이것은 그르다'라고 판단할 때 그들은 우리가 이것을 완전히 폐기하고 갱신해야 한다고 믿는다. 나는 모든 것의 부도덕성을 까발리기 전까지는 평안히 쉴 수 없다. 부도덕을 밝히는 순간에 나는 마음의 평온을 되찾는다." (『권력』, 309) 그가 행한 도덕의 "해체," 즉 모든 도덕 체계와 권위는 확실한 권위를 가지게 되면서 과거에 절대적으로 배척했던 관례에 다시 의지한다고 증명하는 작업은, 도덕을 자연주의적으로 설명하려는 노력에서 나온다. 그의 목표는 도덕의 발생과 유지가 다른 모든 것들과 마찬가지로 권력의지의 소산이라는 사실을 증명하는 데 있었다.

이러한 문제에 대한 니체의 태도는 복잡 미묘하다. 이 문제를 다루는 그의 글도 불확실하고 감정적이기 때문에 그것은 그에 대한 불확실하고 감정적인 해석을 조장하였다.[2] 그가 단순히 위선적이라는 이유로 도덕을 공격한 것이 아니라면 무엇 때문에 도덕의 비도덕적 전제를 폭로하려 했던 것일까? 비록 그러한 노력이 부분적으로 성공을 거둘 수 있다고 하더라도 말이다. 또 만일 초기의 유용성에도 불구하고 도덕이 이제는 "치명적인 짐"이 되고 "도덕도 정직해야 하는 요청 때문에 도덕

---

2 이러한 부류의 책에 Brinton의 『니체』, 4~5장 및 Deleuze의 『니체와 철학』, 4~5장이 있다. 이 연구서는 니체 해석에 결정적인 구실을 하고 니체의 영향력을 확산하는 데 커다란 공헌을 했다. 그러나 이들의 해석에서 차지하는 변증법과 도덕의 중요성이 약화된다면, Brinton의 니체에 대한 강한 의심과 Deleuze의 새로운 세계에 대한 묵시론적 비전은 근거를 잃는다.

자체를 부인하도록 강요하는 사실"(『권력』, 404; 『도덕』, Ⅲ, 27 참조)을 우리가 깨닫는다고 해도 그가 기존의 도덕 대신에 새로운 가치로 옹호하려는 것이 무엇인지는 의문으로 남는다.

이러한 두 가지 질문에 대해서 다음과 같이 간단한 대답이 가능하다. 삶 자체와 마찬가지로 도덕도 부도덕하다고 생각했기 때문에 니체는 좋든 싫든 인간이 비도덕적으로 행동할 수밖에 없다고 생각하였고 말이다. 그렇다면 도덕의 가면을 벗고 권력의지에 따라 자연적으로 살아야 한다는 결론이 나올 수 있다. 즉 노골적으로 비도덕적이 되어야 하는 것이다. 이것이 니체의 비도덕성에 대한 일반적인 해석이다. 이러한 해석에 따르면 니체는 우리가 모든 욕망을 마음껏 충족하도록 권유하는 플라톤의 『고르기아스Gorgias』에 등장하는 칼리클레스(Callicles: 힘의 논리를 주장하는 인물로 약자는 강자에 굴복해야 하고, 법이나 도덕과 같은 제도로 강자를 구속하면 안 된다고 주장함.—옮긴이)와 같은 인물이 될 것이다. 그러나 이것은 잘못된 해석이다.[3] 그는 자연적인 삶이라는 이념은 실현이 불가능하거나 필연적이거나 둘 중의 하나일 수밖에 없다고 보았다. 만약 자연이 비인격적 무기체로만 이루어진 세계의 일부라면 자연에 따른 삶은 불가능할 것이다. 생명체는 "생명이 없는 자연과는 다른 것이 되기를 갈망하기 때문이다." 또 만약 자연에 생명체가 포함된다면 인간은 지금도 그러하고 있듯이 자연에 따라서 살 수밖에 없다. "어떻게 그렇게 하지 않을 수 있는가? 이미 그대 자신이거나 그대 자신이어야만 하는 것을 왜 원리로 받들려고 하는가?"(『선악』, 9)

---

3 『플라톤: 고르기아스Platon: Gorgias』(Oxford: Clarendon Press, 1959), pp. 387~391에서 E. R. Dodds는 니체와 Callicles의 몇 가지 유사성을 발견했다. 그럼에도 그는 이러한 유사성의 폭을 엄격히 제한했다.

니체는 비도덕적으로 간주되는 행동들이 압도적이나 절대적인 삶의 유형을 옹호하지 않았다. 그의 "모든 가치의 재평가"가 이와 같이 단순한 도덕의 전복을 노린 것은 아니었다. 비록 그가 가치의 재평가를 "모든 도덕적 가치로부터의 해방…… 지금까지 금지되었거나 경멸되었거나 저주된 것들을 긍정하고 이에 확신을 갖는 태도"(『서광』, 1에 대한 『이 사람』, Ⅲ)로 묘사하긴 했지만 말이다. 초기 저작에 속하는 이 인용문에서 짐작할 수 있듯이 그는 자신의 견해를 마지막까지 사수했다. 그렇지만 초기의 저서보다 훨씬 복잡다양하게 되었다.

나는 연금술을 믿지 않듯이 도덕을 믿지 않는다. 나는 그것들의 전제를 믿지 않는다. 그렇다고 이러한 전제를 믿고서 행동했던 연금술사들이 한때 존재했다는 사실을 부인하는 것은 아니다. 나는 부도덕도 역시 믿지 않는다. 많은 사람이 스스로 부도덕하다고 **느끼고** 있기 때문이 아니라 그렇게 느낄 **참된** 이유가 없기 때문이다. 바보가 아닐진대 내가, 부도덕하다고 불리는 행동들을 회피하고 이러한 행동에 맞서야 한다는 것, 또는 도덕적이라 불리는 행동을 실천하고, 또 이것을 장려해야 한다는 것을 어찌 부정할 수 있는가. 그러나 나는 **지금까지 생각된 이유와는 다른 이유에서** 부도덕한 행동을 피하고 도덕적 행동을 장려하기를 원한다.(『서광』, 103)

니체는 우리가 그의 견해를 옳다고 받아들이면 행동도 이에 따라서 변화해야 한다고 주장하는 듯이 보이지만 그의 일차적 관심은 어떤 행동의 내용이 아니라 그러한 행동의 이유와 동기에 있다. 그는 도덕과 부도덕을 행동의 동기에서 찾으며, 또한 행동 자체가 아니라 도덕이 개별적 행위자에게 강요하는 의무의 성격에서 찾는다. 이것이 그의 도덕에 대한 반대의 주요 목표이다. "도덕적인 사실은 존재하지 않는다……도덕은 어떤 특정한 현상에 대한 해석에 지나지 않는다. 보다 정확하게 말하면 현상에 대한 잘못된 해석이 도덕이다."(『우상』, VII, 1) 이 구절 이후 세월이 지나 그가 다시 덧붙인 메모에는 "이 해석 자체도 초도덕적 기원에서 온 것이다"(『권력』, 258)라고 적혀 있다.

니체가 도덕과 부도덕을 직접적으로 비판하는 것이 아니라 이들을 재해석하려고 했다는 것은 새롭거나 놀라운 일이 아니다. 그러나 여기에서 제기되는 문제를 해결하기는 만만치 않다. 부분적으로는 니체 자신도 도덕적 동기를 언제나 일관되게 설명하지를 않았기 때문이다.[4] 초기에 그는 쇼펜하우어에 따라서 도덕적 행동은 개인적인 이해가 개입되지 않은 동기에서 나온 행동이라고 주장했다. 그러나 그러한 동기는 존재하지 않는다는 사실을 발견하고 그는 도덕적 행동은 있을 수 없다는 결론을 내렸다. "자세히 검토하면 '비이기적' 행동이라는 관념은 거품처럼 사라지게 된다. 타인만을 위해서 그리고 조금만큼의 개인적인 동기가 없이 행동한 사람은 일찍이 존재하지 않았다. 어떻게 자신과 전혀 상관이 없는, 즉 내적 필요성(이것은 개인적인 욕구에 그 뿌리를 두고 있다)이 없는 행동을 **할 수 있는가?** 어떻게 **자아** 없이 **자아**가 행동할 수 있단 말인가?"(『인간』, I, 133) 그러나 이러한 결론은 논리적으로나 심리적으로도 매우 불만족스러워서 『서광』을 집필할 당시에 그는 그것을 이미 부정하고 있었다. "중요한 명제: 도덕은 어떠한 종류를 막론하고 관습에 복종하는 것 이상도 이하도 아니다…… 전통이 허락하지 않은

---

4 「도덕에 대한 니체의 공격」(pp. 12~107)이라는 학위논문에서 Clark은 초기 니체의 도덕관, 칸트와 쇼펜하우어의 도덕관과 니체와 관계, 니체의 태도 변화의 원인 등을 훌륭하게 설명했다. 그러나 『계보학』에서 니체가 도덕을 '규정할 수 없는 것'으로 보았다는 Clark의 견해는 설득력이 없다.

도덕은 존재하지 않는다…… 전통이란 무엇인가? 도움이 되는 행동을 명하기 때문이 아니라 단지 **명한다는** 사실로 인해서 복종해야 하는 높은 권위가 전통이다."(『서광』, 9)

니체가 초기에 도덕의 기원으로 보았던 "관습의 도덕"(『인간』, Ⅰ, 96, 99 참조; 『잠언』, 89)은 이제 도덕의 본질(『서광』, 16, 18)이 된다. 관습적 도덕은 자신의 신봉자에게 동기를 부여하기 때문에 그는 도덕적 동기와 행동의 존재를 부정하지는 않는다. 칸트의 영향에 있던 그는 도덕적 행동은 효용성이 아니라 전통과 권위에 대한 존경에서 우러나온 행동이기 때문에 비이기적이라고 보았다. 그럼에도 그는 이러한 비이기적인 동기가 존재할 뿐 아니라 그것이 우리의 행동을 인도한다는 점을 인정하면서도, 그러한 동기의 전제가 잘못되었기 때문에 그것이 사라져야 한다고 주장한다. 위에서 인용된 『서광』의 구절은 다음과 같이 이어진다. "무엇이 일반적인 공포의 감정과 전통에서 생기는 감정을 구분하는 요인일까? 우리에게 명령하는 높은 지성, 이해할 수 없는 무엇, 불분명한 힘, 비개인적인 것 등의 앞에서 느끼는 공포가 전통에서 비롯된 공포이다. 이러한 공포에는 **미신**이 깃들어 있다."(『서광』, 9)

도덕에 대한 니체의 생각은 후기에 더욱 복잡해진다. 도덕은 자유의지를 전제로 한다고 주장하는 그는 자유의지가 "본질적으로 벌을 과하기 위한 목적과 죄책감을 심어 주기 위해서 고안된 개념이다"(『우상』, Ⅶ, 7)라고 말한다. 『계보학』에서 상세하게 논의된 책임감과 죄의식, 징벌이 이제 행동에 대한 그의 도덕적 해석의 중심에 자리 잡는다. 이러한 해석에는 죄의식을 영원히 고문하며 처벌하는 영원한 세계의 개념(『반그리스도』, 24)과 기독교의 형이상학, 신앙의 근거와 전제로서 플라톤 철학["기독교는 대중을 위한 플라톤 철학이다"(『선악』, 서론)]과 같은 요소가 포함되어 있다. 그러면서 도덕에 대한 그의 견해는 더욱 복잡다단해지면서 글이 더욱 꼬이고 난해해진다.

이 주제는 광범위한 스펙트럼에 걸쳐 있기 때문에 우리는 그것의 작은 일부만을 논의할 수 있을 따름이다. 우리는 앞서 도덕이 부도덕한 전제에 입각해 있다고 주장한 니체의 의도가 무엇인지, 또한 그가 도덕에 대한 긍정적인 대안을 제시했는지를 질문했다. 이들 어려운 질문에 대해 답을 찾는 것이 나의 임무로, 보다 효율성을 기하기 위해 우회적인 접근법을 취하려고 한다. 니체가 도덕을 비난하기 위해 내세운 구호이자 『선악을 넘어서』의 제목이며, 후기 저서에 자주 등장하는 구절(『도덕』, I; 『차라』, Ⅳ, 6; 『권력』, 132; 『우상』, Ⅶ, 1)에 대한 해석을 통해서 그 질문에 다가가려고 한다.

"선악을 넘어서"라는 구절을 둘러싼 해석의 문제는 그것의 문맥이 담겨 있는 다양한 저술을 무시하고서 해석됨으로써 비롯되었다. 이 구절은 『계보학』의 제1부와 관련해서 주로 이해되었던 것이다. 『계보학』에서 그는 선과 악(독일어로 böse)의 대립으로 표현된 도덕적 판단 및 "노예의 도덕"은 좋음과 나쁨(독일어로 schlecht)의 대립으로 표현되었던 초기의 비도덕적인 "귀족적" 평가를 전복한 형태라고 주장했다.[5]

『계보학』에 따르면 귀족들 대다수는 "우리에게 풀려난 맹수와 같았고, 살상과 방화, 강간, 고문을 아이들 장난처럼 우쭐해서 거리낌 없이 자행하였으며 자신이 시인에게 노래와 찬양의 재료를 제공한다는 확신감에 젖어 있었다. 이러한 잔인무도한 행동들의 결과로 귀족들이 출현

---

5 『계보학』에서 유명한 '주인의 도덕(Herren-moral)'이라는 문구가 없다는 사실은 중요하다. 이 표현은 니체의 출판된 저술(『선악』, 260)에 단 한 번 나타났을 뿐이다. '귀족적 도덕(vornehme Moral)'이라는 표현은 『도덕』, I, 10과 『반그리스도』, 24에 두 번 나타난다. Clark의 「도덕에 대한 니체의 공격」, p. 114 참조할 것.

했는지 모른다."(『도덕』, Ⅰ, 2)[6] 그의 부도덕주의가 단순히 야만과 잔인을 찬양하는 것이 아님을 증명하기 위해서 월터 카우프만은 "과격하게 논쟁적인 어조에도 불구하고 노예의 도덕에 대한 그의 '가혹한 비난'으로부터 그가 주인의 도덕을 옹호했다는 결론이 나오는 것은 아니다"(p. 297)라고 설명했다. 물론 논리적으로 그러한 결론을 유도되지는 않는다. 그럼에도 카우프만이 생각했던 것보다 훨씬 니체는 귀족적 삶의 양식에 경도되어 있었다. 다음과 같은 『계보학』의 구절을 보라. "기나긴 준비 기간을 거쳐서 고대의 불꽃은 강렬하게 타오르지 않던가? 더욱 많이. 모든 힘을 다해서 그것을 갈망해야 하지 않을까? 그것을 의욕하고, 또 권장해야 하지 않을까?"(『도덕』, Ⅰ, 17) 카우프만은 "니체 자신의 도덕은 노예와 주인의 도덕을 초월한 것이었다"(p. 297)고 진단했다.[7] 내 생각에 이러한 견해는 『계보학』의 다음 결론과 모순되는 것이다. "나의 **목표**가 무엇인지, 또 최근의 『선악을 넘어서』의 위험한 제목의 목적이 무엇인지 이미 오래 전에 분명했다. 적어도 그 목표가 '선악을 넘어서'를 의미하지는 **않는다.**"[8] 그렇다면 선과 악을 넘어서는 것이 야만적 귀족의 특징이었던 도덕적 무관심을 의미하는 것은 아니다.

많은 니체 독자를 혼란과 절망에 빠지게 했던 문제에서 벗어나는 길

---

6 이러한 맥락에서 니체는 귀족의 혈통에 흐르는 '금발의 짐승'에 대하여 언급했던 것이다. 아리안 종족이 아니라 사자와 관련된 이 은유의 정확한 해석으로는 Kaufmann의 『니체: 철학자, 심리학자, 반그리스도』, pp. 225~226, Danto의 『철학자로서 니체』, pp. 169~170을 참조할 것. 이들 연구서를 앞으로 언급할 때는 본문의 괄호 속에 면수가 병기될 것임.

7 Kaufmann은 『니체』의 p. 297에서 다음과 같이 말하였다. "니체는 우리가 주인이나 노예의 도덕에 순응할 것이 아니라 자율적이기를 바란다." 하지만 Kaufmann은 왜 니체가 행동의 규범에 순응하는 것으로서—그리하여 자율적이 될 수 없다는 의미에서—이해할 것인지 이유를 제시하지 않았다. 그러나 니체는 규범이나 관습이 없이는 고상하고 훌륭한 행동은 물론이고 어떠한 행동도 있을 수 없다고 주장하였다. 그렇다면 중요한 문제는 각각의 경우에 어떤 규범이 적용되는가에 대한 것이다.

은, 비록 『도덕의 계보학』에서 귀족들의 가치평가 양식을 환영하였음에도 불구하고 이러한 귀족들이 그가 권장했던 전범적인 인물 유형은 아니었다는 점을 증명하는 데 있다. 그렇다면 이러한 귀족을 우리는 그가 제시했던 개성의 유형이 특정한 역사적 시기로 표출된 하나의 전례로서 보아야 한다.[9] 그럼에도 "선악을 넘어서"라는 구절의 이해가 선결되지 않는다면 그러한 해석은 불가능하게 된다. 이 구절은 니체가 불을 보듯 그 의미가 뻔하다고 주장했지만 전혀 그렇지 않다. 만약 『계보학』만을 염두에 두면 선악을 넘어서는 것은 기독교적 도덕을 버리고—그가 생생하게 소묘하면서 찬양해 마지않던—야만적 귀족의 행동 양식을 답습하는 것이라는 결론을 내릴 수 있다. 그렇지만 이 구절을 언급하던 당시에 그는 이러한 제목을 가진 자신의 저서를 염두에 두고 있었다. 그리고 『선악을 넘어서』를 비롯한 그의 많은 저서를 보면 그가 말하는 도덕적 상황이 생각했던 것보다 훨씬 복합적인 것이라는 사실을 시사해 준다. 선악의 초월이 단지 선악과 관련된 가치의 기준과 체계를 폐기하는 것을 의미하지는 않는다. 또 이러한 체계에 내재하는 모든 특징을 버리는 것은 불필요하기도 하다. 따라서 선악을 넘어서는 것은 선한 특징과 악한 특징이 과거부터 지금까지 서로 얽혀 있었다는 것을 깨닫고 양자 사이의 관계를 파악하며 그러한 관계에서 파생되는 제반 문

---

8 『도덕』, I, 12와 마찬가지로 이 구절을 보면, "니체는 우리가 자신을 초월하도록, 과거의 우리로 퇴행하지 않도록 요구하고 있다"라는 Danto의 견해(『철학자로서 니체』, p. 180)를 유보조항 없이 그대로 받아들일 수는 없다고 할 수 있다. 비록 니체는 우리가 귀족들의 행동 유형으로 되돌아가기를 원하지는 않았을지라도, 그는 우리가 여전히 그 유형 자체로 되돌아가기를 원할는지 모른다.

9 이것이 Danto의 해석이 일부이다. 그러나 Danto는 니체의 사상도 그가 야만성을 옹호했다는 증거는 아니라고 성급한 주장을 내놓았다.(『철학자로서 니체』, p. 173) 만약 야만성이 니체가 찬양한 개성 유형의 좋은 예라면 그도 역시 야만성도 옹호했다는 말이 된다.

제를 재고하는 것을 의미한다고 할 수 있다.

"모든 신은…… 세례를 다시 받고 신성화된 악마가 아니었던가?"
(『선악』, 227)라는 니체의 질문은 매우 어려운 질문이었다. 그는 비도덕
적이며 악한 것으로 간주된 행동과 그것의 특징도 도덕적이며 선한 행
동과 특징을 실현하기 위해서 필요하다는 것을 역사가 증명한다고 보
았다. 그러한 행동과 특징들이 서로 다른 두 종류의 본질적으로 반대되
는 것이라고 믿는 것이 과연 올바른 것일까? 이러한 특징들이 본질적이
기 때문에 사용 목적이나 사용자와는 독립해서 있는 것일까? 어떤 특징
과 행동은 시간과 장소와 무관하게 장려되어야 하고 그 반대의 것들은
언제나 거부되어야 하는 것일까?

"선한 행동과 악한 행동의 차이는 질적인 것이 아니다. 기껏해야 정
도의 차이이다. 선한 행동은 숭고하게 된 악한 행동이며 악한 행동은
속화되고 더 이상 역할을 못하는 선한 행동이다"(『인간』, Ⅰ, 107)라고 말
했을 때 그는 앞의 질문에 대해 최종적 대답을 시사한 것이었다. 그는
이러한 암시를 후기에 여러 복합적인 측면에서 충분히 논의하였다. 예
를 들어 성자에 대한 그의 논의에서 역사를 통틀어 지금까지 성자는 다
음과 같은 이유로 지극히 매혹적인 현상이었다.

성자라는 인물에 따르는 기적적 분위기 때문이었다. 즉 **정반대의 특징**들이
서로 뒤를 이어 즉각적으로 **연결**되고, 서로 대립되는 도덕으로 판단되는 영혼
의 상태 때문이었다. '나쁜 인간'이 갑자기 '성자'나 선한 인간으로 변하는 현
상은 충분히 가능하다. 그러나 아직 심리학은 이러한 변화를 설명할 능력이
없다. 심리학이 도덕의 지배 아래 있었기 때문이 아닐까? 대립적인 도덕적 가
치를 믿고 사태를 이러한 관점에서 보고 읽으며 **해석했기** 때문이 아닐까?

무엇이? '기적'이 단순히 해석의 문제가 아닌가? 문헌학의 결핍?(『선악』, 47)

죄인에서 선한 인간으로의 변화는 심리적 역설을 수반한다. 성욕과 야망, 잔인성과 같은 비도덕적 특징이 갑자기 순결과 자기부정, 호의와 같은 정반대의 것으로 변화했기 때문이다. 어떻게 이러한 변화가 가능한가? 인간 자체를 제외하고 그의 모든 특징이나 성격을 송두리째 바꾸는 (이것은 주체가 실체라는 견해와 불가분의 관계에 있다) 신의 간섭이 아니라면 어떻게 그것을 설명할 수 있는가? 어떻게 **누구나** 이렇게 바뀔 수 있단 말인가?

죄인이 성자가 될 수 있는 가능성을 니체가 부정하지 않았다는 것은 사소한 사항이 아니다. 이러한 변화의 가능성은 우리가 지금까지 그것의 본질을 잘못 이해했다는 말이 된다. 만일 이러한 변화를 모순으로 본다면, 그것은 죄인에서 성자로 변화하는 과정에서 몇몇 특징들이 가치와 성격에서 본질적으로 반대되는 것으로 변화한다고 생각하기 때문이다. 만일 이러한 대립이 표면적인 것이라면 모순은 발생하지 않는 셈이 된다. 이러한 특징들이 서로 대립하는 것이 아니라 본질적으로 서로 관련된 것이라면 더 이상 모순은 없는 것이다. "선하고 찬양받는 가치들이 표면적으로는 그것과 반대되는 사악한 것들과 은밀하게 연루되고 서로 묶여 있다는 것은 충분히 가능하다. 아마도 그것들의 본질은 서로 같은지 모른다. 아마도!"(『선악』, 2) 이것과 관련해서 차라투스트라가 제자들에게 다음과 같이 말했다. "언젠가 너희는 엄청난 정열로 괴로워하면서 그것을 악이라고 불렀다. 이제 너희에게는 미덕만이 남아 있다. 그렇다면 너희의 미덕은 정열의 열매이다."(『차라』, I, 5) 니체는 극단적으로 대립하는 듯이 보이는 극단적인 도덕적 대립은 사실상 해석의 결과라고 보았다. "어떤 충동이 관습적으로 사악한 것으로 매도되면 그것은 **비겁함**이라는 고통스러운 느낌이 들게 한다. 만일 기독교와 같은 관습이 충동을 높이 평가하고 **선하다**고 부르면 똑같은 충동도 **겸손**이라는 행복한 느낌을 가져온다…… 다른 **모든 충동과 마찬가지로** 그것 자체는 아무런 도덕적 성격을 가지지 않는다."(『서광』, 38)

니체는 대체로 모든 가치는 해석의 결과라고 믿었다. 그렇지만 가치가 부재한 가운데 삶이 불가능하다는 점을 고려한다면(『차라』, Ⅱ, 13; 『선악』, 9) 그가 도덕적 가치를 그릇된 해석으로 비난한 배경에는 어떤 특별한 이유가 있는지 모른다. 그렇다면 도덕적 가치를 그릇된 방향으로 이끄는 해석에 대해서 물어야 한다.

이러한 질문은 계속 모습을 바꾸면서 『비극의 탄생』 이후 니체의 관심을 사로잡고 놓아주지 않았다. 『비극의 탄생』의 1886년판 서문 5항에서 그는 "이 엉뚱한 책에서 내가 본능적으로 거부한 것은 **도덕**이었다"라고 말했다. 이것에 대해 그는 또 하나의 유명한 명제 "도덕은 삶을 거부한다"로 대답하였다. 이와 같이 도덕에 대한 그의 한편으로 모호하면서도 거침이 없는 공격한—따라서 신중한 해석을 요구하는—이유는 도덕적 금욕주의가 삶을 있는 그대로 직시하지 못하는 사람들의 삶을 왜곡함으로써 생겨난다는 신념에 뿌리를 두고 있다. 그는 이것이 "**모든 것을 설명해 준다**"라고 공언한다. "누가 거짓말을 가지고 현실을 도피하려고 하는가? 현실에서 고통을 당하는 사람들이다. 그러나 현실에서 고통을 받음으로써 고통은 현실의 한 부분이 된다."(『반그리스도』, 15)

니체가 도덕이 삶을 거부한다고 생각한 가장 심각한 이유, 즉 도덕적 가치를 부여하는 해석에서 그가 발견한 심각한 결함은, 도덕적 가치판단이 본질적으로 절대적이라는 데 있었다. 그는 이러한 절대주의를 두 측면에서 고려하였다. 첫째로 성자의 역설에서 드러났듯이 어떤 현상에 대한 도덕적 해석은 그러한 행동 및 성격 특징을 긍정적이거나 부정적인 가치로 절대화시킨다. 그러한 가치는 영원한 것이며 어느 시간과 장소에서든 참이라고 전제하는 것이다. 앞으로 살펴보겠지만 두 번째로, 이와 같이 가치가 결정이 되면 모든 사람은 하나의 유일한 행동 규범에 따라서 살지 않으면 안 된다.

그렇다고 니체가 도덕적 가치를 사회 집단에 따른 지극히 상대적인 것으로 보았다는 것은 아니다. 그는 문화적·도덕적 상대주의는 공격의 대상인 절대주의와 마찬가지로 "유치"하다고 생각했다.(『과학』, 345) 그가 비판한 도덕적 절대주의는 상이한 문화권은 상이한 가치를 가질 수 있는 가능성을 용인할 수도 있지만, 그럼에도 그것은 선과 악이 두 개의 상이한 범주에 속하며 양자 사이의 경계가 절대적이라고 주장에서 벗어나지 못한다. 절대주의는(만약 문화의 차이가 있다면) 각 문화권 안에서는 선과 악의 차이가 절대적이며 객관적이라고 믿는 것이다. 그럼으로써 삶을 부정하는 것이다. 니체에 따르면 도덕은 "선과 악이 보완적인 가치 개념—이것이 아마도 진리이다—이 아니라 서로 상반된 실재라고 믿는 경향이 있다. 그리고 우리가 선의 편에 서서 악한 것에 철저히 저항하도록 요구한다. 결과적으로 본능적으로 긍정과 부정을 동시에 가진 삶 자체는 부정될 수밖에 없다."(『권력』, 351)

우리가 선과 악을 별개의 것으로 분류하는 경향이 있지만 양자는 본질적으로 연결되어 있다는 주장은 니체의 저술의 핵심적인 주제이다. 그는 때로 나무의 은유를 가지고 설명을 시도했다. "나무의 진리가 사람의 진리이다. 나무는 보다 우뚝한 높이와 보다 많은 햇빛을 갈망할수록 땅을 향해 더욱 뿌리를 깊은 어둠 속으로, 깊은 곳으로. 악을 향해 내린다.”(『차라』, I, 8; Ⅲ, 1 참조; 『과학』, 371; 『도덕』, I, 8) 이 대목의 의미를 설명하는 것은 쉬운 일이 아니다. 그가 선과 악은 똑같은 삶의 일부인지라 악의 궁극적인 제거가 불가능하다고 보았다는 해석도 설득력이 떨어진다. 체호프A. Checkhov도 그러한 해석을 내비친 적이 있다. “작가는 화학자처럼 객관적이어야 한다. 그는 주관성을 배제해야 한다. 그는 똥덩이도 자연에서는 훌륭한 몫이 있으며 인간의 악한 성향도 선한 것처럼 삶에 본질적이라는 사실을 깨달아야 한다.”[10] 니체도 이러한 그의 견해가 옳다고 인정했겠지만 그는 체홉처럼 객관성이나 냉정성을 요구하지 않았다. 오히려 체호프와는 반대로 “악한” 성향을 더욱 장려해야 한다고 지치지 않고서 계속 주장했다. “인간은 최선의 것을 위해 가장 악한 것을 필요로 한다…… 가장 악한 것은 최상의 힘이며, 지고한 창조자를 위한 가장 강력한반석이 가장 악한 것이다…… 인간은 더욱 더 선해지고, 또 더욱 더 악해지지 않으면 안 된다.”(『차라』, Ⅲ, 13; Ⅳ, 13 참조)

이러한 니체의 주장을 이해하게 만드는 그럴 듯한 해석은, 악한 특징을 제거하는 것은 단지 불가능한 것이 아니라 좋은 특징을 갖기 위해 필요하다는 주장이다. 이러한 해석은 미덕의 일관성에 대한 전통적 견해를 근본적으로 부정한다. 최근에 필리파 푸트Philippa Foot라는 학자는 하나의 미덕이 있으면 나머지 미덕도 뒤따른다는 아리스토텔레스와 성 토마스 아퀴나스St. Thomas Aquinas와 반대로 인간은

한 가지 면에서 악함으로써 다른 면에서 선할 수 있다. 인간이 자신과 세계

---

10 Anton Chekhov, Letters on the Short Story, the Drama and Other Literary Topics, ed. Louis S. Friedland(New York: Minton, 1924), pp.275~276.

에 대한 깊은 혐오감의 대가를 치름으로서만 무모한 욕망을 다스릴 수 있듯이 말이다. 그리고 어떠한 상황이든 자신의 욕구를 채우기를 거부하면 그 대가로 구태의연한 옹고집이 뒤따르듯이 말이다…… 니체는 원한과 질투, 시기, 지배욕이 '삶의 일반 경제학'에 포함되며, '삶을 더욱 향상하기 위해서는 악덕도 더욱 증가'하지 않으면 안 된다는 것을 하나의 사상적 가능성으로 가지고 있었다. 이것은 끔찍한 사상이다. 그렇지만 아주 개성적이고 비범한 용기를 지녔던 니체는 끔찍하다고 해서 이것이 그릇되었다고 생각하지는 않았다.[11]

이 진술에 인용된 니체의 말(『선악』, 23)과 비슷한 내용이 담긴 다른 텍스트(예를 들어, 『권력』, 464)에서도 위의 주장이 등장한다. 그럼에도 그는 여기에 또 하나의 가변적 요소를 도입하였다.

푸트는 선의 증가는 악의 증가를 초래한다고 주장하면서도 선과 악의 차이를 부정하지 않는다. 그러나 니체는 악이라 불리는 열정이 아주 훌륭하고 위대하며 경이로운 업적을 이룩하기 위해 필요한 것이라고 때로 주장하였다. 이러한 선악의 문제와 그것의 초월의 관계를 밝히는 저서에서 그는 다음과 같이 말했다. "철학자에 대한 나의 요구는 다 알고 있다. 철학자는 선악을 **넘어선** 곳에 입장을 정하고서 도덕적 판단이라는 환상을 짓밟아야 한다는 것이다. 이러한 요청은 내가 처음으로 공식화한 통찰의 소산이다. **도덕적 사실이 전혀 존재하지 않는다**는 것이 그러한 통찰이다."(『우상』, VII, 1) 도덕적 사실이 존재하지 않는다면 모든 것은 어느 방향에서 보아도 선하거나 악하지 않다. "**나의 목표**: 모든 사건들이 절대적으로 같다는 것을 증명하고, 또 도덕적 구별이라는 것도 이

---

11 Foot, 「도덕적 사실주의와 도덕적 딜레마Moral Realism and Moral Dilemma」, Journal of Philosophy 80(1983), 397.

해 당사자의 관점에 의해 만들어진 결과로서 파악할 것, 그리고 도덕적으로 칭찬되는 것들은 본질적으로 비도덕적인 것과 같다는 것을 증명할 것."(『권력』, 272) 이러한 니체의 주장은 지금까지 내가 소개한 세 가지 주장 가운데서 가장 강도가 센 것이다. 그는 단순히 악을 세계에 필요한 것의 하나로서 수긍해야 한다는 것도, 선한 특징을 함양하기 위해서는 악한 특징도 동시에 함양해야 한다고 주장하는 것도 아니다. 그는 선과 악의 구별 자체가 불가능하다고 주장할 뿐 아니라 악으로 간주된 특징도 관점이 달라지면 선이 된다고 주장하고 있는 것이다.

모든 것이 관점에 의존한다고 하면 과연 어떤 관점이 도덕적 가치평가를 수반하는가 하는 질문이 야기된다. 이에 대한 대답을 위해 니체는 많은 저술을 해야 했으며, 때로 사회학적 설명을 시도하였다. 그의 유명한 명제를 인용하자면 도덕적 가치평가를 형성하는 관점은 "가축의 무리의 유용성……, 즉 공동체의 보존"(『선악』, 201; 『도덕』, I, 2 참조)을 위한 관점이다.

이러한 주장은 도덕의 비도덕적인 전제와 무관하지 않다. 니체는 나름의 고유한 법률과 가치관을 가진 새로운 국가 및 사회의 출현에 대해 질문을 던지면서 역사에서 대답을 찾을 수 있다고 생각했다. 그가 이해한 역사의 교훈은 다음과 같다. 노예들은 정의와 평화의 이름으로 전쟁과 부정의를 행사하면서, 니체의 표현을 빌리면 "이웃에 대한 공포"를 조장하면서 과거의 주인들에게 선전포고를 하고, 외적인 위험을 제거하고 내부의 저항을 억압함으로써 새로운 국가와 사회를 만든다. 이러한 활동과 열정, 충동, 동기, 가치를 통해서만 새로운 사회가 성립하고, 또 계속 유지될 수가 있다. 그러나 일단 사회의 초석이 확고하게 다져지는 순간에 그와 같이 강력한 힘과 행동은 사회의 안정을 위협하게 된다. 과거의 사회 집단을 전복했던 이러한 힘과 행동이 새로운 사회의 안정도 동시에 위협하기 때문이다.

진취적인 정신, 저돌성, 복수심, 간계, 탐욕 및 지배욕과 같은 강력하고 위험한 충동은 그것이 사회적으로 유용한 동안은 이와는 다른 긍정적인 이름으로 불리고 숭상되는 경외의 대상이었다. 위대해지기 위해서 인간은 충동을 보다 강화하고 발달시킬 필요가 있었다(왜냐하면 외부의 적으로부터 공동체를 보호하기 위해서는 이러한 충동이 필요했기 때문이다). 그러나 이제 이러한 충동은 갑절로 위험한 것으로 간주된다. 이러한 충동이 배출될 출구가 없기 때문에 점차적으로 비도덕적인 것으로 낙인이 찍히면서 비난의 대상으로 전락하기 때문이다.(『선악』, 201)

같은 맥락에서 니체는 정반대 주장을 내놓기도 했다. "모든 선한 것은 과거의 악한 것이 유용하게 된 것이다"(『권력』, 1025)라는 그의 말이 그러한 예이다. 안정된 사회에서 평화와 협동을 가능하게 하였던 충동이 생존을 위해 투쟁해야 하는 사회에서는 복종과 단결로 표현되게 마련이다. 충동 자체는 아무런 도덕적 성격을 가지지 않는다. 그는 이러한 관점에 입각해서 도덕적 사실이란 존재하지 않는다고 주장하였다. 어떤 특정한 충동으로 비롯된 행동은 당시의 상황을 배제하면 언제나 똑같은 충동에 지나지 않는다. 그러나 당시의 상황과 어떤 이해타산적 관점을 도입하면 그러한 충동과 행동은 어떤 도덕적 가치를 부여받게 된다. 여기서 또다시 니체와 플라톤의 복합적인 관계가 드러난다. 이러한 주장을 하는 니체의 방법이 소크라테스의 방법과 매우 흡사한 것이다. 소크라테스는 우리가 일반적으로 선하다고 하는 것은 본질적으로 우리의 가치판단을 반영하고 있기 때문에 일견 선한 행동도 그 자체로서 선한 것은 아니라고 주장하였다.(예를 들어, 『국가론』, 331c~d 참조) 그러나 소크라테스와 플라톤과는 반대로 니체는 모든 상황과 관점으로부터 자유로운 미덕 자체가 고유하게 존재해야 한다고 보지 않았다.

니체는 미덕을 **"영국식** 행복", 즉 안락과 사교활동(기껏해야 국회의 원석)"(『선악』, 228)에서 찾는 "가축"의 도덕을 경멸하였다. 그가 기독교를 비판한 것도 그것의 "평준화" 효과, 평범한 사람들로 구성된 사회를 계속 유지하려는 성향 때문이었다. "오늘날 더욱 위대해지기를 원하는 것을 발견할 수 없다. 모든 것이 낮하고 순도가 떨어지며 더욱 선해지고 더욱 분별력이 있고, 더욱 안락해지고 더욱 평범해지며 더욱 무관심해지고, 마침내 더욱 기독교적으로 변하는 것을 본다. 인간이 계속해서 더욱 '좋아진다'는 것은 의심의 여지가 없다."(『도덕』, I, 12; I, 11 참조; III, 14) 최근의 역사는 그의 견해가 확실히 잘못이라는 것을 증명한다. 그러나 그의 견해는 실제 상황에 대한 것이 아니라 현재의 자아상(self-image)에 대한 것으로서 이해해야 마땅하다. 일반적으로 우리는 지금의 사회가 과거의 어느 때보다 훨씬 훌륭하고 인간적이라고 생각하는 경향이 있다. 이러한 생각이 오류라고 하더라도 말이다. 비록 니체는 반대로 주장하지만 나는 과거의 사회와 시대가 현재와 크게 달랐다고 생각하지 않는다. 그리고 과거에 그들이 싸워서 정복했던 사람들보다 훨씬 더 위험하고 사악했다는 그의 견해에도 찬성하지 않는다.

이러한 역사적인 문제는 논외로 하더라도 니체의 텍스트는 심각한 철학적 문제를 야기한다. 이 문제의 정체를 확실히 파악하기 위해서 우리는 당분간 도덕적 구별은 사회 집단이 가능한 오랫동안 자신을 유지하려는 노력에서 비롯되었다는 그의 주장을 수용할 필요가 있다. 이와 더불어 안정된 사회에서 극도로 위험한 충동과 활동은 본질적으로 파괴적이기 때문에 그러한 충동과 활동이 그러한 사회를 탄생하게 만든 원인이라는 그의 견해도 당분간 수용하기로 하자. 그렇게 볼 때 이러한 성향은 다음과 같은 의미에서 필연적으로 엘리트주의적이라고 말할 수 있다. 무엇보다도 새로운 사회 집단이나 기존의 사회의 소수인 "우리"가 전복하고 제거하려는 대상인 집단보다 훨씬 훌륭하고 귀중한 사람들이라고 가정해야 할 것이다. 그러면서 "우리"는 타인의 손에 쥐어지면 지극히 파괴적인 수단을 사용해도 좋은 권리가 있다고 생각하지 않으면 안 된다. 그렇다면 기존의 사회집단은 사회집단대로 계속 존재기 위해서는 그러한 엘리트들의 힘을 약화시키고, 가능하면 완전하게 제거하려고 노력하게 될 것이다. 이러한 엘리트주의는 각 집단이 다른 집단과 반목하도록 부추기기 때문에 기존의 사회적 관점에서 보면 근본적으로 파괴적이기 때문이다. "무엇이 **신성하게** 되었는가? 공동체의 가치 본능(공통체가 계속 존재하도록 보장하는 것). 무엇이 **비난을** 받았는가? 고귀한 인간과 비천한 인간을 **분리하는** 것, 분열을 조장하려는 욕망." (『권력』, 32)

이러한 파괴적인 경향을 제거하기 위해서는 사회의 모든 구성원이 따를 수 있는 행동 체계를 입안하는 것이 필요하다. 그러한 체계가 수립이 되면 어떤 개인이나 집단도 원래는 사회를 이룩하는 원인이었지만 현재는 사회의 생존을 위협하는 파괴적 충동을 정당하게 표출할 수 없게 될 것이다. 이러한 행동의 절대주의는 이론의 절대주의, 즉 선하고 악한 특징과 행동은 본질적으로 서로 대립할 뿐 아니라 어떠한 상황의 변수와 무관하게 절대적으로 유지되는 차이라는 이론에 의해 지지되어야 했다.[12] 결과적으로 어떤 유형의 행동은 모두가 따라야 하는 것이 이것과 상이한 행동은 무조건적으로 피해야 하는 것으로 간주가 된다. 니체는 그러한 이론적 절대주의가 사회의 특정한 집단이 다른 모든 집단도 지켜야 하는 가치의 기준을 만든다는 사실을 은폐한다고, 즉 자기의 권력의지를 은폐한다고 주장하였다. "오늘날 유럽에서 이러한 상황이 실제로 일어나고 있다. 이것은 지도자들의 도덕적 위선이다. 그들은 양심의 가책을 피하는 유일한 방법으로 자신이 조상과 법률, 권리, 심지어 신이 보장하는 유서 깊고 지고한 명령의 집행자로 자처한다."(『선악』, 199)[13] 이러한 교리의 절대주의가 실현될 수 있는 최후의 메커니즘은 행동의 절대주의—교리의 절대주의는 수단이다—와 직접적인 관계를 맺고 있다. 사람들의 차이를 제거하고 모두를 똑같이 취급하기 위해서 그러한 절대주의는 최후의 수단으로 행동과 행위자를 분리하고, 또 행동이 고유한 실재라고 주장함으로써 행동 자체를 주된 평가의 대상으로 삼는다. 앞장에서 논의한 "추상화의 단계"를 거쳐서 그것은 "자체로서 선하거나 악한 행동이 존재한다"는 이론을 수립한다. 그러나 실제로 '행동 자체는 아무런 가치를 갖지 않는다. 가치는 누가' 어떠한 이유로 어떠한 결과를 얻기 위해서 "그러한 행동을 하는가라는 질문에 달려있다"(『권력』, 292)고 니체는 주장했다.

니체가 도덕의 중심이 되는 교리적 절대주의를 비판한 가장 주된 이유는 모든 사람들에게 똑같은 행동 원칙을 강요하기 때문이었다. 이것이 기독교가 대표하는 도덕적 평가 양식을 원근법적이며 상대주의적

---

12 사회의 일부를 노예로 만들면 그들이 아무런 의문 없이 노예적 행동 규범에 순응하도록 할 수 있다. 하지만 이러한 순응이 절대적이지는 않기에 그 사회의 소수의 의지를 나머지 구성원에게 강요함으로써만 유지될 수 있다.

13 이 점을 Kai Nielsen은 「도덕 철학자로서 니체Nietzsche as a Moral Philosopher」, Man and World, 6(1975), 190~191에서 논의했다.

인, 따라서 무無도덕적인 귀족적 평가 양식으로부터 구분하는 요인이 된다. 도덕은 모든 사람이 준수해야 하는 행동 규범을 지향한다. 따라서 도덕은 모든 사람이 쉽게 따를 수 있도록 그들에게 가장 평범하고 공통적인 요소에 호소하지 않으면 안 된다. 니체가 경멸하는 "평준화"의 결과가 출현하는 것이다. 도덕이 허용하는 유일한 행동은 전체 집단, 즉 사회의 가장 허약한 구성원의 이익을 위한 것이다. 그렇다면 이러한 행동의 규범은 사회의 강한 구성원의 이익과는 전적으로 배치되거나 그들에게 전혀 혜택을 주지 못할 수 있다. 도덕은 강한 구성원들이 집단 전체에게 위험한 충동을 표출하지 못하도록 예방하는 기능을 가지고 있기 때문이다. 그렇지만 바로 그러한 충동이 있기 때문에 강한 구성원들은 자신을 다른 평범한 집단들과 구분할 수 있고, 또한 니체가 때로 개성적이고 고상하며 위대하다고 묘사한 명명한 행동을 수행할 수 있다.

이러한 행동 자체는 사회 전체에 반드시 위험해야 할 필요는 없다. 또 올바른 개인이 이러한 행동의 원인이 되는 자질과 능력을 가지고 있으면 위험하지 않을 수도 있다. 니체는 사회가 이러한 자질을 개별적인 관점이 아니라 사회 전체의 일반적 관점에서 바라보기 때문에 위험하게 취급된다고 생각했다. 니체에 따르면 도덕은 단지 두 가지의 대안만을 제시한다. 모든 경우에 적용하든지 아니면 어떠한 경우에도 적용하지 말아야 한다. 그의 주장에 따르자면, 도덕은 "계급"을 결코 인정하지 않고, 또 일반인들에게 허용하지 않는 자질을 소수에게 허락하는 위험을 감수하지 않는다.

바로 이 점에서 니체에 대한 가장 심각한 반론이 제기될 수 있다. 바로 여기에서 그의 "비도덕주의"에 대한 공포가 사람들의 뇌리를 짓누

르게 된다. 예를 들어 다음과 같은 질문을 그를 향해 물을 수 있는 것이다. 대체 가축의 도덕으로부터 면죄부를 받는 소수의 사람은 누구인가? 이들 소수가 도덕에서 해방되면 나머지 가축들에서 어떠한 끔찍한 짓을 저지를 것인가? 그리고 이러한 해방이 사회에 어떠한 기능을 하는가?

니체는 "이기주의는 귀족적 영혼의 본성이다. 다른 사람들은 '우리'와 같은 인물에게 복종해야 하고, 또 우리를 위해서 희생을 감수해야 한다"(『선악』, 265)고 진단했다. 여기에서 "우리"는 누구를 말하는 것일까? 이러한 질문에 대해서 학자들은 『계보학』의 가장 과격한 발언을 몇몇 인용하면서 대답을 시도하곤 했다. 그러나 만일 이렇게 되면, 독자들이 귀를 기울이고 들어야 하는 니체의 진정한 대답을 미리 차단하는 결과를 초래하게 된다. "우리가 귀족의 핏속에 흐르는 금발 맹수를 계속 두려워하고 계속 경계하는 것은 극히 당연한 것인지 모른다. 그러나 무서워**하지 않는** 대신에 불구자와 난쟁이, 피골이 상접한 자, 중독된 자들이 우글거리는 구역질나는 세상에 영원히 살아야 한다면, 무서운 쪽을 택하지 않을 자가 어디 있겠는가?"(『도덕』, I, 11)

이러한 니체의 주장을 읽고 책을 덮는다면 우리는 그를 완전히 오해하게 될 것이다. 우선 니체의 이 불쾌한 진술이 다음과 같은 소크라테스의 말과 크게 다르지 않다는 사실을 염두에 둘 필요가 있다. "크리톤, 만약 사람들이 엄청난 악행을 저지를 수 있다면! 그렇다면 가장 위대한 선도 행할 수 있을 텐데. 참으로 좋은 일이지. 그런데 지금 그들은 대단한 일을 전혀 할 수가 없다네."(『크리톤』, 44d) 그리고 니체가 야만적인 귀족을 찬양한 게 사실이지만 그렇다고 잔인했기 **때문에** 찬양하지는 않았다는 것을 명심해야 한다. 물론 그가 이들 귀족의 잔인함을 비난하지 않은 것도 사실이기는 하다. 니체가 귀족들을 찬양한 가장 중요한 이유는 그들이 절대주의에 물들지 않았기 때문이었다. 그들은 사람들이 모두 동일한 행동 규범을 따라야 한다고 생각하지 않았던 것이다. 다시 말해 "거리의 파토스(Pathos of distance)"(『도덕』, I, 2)를 가졌던 것이다. 귀족들은 "천민"이 자신과 마찬가지고 행동하는 것을 상상할 수도 없었다. 니체가 귀족을 찬양한 또 하나의 이유는 이들은 적이 단지 적이라는 이유로 적을 악하다고 판단하지 않았던 데서 찾을 수 있다.(『도덕』, I, 10) 일찍이 『인간적인, 너무나 인간적인』에서 니체는 다음과 같이 말하였다. "호메로스에게 트로이 사람과 그리스 사람들 모두 선하였다."(『인간』, I, 45) 귀족의 다원적 가치를 유일한 가치로 대체했던 노예와 달리 귀족들은 자신이 가진 모든 자질을 있는 그대로 긍정한 것이다.

어떤 성향을 부정하지 않으려는 의지는 기회가 주어져도 이러한 성향에 탐닉하지 않으려는 의지이다. 귀족들은 참으로 잔혹하였지만 "생각에 있어서 지략이 풍부하고 자기 통제력이 있으며, 민감하고 충성스러우며 자존심과 우정이 강했다."(『도덕』, I, 2) 『선악을 넘어서』에서 니체는 같은 계급의 귀족들은 서로 상해를 입히는 것을 삼가고 상대의 의사를 존중하는 태도를 "좋은 행동"으로 간주했다고 진단했다. 그럼에도 그는 만일 이러한 태도가 "사회의 기본적인 원칙"으로 일반화되면 그 순간에 "분열과 부패의 원칙"(『선악』, 259)으로 변질될 것이라고 덧붙였다. 이러한 니체의 경고를 강자가 약자에게 무조건적으로 폭력을 행하라는 것으로 이해해서는 안 된다. "뛰어난 인물이 범인들을 동료보다도 더욱 친절하게 대할 때, 이것은 마음속 깊은 공손함에서 나오는 행동이 아니라 단지 자신의 의무를 실천할 뿐이다."(『반그리스도』, 57) 어찌 보면 그는 끊임없이 폭력의 가능성을 자극하고, 또 묵인하는 듯이 보이는데, 이것은 매우 위험하고 수긍하기 어려운 태도이다. 그러나 니체가 "귀족"이나 "강자"가 "약자"를 잔인하게 지배하는 것을 옹호했다는 터무니없는 의견에 동조하면 안 된다.

『선악을 넘어서』에서 니체가 "상처, 폭력 및 착취"(259)에 대해서 논의할 때 『계보학』에서 언급한 잔인성과 냉혹, 학대를 염두에 두고 있었던 것일까? 나는 그렇지 않았다고 생각한다. 그러한 귀족은 부분적으로는 내가 앞서 소개한 이유들로 인해서 니체가 찬양했던 훌륭한 유형의 인물들의 한 특정한 사례에 지나지 않는다.[14] 이러한 훌륭한 유형의 인간은 선과 악이 본유적으로 대립된 것이 아니라 서로 엮인 것으로 간주하는 점에서 모두 일치한다. "사랑과 증오, 감사와 복수, 선한 성격과 분노, 긍정적 행동과 부정적 행동은 모두 하나이다. 어떻게 악할 수 있는지 알아야만 선할 수 있다. 우리가 악하다면 그것은 악하지 않고서는 선을 이해할 수 없기 때문이다."(『권력』, 351) 니체의 많은 글들은 이러한 유형의 인물에 대한 칭찬으로 가득 차 있다. 그러나 이러한 유형을 표현하는 방법이 한 가지만 있는 것은 아니다. 그리고 그는 귀족들이 대변하는 특정한 사례로 우리 현대인들이 되돌아가기를 원하지도 않았다. 역사적인 이유로 그러한 회귀는 원칙적으로 불가능하다. 귀족적 유형은 이미 지나간 과거에 속했던 사람들이다. 니체는 다음과 같이 자신의 생각을 분명하게 표현하였다. "우리는 그리스인과 르네상스인의 우월성을 인정한다. 그러나 우리는 그들을 탁월하게 만들었던 당시의 원인과 조건을 반복하지 않으면서 그러한 탁월성을 가지기를 원한다."

---

14 이와 비슷한 관점에서 Magnus는 초인을 해석했다. 그의 「니체의 초인에 있어서의 완벽성과 태도」, Review of Metaphysics, 36(1983), 633~659를 참조할 것. 하지만 Magnus는 내가 보여 준 논의가 아니라 메타 철학적인 관점에서 그러한 해석을 했다.

(『권력』, 882) 예를 들어 귀족들의 특징인 잔인성의 경우 그들과 전혀 다른 역사적 상황에 놓인 우리가 그들의 잔인함을 똑같이 반복할 필요는 없는 것이다.

그렇다면 귀족들의 잔인성은 오늘날 어떻게 표현될 것인가? 니체가 찬탄하였던 유형의 인간은 현대에는 어떻게 행동할 것인가? 『선악을 넘어서』의 주요 구절에 이러한 질문에 대한 답이 제시되어 있다. 놀랍게도, 비록 내가 지금까지 제시한 해석과 일치하는 것이지만, 그의 이상적인 인물이란 **철학자**이다. 철학자는 "자신이 속한 시대의 양심의 가책"이고 그들의 적은 "오늘날의 이상"이다. 부패한 아테네의 보수적 귀족들이 말은 고상하게 하면서도 저속하게 행동할 때, 니체 특유의 해석에 따르면, 소크라테스는 자신의 영혼과 이들 귀족의 영혼을 꿰뚫어 보고서 이들도 자신과 마찬가지로 퇴폐적이라는 사실을 깨달았다. 따라서 니체의 소크라테스는 보수주의자들을 향하여 다음과 같이 외치는 것이다. "내 앞에서 위선을 떨지 말라. 여기에서 우리는 동등하다."(『선악』, 212; 『우상』, II, 9 참조) 그런데 고대 그리스와 대조적으로 오늘날은 평등이 지배적인 이념이라고 니체는 생각했다.

위대성의 개념은 귀족적이고 홀로 우뚝 서서 탁월하기를 바라고, 또 독자적으로 사는 것을 의미한다. 철학자들이 다음과 같이 말할 때 자신의 이상을 표현하는 것이었다. '가장 고독한 자, 자신을 가장 많이 감추고, 또 정도에서 가장 많이 일탈하는 자, 선악을 넘어서는 자, 자신의 미덕의 정복자, 의욕이 충만한 자가 가장 **위대한** 자이다. 바로 이러한 자질이 위대함이라 불리는 것이다. 전체이면서도 다양하고, 차고 넘치면서도 넓은 영토를 가진 자.(『선악』, 212)

모든 성격의 특징, 욕망, 충동 및 열정은 피상적으로 보더라도 현재의 우리에게 본질적인 자질이기 때문에 우리는 이들을 거부하지 않고 긍정해야 한다. 이러한 일반적인 철학적 주장과 별개로 니체는 이러한 자질이 필요한 이유를 양면성에서 찾았다. 다시 말하지만 그가 묘사한 신체적 이미지를 말 그대로 받아들이지 않아야 하는 것도 이러한 이유에서이다. 냉혹과 잔인이 삶에 본질적이라고 말했던 니체는 우리 현대인이 과거 야만족의 행동을 그대로 반복해야 한다고 의미했던 것은 아니었다. 그는 특정한 상황에서 귀족들의 잔인한 행동을 촉발했던 충동의 정체가 무엇인지에 관심을 가지고 있었다. 이러한 충동은 오늘날, 비록 기원에 있어서는 과거와 동일하지만, 그것이 과거에 야기했던 사악함과는 전혀 다른 행동으로 표출될 수 있다. "우리가 '우수한 문화'라고 부른 대부분의 것들은 잔인성의 정화와 심화에서 비롯되었다…… '야만적인 동물성'이 억제된 것은 아니었다. 그것은 계속 살아서 왕성하게 움직이고 있다. 신성화된 형태로."(『선악』, 229; 『인간』, Ⅰ, 43 참조) 귀족들의 육체적 잔인성은 제거할 수 없는 충동에 기원을 가지고 있었다. 충동은 계속 보존되면서 다음과 같이 세련되게 표현될 것이다.

지적 양심과 취향이 추동하는 잔인한 의지를 가지고 심오와 다양, 완벽을 고집하는 지식의 탐구자의 숭고한 성향. 모든 용기 있는 사상가들은 이러한 성향을 자신에게서 충분히 발견할 수 있을 것이다…… 그들은 이와 같이 말할 것이다. '내 정신적 성향에는 무엇인가 잔인한 것이 있다.' 유덕하고 친절한 사람들이 잔인성이 없다고 말하도록 내버려두라. 우리가 잔인함이 아닌 '과도한 정직성'으로 인해서 일반 사람과는 다르다는 말을 듣거나, 이로 인해서 유명해진다면 훨씬 좋은 일이 아니겠는가? 우리 자유로운 영혼들이여, 바로

그것이 사후의 명성이 되지 않겠는가?(『선악』, 230)

니체의 심리학적 가설에 따르면 잔인함이 숭고해지면 정직성이 된다. 여기에서 이러한 가설이 옳고 그름을 따질 수는 없다. 이러한 가설은 선한 자질을 갖기 위해서는 악한 자질이 필요하다는 견해나 악한 자질도 상황이 변하면 선한 것이 된다는 견해와 모순되지 않는다. 니체의 입장을 두둔하면서 다음과 같이 주장할 수 있다. 인간의 공격적 성향을 아무리 통제하고 교화한다 할지라도 그것을 완전히 제거하는 것은 불가능하거나 아주 예외적이라고 말이다. 약간이라도 자극을 받으면 잔인하고 냉혹한 성향이 전혀 예상하지 못했던 강렬한 모습으로 표출될 수 있다. 이때 우리는 타인들과 사회를 짓밟으며 이러한 충동에서 완전히 해방되었다는 자족감을 잃고 당혹과 공포로 말문이 막힐 수 있다. 니체는 정직이 발달하면 할수록 그것에 비례해서 잔인함도 증가한다는 견해를 하나의 원칙처럼 가지고 있었다. 특정한 환경에 놓이면 정직이 끔찍한 잔혹함으로 돌변할 수 있다는 것이다. 그는 이러한 현상이 바람직하다고는 생각하지는 않았다. 그러나 개인적으로 이러한 위험을 기꺼이 감수할 각오가 되어 있었던 그는 위험 그 자체는 바람직하다고 생각했다. 이러한 점에서 행동에 대한 그의 입장이 독자들을 불안하게 만드는 주된 이유의 하나이다. 이러한 위험은 악몽처럼 끔찍할 것이다. 그러나 앞서 푸트가 지적했듯이 그는 그러한 이유로 인해서 위험으로부터 몸을 사리지는 않았다. 오히려 그는 자신이 경이와 찬탄을 아끼지 않았던 디오니소스의 입을 빌려서 자신의 생각을 피력했다. 디오니소스는 출산과 부패, 삶과 죽음, 선과 악이 한꺼번에 공존하는 신. 이러한 대립적 가치들을 동시에 찬양하는 신이다. "인간은 호감이 가는, 용기가 있고 창조력이 풍부한 동물로 지상에서 그를 대적할 것이 없다. 인간은 어떠한 난관도 극복할 줄 안다. 나는 인간에게 호감을 가지고 있다. 나는 어떻게 하면 인간을 보다 향상시키며 보다 강하고 보다 악하며 보다 심오하고, 또 보다 아름답게 만들 수 있는지에 대해 때로 생각한다."(『선악』, 295)

니체의 "새로운 철학자"는 선과 악의 본질적 관련성을 명확하게 인식하는 사람으로서, "미래를 위한 율법을 제정하고, 미래를 위해 자신을 비롯한 현재의 모든 것에 대해서 냉혹하고 철저하게 사유하는 인물들이다. 그들의 사유는 잔인하고 '비도덕적'이다. 인간의 선한 자질과 악한 자질을 극대화하고 선과 악을 적절한 자리에, 즉 양자가 서로를 필요로 하는 자리에 배치할 수 있다고 생각하기 때문이다."(『권력』, 464) 풍성한 결실에는 "내적인 대립이 뒤따른다."(『우상』, V, 3) 이러한 대립은 언제나 통제 밖으로 벗어나 일탈적인 행동을 유발할 수 있다. 이것을 알고 있는 니체는 "대부분의 범죄에는 인간에게 꼭 필요한 자질이 발휘된다"(『권력』, 740)고 말했다. 그렇다고 그가 범죄를 찬미했다고 생각하면 안 된다. "범죄자"를 하나의 의심적은 유형으로 다루면서 그는 이들이 "병들었지만 강한 인간이다"(『우상』, IX, 45)라고 진단했다.

선한 자질과 악한 자질의 관계에 대한 니체의 태도는 명확하지 않고 모호한 채로 남아 있다. 이들은 서로에게 필요한 것일까? 아니면 문자 그대로 동일한 것일까? 그의 저서는 이러한 물음에 대하여 분명한 대답을 제시하지 않았다. 이것이 그의 사상에 상당한 난점을 초래함에도 불구하고, 그는 대답과 상관없이 순수하게 선한 행동이라는 관념은 허구라고 주장하였다. 그는 완전한 선이란 모든 자질과 능력의 발달이 일시에 저지됨으로써 다른 사람이나 공동체에 잠재적인 위험도 되지 않을 때 비로소 실현된다고 생각했다.(『도덕』, I, 14를 보라) 그는 도덕의 목표가 인간으로부터 해로운 행동뿐만 아니라 위대한 행동을 하는 능력도 앗아간다고 보았다. "우리는 미래에 두려워할 것이 하나도 없기를 바란다!"(『선악』, 201) 그러나 위대한 업적은 모든 가능한 수단을 철저하게 이용함으로서 이루어진다. 과거 제도가 악하다고 규정한 수단도 철저하게 이용할 수 있는 것이다. 위대한 성취를 이루는 삶의 일부로 편입이 되면 악한 수단도 선한 모습을 띠게 된다. "위대한 인간은 부정과 거짓말, 착취와 같은 자질을 최대한으로 가지고 있다. 그런데 이러한 자질이 압도적으로 되면 이것의 본질이 그릇되게 이해되고 선으로 재해석된다. 해석자로서 칼라일Carlyle의 사례."(『권력』, 969)

휘그당적인 역사 해석에 대한 그의 비판적인 태도를 보고, 니체가 수단이나 목적, 결과와 무관하게 "자아실현과 자아 형성"[15] 자체를 절대적 가치로 주장했다고 생각하면 안 된다. 예를 들어, 『차라투스트라는 이렇게 말했다』의 서론에서 등장한 어릿광대는 재주를 과시하면서 줄을 타던 줄타기 곡예사의 위로 뛰어넘어 그를 땅바닥에 추락해 죽게 하는데, 차라투스트라는 그의 행동을 칭찬하지 않는다.(『차라』, 서론, 6) 나중에 차라투스트라는 이것을 염두에 두고서 다음과 같이 말한다. "극복의 많은 방법이 있다. 너 자신을 돌아보아라…… 단지 어릿광대나 '인간을 뛰어 넘을 수 있다'고 생각한다."(『차라』, III, 14) 니체는 모든 충동을 자유롭게 허용해야 한다는 칼리클레스의 견해를 다음과 같이 비판했다. "그것이 초래할 관대하거나 동정적이거나 적대적인 반응과 상관없이 맹목적으로 정열에 탐닉하는 태도는 가장 나쁜 악의 근원이다. 인

---

15 Stern, 『니체 연구』(Cambridge: Cambridge University Press, 1979), p. 117 참조.

간의 위대성은 이러한 정열을 소유하지 않는 데가 아니라 그것을 통제하는 데 있다."(『권력』, 928) 극복의 대상으로서 정열을 약화하거나 제거할 것이 아니라 정복하고 통제해야 하는 것이다.(『권력』, 384; 870, 871 참조) 그가 기독교적 도덕을 비난했던 이유의 하나는 기독교가 정열을 제거하려고 했기 때문이었다. 정열을 "'치유'하는 방법이라는 것이 기껏해야 **거세**"였기 때문이었다. 통제되지 않은 정열을 "어리석다"고 나무랐던 그는 정열을 제거하는 치유책도 마찬가지로 "또 하나의 어리석음"이라고 비판했다.(『우상』, V, 1) 강력한 충동의 이중성을 두려워하는 자들만이 그것을 제거하려고 한다. "너무나 의지가 박약하거나 너무 타락해서 자신을 절제할 수 없는 자들만이…… 거세나 무를 본능적으로 택한다."(『우상』, V, 2) 앞서 우리는 그가 자유의지를 규칙과 구속의 내면화로 정의했다는 것을 살펴보았다. 내면화의 작업을 통해서 자유로운 인간은 아주 어려운 일도 반‡자동적으로, 본능적으로 쉽게 행할 수 있다.(『반그리스도』, 14 참조) 그는 아무런 저항을 받지 않고 자신의 욕망을 만족시키는 세련되고 진보한 능력이 절제라고 생각했으며,(『차라』, I, 5 참조;『권력』, 933) 그에게 이상적인 인물은 절제의 대가였다. "위대한 인간은 위대한 미덕뿐 아니라 미덕과 반대되는 자질도 겸비하고 있다. 이러한 대립적 자질과 거기에서 비롯되는 감정으로 인해서 위대한 인물, 즉 **가장 장력이 큰 활**이 만들어진다."(『권력』, 967; 우상, IX, 38 참조)

　니체는 이러한 헤라클레이토스적 사상을 그가 규정한 의미에서의 "고전주의(Classicism)"와 결부시키는데, 고전주의자는 "겉으로 보기에 강력하고 모순적인 **모든** 자질과 욕망을 고삐에 한꺼번에 묶을 수 있는 태도를"(『권력』, 847) 가지고 있어야 한다. 그는 한 걸음 더 나아가 이러한 고전주의를 기괴함에 대한 아름다움의 승리로 규정한 "장엄체(壯嚴

體, grand style)"(『방랑』, 96)로 이해하였다. 하이데거가 처음 지적했듯이, 장엄체에 가장 근접한 예가 엄격한 고전적 양식이었다.[16] 그럼에도 니체의 고전주의는 독일 계몽주의자들이 자연주의의 일종으로 찬양했던 고전주의와는 현격한 차이가 있다.(『비극』, 9 참조; 『권력』, 849)[17] 그에게 고전주의와 "장엄체"는 자연의 지고지순한 표현이 아니라 자연에 대한 승리였다. 그의 고전주의는 "자신에게 주어진 혼란을 정복하려 하고, 자신의 혼돈에 형상을 부여하려 하며, 논리적이고 단순하며 확실한 수학적 **법칙**을 세우려는"(『권력』, 842) 노력이었다.

위와 같은 이유로 니체는 도덕을 거세게 반대하는 운동을 펼쳤다. 그렇다면 이러한 운동의 목적이 어디에 있는가? 만일 니체의 뜻대로 된다면 어떠한 결과가 나타날 것인가? 그의 저서는 이러한 질문을 제기하게 만든다. 도덕에 대한 그의 "부정적" 견해, 기독교의 동기와 목표에 대한 분석, 선악의 본질적 구분에 대한 공격, 전통적 도덕 심리학의 근거를 해체하려는 그의 담론들은 모두 난해하고 복잡다단하다. 옳든 그르든 그러한 주장은 충분히 검토되어야 할 가치가 있다. 그러나 이러한 논의를 통해서 니체 자신이 직접적이고 명확한 결론을 도출하려고 시도하거나 독자들이 그러한 결론을 명명백백하게 규정하려는 순간에 그의 의견을 충분히 검토하는 것은 불가능해진다. 이러한 결론에는 니체와 그의 연구자들이 때로 주장하는 계시적인 의미가—만일 있다고 하더라도—내포되어 있지 않다. 그의 도덕관이 어떤 당위적인 내용을 포함하고 있다면 그것은 아주 실망스럽기 짝이 없을 것이다. 그의 도덕관

---

16 Heidegger, 『니체』, 제1권, p. 125 참조.

17 M. S. Silk, J. P. Stern의 『니체의 비극 이론*Nietzsche on Tragedy*』(Cambridge: Cambridge University Press, 1981)의 제1장과 제7장 참조.

과 관련해서 다음 네 가지의 중대한 문제가 있다.

첫째, 불행하게도 우리의 논의를 통하여 분명해졌듯이, 거칠게 말해서 니체의 견해는 다만 **진부할** 따름이다. 아서 단토는 다음과 같이 말했다. "차가운 머리에 더해진 작열하는 가슴, 그러나 인간적인 너무나 인간적인 것이 빠졌다…… 여기에 고대의 이교도적 이념, 절제하지만 거부되지 않은 열정이 있는데, 그것은 최근까지 공식적인 도덕 명령이었던 죄책감의 금욕주의와 대립하는 것이다."(p. 199) 니체의 자기 극복에 대한 카우프만의 긍정적인 평가도 그의 도덕관이 매우 **막연하다**는 사실과 무관하지 않다. "강력해지고 자유를 획득하며 충동을 통제하고 자신을 완성하기 위해 인간은 우선 자신의 충동이 악하다는 생각을 갖고 있어야 한다…… 그 점에서 인간은 자기 자신과 대립한다…… 우리가 자신에게 '나는 내 충동을 승화시키겠다'고 말한다고 해서 자신을 극복하는 것은 아니다. 첫째로…… 우리는 자신의 충동을 혐오스러운 것으로 간주하고 선과 악 사이의 모순을 냉정하게 의식하지 않으면 안 된다." (p. 253) 이러한 학자들의 주장의 옳고 그름을 논외로 할지라도, 만약 이것이 진정한 니체의 생각이라고 받아들이면 우리의 자기완성과 자기 극복은 불가능한 꿈이 된다고 할 수 있다. 어떻게 자기 극복을 시작할 것인가? 어떻게 자신에 대한 혐오감을 기를 수 있는가? 이러한 노력의 결과로서 새로운 철학자나 초인은 실제로 어떠한 인물들인가? 왜 초인적 인물을 최소한 수긍할 수 있게 묘사하기가 그렇게 어려울까? 우리가 논의의 대상으로 삼았던 수많은 은유에 대해서 니체 자신이 직접 설명을 시도한 적이 없는데, 이러한 은유는 무의미한 것일까?[18] 어쩌면 니체에게는 내세울 만한 긍정적 가치가 없는 것 아닐까? 이러한 의심으로 인해서 니체를 간단히 무시하는 학자들도 있다. 반면에 니체를 사례로 삼아서 철학자들은 무엇인가 긍정적인 주장을 해야 한다는 요구 사항을 거부하는 학자들도 있다.

그러나 문제가 여기서 끝나지는 않는다. 아무리 모호하고 진부한 것이어도 니체가 새로운 행동의 규범을 제시했다고 가정하면 그는 **일관성을 잃게 된다**. 이러한 규범은 어떠한 주제에 대해서건 일반적인 입장을 배격하는 원근법주의와 양립할 수가 없다. 그가 기독교를 비난한 이유는 이러한 규범을 제시하고 그것의 편향적이고 이해타산적인 성격을 은폐하였기 때문이었다. 그러한 그가 어떻게 삶의 지침을 명시할 수 있을까?

그런데 니체가 자신의 주장처럼 도덕과 도덕의 모든 측면을 거부했다면 그의 접근 방법은 **모순**이라고 말할 수 있지 않을까? 최근에 힐러리 푸트넘Hilary Putnam은 전통을 초월함으로써 전통을 좋게 하려는 시도에 대해 다음과 같이 비판했다. "많은 사상가들은 자신이 과거의 모든 전통보다 '훌륭한' 도덕을 제시하고 있다는 니체적 오류에 빠지곤 했다. 이때 그들은 참으로 기괴한 모습을 보인다. 그들이 **할 수 있는** 일이란 기껏해야 전체 맥락에서 일부 가치를 **임의적으로** 선택하고 나머지 가치들을 무시하는 것이기 때문이다."[19] 만일 도덕 전체를 거부한다면 그것에 속했던 모든 요소들이 송두리째 폐기하기 때문에 보다 새롭고 훌륭한 도덕을 위해 이들의 일부를 활용할 수도 없는 듯이 보인다. 더구

---

18 비록 나는 Heidegger와 Deleuze의 저서에서 많은 도움을 받았으며 그들을 몹시 존경하지만 그러한 니체 비판은 그들의 저서에도 적용될 수 있다. Heidegger의 「니체의 차라투스트라는 누구인가Who is Nietzsche's Zarathustra?」 in David Allison, ed., The New Nietzsche(New York: Dell, 1977), pp. 64~79와 Deleuze의 『니체와 철학』의 제5장을 참조할 것.

19 Hilary Putnam, 『이성과 진리 및 역사Reason, Truth and History』(Cambridge: Cambridge University Press, 1981), p.216

나 이들 요소들을 선택하는 것도 임의적이게 마련이다. 만일 모든 것을 절대적으로 거부한다면 어떻게 새로운 제안이―만일 가능하다면― 새로운 도덕이 될 수 있을 것인가? 반대로 만약 기존의 도덕의 몇몇 측면이나 동기 및 가치를 자의적이 아닌 어떤 타당한 이유가 있어서 계속 유지한다면 새롭게 제시된 규범도 근본적으로는 새롭지 않은 것이 된다. 과거 전통이 새로운 발전의 단계로 유입되기 때문이다.

그렇다면 니체의 도덕관은 진부하고 모호하며 진리에 대한 자신의 입장과 충돌할 뿐 아니라 내적 모순을 가지고 있다는 말이 된다. 그러나 그가 기존의 도덕을 새로운 행동의 규범으로 대체하기를 원하지 않았다면 이러한 비판은 효력을 상실할 것이다. 사실상 그는 행동 규범을 제시하지 않았으며 긍정적인 모습의 도덕관을 구체적으로 보여 주지 않았다. 비록 어떻게 행동하며 어떻게 살 것인가 하는 물음에 대해 그가 전적인 침묵으로 일관하지는 않았지만. 아무튼 그의 전투적인 목표는 도덕적 전통을 흔들고 약화시키는 것이었다. 도덕 전통을 직접적으로 비판하고 새로운 대안을 제시한다면 그는 여전히 그러한 전통의 울타리에 머물게 될 것이었다. 그렇다고 전통을 완전히 무시하는 것도 불가능한 일이었다. 만일 그렇다면 그는 전통을 비판할 수도 없게 되기 때문이다. 그렇다면 우리에게 남은 과제는 그가 어떻게 이러한 딜레마에서 벗어날 수 있는지를 검토하는 것이 된다.

우리가 이미 살펴본 것처럼, 니체는 지금까지 도덕적으로 간주된 행동을 직접적으로 비난하지는 않았다. 그가 도덕에 반대한 주요한 이유는 도덕이 절대주의적이라는 사실, 그의 표현을 빌리자면 도덕이 "절대적인 것을 향한 취향, 최악의 취향"(『선악』, 31)을 가지고 있기 때문이었다. "노예는 도덕에서 절대적인 것을 원하고 독재적인 것만을 이해할 따름이다"(『선악』, 46)라고 니체는 말했다. "가축"의 가장 중요한 특징의 하나는 가축의 복종에 대한 필요성이 너무나 오랫동안 배양된 나머지 "그것은 이제 일반 사람들에게 다음과 같이 명하는 **형식적인 양심**으로서 본질적인 것이 되었다고 말할 수 있다. 즉 '그대는 무조건적으로 이것을 해야 한다. 무조건적으로 다른 것을 하지 말아야 한다'고 말하는 명령, 간단히 말하자면, '그대는 당연히 해야 한다'라는 명령으로서 말이다."(『선악』, 199)『계보학』에서 논의된 특정한 관점에서 보자면 니체는 도덕이라는 이름이 적용될 수 없는 행동의 많은 규범들과 도덕이 공유한 어떤 공통적인 특징 때문에 도덕을 비난하기도 했다. 여기서 말하는 특징이란 무조건적이고 보편적이고자 하는 경향이다. 그리고 또 우리가 모두 본질적으로 공유하는 어떤 특징들의 근거 위에서 이것을 모든 인간에게 똑같이 적용하려는 경향이다. 이 점이 니체의 입장을 일반적인 생각 이상으로 훨씬 더 과격하게 만들었다. 왜냐하면 그의 입장은 신에 대한 신앙에 기초한 도덕에만 반대하는 것이 아니라 신봉자들의 절대적인 충성과 복종을 요구하는 모든 행동의 규범을 반대하는 것이기 때문이다.

도덕적인 규범이나 다른 보편적인 규범에 대한 니체의 반대에는 생소한 관념이 언제나 동반된다. 내가 아는 한 이러한 사실을 진지하게 취급한 학자는 아무도 없었다. 니체는 그의 글을 통해 무조건적인 규범을 거부하는 예를 제시하지만, 그럼에도 이들 규범을 무조건적으로 거부하지는 않는다. 니체의 다음과 같은 요구 사항은 모든 사람들이 아니라 단지 철학자들을 향한 것이었다. "선과 악을 **넘어선** 곳에 입장을 정하고, 도덕적 판단의 환상을 **발로 짓밟아라.**"(『우상』, Ⅷ, 1) 그리고 그는 자신의 견해를 이중적으로 아이러니하게 만드는 비비꼬인 문체로 "선악을 넘어서, 그러나 가축의 도덕은 무조건적으로 신성한 것으로서 유지해야 한다고 우리는 주장한다"(『권력』, 132)라고 말했다. 그런가 하면 그는 다음과 같이 분명하게 자신의 심정을 토로하기도 한다. "나는 허약한 기독교의 이념(이와 관련된 모든 것들을 포함해서)에 대해 선전포고를 했다. 이것을 파괴하기 위해서가 아니라 이것의 일인 독재에 종지부를 찍고 새로운 이상, **보다 강한** 이상을 위해 길을 개척할 수 있도록."(『권력』, 361) 그렇다면 그가 공격의 대상인 도덕적 행동 규범을 완전히 폐기한 다음에, 그 여세를 몰아서 이전 것보다 "훌륭"할 수 있지만 이전 것과 마찬가지로 억압적인 새로운 규범을 제시하기를 거부하였다는 것은 확실하다.(『반그리스도』, 57 참조) 그렇다고 그가 행동의 규범의 정당성을 부인한 것은 아니었다. 그는 "가축의 이념으로 가축을 지배해야 한다"(『권력』, 287)고 말한 적이 있다. 그럼에도 그는 귀족은 "자신과 동등한 귀족에 대해 가지는 의무와 원칙"(『선악』, 260)을 따르기를 바랐다. 그가 거부한 것은 무조건적인 규범이었다. 그 규범에 적합한 사람뿐 아니라 다른 모든 사람에게 마찬가지로 강요되는 규범을 거부한 것이다. "퇴폐 자체는 **투쟁의 대상**이 아니다. 퇴폐는 절대적으로 필요한 것이며, 모든 시대와 모든 민족에게 속하는 특징이었다. 우리가 대항해서 싸워야 하는 적은 유기체의 건강한 부위를 좀 먹는 전염병이다. 이것이 실현되고 있는가? 오히려 그 **반대**가 횡행하고 있지 않은가."(『권력』, 41) 니체는 어떤 관점에서 볼 때 전통적 도덕은 필요할 뿐만 아니라 바람직한 것이라고 보았다. 새로운 도덕의 목표를 성취하는 계기가 되기 때문이다.

우리 타자들, 우리 무無도덕한 자들은…… **긍정하는 것**을 명예롭게 여긴다.

사제의 신성한 어리석음과 사제의 **병든** 이성이 거부하는 것을 이용할 수 있는 방법을 향하여 우리는 눈을 점점 더 크게, 그리고 경제적으로 뜨고 있다. 그것은 위선자, 사제, 도덕군자 등과 같이 혐오스러운 자들로부터도 장점을 취하는 삶의 경제 법칙이다. **어떤** 이익이냐고? 우리 자신, 우리 무도덕한 자가 그 대답이다.(『우상』, V, 6)

니체는 대부분 사람들의 삶에서 근본적인 변화가 있어야 한다고 주장하거나 그러한 변화를 기대하지 않았다. 사회적 개혁가나 혁명가가 아니었던 것이다.

혹자는 선택받은 탁월한 사람들이 세상의 도덕규범을 따르지 않아도 좋다고 깨달을 때가 곧 오지 않겠는가고 반문할 수 있다. 아마도 니체는 이렇게 반론을 제기할 사람들을 위해서 책을 쓰고 그들이 따라야 할 원칙을 작성하고 있었는지 모른다. 일찍이 『반시대적 고찰』의 제2부에서 그는 "**인간의 목표**는 인간의 최종적 목적이 아니라 **위대한 모범**", 즉 "역사상 위대했던 개인들에 있다"(『고찰』, II, 9)고 주장했다. 나중에 그는 "오늘날 개인은 아직 탄생하지 않았다"(『우상』, IX, 41)고 진단하고, 『권력의지』에서는 "내 생각: 목표는 없다. 목표는 개인이어야 한다"(『권력』, 269)고 선언하였다. 사정이 이렇다면 그가 권하는 도덕은 모든 사람을 위한 것이 아닐 수 있다. 그것은 선택된 소수의 사람들이 "보다 고귀한" 인간, 자신의 가치 창조자, 진정한 개인으로 성장하고, 또 그렇게 인정을 받아야 하는 행동 규범인지 모른다.

그러나 니체의 도덕적 기획을 위와 같이 설명하는 순간에 이러한 해석이 정확하지 않다는 점이 분명해진다. 자신의 고유한 가치를 창조하기 위해 기존의 법칙과 원칙에 우선적으로 복종해야 한다는 것은 바그너의 오페라 〈발퀴레Die Walküre〉의 제2막에서 보탄이 고민하며 외치는 말에 표현되어 있다. "나의 의지가 무슨 소용이 있단 말인가? 나는 자유로운 존재를 의지할 수 없는 것을." 진정한 개인은 다른 사람들과 뚜렷하게 구별되는 인물이기 때문에 그의 본질을 적절하게 표현할 공식이나 규칙, 행동 규범은 존재하지 않는다. 개성적인 개인으로 성장하기 위해 따라야 할 원칙이 존재하지 않을 뿐 아니라 기존의 규칙을 파괴하지 않으면 안 된다. 개인이 되기 위해 어떠한 규칙을 깨뜨려야 하는지도 미리 예상할 수가 없다. 음악과 문학에서 새롭고 혁신적인 장르를 확립하기 위해 어떠한 관습을 파괴해야 하는지 미리 예상할 수 없듯이 말다. 개인이라는 개념 자체가 개인이 되는 방법을 알려주지 않는 것이다. 이러한 상황에서 기대할 수 있는 최선의 처방은 일련의 모호하고 진부한 지침들뿐이다. "그대의 모든 능력을 활용하고 어떠한 능력도 부정하지 말라. 부정하는 순간에 그대는 원하든 원치 않던 세계의 지배적 가치에 지배되기 때문이다. 그대의 능력을 부정하면 개인이 될 수 없다"와 같은 진술이 일례이다. 이것보다 훨씬 더 우아한 문체로 표현된 그의 저서는 이러한 종류의 진술로 가득 차 있다. 우리가 성공적인 인물의 예를 전혀 짐작할 수 없는 것은 아니다. 성공적인 인물의 사례가 그의 저서 여기저기에 등장하기 때문이다. 그럼에도 그러한 사례는 큰 도움이 되지 않는다. 자세한 묘사도 없을 뿐 아니라 그러한 단편적 묘사에서 어떤 일반적인 지침을 끌어낼 수도 없는 것이다. 가령 니체가 간단하게 언급했던 체사레 보르자(Cesare Borgia, 1476~1507. 교황 알렉산더 6세의 아들로 르네상스 시대의 대표적 인물. 잔인하고 책략에 능하여 마키아벨리는 『군주론』에서 그를 이상적인 전제군주로 제시했다.—옮긴이)가 "맹수이자 맹수 인간"(『선악』, 197)이라는 구절을 이해하는 도움을 주지 않는다.

나폴레옹도 "**비인간적인** 것과 **초인간적인** 것의 종합"(『도덕』, Ⅰ, 16)이 무엇인지를 설명하는 데 도움이 되지 않기는 마찬가지이다. 니체가 제시한 사례는 어떻게 우리가 그러한 개인처럼 될 수 있는지에 대해 아무런 지침이 되지 않는다. 그가 그러한 의도를 가지고 있는지도 불명확하다.

"약점을 예술가처럼 활용하기"라는 표제를 가진 『서광』의 한 구절을 고려해 보기로 하자. 여기서 니체는 결점이 없는 사람은 존재하지 않는다고 말한다. 중요한 것은 자신의 약점을 장점 및 미덕과 대치시킴으로써 양자가 상대를 필요하도록 만드는 "예술적인 능력"에 있다. 그는 이것을 "위대한 작곡가의 탁월한 능력"이라고 표현했다. 베토벤Beethoven의 음악에는 "조야하고 완고하며 불쾌한 톤"이 있으며, 모차르트Mozart의 음악에는 "사소한 것에 만족하는 겸손한 사람의 쾌활함"이 있고, 바그너의 음악에는 "발작적이고 성가신 무모함"이 있다. 이러한 특징들이 음악을 지배하려는 순간에 이들 위대한 작곡가들의 진면목이 유감없이 발휘된다. "그들의 약점으로 인해서 그들은 청중들이 그들의 장점을 더욱 갈망하도록 만들고, 모든 음악적 정신과 아름다움, 탁월함에 훨씬 더 민감한 취향을 갖게 한다."(『서광』, 218)

이들 각각의 사례에서 상이한 결점("악")이 상이한 장점("선")과 결합됨으로써 음악이 위대해진다. 음악에 대한 이러한 글은 앞서 소개된 바, 선악의 통일성에 대한 그의 생각의 세 가지 해석 가운데서 두 번째 것을 구체적으로 표현한 것이다. 선과 악은 서로에게 필요하다고 보는 것이다. 이 인용문이 각별한 중요성을 갖는 것은 그것이 일반적인 주장이기 때문이다. 그는 음악의 사례를 가지고 자신의 생각을 예증하고, 또 음악을 가지고 삶에 일반적으로 적용할 수 있는 근거를 제시했다. 그는 사유의 모델을 자연이 아니라 예술에게서 찾았던 것이다.

이미 여러 차례 언급했듯이, 니체가 칭송하는 인물과 그가 존경하는 업적은 압도적으로 문학적이고 예술적이다. 어느 글에서 그는 동시대의 "위대한 유럽인"을 찬양했는데, 그들이 통일된 유럽을 형성하는 데 기여한 점을 높이 평가했다. 그런데 놀랍게도 그러한 인물은 정치가가 아니라 괴테나 베토벤, 스탕달, 하이네Heine, 쇼펜하우어, 바그너, 발자크Balzac와 같은 작가와 예술가였다. 물론 나폴레옹도 이 목록에 포함되어 있는데, 니체는 나폴레옹도 다른 인물과 마찬가지로 "세계 문학에 깊은 조예가 있었다"고 지적했다. 이들이 "숭고와 추, 무시무시한 영역에서 위대한 발견자"(『선악』, 256)가 된 유일한 이유는 문학적 소양 때문이라고 그는 주장했다. 다른 글에서 그는 나폴레옹을 예술가로서 "단테Dante와 미켈란젤로Michelangelo의 후예"로 묘사한 텐(Hippolyt Taine, 1828~93. 프랑스의 비평가, 문학사가.―옮긴이)의 글을 높이 평가하면서 인용하였다.(『권력』, 1018) 가장 강력한 모순적 본능들을 잘 통제하는 인물이 위대한 인물이라고 말한 그에게 그러한 전범적인 인물은 셰익스피어, 즉 그의 희극이었다.(『권력』, 966) 니체가 "냉혹하고 무시무시한 본능들이 최대의 권위를 가지고 조화를 이룬" 인물의 "가장 아름다운 전형"(『우상』, IX, 39)으로서 줄리어스 시저Julius Caesar를 서술했을 때에도 그가 역사적인 인물인 시저를 염두에 둔 것은 아니었다. 다음과 같이 말했기 때문이다. "내가 **셰익스피어**에 대해 가장 적합한 평가는 다음과 같은 것이다. 그는 시저와 같은 유형을 창조한 인물이다."(『이사람』, II, 4) 니체에게 시저는 역사적인 인물이 아니라 극중 인물이었던 것이다.

선악을 넘어서는 자세는 전통적인 도덕의 요구가 무엇이든 우리가 가진 모든 자질과 능력을 결합함으로써 하나의 일관된 전체로 만드는 자세이다. 언제나 그러하듯이 여기에서도 니체가 문학과 예술을 모델로 해서 이상적 인간상을 제시하는 것을 알 수 있다. 그는 예술의 모델에 심취한 나머지 역사적 인물도 작중인물처럼 다루며, 그렇게 함으로써 그러한 인물의 위대함에 필수적인 통일성을 찾을 수 있었다. 니체 자신도 이러한 예술적 모델에의 의존하는 것을 잘 알고 있었다. "'예술가'라는 현상이 가장 투명하다. 예술가를 보면 권력에 대한 기본적 본능이 보인다. 심지어 종교나 도덕까지도."(『권력』, 797) "세계에 대한 반형이상학적인 관점. 단지 예술만이 그러한 관점이다."(『권력』, 1048) 니체는 또한 이러한 모델의 어떠한 특징들이 삶에 일반적으로 활용되어야 하는지도 잘 알고 있었다. 그 중의 한 특징이, 위대한 예술 작품은 광범위한 영향력을 행사하지만 그러한 영향력이 작품을 정당화해 주지는 않는다는 것이다. 어떤 점에서 예술 작품은 스스로가 자신을 정당화해야 한다. 그가 칭송하는 선택된 개인들은 그러한 특징을 극단적으로 가지고 있다. "만약 위대한 인간을 공적 효용이라는 한심한 측면에서만 보면 우리는 그들을 오해할 수밖에 없다. 어떠한 효용도 발견할 수 없다는 사실이 위대함을 의미한다."(『우상』, IX, 50) 이러한 맥락에서 본다면 위대성과 영향력의 관계는 그가 생각했던 것보다 훨씬 애매모호하다는 것을 알 수 있다. 위대함과 영향력을 동일한 것으로 볼 수는 없지만, 니체가 생각한 것보다 위대한 예술과 위대한 인간, 그리고 광범위한 영향력 사이에는 훨씬 더 깊은 관계가 있다. 그럼에도 그의 중심적 견해는 매우 중요하며 시사하는 바도 크다. 그가 삶에 적용한 예술적 모델의 또 다른 특징으로서 복합성의 문제도 역시 그러하다. 그에게 예술가는 서로 모순되지만 잘 통제된 충동이 결합된 작품이다. 예술가는 "광대이면서 신이고, 성자이면서 깡패이다"(『권력』, 816)라고 말하지 않았던가. 『서광』의 218항에서 말한 작곡가도 마찬가지이다. 위대한 예술 작품의 배후에는 언제나 긴장과 마찰이 있다. 이러한 긴장감을 근거로 니체는 위대한 인물을 칭송하기도 했다. 이와 같은 모순의 결합을 철학자에게서도 발견하는 것은 지극히 당연하다고 할 수 있다. "혼자 살기 위해서 인간은 짐승이나 신이어야 한다고 아리스토텔레스는 말했다. 그런데 그는 세 번째 대안은 미처 생각하지 못했다. 철학자는 짐승이면서 동시에 신이어야 한다."(『우상』, Ⅰ, 3)

니체의 긍정적인 도덕관이 명확하게 진술되면 진부하고 모호하게 보이는 이유는 예술적 모델에 입각한 것이기 때문이다. "강력한 사람들, 창조자들은 가장 악하지 않으면 안 된다. 그들의 이상을 다른 사람들의 이상과 대립시키고 다른 사람들을 그들 자신의 이미지로 만들기 때문이다. 여기서 악이란 냉혹하고 고통스러우며 강제적인 것을 말한다."(『권력』, 1026) 위대한 예술가나 위대한 예술 작품에 대한 일반적인 묘사가 불가능한 것처럼 이러한 "냉혹함"이 표출되는 방법에 대한 일반적인 정보를 제공할 수는 없다. 위대한 예술에 필요한 고통과 힘은 그것이 투쟁해야 하는 대상이 이념과 가치가 끊임없이 변하고, 또 그것을 대신해서 확립하려는 잠정적인 이념의 성격 때문이다.

선악을 넘어서 입장을 취하라는 니체의 명령은 우리가 "삶의 시인詩人"(『과학』, 299)이 되어야 한다는 그의 권유와 관련해서 이해하게 되면 '선악을 넘어서'라는 문구가 구체적인 윤리관으로 발전할 수 없는 이유가 분명해진다. 작중인물에 앞선 논의를 상기하자면, 약점은 장점과 밀접하게 결합됨으로써 다른 하나가 없이는 나머지도 존재할 수 없는 상태가 되어야 한다. 어떠한 특징이나 성격, 자질도 그 자체로서는 약점이나 불리하거나 악이지 않다. 마찬가지로 어떤 특징이나 자질도 그 자체로서 장점이거나 선, 미덕이 아니다. 모든 사물의 성격은 부단히 변하는 상호관계 속에서 결정된다는 니체의 입장에 따르면, 성격 특징과 행동의 가치는 그것이 완전한 인간과 완벽한 삶, (니체가 애용하는 표현을 빌리면) 완벽한 **작품**(『차라』, Ⅳ, 20 참조)을 완성하는 데 기여한 정도에 결정된다고 할 수 있다. 단 하나의 이상적인 예술가나 예술 작품의 유형이 존재하지 않는 것처럼 그 자체로서 경멸과 저주를 받을 삶의 유형도 존재하지 않는다. 이러한 점을 생각하면 니체가 모든 사람에게 해당되면서도 개성적이고 흥미진진한 행동의 규범을 정하지 못한 것은 당연하다고 할 수 있다.

『잃어버린 시간을 찾아서』의 유명한 구절에서 작가 베르고트Bergotte는 자신이 좋아하는 그림인 베르메르Vermeer의 〈델프트의 정경View of Delft〉을 보러 간다. 프루스트는 다음과 같이 그 장면을 서술한다. 그림에는 "노란색 담장 조각이 있었는데, 너무나 잘 표현되었기 때문에 그 앞에서 보면 마치 진귀한 중국의 예술품과 같았고……'그 자체로서 무한한 값어치가 있는' 듯이 보였다." 니체는 이러한 일이 불가능하다고 판단했을 것이다. 예술 작품을 포함해서 어떤 것도 자체로서는 가치를 가지지 못한다고 주장했기 때문이다. 니체는 아마도 "한 획도 독립적이지 않고, 모든 부분이 나머지에 의해서 정당화되고, 또 나머지를 정당화하는 완성된 예술 작품"[20]이라는 표현을 더 선호했을 것이다. 만약 베르메르의 절제되고 과장하지 않은 색채로 배합된 노란 담장 조각이 고흐Van Gogh가 그린 밀밭 그림의 옆에 놓이면 눈에 띄지도 않을 것이다. 반

---

20 심지어 Vermeer의 경우에도 서술자의 관점이 Bergotte의 관점과 일치하지 않는다는 단서를 텍스트에서 찾을 수 있다. Bergotte가 그림에서 처음으로 '파란색의 어떤 모습과 핑크색의 모래'를 보았다고 서술자는 묘사했다. 이것은 벽의 아름다움이 다른 요소와의 상호관계를 통해서 가능하다는 점을 암시해 준다. Bergotte 사건은 『잃어버린 시간을 찾아서』의 3권, pp. 185~186에 있다. 다른 인용문은 C. K. Scott Moncrieff and Tenrence Kilmartin의 번역판인 『잃어버린 시간을 찾아서』(New York: Random House, 1981)의 2권, p. 558을 참조할 것.

면에 모란디Morandi의 빛을 잃은 색채 배합과 대조되면 현란하게 빛날 것이다. 모차르트 음악의 단점이었던 "사소한 것으로 만족하는 겸손한 사람의 쾌활함"도, 장중하고 심오하며 조화로운 음악의 작곡가에게는 장점이 될 수 있다.

무엇이 위대한 작품의 일부이며, 또 그래야 하는지를 미리 알 수 있는 일반적 규칙은 없다. 니체는 삶의 가치와 중요성에 대해서도 마찬가지라고 생각했다. 새로운 예술 운동은 전통적 예술이 이러저러한 이유로 배제했던 요소가 새로운 장르의 원천이자 재료가 된다는 사실을 증명함으로써 성공을 거두곤 한다.[21] 똑같은 디자인과 똑같은 주제, 똑같은 서술 기법, 똑같은 종류의 변화가 어떤 작품에는 위대성을 부여하면서도 다른 작품에 거부감을 줄 수 있다. 니체는 어떠한 예술적 특징도 자체로서 아름답거나 추하지는 않다는 비교적 논쟁의 여지없이 타당한 관점을 니체는 어떤 행동이나 성격 자질도 자체로서는 선하거나 악하지 않다는 입장으로 극단화한다. 그리고 선악의 특징은 다만 해석의 결과이며, 선악의 가치는 행동이나 성격적 특징들이 전체적 인격을 형성하는 데 기여한 정도에 따라서 판단되어야 한다고 주장한다. 그러한 특징이라는 것도 자체로서는 아무런 내재적 가치가 없지만 하나의 전체의 일부로 자리를 잡을 때만 의미를 가지게 된다. 이러한 전체는 만족스러운 것일 수도, 끔찍한 것일 수도 있다. 동시에 만족스럽고 끔찍한 것일 수도 있다.

이와 같이 논쟁의 여지가 많고 모호한 주장 이외에 니체는 우리에게 무엇을 가르칠 수 있는가? 그가 세운 뼈대에 살을 붙이기 위해서, 또 그

---

21 Danto의 『상식의 변형』(Cambridge, Mass: Harvard University Press, 1981)의 제4장을 참고할 것.

가 줄곧 찬양했던 추상적 유형의 인물을 세세하고 구체적으로 묘사하기 위해서 그는 노력을 많이 했을까? 왜 그는 우리가 따를 수 있는 긍정적 규범을 제시할 수 없었던 것일까? 혹시 그가 찬양했던 인물 유형을 단 한 번도 자세히 묘사하지 않은 이유는 이러저러한 견해들 전체를 거부해야 하는 어떤 원칙이 있었기 때문일까?

위에서 제시된 어떠한 설명도 니체에 대해서 정당하지 않다. 잘못은 니체가 아니라 우리 독자에게 있다. 우리가 잘못된 곳에서, 정확히 말하자면 그릇된 차원에서 그의 긍정적인 견해를 추적했기 때문이다. 그는 이상적인 인물을 자세히 묘사하지는 않았지만 거기에 해당하는 완벽한 사례를 제시하였다. 이러한 인물의 아주 개성적인 특징만을 서술함으로써 그는 모호하다는 비판에 대비하였다. 그러한 서술을 했다는 사실 자체가 독자들도 그러한 인물을 따라서 살아야 한다는 그의 묵시적인 요구였으며, 동시에 그는 그러한 인물의 매우 개성적인 특징만이 제시함으로써 독자들이 무턱대고 본받을 수 있는 일반적 규범은 아니라는 인상을 심어 주고자 했다.

이러한 인물을 예시하는 니체의 방법은 원근법주의와 완벽하게 조화를 이룬다. 원근법주의는 우리가 어떠한 견해를 우리의 개인적인 의견으로 제시한다는 조건 하에서 그러한 견해의 창안이나 수용을 허용한다. 도덕의 문제에서도 그는 원근법주의자였다. 그것은 이 책의 제1장에서 내가 논의했던 원근법주의의 문제에 대한 한 해결책이기도 했다. 이제 우리는 다시 출발점으로 돌아왔다. 니체의 지극히 특수하고 새로우며 완벽할 정도로 일관된 상세한 인물상은 두 가지 점에 있어서 매우 독창적인 것이었다. 그럼으로써 전통적 해석의 관점에서 불거진 네 가지의 의문을 모두 회피할 수 있었다.

그렇다면 누가 니체의 이상적 인물인가? 그는 어느 저서에서, 또 어떠한 방법으로 이러한 인물을 제시했는가? 우선 그가 지적이고 신체적인 결함이 많은 인물이라는 점을 지적할 수 있다. 이러한 약점으로 인해서 그는 혹독하게 비판을 당하기도 했다. "힘겹게 담을 뱉고, 사흘간 편두통으로 끊임없이 고통을 당하는" 육체적 쇠약에도 불구하고 그는 **"탁월한** 변증법자의 명료성을 가지고 있었고, 건강한 가운데서는" 불가능할 "예민하고…… **냉정한……** 등산가"처럼 "문제를 준엄하게 사유했다."(『이사람』, Ⅰ, 1) 니체가 찬양했던 인물들과 마찬가지로 그도 "나쁜 상황을 자신의 이익으로 취했으며, 자신을 죽이지 못하는 것은 그를 더욱 강건하게 만들었다. 그는 보고 듣고 살아가는 모든 것을 본능적으로 수집했으며…… **선택하고 인정하고 신뢰함으로써 그의** 모든 것을 빛나게 만들었다."(『이사람』, Ⅰ, 2)

어떤 문제에 대하여 기나긴 논쟁을 할 수 있는 지적인 능력이 없었기 때문에 니체는 그러한 자신의 약점을 보완하기 위해 똑같은 문제를 가지고 이러저러한 저서에서 계속 논의해야 했다. 그가 관심을 가진 문제를 한꺼번에 짤막한 글로 해결할 수 없다는 사실을 깨달은 그는 가능한 여러 각도에서 이 문제에 다양하게 다루려 했다. 그는 그러한 연구 방법을 보여 주는 "지식 이론"을 세우기도 했다. 이와 같이 니체는 자신의 심각한 단점으로부터 엄청난 장점을 발전시킬 수 있었다. "나는 찬물에 목욕하듯이 어려운 문제에 접근한다. 재빨리 들어갔다가 재빨리 빠져 나오는 것이다. 이런 식으로는 충분히 물속 깊이 들어갈 수 없는 생각은 물을 무서워하는 미신에서 나온 것이다. 그들은 찬물의 적, 시도도 해보지 않고 지껄이는 자이다. 얼음처럼 차가운 물은 우리를 재빨리 행동하도록 만든다."(『과학』, 381)

문헌학 훈련은 받았으나 불만이 많아서 결국 포기했지만, 니체는 문헌학을 통해 익힌 해석학적 방법론을 자신이 논의하는 문제에 계속 적용할 수 있었다. 이런 방법으로 그는 그릇되고 후회스러운 것이 될 수 있었던 경험을 구제해서 적극적으로 활용할 수 있었다. 잔인하고 무정하며, 타인들의 감정을 보호하지도 존중하지도 않았던 니체는 자신에 대하여 다음과 같이 말했다. "나는 타인을 결코 공격하지 않았다. 단지 나는 사람을 확대경으로 이용했을 따름이다. 도처에 도사리고 있는 재난을 볼 수 있도록."(『이사람』, I, 7) 사람들 대부분의 가치와 삶의 방식을 거만하게 경멸했던 그는 그럼에도, 다음과 같이 천연덕스럽게 말할 수 있었다. "오늘날까지 나는 사람들과 계속 똑같은 친근함을 유지하고 있다. 가장 비천한 사람에게도 각별한 존경을 표하였다."(『이사람』, I, 6) 니체는 많은 독자를 분노하게 만들었고 상처를 입혔는데, 미래에도 계속 그러리라는 것은 의심의 여지가 없다. 그러나 그는 가족이나 친구, 혹은 어떤 개인에게 상처를 준 적이 없었다. 혹은 우리들 대부분에 비해서 상처를 입힌 정도가 덜했다고 할 수 있다. 그는 전통적인 관념들을 신랄하게 공격하기도 하고 재해석하기도 했으며, 다른 사람들도 그러기를 바랐다. 다른 수단이 아니라 글쓰기를 통해서.

니체는 보편적인 용어들을 신뢰했다. 그는 모든 것은 긴밀하게 연결되어 있으며, 우리가 독창적인 업적을 이루기 위해서는 자신의 모든 경험을 최대한 이용해야 한다는 자신의 입장을 통해서 그러한 신뢰를 정당화했다. "나는 매우 강한 인간이라서 아주 의심스럽고 위험한 것도 유리하게 이용할 줄 알고, 그래서 더욱 강해지는 것이다. 이 점에서 바그너는 내 삶의 은인이다."(『이사람』, II, 6) 니체의 스타일은 『비극의 탄생』의 모호하면서 지나치게 세공한 언어에서 출발하여 『선악을 넘어서』의 절제되고 명료한 산문으로 옮아갔다. 그는 전자 없이는 후자도 불가능하다는 것을 잘 알고 있었다. 그는 소크라테스가 사상사에서 차지하는 중요성을 질투하면서 자신의 거의 모든 저서에서 그를 공격했다. 그렇지만 그러한 공격이 소크라테스를 새롭게 빛나게 할 뿐 아니라 그를 과거의 어느 때보다 더욱 중요하고 막강한 인물, 과거의 어느 때보다 많은 저술의 주제로 만든다는 사실을 잘 알고 있었다. 그의 소크라테스에 대한 그의 공격은 그에게 바치는 가장 귀중한 공물이었다. 이러한 과정에서 그는 권력의지를 더욱 절차탁마할 수 있었고 자신을 많은 저술의 주제로 삼을 수 있었다.

니체는 객관적인 진리는 존재하지 않으며 이 세계는 물 자체나 고안물이 아니라 외적 원인과 인간의 해석이 결합되어 만들어진 공동의 작품이라고 주장했다. 이러한 이유로 그는 이러한 세계를 그대로 인정하면서 그것의 일부인 삶의 양식을 완성하기 위해 각고의 노력을 기울였다.(『권력』, 585A) 그리고 영겁회귀의 사상을 발전시키면서 세계를 있는 그대로 반복하길 원하는 소수의 사람들을 찬양하는 글을 썼다.

첫 번째 질문은 우리가 자신에게 만족하느냐 하는 질문이 아니다. 문제는 우리가 무엇인가 만족하는 것이 있느냐 하는 질문이다. 우리가 만약 단 한순간이라고 긍정한다면, 우리는 자신만 아니라 모든 존재를 긍정한 셈이 된다. 우리 자신을 비롯해서 모든 사물은 독립적으로 고립되어 존재하지 않기 때문이다. 만약 우리의 영혼이 단 한번이라도 행복에 젖어 전율하면서 하프의 현처럼 노래할 수 있다면, 이 하나의 경험이 가능하기 위해서는 모든 영원의 도움이 필요했다고 말할 수 있다. 단 한순간의 긍정으로 인하여 모든 영원한 시간이 동시에 선하게 되고 구제되며 정당화되고, 축복을 받는다.(『권력』, 1032)

그의 삶을 뒤따랐던 비참함과 가난, 질병, 조소, 무명에도 불구하고 니체는 "어떻게 내가 나의 전체 삶을 고마워하지 않을 수 있으랴!"(『이 사람』, 제명)라고 외칠 수 있었다.

니체의 텍스트는 이상적인 인물을 묘사하는 것이 아니라 그러한 인물의 완벽한 **사례를** 정교하게 스케치한다. 물론 그 인물은 다름 아니라 텍스트의 작가로서 니체 자신이다. 그는 모든 경험을 재배열하고 미래에 자신의 흔적을 확실하게 새기려는 경향으로서 권력의지가 삶의 가장 기본적 충동이라고 보았다. 어쩌면 그의 생각이 그릇되었는지도 모른다. 정확하게 말하면 이것이 그의 강렬한 야심이었다고 볼 수 있다. 옳든 그르든 니체는 자신의 생각을 글로 옮김으로써 세계의 대부분의 역사를 재해석하고, 그 역사에서 자신의 확고한 위치를 차지할 수 있었다.

그렇다고 니체가 이론적이거나 철학적인 사유를 회피했으며, 아무런 독자적인 사상을 가지지 않았기 때문에 그의 텍스트를 "철학자"로서가 아니라 "예술가"로서 읽어야 한다는 말은 아니다. 그리고 니체 스스로 가끔 생각했듯이 그가 일찍이 없었던 미증유의 업적을 남겼다고 말하려는 것도 아니다. 플라톤의 소크라테스나 키르케고르Kierkegaard와 같은 인물과 마찬가지로 그는 철학적 사유를 추구했으나, 나름의 개인적 이유로 인해서 철학을 신뢰하지 않았다. 그의 텍스트는 철학적 견해를 제시할 뿐만 아니라 철학적 견해를 제시하는 것에 대한 자신의 견해도 제시한다. 다른 나머지 견해와 마찬가지로 이러한 그의 견해는 양면적인 의미를 가지기 때문에 철학사에서 그가 차지하는 위치를 불확실하게 만들어 놓는다.

니체의 텍스트에 예시된 인물은 너무나 개성적이고 독특해서 지금까지 이를 모방하려 했던 시도는 단지 우스꽝스러운 결과만을 남겨놓았다. 그가 독자에게 따르도록 권하는 윤리적 규범은 모호하고 막연하며 도식적으로 제시되었기 때문에, 그가 혐오스럽고 끔찍하며 위험한 행동을 부추긴다고 판단할 수 있다. 위대한 작품의 창작을 위한 매뉴얼처럼 니체의 충고를 글자 그대로 따르면 우리는 단지 평범한 인물이 되는 것이 아니라 괴물이 될 수도 있다. 그러나 우리는 다른 매뉴얼과 달리 니체의 저서는 뛰어난 문학적·철학적 작품이라는 점을 언제나 명심해야 한다. 만일 우리가 행동에 대한 그의 견해를 수용하고 그의 저서의 내용은 물론이고 그 저자에게도 주의를 기울인다면, 그가 소묘한 인물이 매우 개성적이고 독창적이며, 비록 마음에 들지는 않는다고 할지라도, 매우 경이로운 인물이라는 것을 깨닫게 될 것이다.

니체에 대한 논의를 마무리하는 이 자리에서 나는 니체가 문학적인 모델만을 제안한 것이 아니었다는 것을 지적하고 싶다. 엄밀한 의미에서 그의 저서가 문학적이기 때문이다. 니체는 자신으로부터 한 전범적 인물을 창조하였다. "다행스럽게도 대부분의 서적은 문학적이다."(『반그리스도』, 44) 니체에게 책은 삶 자체였던 것이다.[22] 그가 괴테가 그랬다고 평한 의미에서 니체도 마찬가지로 자신을 창조했다. 그는 자신을 창조하는 것이 삶에서 가장 중요한 과제이며, 니체 자신의 과제도 자기 창조에 있다고 주장함으로써 그는 이러한 목표를 완성할 수 있었다. 여기에 니체의 위대한 독창성이 있다. 그의 열정적인 자기 성찰은 자기 창조의 충동과 결합되어 그를 마지막 낭만주의자이자 최초의 모더니스

---

22 이 장에서 내가 논의한 몇몇 문제들이 Foot의 「니체: 가치의 재평가Nietzsche: The Revaluation of Values」, in Robert Solomon, ed., Nietzsche: A Collection of Critical Essays (Garden City, N. Y.,: Doubleday, 1973), pp. 157~168에 어느 정도 취급되었다. 그녀의 견해는 나보다 훨씬 부정적이다. 특히 pp. 163, 168을 참조할 것.

트로 만들었다. 그럼에도 그의 저술이 철학적 견해로 되어 있다는 사실을 무시해서는 안 된다. 그러한 견해로 체화된 작중인물은 그것을 삶의 방법으로 삼고 타인들에게도 자신의 관점에서 삶을 창조하라고 외치는 철학자이다. 자신의 원근법주의에 따라서 그는 다른 사람들 위한 삶의 방법을 제시할 수는 없었다.

니체는 자기 자신의 소크라테스를 창조하는 플라톤이기를 바랐으며, 사실 그러했다. 그는 선과 악을 넘어선 사람들의 행동을 찬양하면서 도덕적 가치평가를 넘어선 지점에 설 수 있었다. 선과 악의 문제보다 자신의 자아가 훨씬 절박하고 중요한 문제이기 때문이다. 우리는 니체가 기존의 관념이나 가치관, 습관, 감수성 등을 공격하고 잔인함을 예찬했다는 이유로 그를 무시할 수는 없다. 바로 그러한 이유로 우리는 계속해서 그의 저서를 읽고, 설혹 그의 의견을 수긍하지 않더라도, 그에게 경탄해야 한다. 그와 씨름할 때 우리는 니체라는 비참했던 한 인간과 씨름하는 것이 아니다. 그의 저서에서 점차 모습이 드러나는 철학자, 그의 텍스트가 소묘한 탁월한 인물, 권력의지가 주장하듯이 자신의 행위의 효과로서 행위자, 즉 저서가 자기 자신인 주체와 씨름하는 것이다. 작가이면서 동시에 자신의 독자였던 니체는 이러한 사실을 잘 알고 있었다. "예술가의 것이든 철학자의 것이든 '작품'은 그것을 창조한 인물, 그것을 창조한 것으로 가정되는 인물을 재창조한다. 비록 찬양되기는 하지만 '위대한 인물'은 한심한 2류 소설 나부랭이에 지나지 않는다."(『선악』, 269)

그렇다면 자연이 자신에게 등을 돌린 것은 아니었다. 니체는 자신을 글로 기록해서 역사에 남는 인물이 되지 않았던가. 그러나 니체는 그것이 혼자서 성취할 수 있는 과제가 아니라는 사실을 잘 알고 있었다. 텍스트의 운명은 독자의 손에 달려 있기 때문이다. 이 책도 예외가 아니다. 이 책에서 나는 니체가 그러한 위험을 감수한 것이 옳았다고 주장해왔다. 이렇게 니체를 해석하면서 나도 작은 스케일이긴 하지만 니체와 똑같은 종류의 모험을 감수하였다고 자부할 수 있다. 만약 이 책의 주장이 잘못되었다고 비판이 된다면 니체는 또 한 명의 독자, 또 하나의 해석을 미리 확보해 둔 것이 된다. 니체의 텍스트가 계속 읽히는 한 진리가 발견인지 창조인지에 대한 물음은 본질적으로 불확실한 대답만이 나올 것이다. 내가 계속 주장했듯이 삶을 문학으로 재창조하려는 노력이 이러한 불확실함을 요구하고, 또 전제하기 때문이다.

| 텍스트와 번역에 대하여 |

니체의 원본으로 나는 조르지오 콜리Giorgio Colli와 마치노 몬티나리Mazzino Montinari가 편집한 30권짜 리 『비평 전집Werke: Kritische Gesamtausgabe』(Berlin: de Gruyter, 1967~78)을 사용했다. 필요한 경우에는 20권으로 된 초기의 텍스트 『대8절판 전집Gesamtausgabe in Grossoktav』(Leipzig : Naumann, later Kroner, 1901~26)의 2판에 의지했다. 이것은 엘리자베트 푀르스터 니체의 주도하에 편집된 텍스트이다. 내가 자주 인용하고, 필요시 약간 수정해서 인용한 니체의 텍스트는 다음과 같다.

1) 월터 카우프만이 편집하고 번역한 『문고판 니체The Portable Nietzsche』(New York: Viking Press, 1954)에 실 린 저서들
   - 『반그리스도The Antichrist』
   - 『니체 대 바그너Nietzsche Contra Wagner』
   - 『차라투스트라는 이렇게 말했다Thus Spoke Zarathustra』
   - 『우상의 황혼Twilight of the Idols』

2) 카우프만이 번역한 저서들
   - 『선악을 넘어서Beyond Good and Evil』(New York: Vintage Press, 1966)
   - 『비극의 탄생The Birth of Tragedy』(New York: Vintage Press, 1966)
   - 『바그너의 경우The Case of Wagner』(New York: Vintage Press, 1966)
   - 『이 사람을 보라Ecce Homo』(New York: Vintage Press, 1968)
   - 『유쾌한 과학The Gay Science』(New York: Vintage Press, 1974)

3) 카우프만의 공역이나 기타 다른 번역들
   - R. J. Hollingdale 옮김, 『서광Daybreak』(Cambridge: Cambridge University Press, 1982)
   - R. J. Hollingdale 옮김, 『반시대적 고찰Untimely Meditations』
     (Cambridge: Cambridge University Press, 1983)
   - Walter Kaufmann. R. J. Hollingdale 공역, 『도덕의 계보학On the Genealogy of Morals』
     (New York: Vintage Press, 1968)
   - Walter Kaufmann. R. J. Hollingdale 공역, 『권력의지The Will to Power』(New York: Vintage Press, 1968)
   - Helen Zimmern, Paul V. Kohn 공역, 『인간적인 너무나 인간적인Human, All-Too-Human』
     (Oscar Levy가 편집한 18권으로 된 『니체 전집The Complete Works of Friedrich Nietzsche』
     (New York: Macmillan, 1909~11)
   - Paul V. Kohn 옮김, 『여러 의견과 잠언들Mixed Opinions and Maxims』, 『인간적인, 너무나 인간적인』의 제2권
   - Paul V. Kohn 옮김, 『방랑자와 그림자The Wanderer and His Shadow』, 『인간적인, 너무나 인간적인』의 제2권

나는 또한 Daniel Brazeale이 번역한 「초도덕적인 의미에서 진리와 거짓에 대하여On the Truth and Lies in a Nonmoral Sense」(in Philosophy and Truth: Selections from Nietzsche's Notebooks of the Early 1870s. Atlantic Highland, N. J.: Humanities Press, 1979)도 참고했음을 밝힌다.

| 찾아보기 |

ㄱ
_____

ㅎ

옮긴이 **김종갑**

미국 루이지애나 주립대학에서 1992년에 박사학위를 취득하고 현재 건국대에서 영문과 교수로 재직하고 있다. 주된 관심은 몸에 대한 연구와 문화철학에 있으며 몸문화연구소 소장이다. 『타자로서의 몸, 몸의 공동체』(2004), 『문학과 문화 읽기』(2004), 『근대적 몸과 탈근대적 증상』(2010), 『내 몸을 찾습니다』(2011, 공저)를 비롯한 많은 저서와 논문이 있다.

니체: 문학으로서 삶

지은이 알렉산더 네하마스
옮긴이 김종갑
펴낸이 권오상

초판 1쇄 인쇄 2013년 4월 15일
초판 1쇄 발행 2013년 4월 20일

펴낸곳 연암서가
등록 2007년 10월 8일(제396-2007-00107호)
주소 경기도 고양시 일산서구 대화동 2232 장성마을 402-1101
전화 031-907-3010
팩스 031-912-3012
이메일 yeonamseoga@naver.com

ISBN 978-89-94054-35-3 03160
값 18,000원